"十三五"国家重点图书出版规划项目

海洋强国出版工程第二期:

高 技 术 船 舶 与 海 洋 工 程 装 备 系 列

总主编 吴有生

国家出版基金项目
NATIONAL PUBLICATION FOUNDATION

起重、铺管船工程设计

Crane Pipelay Vessel Design

周 健 马网扣等 编著

上海交通大学出版社
SHANGHAI JIAO TONG UNIVERSITY PRESS

内容提要

本书以起重、铺管船总体设计、结构设计原理和方法以及此类船舶一些特殊系统的设计方法为主题内容,重点介绍扒杆起重船、单船体全回转起重船、半潜起重船以及各类铺管船的船型特点、主尺度选取、总布置原则、稳性计算方法、结构设计计算方法;还介绍了铺管船的各种铺管作业类型、系统组成,以及起重、常用的锚泊定位系统、动力定位系统、压载和抗倾调载系统的原理和设计方法;最后对全回转起重机的特点和机构组成做了简要介绍。

本书可供从事起重、铺管船设计研究的专业技术人员参考。

图书在版编目(CIP)数据

起重、铺管船工程设计/ 周健等编著. —上海:
上海交通大学出版社,2018
(高技术船舶与海洋工程装备系列)
海洋强国出版工程. 第二期
ISBN 978 - 7 - 313 - 20629 - 9

Ⅰ. ①起… Ⅱ. ①周… Ⅲ. ①起重船—船舶设计 ②铺
管船—船舶设计 Ⅳ. ①U674.350.2 ②U674.340.2

中国版本图书馆 CIP 数据核字(2019)第 213383 号

起重、铺管船工程设计

编　著:周　健　马网扣　等
出版发行:上海交通大学出版社　　　　　地　　址:上海市番禺路 951 号
邮政编码:200030　　　　　　　　　　　电　　话:021 - 64071208
印　制:上海盛通时代印刷有限公司　　经　　销:全国新华书店
开　本:710 mm×1000 mm　1/16　　　印　　张:24.25
字　数:432 千字
版　次:2018 年 12 月第 1 版　　　　　印　　次:2018 年 12 月第 1 次印刷
书　号:ISBN 978 - 7 - 313 - 20629 - 9
定　价:168.00 元

总　　序

　　在人类历史上，船舶是最早出现的人造运载器之一。世界上的江河湖海孕育了人类数千年的文明史，也见证了船舶技术漫长的发展历程。进入 21 世纪，船舶设计制造技术为适应世界经济与社会发展的需求而不断推陈出新，众多类型各异、功能多样的载人和无人海洋工程装备正以融合当代创新技术的新面貌出现在浩瀚的海洋空间中，创造出海洋运输、海洋探测、海洋开发的新局面。这一新局面的技术内涵十分丰富，覆盖了"海洋科学研究、海洋资源开发、海洋安全保障"三大方向，其技术发展的总趋势可简要概括为"绿色、智能、深海、极区"这八个字，即聚焦于"绿色、智能"技术，以"深海、极区"装备技术为两个新增长点。具体而言，以"节能减排"为主要目标的"绿色技术"成为决定船舶市场竞争力的主导因素之一；针对海洋探测与开发的不同需求而出现的特种工程船舶正在以前所未有的功效大显神通；属于"智能船舶"领域的水面无人艇及水下无人潜水器技术以丰富多彩的形式在国内外"遍地开花"；缆控无人作业潜水器和深海油气开发的前沿水下生产系统等深海装备技术获得了迅猛的发展和广泛的应用。这些创新技术驱动着人类向更深、更远的大洋海底进发。

　　在此背景下，上海交通大学出版社邀请了一批国内船舶与海洋工程界的专家学者，策划了"海洋强国出版工程第二期：高技术船舶与海洋工程装备系列"。这套系列丛书不是为了覆盖海洋装备的所有类型，也不是想展示从基础理论、设计技术、评估方法到系统配置和特种设备的技术内容，而是想从高技术船舶与海洋工程装备的"浩瀚海洋"中选取几滴极具代表性的"水珠"，通过其各自折射出的"晶莹剔透、色彩缤纷"的技术内涵，帮助广大读者树立对我国在该技术领域的发展趋势的初步印象，同时对高技术船舶与海洋工程装备的相关技术形成全面、清晰的概念，这将对我国船舶与海洋装备技术的进一步创新发展起到极大的启迪与推动作用。

　　整套丛书包含 4 个板块。第 1 个板块是船舶总体技术中与"绿色技术"相关的两个亮点：水动力节能技术和一项特种推进技术。

　　"绿色技术"对"研究水面与水下流场中运载器的运动，以及与运动相关的流场"的船舶水动力学提出了要求,即减小船舶的航行阻力、提高推进效率、优化航行性能,从而节省船舶功率消耗,降低温室气体的排放。因此,与"精细流场预报、精细流场测量、精细流场控制"("三精细")相关的科学与技术必然成为今后相当长一段时期内船舶水动力学关注的焦点。在内容丰富的基础类共性技术中,我们选择能够反映出"三精细"的一个侧面,且受到国际航运界与船舶界高度关注的"水动力节能技术"列入本套丛书,这就是由周伟新、黄国富编著的《船舶流体动力节能技术》。该书结合中国船舶科学研究中心的作者团队多年来研究与应用于数百艘船舶的成功经验,详细介绍了国内外船舶流体节能技术的最新研究成果;针对船型优化减阻技术、船舶表面减阻技术、高效推进技术、桨前水动力节能装置、桨后水动力节能装置、风力助推技术等主流节能技术,不仅阐述了其机理、基础理论、设计方法和性能预报方法,还介绍了包括模型试验、数值水池虚拟试验和实船试验在内的相关水动力节能效果验证技术。这些内容既适用对新造船的设计优化,也适用对服役船舶的节能改造。该书是我国在该技术领域的第一部专著,其问世无疑顺应了当今发展绿色船舶技术和未来的长远发展需求。

推进器是决定船舶经济性、快速性、安静性等绿色性能的重要环节。在众多不同类型的船舶推进器中,有关各种螺旋桨的研究是最多的,其应用也是最广泛的。此外还有喷水推进器、泵喷推进器、电磁流推进器等方面的研究。目前在船舶螺旋桨技术领域中,我国虽已有多部学术专著出版,然而有关喷水推进技术的专著在国内外并不多见。在本套丛书内,针对这类推进系统的绿色优化问题,由王立祥、蔡佑林编著的《喷水推进及推进泵设计理论和技术》一书,紧密围绕性能优良的喷水推进泵及装置的设计需求,分别以环量理论和三元速度矩理论阐述了轴流和混流两类喷水推进泵性能的定量分析与设计技术,并介绍了高比转速前置导叶轴流泵和低比转速轴流泵两类新型喷水推进泵。全文凝聚了来自中国船舶及海洋工程设计研究院的作者团队四十余年来对喷水推进和推进泵理论研究、技术设计、试验以及工程应用的经验和成果。

本套丛书的第2个板块为读者展示了用于海洋探测与工程作业的四类极具代表性的特种船舶:一类是我国近十年来在数量及船型种类上增长较快且技术水平已跨入世界先进行列的海洋综合科考船,另外三类是在海洋开发中发挥重要作用却又很少被总结成书的特种工程船舶——挖泥船,半潜船与起重、铺管船。

在人类尚在使用风帆船航海时就开始了对海洋的考察。继19世纪机械动力取代风帆、20世纪初钢质船得到普遍应用之后,海洋科考船作为较早出现的船舶类型之一,为人类认识海洋发挥了重要的作用。进入 21 世纪,我国海洋科考船技术迎来了突飞猛进的发展。以"科学""向阳红""东方红""大洋""实验""雪龙"等知名系列的大型综合科考船纷纷面世。它们集成了船舶领域的诸多新技术,其中部分船舶的综合技术水平已跨入了世界海洋科考船的先进行列。在本套丛书中,由中国船舶及海洋工程设计研究院的专家吴刚、黄维等编著的《海洋综合科考船设计》一书,正是作者基于其科考船设计团队的多年科研成果和设计经验,从海洋科考船的各种使命和典型船型出发,系统描述了由其特有功能、特点所决定的关键设计技术及相应的科考探测设备与支持系统。这本书的面世填补了国内有关此类船型设计技术专著的空白,顺应了我国加快海洋科学研究步伐的需求。

数百年前我国的渔民和南下远航商船就以南海九段线内的岛礁为生息和休整的家园。进入 21 世纪以后,为改善南海海洋经济发展的环境条件,提升海域安全救助保障能力,我国利用自主建造的"天鲸号"绞吸挖泥船和"通途号"耙吸挖泥船等海洋工程船,在我国南沙领海创造了前所未有的高效施工奇迹,大大改善了海岛生态环境。此后,这类工程船就成了人们关注的"神器",它是一种依靠船载的绞吸挖泥装置及配套的输运系统,在一片水域中连续进行挖掘、提升、搬移和运送海底泥沙和岩石等作业的工程船舶,俗称"挖泥船"。近年来,为适应我国国民经济的持续稳定发展,提出了从内河、沿海到深远海的水利清淤防洪、港口航道建设、滨海区域开发、吹填造陆筑岛的广泛需求,也带动了挖泥与疏浚装备技术的发展。经过多年努力,我国已经成为挖泥与疏浚装备的设计与建造大国,并拥有世界上最大的挖泥船船队,不仅摆脱了对国外产品的依赖,还实现了对外出口。目前我国在该领域已具备了从耙吸到绞吸、从清淤到挖岩、从浅挖到深挖、从短排距到长排距的施工能力,单船最大开挖与输运能力达到了每小时几千方,实现了全电驱动、自动和智能挖掘操控。由费龙、程峰、丁勇等编著的《耙吸、绞吸挖泥船工程设计》一书即是作者团队在中国船舶及海洋工程设计研究院完成了近百艘挖泥船的设计工作而形成的成果与经验结晶。这本书的内容包含了耙吸、绞吸两类挖泥船,分别阐述了这两类船型的总体与结构设计,动力系统、疏浚系统与集成监控系统的设计技术,同时还介绍了泥泵、泥管、绞刀、闸阀、转动弯管、快速接头、装驳装置等特有关键件的相关技术,为读者全面、清晰地梳理了该类工程船的技术概貌。

针对大型军民特种装备的水面运输与装卸、海洋能源开发装备与海上建筑的水面安装定位、特种海洋打捞工程的支撑作业等不同需求,"半潜运输船""半潜工程船""半潜打捞船""多功能半潜船""坞式半潜船"等各类半潜船应运而生。

半潜船的设计既不同于其他水面船,也不同于潜艇。它的装载对象多种多样,各自的重量与重心位置也各不相同,不仅需要优化承载平台结构的安全可靠性,更需解决装载、卸载和航行过程中船货重心和浮心的精细调控,从而完成那些看似原理简单却极其危险的海洋任务。中国船舶及海洋工程设计研究院的专家仲伟东、尉志源、迟少艳等编著了《半潜船工程设计》一书,填补了该类船船的设计技术在出版领域的空白。该书从半潜船的需求与运用、历史与发展等角度出发,总结了半潜船设计的关键要素、系统组成、原则与方法,重点剖析了对半潜船甚为关键的全船和局部结构设计、快速精准的压排载和调载系统、安全可靠的阀门遥控和液位遥测系统、符合世界压载水公约要求的超大排量压载水处理系统、节能高效的推进系统与动力定位系统、先进智能的船载运动监测及预报系统所涉及的关键技术要义,还通过案例分析说明了典型作业模式的关键环节和控制要素。全书内容丰富,渗透了作者和所在团队与单位的心血。

近百年来,海洋资源开发广度与深度的不断拓展对海上起重与铺管作业的水深、起重能力、铺管方式、环境适应性的要求越来越高。起重船、铺管船和兼具起重和铺管两种功能和用途的起重、铺管船便由此产生。这类特种海洋工程船舶是海洋油气开发装备安装、海底管线铺设、海上桥梁建设、海上风电安装、水工桩基施工、废弃平台撤除、应急抢险打捞等海洋作业中不可或缺的利器。当今的起重船已有单体型、双体型、多体型、半潜式等多种船型,最大起重能力可达上万吨;同时,装备全回转起重机,具备自主航行、深海作业、动力定位等功能已成为现代起重船的特点。铺管船也随着漂浮铺管法、拖曳铺管法、挖沟铺管法、S型铺管法、J型铺管法、R型法等铺管工艺的演进而出现了多种船型。中国船舶及海洋工程设计研究院的专家周健、马网扣等编著了《起重、铺管船工程设计》一书,本书介绍了多类起重、铺管船设计中与常规船舶不同的总体、结构、总布置、稳性的特点与原则,着重描述了体现这类船特有功能的全回转起重机、J型和R型铺管作业系统、压载和抗倾调载系统、动力定位系统、多点锚泊系统等特殊系统的原理、机构组成、技术要点及计算分析方法。该书是作者团队多年以来从事起重、铺管船研究积累的宝贵成果,也是国内第一本该技术领域的学术专著。

本套丛书的第3个板块是在"智能船舶"领域中基于遥控、路径规划、自主感知控制,率先实现部分"智能化"的水面无人艇及水下无人潜水器技术。"智能船舶"是指运用感知、通信、网络、控制、人工智能等先进技术,具备环境及自身感知、多等级自主决策及控制能力,比传统船舶更加安全、经济、环保、高效的新一代船舶;其技术内涵覆盖了环境目标智能探测、航行航线智能操控、能源动力智能管理、辅机运行智能监控、安全状态智能监护、节能环保智能监测、振动噪声智能控制、载货物流智能跟踪、特定作业智能实施、全船信息综合集成等众多方面。时至今日,世界上出现的真正的大型智能船舶凤毛麟角,已投入运行的"智能船舶",其实也只实现了上述技术内涵中的一部分。与此同时,国内外涌现出大量不同尺度、不同功能的小型水面无人艇和水下无人潜水器。它们虽体形小、装载设备不多,但集中反映了智能感知、航行、操控技术中的不少最新研究成果。其中,由哈尔滨工程大学的专家张磊、庄佳园、王博等编著、苏玉民主审的《水面无人艇技术》一书全面介绍了水面无人艇的总体技术、环境感知与数据融合技术、目标识别与跟踪技术、决策规划技术、智能控制与系统设计技术、导航通信技术、集群协同技术、任务载荷技术、搭载技术等;由哈尔滨工程大学的专家张铁栋、姜大鹏、盛明伟等编著、庞永杰主审的《无人无缆潜水器技术》一书则重点介绍了这类水下航行器的承压结构和密封技术、推进与操纵技术、水下导航定位技术、水下声学通信技术、浮力调节技术、安全自救技术、能源管理及水下能源补充技术、布放与回收技术、自主决策与控制技术、编队控制与协同导航技术、水下声/光/电探测技术等。这两本书能够帮助读者在了解无人海洋航行器技术的同时,拓展对智能船舶共性技术的认识。

本套丛书的第 4 个板块是"深海"开发技术中值得关注的两类截然不同的典型装备。一类是深海油气开发的前沿技术装备——水下生产系统;另一类是深海探测与作业不可或缺的无人遥控潜水器。

海洋是人类远未充分开发的资源宝库。2018 年,我国原油对外依存度已达69.8%;天然气对外依存度达 45.3%。开发深海油气资源对我国经济的可持续发展具有重要的意义。世界海洋油气开发已经并正向深海域延伸,油气生产系统从水面向水下与海底转移是必然的趋势。而"水下生产系统"是深海油气开发装备的关键组成部分,其技术水平和可靠性决定了深海油气田开发的成败,其演化也引领着深海油气开发技术的发展。来自中国海洋资源发展战略研究中心的李清平、秦蕊,中国石油大学(北京)的段梦兰等编著了《水下生产系统》一书,这本书是基于作者二十多年来在该领域的研究经历及其在国内外水下油气田开发工程实践与科研成果,系统梳理了我国在该领域的科研成果,介绍了水下井口及采油树、水下连接器和管汇、水下控制系统、水下增压与水下输配电系统等水下生产系统关键设备内涵的相关技术,剖析了典型的工程方案,分析了该技术领域的未来发展趋势和我国的重点发展方向。该书的出版将有助于加快我国深海油气开发技术的研究与发展进程。

由水面母船(水面海洋平台、水下深海空间站)上的操作人员通过脐带缆遥控、操纵带机械手和作业工具,用无人遥控潜水器进行的水下作业,是数十年来人类开展深海探测和深海资源开发作业必不可少的技术手段。世界上已经出现了一大批具备潜深能力达百米至万余米、配备多种探测器件与作业工具的轻载级和重载级无人遥控潜水器,根据其作业要求分为观察型、取样型或作业型。来自上海交通大学的专家连琏、马厦飞与来自广州海洋地质调查局的专家陶军等人成功完成了我国 4 500 米级无人遥控潜水器"海马号"的自主研发与设计建造,同时编著了本套丛书中的《无人遥控潜水器技术》一书。本书详细介绍了无人遥控潜水器的专业基础知识及关键技术,涉及设计方法、运动学和动力学建模、运动操控与模拟、波浪中升沉运动补偿、吊放回收系统、能源与信息传输系统、水面与水下作业控制系统,及脐带缆、绞车、中继器、传感器与作业工具等内容,是国内第一本系统介绍该技术领域的学术专著。

这套"海洋强国出版工程第二期:高技术船舶与海洋工程装备系列"的10 本专著,从"绿色技术""特种工程船舶技术""无人智能技术""深海技术"四个不同的角度,为读者提供了我国高技术船舶与海洋工程装备技术领域的十滴"晶莹水珠"。每一本书都饱含了作者及其所在团队多年来的研究成果和实践经验,兼顾了国内外相关技术信息的要点,取材翔实可靠,资料数据生动实用,可读性强。我想,船舶和海洋工程界的同仁们会和我一样,衷心感谢每一位作者的创新成效和辛勤付出,感谢他们所在单位的大力支持,也感谢上海交通大学出版社编辑团队热情、认真和卓越的工作。相信这套丛书的出版能为船舶与海洋工程技术领域的人才培养、科技与产业发展发挥积极的作用。

吴有生

2018 年 12 月

前　　言

　　起重、铺管船是具有起重或铺管功能的特种海洋工程船舶,广泛应用于海洋油气开发设备安装、海底管线铺设、废弃平台撤除、应急抢险打捞、海上桥梁建设、海上风电安装、水工桩基施工、造船等,是发展海洋经济、建设海洋强国不可或缺的"利器"。

　　起重、铺管船的船型设计随着人类进军海洋、利用海洋的发展而演变。世界上第一艘具有现代意义的起重船诞生于 20 世纪 20 年代,其后经历了由数百吨起重能力到上万吨起重能力,由固定臂架起重机到全回转起重机,由拖带调遣到自主航行,由港口码头、浅海滩涂作业到深海作业,由锚泊定位到动力定位等的发展演变,先后出现了双体船型、多体船型以及半潜起重船。铺管船则经历了漂浮铺管法、拖曳铺管法、挖沟铺管法、S 型铺管法、J 型铺管法、R 型铺管法等铺管工艺的演变。改革开放以来,我国在起重、铺管船的开发、设计、建造方面取得了长足的发展,自主设计建造了多种大型单船体起重船、S 型铺管船。在大型半潜起重铺管船、J 型和 R 型深水铺管船的关键技术研究方面也取得了可喜的成果,正在赶超国外的先进设计水平。

　　世界油气总储量的 44% 将来自海洋,海洋是未来油气资源的希望所在。我国油气勘探开发向南海等深海海域进军,迫切需要作业水深大、起重能力强的高端大型起重、铺管船来参与海上油气勘探开发设施的建设。另外,墨西哥湾、北海、西非周边海域及东南亚周边海域等传统海洋油气产区有大量废弃平台需要拆除,国内仅渤海和南海就有数十座废弃桩基平台需要拆除,这些都需要不同能力、不同定位的起重船来完成。与我国经济快速增长相对应的是海上运量的高速增长,逐年增长的海难事故中的难船也趋向大型化。作为现代打捞工程中的核心装备,大型打捞起重船对于难船整体打捞、快速抢险清障是必不可少的。此外,我国蓬勃发展的跨海大桥建设,海上风电安装,港口码头水工,沿海岛屿水、电、煤海底管网铺设等都对先进、高端的起重、铺管船有着很大的市场需求。

　　本书着重介绍起重、铺管船工程设计中与常规船舶不同的技术要点,包括起重、铺管船总体、结构设计和一些特殊系统的设计,期望能对从事类似船舶设计研究的工程技术人员具有一定的参考价值。全书共分 10 章,第 1 章重点介绍了起重、铺管船的概念与特点、应用与市场需求、历史与现状及未来发展趋势等;第 2 章至第 4 章重点介绍了各类起重船的船型特点、主尺度选取、总布置原则、稳性计算等;第 5 章重点介绍了 S 型、J 型和 R 型铺管船的铺管作业系统原理与配置、总布置原则、稳性计算等;第 6 章重点介绍了起重铺管船的结构分析设计方法;第 7 章重点介绍了多点锚泊系统的特点、设计计算、设备配置等;第 8 章重点介绍了动力定位系统的规范公约、计算分析、FEMA 等设计要点;第 9 章重点介绍了压载和抗倾调载系统的分析设计方法;第 10 章重点介绍了全回转起重机的特点及机构组成。

本书第 1 章绪论、第 2 章扒杆起重船由马网扣编写;第 3 章单船体全回转起重船总体设计由周健编写;第 4 章半潜起重船总体设计由毛建辉编写;第 5 章铺管船总体和作业系统设计中的 5.1.1、5.1.5、5.2.1、5.3.1 节由程峰编写;5.1.2~5.1.4、5.2.2、5.2.3、5.3.2 节由周健编写;第 6 章半潜起重铺管船结构设计由周佳编写;第 7 章多点锚泊定位系统由邹雯编写;第 8 章动力定位系统、第 9 章压载和抗倾调载系统由周健编写;第 10 章全回转起重机简介由程峰编写。本书在撰写过程中还参考了一些专家学者的论文、专著,在此向他们表示诚挚的谢意。

由于编者水平和能力有限,书中存在的疏漏和不妥之处,恳请广大读者和同行专家批评指正。

编 者
2018 年 5 月

目　　录

绪　论

1.1　起重、铺管船基本概念

起重船可简单看作是船和起重机的组合,是专用于水上起重作业的工程船。相对于陆地起重机而言,起重船是浮动的,故亦称浮式起重机或浮吊。据记载,最早的起重船出现于 14 世纪的欧洲。早期的起重船主要用于码头货物吊运。现今,起重船广泛应用于海上大件吊装、海上救助打捞、桥梁工程建设、港口码头施工、海上风电场安装、旧平台拆除等多个领域。业内习惯以起重机的最大起重能力作为衡量起重船量级的标准,一般将起重能力在 1 000 t 以上的起重船定义为大型起重船。起重船的起重能力为数十吨到数千吨,甚至达上万吨。起重机吊臂可以是固定的,可以是变幅(俯仰)的,也可以是旋转式的。起重机除主钩外,一般还配有辅钩,大型起重机还配有锁具钩[1-2]。

铺管船是专用于水下管道安装和控制管线安装的海洋工程船,可用于水下输油管道、输气管道、油气混输管道、输水管道、动力电缆、脐带缆等的铺设。海底油气管道包括海底油气集输管道、干线管道和附属的增压平台,以及管道与平台连接的主管等部分。其作用是将海上油田、气田所开采出来的石油或天然气汇集起来,输往油气转运船舶或陆上油库、气库。海底油气管道长达数百米、数千米,甚至更长。管道口径一般为 0.1~1.5 m,铺设深度达数米至数千米。铺管船的船体是铺管设备的载体,铺管船的核心是铺管设备,主要包括由张紧器、弃管和回收绞车(A&R 绞车)、电焊机、剖口机、对中器、无损检测设备、涂敷设备、消磁机、加热器、移管机、托管架、甲板吊机等构成的主辅作业线[3-4]。

起重铺管船则兼具起重船和铺管船的特点和用途,既安装有水上起重作业用的起重机,又安装有水下管道铺设用的铺管设备。从成本和经济性上考虑,起重铺管船的起重和铺管功能可以都很强,也可以有所侧重,侧重于起重功能则起重机能力较强,侧重于铺管功能则铺管设备较为先进。海洋石油、天然气的开发需要先进的海洋工程技术和装备作支持,起重铺管船是从事海洋石油、天然气输送管道铺设和海上工程装备安装的特种海洋工程船舶,是海洋石油、天然气开发工程中不可或缺的重要工程技术装备。

起重机形式和铺管方式是起重铺管船主要的分类依据。另外,还可按照是否具备自航能力,将起重铺管船分为自航船和非自航船。按照船体形式不同,可将起重铺管船分为单船体船型、双船体船型、多船体船型和半潜式船型。按照定位方式,可将起重铺管船分为锚泊定位船和动力定位船。按照作业水深大小,可将起重铺管船分为超浅水作业船、浅水作业船和深水作业船。

1.2　起重船主要分类及特点

按照起重机形式和作业方式,起重船可分为扒杆起重船、固定臂架起重船、全回转起重船以及其他新型起重船,比如浮力举升式起重船。按照起重机的数量,又分为单扒杆起重船和双扒杆起重船,以及单起重机全回转起重船和双起重机全回转起重船[1-2]。

1.2.1　扒杆起重船

在扒杆起重船上,起重机的起重臂一般由桁架或两根大杆组成 A 字形(杆的断面形状多为圆形或箱形),其一端铰接在船首甲板上,另一端由一组通向后支架或人字架的缆索拉着,调节缆索长度可使起重臂俯仰而变幅。图 1-1 为典型的扒杆起重船示意图。

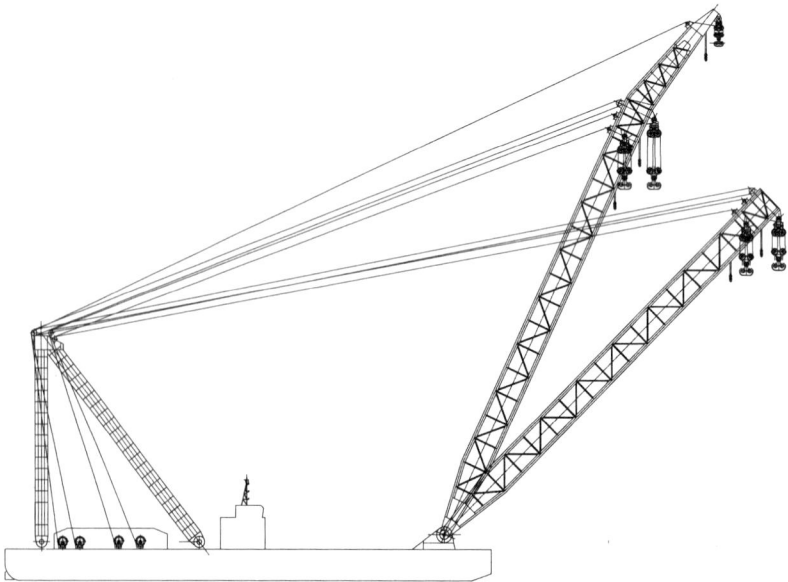

图 1-1　扒杆起重船示意图

扒杆起重船的起重机不能旋转,从满足稳性的角度来看,船宽可适当取小。扒杆起重船基本采用方驳船形,具有制造简单、船体加工制造成本相对较低、稳性较好等优点。但受自身的干舷、耐波性等条件所限,扒杆起重船比较适合在海况较好的浅海海域作业。

由于其起重系统和船型的特点,扒杆起重船的性能具有很大的局限性,主要表现在以下方面:

(1) 扒杆起重船的起重系统由臂架、人字架、绞车系统等组成,整个系统在船长和船宽方向分布范围很大,需占据大量的甲板面积。与此相适应,船体都采用方甲板的方箱船型以满足起重系统的布置需要。箱形船体的耐波性较差,使得其只能在内河、港口以及风浪平缓的沿海作业,在近海工程中适应性较差。

(2) 扒杆起重船作业时的船舶方向取决于被吊工件的位置,无法根据作业水域的风、浪、流等环境载荷选择较有利的船舶定位方向,因而对海况条件的适应能力较低。

(3) 通常扒杆起重船的干舷较低,首部升高不能满足载重线公约的要求,不能在无限航区安全地进行拖航调遣。

(4) 大型扒杆起重船的起重臂很长,拖航调遣时无法将臂架转到船内并放在专门的搁架上固定,其臂架只能伸出船体。当船在恶劣海况下航行产生纵摇、横摇和升沉运动时,臂架需承受巨大的加速度载荷,极易损坏。

1.2.2　全回转起重船

与扒杆起重船相比,全回转起重船的最大优点是其起重机能够旋转。全回转起重船可在水平面上做 360°旋转,作业灵活性好。

全回转起重船的起重机主要有基座旋转式和桅杆式两种,均设有旋转、起升和变幅机构,臂架多为桁架式。基座旋转式起重机主要通过旋转基座与船体连接,由于其重量和倾覆力矩巨大,回转支承机构大多采用滚轮式(多排),其支柱为焊在船体主甲板上的大直径圆筒,并从主甲板往下延伸,形成坚固的船体框架和圆筒框架,便于巨大的力和力矩的传递。与基座旋转式起重机相比,桅杆式起重机最大的特点在于围绕桅柱的旋转吊臂。桅柱是固定在基座上的,不再需要旋转轴承,这在很大程度上降低了起重机的尾摇幅度,使起重机具有较小的空间占用率和尾摆动空间,可以节约甲板面积。由于桅柱式起重机是通过框架式结构与船体相连接,连接部位相对简单,不需要特定的筒形基础,也不需要配重;同时,各部件连接比较简单,便于快速安装。

全回转起重船主要包括普通船型全回转起重船和半潜式全回转起重船两种

船型。普通船型全回转起重船船体制造难度比驳船型的高,但运动性能较好,船体阻力小,在深、浅水域都适用。半潜式全回转起重船船体排水量较大,吃水深度大,运动性能好,多用于深海和环境较为恶劣的海域。图1-2为典型的普通船型和半潜式全回转起重船示意图。

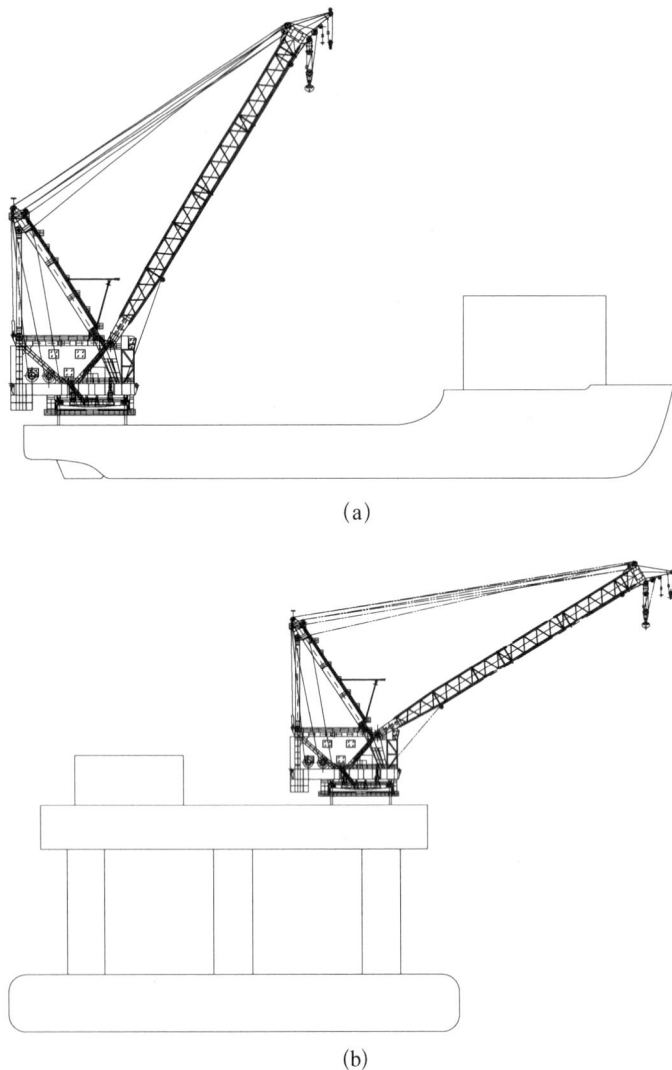

(a)

(b)

图 1-2 全回转起重船示意图

(a) 普通船型 (b) 半潜式

表 1-1 对扒杆起重船与全回转起重船的性能进行了简单比较。

表 1 - 1　扒杆起重船和全回转起重船的性能比较

	扒杆起重船	全回转起重船
起重机系统集成度	低； 臂架、人字架、绞车分散布置在从船首至船尾的整个甲板面上	高； 全部装置安装在一个筒体基座上
起重机占用甲板面积	大	小
起重机设置对船型的要求	首、尾宽甲板的箱形船体	各种海洋船型都可设置
船型对动力定位的适应性	不适应	适应
作业时船体首向是否可选择	不可选	可选
作业时对海洋环境的适应性	差	好
航行时臂架可否在船内固定	不可	可将臂架转至船内，置于搁架上固定
远洋调遣性能	不适合远距离调遣	可无限航区调遣
海洋工程作业	不适应	适应
造价	低	高

I.3　铺管船主要分类及特点

海底管道铺设有漂浮铺管、拖曳铺管、挖沟铺管以及铺管船铺管等方法[5-9]。

铺管船铺管方式主要包括 S 型铺管（S-lay）法、J 型铺管（J-lay）法和 R 型铺管（R-lay）法。根据卷筒在铺管船上的放置方式，R 型铺管法有卷筒垂直布置（reel lay）和卷筒水平布置（carousel lay）两种布置方式。S-lay 和 J-lay 主要用于刚性管的铺设。Reel lay 既可用于刚性管铺设，也可用于柔性管铺设。Carousel lay 主要用于柔性管和脐带缆的铺设，也可用于刚性管铺设。Carousel lay 的入水方式与 S-lay 相似，管线矫直后经托管架入水。柔性管和脐带缆的铺设还有垂直铺设方法。垂直铺设方法的入水方式与 R-lay 相似，但矫直结构是垂直的，且管线是通过铺管船中部的月池入水。

I.3.I　漂浮铺管法

漂浮铺管法适用于平静的浅水海域，是早期出现的一种简易铺管方法，现已不常采用。采用漂浮铺管法时,首先在岸上把管子焊成许多较长的管段,在管段上系绑若干浮筒,然后把管段拖往铺设点(见图 1 - 3)。在下水后的拖运过程中要注意风浪的影响和管道的弯曲变形,以免在拖运中遭到破坏。用驳船托住铺设管段的一端,直到其与下一端对准并进行焊接。按工艺规定顺序解掉浮筒,将管道下放至海底。重复这些步骤,直到管线铺设完毕[10]。

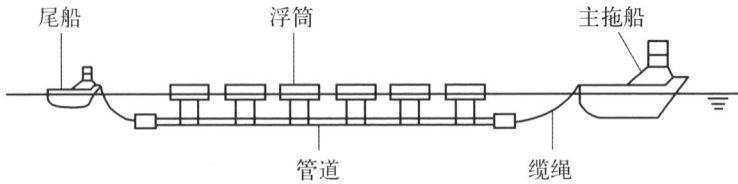

图 1 - 3   漂浮铺管法示意图

1.3.2   拖曳铺管法

拖曳铺管(towed lay)方式是先在岸上制造并测试好管线,再在管线上均匀分布浮箱,最后进行拖曳的铺管方式;包括从制造地点到开阔水面的近岸水面拖曳、从开阔水面到油田的海上拖曳以及油田海底之上的拖曳几个步骤。一般使用拖船将带浮箱的管线拖曳到管线布放区域后,向管内注水并用拖船上的绞车将管线沿一定方向下放至海底,然后进行管道在海底的拖曳就位。管线从布放区域拖曳至原定管线路由目标区后,浮箱与管线解脱,排水回收[11](见图 1 - 4)。

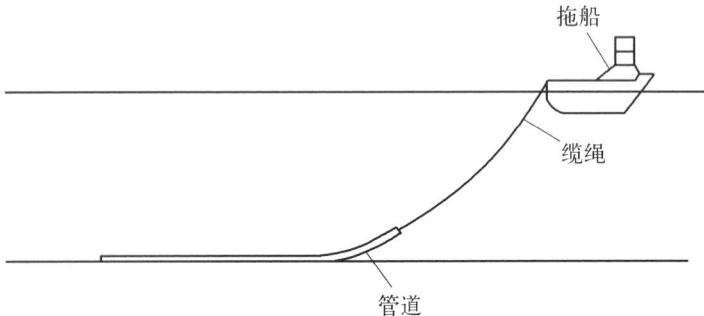

图 1 - 4   拖曳铺管法示意图

也有铺管船采用拖曳铺管的方式在近陆点铺管,陆地上的绞车索具与铺管船上的管道拖头连接,利用铺管船上的作业线接管,陆地绞车拖管,接一节拖一节,将管道逐渐拖向登陆点。另一种近陆点铺管方法是海上铺管船自行接管和拖管,在陆地上设置导向滑轮,拖曳管线的绳头绕过导向滑轮引向铺管船,利用船上的拖管绞车将铺管船上的接管拖向陆地。

无论使用拖船还是铺管船,拖曳铺管作业方式与其说是海上铺管,不如说是海底管线登陆的施工,离岸距离有限。在管线长、离岸远时,铺管施工非常困难,甚至不可行。另外,由于管线的制造在岸上工厂进行,所以管线长度有限制;尽管施工成本较低,但却难以承担完整的海底管线铺设任务。因此,一般认为拖曳铺管法不是主要的海上铺管作业方式。

1.3.3　挖沟铺管法

在高速海流会使管道产生位移的地区,或在水流冲刷使管道逐渐损坏的地区,以及在有航行船只抛锚和捕鱼作业可能破坏管道的地区,应采用挖沟铺管法埋设管道。一般认为,管径 16 in[①] 以上的海底管道能够承受拖网载荷的作用,而无须挖沟保护。

海底挖沟可用扬吸挖泥船或挖沟犁。挖沟犁可用拖轮或专用挖沟船拖曳,比挖泥船更适用于较硬的土质。挖沟铺管法可采用先挖沟后铺管的方式,或者预铺管后挖沟的方式,也可采用边铺管边挖沟的方式。沟的回填可靠海底泥沙的自然移动来完成[12]。

20 世纪 70 年代中期在修建自北海埃科菲斯克油田至德国埃姆登的输气管道时,曾用这种方法铺设。这条管道全长 442 km,管径为 920 mm,其中约有 150 km 的管道是挖沟埋设的。管道铺设在海底以后,将一台撬式挖沟犁"骑"在管道上,由挖沟船牵引其移动,并由挖沟船经软管向撬式挖沟犁提供高压水和压缩空气。根据所需的沟形和深度,在挖沟犁上布置多组喷嘴,喷嘴射出的高速水流冲击管道下方和两侧的泥土,使之形成泥浆,同时打入空气将泥浆冲挤出沟外。管沟挖出后,管道靠自重沉入沟底。挖沟船可开挖较硬质的海底,开沟深度可达 2.1~4.6 m,可在 100 m 深的水下作业。

1.3.4　S 型铺管法

S 型铺管船施工时,将存放在船甲板两侧的管段运送到中央纵向作业线上,进行对中、焊接、X 光检测和喷涂补口,最后由张紧装置经托管架将管道徐徐伸向海底。每完成一段,铺管船就在锚距范围内前进一管段的距离,直到前后锚链均处于极端位置时停止,如图 1-5 所示。要使呈 S 型管线安全可靠地铺设到海底,张紧装置必须和托管架协调一致,否则管线就可能遭到破坏。

---

①　注:英寸(in)为长度单位,1 in=2.54 cm。

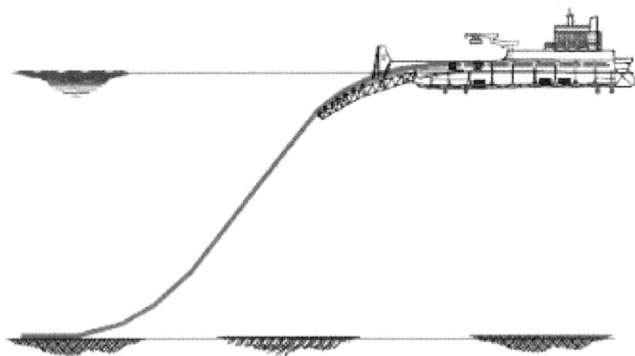

图 1-5 S 型铺管法示意图

托管架上的管线称为上拱段,托管架末端至海底的管线称为悬垂段。上拱段的曲线形状由托管架的形状控制,而悬垂段的曲线形状由张力和弯矩控制。上拱段和悬垂段的应变(应力)是 S-lay 的关键控制参数。因此,S 型铺管船的托管架和张紧器决定了铺管的直径和水深。由于上拱段的张力远远大于悬垂段,所以上拱段的应变是 S-lay 控制的关键,它取决于托管架形状和控制悬垂段应变所需的张力。深水铺管时,上拱段的应变通常大于弹性应变,产生一定的塑性应变,累计塑性应变应控制在一定范围内。

S-lay 是通过铺管船尾部多段托管架的角度调整来达到船上管段、托管架支撑管段、水中管段以及海底管段的 S 型铺设。S 型铺管作业方式由于其具有较高的作业效率而得到广泛的应用,典型的 S 型铺管船的日铺管能力超过 3 km。同时 S 型铺管船上易于布置较大的甲板起重机,在铺设管道的同时还可以进行海上起重安装作业,因此其在海洋管道的铺设中占有很大的市场份额。

S 型铺管作业方式也存在制约其发展的因素,如大管径和大水深的管道铺设时管线张力较大,需要更长、承载能力更大的托管架和张紧器。另一方面市场上目前能提供的张紧器最大能力有限,海况恶劣时管道铺设的安全性存在一定的风险,偶有铺管过程中张紧器夹持不住管线的报道[13]。

1.3.5 J 型铺管法

J 型铺管法是为解决 S 型铺管法中上拱段大应变问题而发展起来的一种深水铺管法,它将管线的接长作业由 S 型铺管法中的水平位置调整为竖直位置,管线在竖直的塔上完成连接后直接入水(见图 1-6)。通过调整 J-lay 塔的倾角使管线的连接作业姿态与入水姿态相同,从而形成一条光滑的 J 形曲线,消除了S 型铺管法上拱段,满足悬垂段应变控制要求。J-lay 船的甲板和 J-lay 塔上均设有焊接站,管线在甲板上焊接至 J-lay 塔的长度,然后由专用吊架将管线放入 J-lay 塔,并由 J-lay 塔上的焊接站完成管线的整体焊接后铺设入水。

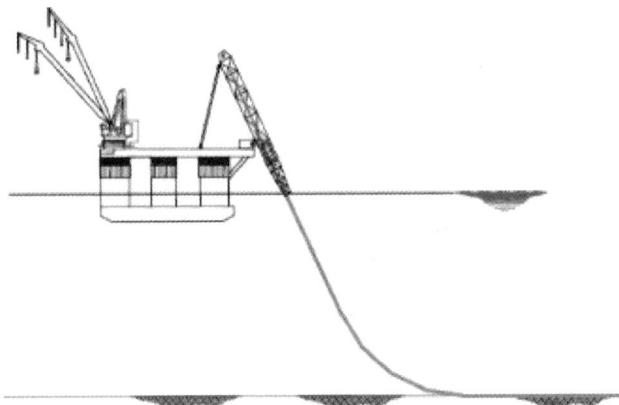

图 1-6　J 型铺管法示意图

J 型铺管船的特点是采用垂直铺管,管线张力较小,在相同水深和管径的管道铺设中可以采用比 S-lay 更小的张紧器进行铺管工作。但 J-lay 塔的高度终归有限,主作业线要比 S-lay 的短得多。一般而言,铺管船的作业效率与主作业线的长度、作业线上工作站的数量成正比。因此,J 型铺管法作业效率较低,典型的 J 型铺管速度为每天 1～1.5 km。

J 型铺管船主要应用于深水和大管径的管道铺设,随着海洋石油及天然气的开发从近海走向深海,J 型铺管作业方式会有较好的发展前景[14]。

1.3.6　R 型铺管法

在 R 型铺管作业方式中管线的预制在岸上进行,即管线在船上作业时已经连续缠绕在船上的布管卷筒上,管线通过设在船尾的导向机构向海底连续

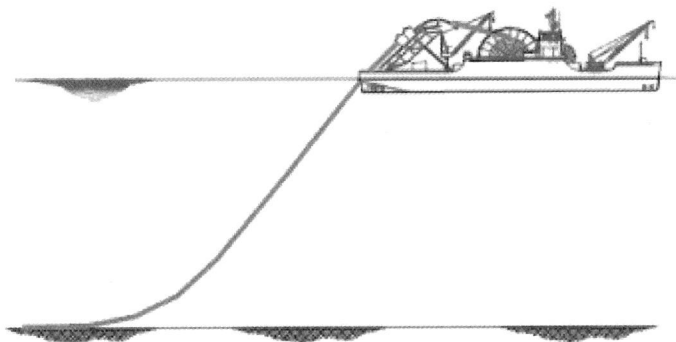

图 1-7　R 型铺管法示意图

放缆。R 型铺管法的铺管长度和直径均受到卷筒尺寸的限制,铺管长度是卷筒的可缠绕管线长度,直径则必须满足弯曲应变和椭圆变形要求。由于卷筒的直径受船舶尺度限制,所以 R 型铺管法所铺管线长度和直径都有一定的限制,适用于小管径的管道铺设。R 型铺管作业方式的铺管速度较高,典型的铺管速度约 600 m/h。Reel lay 的卷筒立式放置,carousel lay 的卷筒卧式放置(见图 1 - 8)。

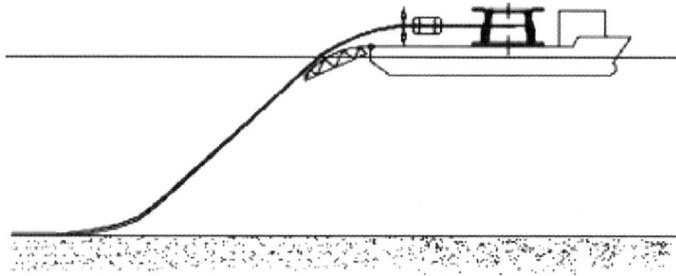

图 1 - 8   Carousel lay 法示意图

如表 1 - 2 所示,上述 3 种主流铺管方式,在不同水深、不同直径管道的铺设上各有优劣[9]。

表 1 - 2   3 种铺管方式的性能比较

水　深	管径/in	S - lay	J - lay	R - lay
浅　水	<16	+++	+	++
深　水	<16	++	++	++
浅　水	>16	+++	+	－
深　水	>16	+	+++	－
铺管速度		++(+)双节点	+	+++

注:"+"号越多表明更优,"－"号表示不适用。

在一般工程应用上 S - lay 和 J - lay 两种铺管方式选用较多。由于 S - lay 方式的铺管速度较 J - lay 方式快,通过管线入水方式的调整和托管架的设计,S - lay 方式逐渐在深水区域上也得到了良好的应用。鉴于 Allseas 等公司在 2 000 m 以上水深应用 S - lay 方式的成功案例,目前世界上新造深水铺管船越来越多采用 S - lay 方式。J - lay 方式因系统简单,在一些深水使用的大型船舶加装和改装项目上得到很好的应用[15]。

1.4　起重、铺管船的应用与市场需求

1.4.1　海洋油气开发装备建设

随着陆地油气资源的逐渐枯竭,海洋已成为全球油气勘探的重要领域。据国外权威机构预测,未来世界油气总储量的 44% 将来自海洋[16]。20 世纪末到 21 世纪初,国际油价持续走高,石油产业加速向海洋纵深开发,各国都在不断地加大海上石油开发力度,而全球海上石油开采的发展刺激了市场对离岸石油设施及配套服务设施的需求。到 2008 年年中,国际市场原油价格达到了有史以来的 147 美元最高位,由此带来了国际范围内海上油田建设的高潮,主要体现在:油田的勘探开发速度加快,油田建设规模扩大,海洋工程服务的配套设备需求增大,作业由浅海向深海快速转移。

我国经济的迅猛发展对能源的需求量日益增加,石油的消费量不断攀升。国家"十二五"和"十三五"科学和技术发展规划中提出了"加强现代能源产业和综合运输体系建设,推动能源生产和利用方式变革,构建安全、稳定、经济、清洁的现代能源产业体系,完善油气管网,扩大油气战略储备"的指导方针[17]。

作为国家最大的海洋石油生产企业,中国海洋石油集团有限公司(简称中国海油)在 2010 年实现了第一次跨越,成功建成"海上大庆油田"。2011 年,中国海油提出了催人奋进的"二次跨越"发展纲要;实现海上油气产量持续增长、确保国家能源安全,是海洋石油工业"二次跨越"的重要内容。中国海油制定了 2020 年油气总产量达到 1.2 亿吨、2030 年达到 1.8 亿吨的目标,随之而来的是油田建设工作量的持续增长,海工装备要求的进一步提高。按照中国海油深水开发战略布局,南海深水开发建设投资力度将逐步加大,随着水深的增加,相应的导管架、平台以及配套海上结构物越来越大,用于安装、维修和必要时打捞这些结构物的船舶也越来越大,对于起重能力大、生活支持能力强、带有动力定位、抗风浪能力强的大型起重船的需求更为迫切。

尽管当前国际石油市场低迷,海上油气开发陷入低谷,但从长远发展趋势来看,国外、国内深水油田的开发建设将会是 21 世纪油田开发建设的主流,大型深水海洋工程施工船舶市场长期看好。

起重船在海洋油气装备建设过程中发挥着重要作用,可用于海上石油平台

上部模块与大件吊装、导管架的辅助下水与就位、单点浮筒安装、水下跨接管和软管安装、水下膨胀弯安装等。

起重船吊装的主要是导管架以及 Spar 式、张力腿(TLP)、半潜式(SEMI)等浮式生产平台的上部模块。由于浮式起重船在海上进行起重作业时间的概率不高，即所谓"好气象窗口"有限，所以希望尽可能减少吊装次数，采取的措施就是将上部模块高度模块化。目前几千吨的模块已很常见，甚至出现了上万吨的模块。这是起重船大型化市场需求的反映。

图 1 - 9 为 3000 t 全回转自航起重船"威力号"在墨西哥湾进行平台上部模块吊装的一个场景。"威力号"由中国船舶及海洋工程设计研究院设计，上海振华(集团)股份有限公司(简称上海振华重工)建造，是国内自主设计的第一条具有动力定位能力、取得中国船级社(CCS)DP-2级符号的大型起重船，也是国内第一条完全自主设计的、采用全电力推进的自航起重船。该船船长 141 m，船宽 40 m，型深 12.8 m，作业吃水 8.5 m，最大排水量 39 184 t，定员 240 人，自持力 60 天。尾部主吊机主钩的最大固定吊重 3 000 t，最大回转吊重

图 1 - 9 3000 t 全回转自航起重船"威力号"
吊装平台上部模块

2 600 t，最大吊高距主甲板 80 m。该船尾部设 2 台 4 500 kW 全回转舵桨，设计航速 12 kn，另在首部设 2 台 2 000 kW 可伸缩式全回转舵桨和 1 台 2 000 kW 侧向推进器(简称侧推)，形成 DP-2 级动力定位系统。该船设 8 点锚泊系统，最大锚泊作业水深 120 m。动力系统包括 4 台 4 500 kW 主柴油发电机组和 2 台 2 300 kW 辅柴油发电机组。自 2010 年 9 月交船后，"威力号"先后在印度洋、东南亚周边海域、墨西哥湾、南美洲周边海域、北海进行海上施工作业，其良好表现先后得到壳牌石油公司、墨西哥国家石油公司等知名公司的高度评价，创造了可观的经济效益。

1.4.2　旧平台拆除

近年来,平台拆除市场方兴未艾。国际市场上,墨西哥湾、北海及东南亚海域平台拆除市场较大。墨西哥湾现在的油气设备实施规模巨大,是已停产平台数量(约 4 000 个)最多的地区,且该地区即将退役的平台数量也很多。北海海域水深较大,海况条件恶劣,平台重量相比其他海域大一些,需拆除的平台有大型化趋势。相关数据显示,仅北海区域,未来 30～40 年将有约 470 座平台需要拆除,年均拆除量约为 13 座。据英国石油天然气管理局的预计,未来 30 年,英国海工装备拆卸市场价值约达 470 亿美元。因为北海海域平台拆除作业成本压力较大,其对大型专业平台拆除船舶的需求较大。亚太海域于 20 世纪 80 年代到 90 年代开始海上石油开采,目前约有 50% 的平台需拆除,水深范围一般不超过 100 m,平台总数约为 1 750 个,其中固定式导管架平台约占 95%,约 50% 的平台使用年限达到 20 年。不同于北海海域平台拆除特点,东南亚海域水深较浅,平台重量不大,对于一般平台拆除装备有较大的需求[18]。

国内市场上,到 2008 年年底,仅中国海油在渤海海域进入废弃阶段的桩基式平台就超过 40 座,而南海海域也有 8 座桩基式平台进入废弃阶段。根据生产的需要,虽然部分平台寿命到期后经过评估和维修会继续服役,但在未来几年,大量平台的退役是不可改变的事实,尤其到 2020 年,几乎所有 2002 年以前建设的平台都将进入废弃阶段。

常规扒杆起重船、单船体全回转起重船和半潜起重船都可用于平台的拆除。鉴于平台拆除市场潜力巨大,一批新型平台拆除装备投入运行。

美国 VERSABAR 公司的"VB 10000 号"双船体起重船船长 91.4 m,宽 99 m,双船体间净距达到 51 m。两个门字形吊架横跨两个单船体,吊架高达 73 m,最大吊重能力 6 000 t,配 4 个独立主吊钩,主吊钩即可单独控制,也可联动控制。该船配置 DP‑3 级动力定位系统,每个单船体装设 4 台 735 kW 的推进器,极大地提高了作业定位能力和移船灵活性,增强了对恶劣海况条件的适应能力。

瑞士 Allseas 公司的"Pioneering Spirit 号"属于浮力举升式起重船,它是目前全球最大的海上平台拆除船,也是目前全球最大的海工船。该船由大宇造船公司于 2013 年建造完成,总投资成本近 30 亿美元。船长 382 m,宽 124 m,双船体间距 59 m,起重能力约为 48 000 t。这是世界首艘集整体平台拆装与管道铺设于一体的超大型工程船,搭载的大型起重机能够吊起重达 48 000 t 的上部模块及重达 25 000 t 的下层结构,可一次性完成导管架平台的拆卸工作,有效减少工时和成本。

1.4.3 铺管作业

海上油田在钻井及采油过程中的许多环节有流体流动,需要铺设管线。而油田的设备系统群分布在不同的位置,如果相隔很近,管线可以沿着水上结构铺设,施工方便,维修管理方便;但设备系统有时相隔数千米、数十千米,这时就必须铺设海底管道。另外,对于油气产品的输出,特别是天然气的输出,海底管道也是一种有效的方案,高产稳产的油气输出海底管道长达数百千米甚至更长[15]。

海底管道的钢管为 10 m 左右一段的管道,除了小口径的管道或软管可在陆上连接制作后到海上直接铺设外,其他管道是在专门的铺管船上焊接连接起来后,再一段一段地铺设下去,并且不是直接搁在海底土层上,而是要挖沟(铺设前或铺设后)把管道埋在土层里,以作保护。

图 1 - 10 为铺管作业中的浅水铺管船"海洋石油 202 号"。该船是由中国船舶及海洋工程设计研究院设计、上海振华重工建造的大型浅水铺管船。该船采用驳船非自航船型,最大铺管水深达 300 m,采用 12 点锚泊定位,最大铺管速度为每天 3 km。该船船长 168.3 m,船宽 46 m,型深 13.5 m,结构吃水 9 m。该船采用单甲板设计,船尾设置 1 台 1 200 t 全回转起重机,主甲板右侧布置单/双节点铺管线,主甲板左侧为管线储存区,管线储存能力约为 5 000 t。该船设 2 台

图 1 - 10 铺管作业中的浅水铺管船"海洋石油 202 号"

100 t 张紧器、1 台 200 t A&R 绞车,5 个焊接站,1 个无损检测/返修站,3 个涂敷站。该船采用固定式托管架,托管架分为 2 段,总长为 100 m。"海洋石油202 号"的建成,填补了我国自主研制大型浅水铺管船的空白。

1.4.4　打捞作业

中国已成为名副其实的经济大国和航运大国。巨大的经济总量和海运量使得沿海水域船舶交通流量大、密度高,难免有突发性的船舶事故发生。船舶事故远离陆地,救捞困难,容易造成群体性死亡或受伤以及重大经济损失和环境损失,产生重大社会影响。

在 2017 年全球货物吞吐量和集装箱吞吐量排名前十的港口中我国占了7 个,上海港更是双双位居全球第一。海洋经济的持续发展离不开航道的畅通,一旦发生船舶沉没将导致重要港口航道的堵塞,会对经济产生重大影响,带来不可估量的损失。如果沉船装载危险化学品还可能污染水体,造成巨大的生态环境灾害。

在沉船打捞施工中,起重船主要用于对沉船的扳正、起浮和抬吊。大型打捞起重船是现代打捞工程中重要的核心装备,起重能力的大小直接代表了打捞能力的高低。大型起重船具有强大的深水起重能力,如"Saipem 3000 号"水下290 m 处的起重能力达 544 t,"Saipem 7000 号"水下 450 m 处的起重能力更是高达 900 t。

图 1 - 11 为宋代古沉船"南海一号"的打捞现场。2007 年,广州打捞局利用 4 400 t 全回转起重船"华天龙号",在半潜船"重任 1601 号"的配合下,将装有"南海一号"的"钢箱"整体打捞出海,为我国的考古事业做出了杰出贡献。为尽可能保持古沉船的完整性,防止打捞过程中船体进一步损坏以及船内装载的瓷器、铁器、钱币等珍贵文物的破损散落,"南海一号"采用整体打捞技术。把一个特制的考古打捞专用钢箱沉

图 1 - 11　"华天龙号"全回转起重船打捞
古沉船"南海一号"

入海底,将整个古沉船连同周围的土壤包裹起来。钢箱采用非常规钢结构,长35.7 m,宽14.4 m,高12 m,重530 t,加上装在其中的古沉船及其周围的泥和水,总重为4 600 t左右。将如此大型结构整体打捞出水,在以前是完全不可想象的。

"华天龙号"起重船由中国船舶与海洋工程设计研究院设计、上海振华重工建造。该船船长为174.85 m,船宽为48 m,型深为16.5 m,设计吃水为11.5 m,最大排水量为83 700 t,定员为300人,自持力为60天。设12点锚泊系统,最大作业水深300 m。尾部设2台1 500 kW全回转舵桨,具备短距离移航能力,航速为5 kn。工作甲板长为130 m,甲板面积为6 240 m²,工作甲板为海上施工提供了宽敞的作业平台。尾部主吊机主钩的最大固定吊重为4 400 t,最大回转吊重为2 000 t,最大吊高距主甲板94 m。"华天龙号"起重船于2006年交付,是当时亚洲吊重能力最大的全回转起重船,有"亚洲第一吊"之称,它的建成极大增强了我国救助打捞事业的实力。"华天龙号"起重船先后完成了8万吨级的"奋威号"挖泥船、"大舜号"滚装船、"大庆245号"油轮、"渤海2号"钻井平台、二战时沉没于台湾海峡的日本"阿波丸号"邮轮、"辽旅渡7号"滚装船、"银锄号"轮等失事船舶的打捞,以及一些重大军事抢险工程,迅速、及时、有效地解决了国家突发重大公共事件,疏通了航道,清除了大量的海上障碍,抑制了海洋环境污染,挽回了大量财产损失,为国家海洋环境的公共安全提供了强有力的保障。

1.4.5 桥梁工程建设

随着经济的快速发展,我国陆续建成了一批跨海大桥,包括胶州湾大桥、东海大桥、杭州湾跨海大桥、港珠澳大桥、金塘大桥、西堠门大桥、嘉绍大桥、清澜大桥、厦漳跨海大桥等。

起重船可用于桥梁工程建设中预制钢箱梁、混凝土预制桥面板、桥墩分段等的吊装。用于桥梁施工的起重船除对吊重能力有要求外,对吊距和吊高要求较高;主钩间距也要适当大些,以适应大尺寸、大跨度吊装的需要。

20世纪末期,为适应跨海大桥的建设,我国陆续建成了一批特殊用途的专用起重船。其中最具有代表性的是中铁大桥局集团有限公司(简称中铁大桥局)先后投资建造的2 500 t海上运架梁专用起重船"小天鹅号"和3 000 t海上运架梁专用起重船"天一号"。"天一号"起重船船长90 m,船宽40 m,起重高度为69 m,吊距16 m,采用全回转舵桨推进装置,并装有首侧推进器,具有水平横移能力和很强的定位能力。

1.4.6　海上风电安装

风能是最主要的新能源之一。我国《风电发展"十二五"规划》中明确提出：在重点开发建设河北、江苏、山东海上风电的基础上，加快推进上海、浙江、福建、广东、广西、海南等沿海区域海上风电的规划建设。根据国家能源局印发的《风电发展"十三五"规划》，"十三五"期间风电将新增装机容量 80 GW 以上。到 2020 年，国内海上风电开工建设规模将达 10 GW，到 2030 年为 30 GW。按海上风电投资每千瓦 1.6 万元测算，"十三五"期间海上风电建设总投资将达到 1 600 亿元，其中建筑工程费和设备安装费要占 40% 左右。以单机 4 MW 计算，到 2020 年中国至少需要安装 2 500 台海上风机；2020—2030 年，按单机 6 MW 计算，平均每年需要安装 330 台。

从全球范围看，至 2017 年全球海上风电装机量达 16 GW，预计到 2022 年将增加到 46.4 GW。届时欧洲海上风电装机容量将达 33.9 GW，主要市场位于德国和英国海域；亚洲地区将达 11.3 GW，主要是市场位于中国和日本；北美地区将达 1.2 GW，主要市场位于美国东海岸。

到 2022 年，全球海上风电安装市场年度支出预计达到 257 亿欧元。2018—2022 年累计约 1 082 亿欧元，主要支出包括项目管理，基座、风机及电缆运输和安装，电缆铺设以及运营管理等。用于基座、风机及电缆运输和安装的费用占比约为 16%，年度费用约为 41 亿欧元，其中风机安装费用约为 16.4 亿欧元，基座安装费用约为 12.3 亿欧元。

相比于大量投产的单桩固定式风机，浮式风机对于水深较大的海域有着巨大的吸引力。海上浮式风机应用近年来发展非常快，2017 年挪威石油的 Hywind 完成安装并准备投产，其另外 2 个浮式风机项目也在 2018 年进行安装。此外，爱尔兰、葡萄牙和法国也将有 3 个浮式风机项目在 2020 年前后投产。我国从 2016 年开始着手进行深远海域海上风电重大示范工程前期论证。目前浮式风机基座主要包括 Spar 式、半潜式和张力腿 3 种形式。浮式风机的安装对精度要求没有固定基座高，但是对起重能力要求较高。

海上风电场建设中，除专用的自升式风电安装平台外，在海况相对良好、离岸近的浅水区域，起重船因其就位方便而具有一定优势。在深水区域，自升式风电安装平台由于桩腿长度有限而不再适用；起重船受水深影响较小，市场前景广阔。

1.4.7　打桩作业

起重船具有宽敞的甲板面积、良好的抗风浪性能、较强的抗水流能力和适应各种泥面驻位的能力,配置有高精度的 GPS 定位系统等,在配备专用的打桩设备后,可用于沿海及港内水域的大型桥梁及高桩码头等水工工程桩基施工作业,成为一种施工能力强、作业效率高的打桩船。

1.4.8 造船分段吊装

在造船行业扒杆起重船广泛用于大型总段的转运和合拢作业。浮吊起重能力越大,吊装的模块或船体分段规模就越大,生产效率也将随之大幅提高,从而能够降低造船成本。

1.4.9 人员生活居住

大型起重、铺管船定员很多,一般达 300～400 人,最多可达 700 人。而且由于其主尺度大,大型起重、铺管船有布置住舱的空间,船上淡水、食品储存量也有增大的可能。因而除了满足船员居住需要外,它还可提供住舱支持,满足其他大量施工人员生活居住的需要[4]。

1.5 起重、铺管船的发展概况

1.5.1 扒杆起重船发展概况

1. 国外扒杆起重船发展概况

扒杆起重船最初是在码头吊运大件货物,其作业地点灵活,有效弥补了岸吊吊程的不足。现代扒杆起重船广泛应用于桥梁工程建设、港口码头施工、水工建设、救助打捞等领域,其起重能力不断增大,作业地点也从港口、内河扩展到沿海甚至近海。

早期的固定臂架起重船,哪怕起重量有几千吨,采用的也是一套门形臂架,为了安装并列双钩,门架横梁宽度取得很大。随着吊装物尺寸的加大,吊钩间距也要加大,这便出现了单船体双臂架船型和双船体双臂架船型来替代大件吊装时需要的双船作业模式,大大提高了工效和安全性。吊臂结构也由"门"字形结构向"人"字形结构发展。

2010 年由上海振华重工为韩国三星重工建造的 8 000 t 扒杆起重船"SAMSUNG 5 号"建成交付。该船的起重机采用桁架式双臂架,配 8 个主钩。该船共配 11 台绞车,包括 9 台定位锚绞车和 2 台系泊绞车,最大起升高度达

131 m。该船是当时我国建造的起重能力最大的扒杆起重船。

韩国现代重工的 10 000 t 级"HYUNDAI - 10000 号",是目前世界上起重能力最大的扒杆起重船,主要用于其蔚山总部的海工平台建造。该船总长 182 m,宽 82 m,吃水 6 m,该船的起重机采用桁架式双臂架,吊臂长 180 m,人字架高 70 m,配 8 个主钩,单钩起重能力 1 250 t。该船共设 16 台主钩绞车和 8 台辅钩绞车,单根钢丝绳断裂后,仍能使被吊物保持原位而不掉落。

表 1 - 3 列出了国外部分大型扒杆起重船的基本信息。

表 1 - 3　国外部分大型扒杆起重船基本信息

船　名	船　东	起重能力/t	臂架和主钩数	建造年份/年
第 50 吉田号	Yoshida Gumi	4 100	双臂架 4 主钩	1990
骏河号	Fukada Salvage & Marine Works	2 200	单臂架 2 主钩	1991
海翔号	Yorigami Maritime Construction	4 100	双臂架 4 主钩	1993
Rambiz 号	Scaldis Salvage	3 300	双臂架 2 主钩	1996
Gulliver 号	Scaldis Salvage	4 000	双臂架 4 主钩	2018
Samho 4000 号	Samho Indian	3 600	双臂架 4 主钩	2009
Kumyong No. 2200 号	Kum Yong Development	2 000	双臂架 2 主钩	2009
SAMSUNG 5 号	韩国三星重工	8 000	双臂架 8 主钩	2010
L 3601 号	Sembcorp Marine	3 600	双臂架 4 主钩	2012
ASIAN HERCULES 号	Asian Lift	1 600	单臂架 2 主钩	1985
ASIAN HERCULES II 号	Asian Lift	3 200	单臂架 2 主钩	1997
ASIAN HERCULES III 号	Asian Lift	5 000	单臂架 2 主钩	2015
HYUNDAI - 10000 号	韩国现代重工	10 000	双臂架 8 主钩	2015

2. 我国扒杆起重船发展概况

我国在 20 世纪 90 年代以前,陆续引进和建造了一些小型扒杆起重船,但整体发展较慢。到了 21 世纪初,我国基础建设,特别是以跨海大桥兴建为代表的海上基础建设的迅速发展,对扒杆起重船,特别是大吨位扒杆起重船的需求旺盛起来。

据粗略统计,国内现有扒杆起重船近 70 艘,主要从事救助打捞、港口码头吊装、桥梁建设、海底隧道沉管施工、海上风电场建设、海工大件吊装等业务。其中,1 000 t 以上大型扒杆起重船有近 20 艘,比例偏低。国内的扒杆起重船主要集中在交通运输部救助打捞局下属的三大打捞局、上海振华重工、中交建下属航务工程局、海洋石油工程股份有限公司(简称海油工程)、中铁大桥局以及一些大型造船企业。国内私营企业也陆续装备有一定数量的扒杆起重船。表 1-4 列出了国内部分大型扒杆起重船的基本信息。

表 1-4 国内部分大型扒杆起重船基本信息

船 名	船 东	起重能力/t	臂架和主钩数	建造年份/年
勇士号	上海打捞局	1 000	单臂架 2 主钩	1977
四航奋进号	中交四航局	2 600	双臂架 4 主钩	2004
振浮 3 号	上海振华重工	1 300	单臂架 2 主钩	1998
振浮 4 号	上海振华重工	1 600	单臂架 2 主钩	2002
振浮 5 号	上海振华重工	2 200	单臂架 4 主钩	1986
振浮 6 号	上海振华重工	1 600	单臂架 2 主钩	2006
新振浮 7 号	上海振华重工	5 000	单臂架 2 主钩	2015
向阳二号	上海港复兴船务	1 200	单臂架 2 主钩	2004
三航风范号	中交三航局	2 400	双臂架 4 主钩	2009
上船浮吊 5 号	上海造船厂	2 500	单臂架 4 主钩	2010
稳强 8 号	江苏稳强海工	1 800	单臂架 2 主钩	2011
长大海升号	广东长大公路工程公司	3 200	双臂架 4 主钩	2012
德浮号	烟台打捞局	3 600	双臂架 4 主钩	2013
华西 1000 号	江苏华西海工	1 000	单臂架 2 主钩	2015
正力 2200 号	正力海工	2 200	单臂架 4 主钩	2015
招商重工 2 号	招商局重工(江苏)	3 000	单臂架 4 主钩	2016
大桥海鸥号	中铁大桥局	3 600	双臂架 4 主钩	2017

I.5.2 全回转起重船发展概况

1. 国外全回转起重船发展概况

1920 年,美国海军舰只"USS Kearsarge 号"加装 250 t 起重机后成为一艘起重船,更名为"Crane Ship No. 1 号"(见图 1-12)。该船主要用于舰船建造过程中的舰炮和其他重型设备的起重作业,在 1934 年成功吊起"USS Squalus号"艇。

图 1 - 12　250 t 全回转起重船"Crane Ship No. 1 号"

1949 年 J. Ray McDermott 公司建造了 150 t 全回转起重机驳船"Derrick Barge Four 号"。它改变了海洋工程的建设方式,开创了海洋工程模块化安装的先河。1963 年 Heerema 公司将一艘挪威油船"Sunnaas 号"改造成 300 t 起重船,并更名为"Global Adventurer 号"。它成为第一艘能适应北海恶劣环境的海洋工程专用起重船。1974 年 J. Ray McDermott 公司相继建造了大型单船体起重船"DB 27 号"和"DB 30 号",起重能力分别达到 2 400 t 和 3 080 t。

21 世纪初,世界海洋油气生产活动恢复活跃,大型全回转起重船的建造增加,且其起重能力越来越大。SapuraAcergy 公司于 2008 年投资建造的"Sapura 3000 号"采用桅杆式起重机,最大起重能力 3 000 t。Nordic Heavy Lift 公司于 2011 年投资建造的"Seven Borealis 号"采用桅杆式起重机,最大起重能力 5 000 t。

Seaway Heavy Lifting 公司投资建造的新一代 5 000 t 起重船"Oleg Strashnov 号"长为 183 m,宽为 47 m,型深为 18.2 m,最大航速为 14 kn,最大吊高距水面为 102 m。主电站为 6 台 4 500 kW 发电机组,尾部配置 2 台 5 000 kW 舵桨推进器,首部配置 2 台 1 012 kW 侧推,另配置 3 台 3 500 kW 可伸缩全回转推进器,形成 DP-3 级动力定位系统。该船另设置 8 点锚泊定位系统。"Oleg Strashnov 号"具有起重能力大、甲板面积大、动力定位和高航速的特点,在一定程度上代表了大型单船体全回转起重船的发展趋势。表 1-5 列出了国外部分大型全回转起重船的基本信息。

表1-5 国外部分大型全回转起重船基本信息

船 名	船 东	起重能力/t		定位方式	建造年份/年
		固定吊	回转吊		
DB 27 号	J. Ray McDermott	2 177	1 270	12 点锚泊	1974
DB 30 号	J. Ray McDermott	2 794	2 223	12 点锚泊	1975
DB 50 号	J. Ray McDermott	4 400	3 527	DP-2+8 点锚泊	1988
Saipem 3000 号	Saipem	2 177	2 160	DP-3+8 点锚泊	1976
Castoro 8 号	Saipem	2 177	1 814	12 点锚泊	1976
Castoro Otto 号	Saipem	2 160	1 800	12 点锚泊	1976
Saipem Constellation 号	Saipem	3 000	3 000	DP-3	2014
Sapura 3000 号	Subsea 7	2 721	1 995	DP-2	2008
Seven Borealis 号	Subsea 7	5 000	4 000	DP-3+8 点锚泊	2012
Lewek Champion 号	EMAS Chiyoda Subsea	2 200	2 200	DP-2	2007
STANISLAV YUDIN号	Seaway Heavy Lifting	2 500	2 500	8 点锚泊	1992
Oleg Strashnov 号	Seaway Heavy Lifting	5 000	5 000	DP-3+8 点锚泊	2011
OSA Goliath 号	Coastline Maritime	1 600	1 600	DP-3	2009
OSA Sampson 号	Coastline Maritime	2 000	2 000	DP-3	2010
Swiber Resolute 号	Swiber Offshore	1 100	700	DP-2+8 点锚泊	2009
Swiber PJW3000 号	Swiber Offshore	3 000	2 000	12 点锚泊	2010
Swiber Kaizen 4000 号	Swiber Offshore	4 000	3 000	DP-3+12 点锚泊	2012
Oceanic 5000 号	Oceanic Marine	4 400	3 000	DP-2+10 点锚泊	2011
Aegir	Heerema 号	4 000	4 000	DP-3	2012
Global 1200 号	Technip	1 200	900	DP-2+8 点锚泊	2010
LTS 3000 号	SapuraCreast	2 772	2 772	DP-1+10 点锚泊	2010
DLB 1600 号	Valentine Maritime Gulf	1 600	1 200	12 点锚泊	2013
Bokalift 1 号	Boskalis	3 000	3 000	DP-2	2017

2. 我国全回转起重船发展概况

整体上,国内全回转起重船起步较国外晚。中海油于 2001 年投资建造了非自航起重铺管船"蓝疆号",起重能力达 3 800 t。2006 年,由广州打捞局投资建造的、有"亚洲第一吊"美誉的 4 000 t 起重船"华天龙号"投入使用。2008 年建成交付的"蓝鲸号",最大起重能力 7 500 t,是当时国内起重能力最强的全回转起重船。2010 年,由上海打捞局投资建造的 3 000 t 起重船"威力号",是第一条国内自主设计建造的 DP-2 级动力定位起重船。2011 年建成交付的 DP-3 级动力定位深水起重铺管船"海洋石油 201 号",兼具有 3 000 m 水深铺管能力(S-lay 方式)和 4 000 t 起重能力,是国内建造的第一条高规格深水起重铺管船。

　　2016 年,由上海振华重工自主建造的单船体全回转起重船"振华 30号"交付使用,其最大起重能力为 12 000 t,回转起重能力为 7 000 t,吊重能力位居世界第一。"振华 30 号"由超大型油轮改装而成,船长约 297.5 m,船宽为 58 m,排水量约为 260 000 t。"振华 30 号"安装了 12 个推进器,包括 6 个 3 800 kW 的可伸缩式全回转推进器、4 个 3 250 kW 的吊舱式推进器和 2 个 2 750 kW 的侧推,具备 DP-2 级动力定位能力。"振华 30 号"在港珠澳大桥岛隧工程海底隧道的沉管安装中发挥了重要作用。

　　国内的大型全回转起重船主要集中在交通运输部救助打捞局下属的三大打捞局、上海振华重工、海油工程。国内私营企业也陆续建造了几条大型全回转起重船。表 1-6 中列出了部分国内大型全回转起重船的基本信息。

表 1-6　部分国内大型全回转起重船基本信息

船　　名	船　　东	起重能力/t		定位方式	建造年份/年
		固定吊	回转吊		
大力号	上海打捞局	2 500	500	8 点锚泊	1980
威力号	上海打捞局	3 000	2 600	DP-2+8 点锚泊	2010
创力号	上海打捞局	4 500	3 500	DP-3+10 点锚泊	2019
德瀛号	烟台打捞局	1 700	1 700	10 点锚泊	1996
德合号	烟台打捞局	5 000	3 500	DP-3+10 点锚泊	2018
蓝疆号	海油工程	3 800	2 500	12 点锚泊	2001
蓝鲸号	海油工程	7 500	4 000	10 点锚泊	2008
海洋石油 202 号	海油工程	1 200	800	12 点锚泊	2009
海洋石油 201 号	海油工程	4 000	3 500	DP-3	2011
华天龙号	广州打捞局	4 000	2 000	8 点锚泊	2006
海隆 106 号	海隆海工	3 000	2 000	12 点锚泊	2012
华西 5000 号	华西村	4 500	3 000	8 点锚泊	2012
中油管道 601 号	中石油管道公司	1 600	1 200	8 点锚泊	2013

（续表）

船 名	船 东	起重能力/t		定位方式	建造年份/年
		固定吊	回转吊		
长天龙号	武汉长江航道救助打捞局	1 000	530	DP-1+8 点锚泊	2016
振华 30 号	上海振华重工	12 000	7 000	DP-2+10 点锚泊	2016

1.5.3 半潜起重船发展概况

起重船起重作业的"气象窗口"还取决于其耐波性能。耐波性好的起重船对海况敏感性低，作业时间相对更长。总体上，半潜起重船的耐波性要优于其他船型的起重船。

1978 年 Heerema 公司建造了大型半潜式起重船"Balder 号"和"Hermod号"，每艘起重船配有 1 台 1 980 t 和 1 台 2 970 t 全回转起重机(后来这些起重机能力都得到进一步提高)。半潜式起重船对海浪的敏感度大大降低，这使得其于冬季在北海进行起重作业成为可能。同时高稳性的特点也使它比单船体起重船具有更大的起重能力；其强大的海上起重能力使海洋平台的安装时间大大缩短，从整个季节降低为几周时间。受此成功的启示，1985 年 J. Ray McDermott 公司投资建造了半潜式起重船"DB 102 号"，船上设有 2 台 6 000 t 全回转起重机。1986 年 Micoperi 投资建造了半潜式起重船"M7000 号"，船上设有 2 台 7 000 t全回转起重机，创造了当时的世界海上起重纪录。然而在 20 世纪 80 年代中期，海洋工程发展进入低谷，各大海洋工程承包商面临严重危机。1990 年 Micoperi公司破产。1995 年 Saipem 公司接管了"M7000 号"，并更名为"Saipem 7000号"。1997 年 Heerema 公司接管了"DB 102 号"，后更名为"Thialf 号"，并将起重机能力提高到 2×7 100 t。据报道，由 Heerema 公司下单、新加坡胜科海事承建的"Sleipnir 号"半潜式起重船的起重能力将达到了惊人的 2×10 000 t。

Heerema 公司的"Thialf 号"左右舷各设 1 台 7 100 t 全回转起重机，是目前世界上起重能力最大的半潜式起重船。该船总长为 201.6 m，船宽为 88.4 m，型深为 49.5 m，最大作业吃水为 31.6 m，最大排水量为 198 750 t，定员 736 人。主钩最大吊高距主甲板为 95 m，水下 265 m 时的最大吊重为 3 500 t，水下 308 m时的最大吊重为 2 990 t。辅钩吊重为 907 t，最大吊深达到水下 416 m。该船设12 点锚泊系统，配 12 个重 22.5 t 的大抓力锚，系泊钢缆长为 2 400 m，直径为80 mm，最小断裂负荷为 480 t；设 DP-3 级动力定位系统，配置 6 台 5 500 kW 全回转推进器。

目前大型半潜起重船主要集中在 Heerema、Saipem、J. Ray McDermott 3 个主要海上工程承包商手里。表 1 - 7 列出了部分世界现役大型半潜起重船的基本信息。

表 1 - 7　部分世界现役大型半潜起重船基本信息

船　名	船　东	起重能力/t×吊距/m		定　位　方　式	建造年份/年
		固定吊	回转吊		
Hermod 号	Heerema	3 628×39 4 536×40	2 700×30.5 4 536×32	12 点锚泊	1978
Balder 号	Heerema	2 720×33.5 3 600×37.5	1 980×27.5 2 970×33.5	DP - 3+12 点锚泊	1978
DB 101 号	J. Ray McDermott	3 500×24	2 700×24	10 点锚泊	1978
Thiaf 号（原 DB 102 号）	Heerema	7 100×31.2 7 100×31.2	7 100×31.2 7 100×31.2	DP - 3+12 点锚泊	1985
Saipem 7000 号（原 M7000 号）	Saipem	7 000×42 7 000×42	6 000×45 6 000×45	DP - 3+14 点锚泊	1986

1.5.4　铺管船发展概况

1. 国外铺管船发展概述

自 1954 年 Brown & Root 海洋工程公司在墨西哥湾成功铺设了世界第一条海底管线以来，铺管船先后发展出了拖管铺设、卷管铺设、S 型铺设、J 型铺设等多种铺管形式。

20 世纪 60—70 年代早期，出现了 S 型铺管船，这在铺管历史上具有重要意义：首先是完成了管线的安装、焊接、检测等管线铺设工序由陆地到海上的转变，加快了铺设速度，提高了管线的铺设效率；其次，在铺管船上使用了大量的铺管专用设备，如吊车、托管架、绞车等，加大了铺管深度；最后，由于船体排水量的增加，铺管船的稳定性也得到了提高。到 70 年代晚期，铺设深度已经能够达到 600 m。

同期在开发北海油气田时，船型铺管船因抗风浪能力差，不能适应北海的恶劣海况，其作业窗口受到较大限制，半潜铺管船因抗风浪能力强、耐波性好而得到发展。20 世纪 70 年代初期"乔克陶Ⅰ号"半潜铺管船在澳大利亚的巴斯海峡投入使用,其稳定性好,并能在 120~180 m 深海中进行铺管作业。1979 年 "Castoro 10 号"半潜铺管船,在建设由非洲阿尔及利亚通向欧洲意大利的输气管道时,成功地在 608 m 深的海域铺设了 500 mm 管径的管道。这一时期 S 型半潜铺管船的代表是 Saipem 公司的"Castoro Sei 号"。该船船长 152 m,船宽 70.5 m,型深 29.8 m,作业吃水 14.5 m,电站总功率 20.5 MW。该船采用 12 点锚泊定位,另设 4 台小型全回转推进器,用于短距离移位和辅助定位;采用双节点铺管线,设 6 个焊接站,配 3 台 110 t 张紧器和 1 台 330 t A&R 绞车,最大铺设管径 60 in。

Allseas 公司的"Lorelay 号"是全球第一条采用 DP‐3 级动力定位系统的铺管船,船长为 183 m,船宽 25.86 m,型深为 15.5 m,吃水为 9 m,航速为 16 kn,配 3 台 55 t 张紧器,最大铺设管径 36 in。1996 年该船以铺管水深 1 645 m 打破了当时 S 型铺管的世界纪录。

目前世界上最大的单船体铺管船为 Allseas 公司的"Solitaire 号"深水铺管船,船长为 300 m,船宽为 40 m,型深为 24 m,吃水为 8.5 m,航速为 13 kn。该船于 2005 年改造完成,安装有 3 台 350 t、总张紧能力为 1 050 t 的张紧器,采用动力定位和 S 型铺管方式,最大铺设管径 60 in,最大铺管深度达 2 775 m,每天最大铺管速度达到 9 km。2005 年,"Solitaire 号"在墨西哥湾创下了 2 750 m 铺管水深(10 in 管径)的纪录,而当时同样管径的 J 型铺管的水深纪录仅为 2 150 m。

20 世纪 80—90 年代,传统的 S 型半潜铺管船由于技术和设备限制,已经无法满足铺管深度的要求,此时出现了 R 型铺管船和 J 型铺管船。

Subsea 7 公司的"Seven Oceans 号"是世界上最先进的卷式铺管船之一。该船船长为 157.3 m,船宽为 28.4 m,型深为 12.5 m,吃水为 7.5 m,航速为 13.5 kn。主甲板上安装有 1 台储管能力 3 500 t 的垂直卷筒。铺管坡道系统由 1 个对中轮、管道矫直机、400/450 t 的张紧器、牵制钩、滚轮箱、1 台 450 t 和 1 台 80 t 的 A&R 绞车组成。管道主存储卷筒的外径为 28 m,轮毂直径为 18 m,边缘宽度为 10 m,可存储总长 18 km 的 16 in 薄壁无绝缘层管道,或总长 120 km 的 6 in 薄壁无绝缘层管道。主电站为 6 台 3 500 kW 发电机组,尾部配置 3 台 2 950 kW 舵桨推进器,船首配置 2 台 2 400 kW 可伸缩全回转推进器和 1 台 2 200 kW 侧推,形成 DP‐2 级动力定位系统。

Saipem 公司的"Saipem 7000 号"铺管船是比较有代表性的 J 型半潜铺管船。该船船长为 197.95 m,船宽为 87 m,型深为 43.5 m,作业吃水为 27.5 m。J 型铺管船最大作业水深为 2 000 m,适用管径 4~32 in,张紧器张力为 525 t,设 1 台 550 t 的 A&R 绞车、1 个焊接站和 1 个无损检测探伤站。铺管作业时,塔架与主甲板夹角为 90°～110°。主甲板管子堆场能储存 4 节点管段约 6 000 t。该船设 14 点锚泊系统，配置 12 台发电机组，电站总功率 70 000 kW，配置 4 台 4 500 kW 舵桨推进器，4 台 3 000 kW 可伸缩全回转推进器，2 台 5 500 kW 可伸缩全回转推进器和 2 台 2 500 kW 首侧推，形成 DP-3 级动力定位系统。

　　Technip 公司的"Deep Blue 号"是 J 型和 R 型两用铺管船。该船船长 203.7 m，船宽 32 m，型深 17.8 m，结构吃水 10 m，航速 13 kn。J 型铺管系统最大作业水深 3 000 m，适用刚性管管径 4～28 in，铺管塔上设 2 台 385 t 的张紧器。铺管作业时，塔架与主甲板夹角为 58°～90°；航行时，夹角可降至 32°。该船 R 型铺管系统的特色之一是能铺设预制钢质悬链线立管和混合悬链线立管。R 型铺管系统张紧能力 550 t，适用刚性管管径 4～18 in，最大柔性管管径 24 in，脐带缆外径 70～250 mm。船体月池开口长 15 m，宽 7.5 m。全船最大储管能力 10 000 t，其中立式卷筒最大可储存 5 600 t 刚性管管线，卧式卷筒最大可储存 2 000 t 软管管线和 1 540 t 脐带缆，主甲板管子堆场最大可储存 4 000 刚性管。主电站为 6 台 5 600 kW 发电机组，尾部配置 2 台 5 500 kW 舵桨推进器，船首配置 2 台 1 300 kW 侧推，船中和船首另配置 4 台 3 000 kW 可伸缩全回转推进器，形成 DP-3 级动力定位系统。

　　目前，全世界铺管船已超过 200 艘。国外铺管船主要集中在 Allseas、Saipem、Technip、Subsea 7、J. Ray McDermott、Sea Trucks Group、Cal Dive International、Helix 等几家公司[3-4]。表 1-8 列出了部分国外铺管船的基本信息。

表 1-8　部分国外铺管船基本信息

船　名	船　东	铺管方式	最大管径/in	张紧器/t	定位方式	建造年份/年
DB 27 号	J. Ray McDermott	S-lay	60	135	12 点锚泊	1974
DB 30 号	J. Ray McDermott	S-lay	60	270	12 点锚泊	1975
DB 50 号	J. Ray McDermott	J-lay	20	350	DP-2+8 点锚泊	1988
DLB 264 号	Technip	S-lay	60	136	12 点锚泊	1966
Comanche 号	Technip	S-lay	60	120	12 点锚泊	1969
DLB 332 号	Technip	S-lay	42	82	12 点锚泊	1971
Iroquois 号	Technip	S-lay	48	200	12 点锚泊	1973
Deep Blue 号	Technip	R-lay J-lay	18 28	550 750	DP-3	2001

（续表）

船　名	船　东	铺管方式	最大管径/in	张紧器/t	定位方式	建造年份/年
Hercules 号	Technip	S‑lay R‑lay	60 18	540	DP‑2	2005
Apache II 号	Technip	R‑lay	16	150	DP‑2	2009
Global 1200 号	Technip	S‑lay	60	375	DP‑2＋8 点锚泊	2010
Deep Energy 号	Technip	R‑lay	18	450	DP‑3	2013
Seven Eagle 号	Subsea 7	R‑lay	24	90	DP‑2	1997
Seven Navica 号	Subsea 7	J‑lay	16	205	DP‑2	1999
Seven Phoenix 号	Subsea 7	J‑lay		340	DP‑2	2002
Seven Oceans 号	Subsea 7	R‑lay	16	400/450	DP‑2	2007
Seven Seas 号	Subsea 7	J‑lay	18	400	DP‑2	2008
Scandi Acergy 号	Subsea 7	R‑lay	24	125	DP‑3	2008
Sapura 3000 号	Subsea 7	S‑lay J‑lay	60 20	240 400	DP‑2	2008
Acergy Antares 号	Subsea 7	S‑lay	60	120	10 点锚泊	2009
Seven Pacific 号	Subsea 7	R‑lay	24	260	DP‑2	2010
Scandi Seven 号	Subsea 7	R‑lay	24	110	DP‑2	2010
Seven Borealis 号	Subsea 7	S‑lay J‑lay	46 24	600 750	DP‑3	2012
Jascon 2 号	Sea Trucks Group	S‑lay	32	25	8 点锚泊	2004
Jascon 18 号	Sea Trucks Group	S‑lay	48	600	DP‑3	2009
Jascon 25 号	Sea Trucks Group	S‑lay	48	120	DP‑3	2008
Jascon 28 号	Sea Trucks Group	S‑lay	48	120	DP‑3	2007
Jascon 30 号	Sea Trucks Group	S‑lay	48	100	DP‑3	2008
Jascon 34 号	Sea Trucks Group	S‑lay	48	120	DP‑3	2010
Jascon 35 号	Sea Trucks Group	S‑lay	48	300	DP‑3	2009
Castoro 10 号	Saipem	S‑lay	56	120	10 点锚泊	1976
Castoro Otto 号	Saipem	S‑lay	60	360	10 点锚泊	1976
Castro Sei* 号	Saipem	S‑lay	60	330	12 点锚泊	1978

（续表）

船　名	船　东	铺管方式	最大管径/in	张紧器/t	定位方式	建造年份/年
S 355* 号	Saipem	S－lay	48	100	11 点锚泊	1978
Semac1* 号	Saipem	S－lay	60	225	12 点锚泊	1976
SB 230* 号	Saipem	S－lay	32	50	10 点锚泊	
Saipem 7000* 号	Saipem	J－lay	32	525	DP－3＋14 点锚泊	1986
Saibos FDS 号	Saipem	J－lay	22	270	DP－3	2000
FDS 2 号	Saipem	J－lay	36	180	DP－3	2011
Lorelay 号	Allseas	S－lay	36	165	DP－3	1986
Tog Mor 号	Allseas	S－lay	60	100	10 点锚泊	2002
Solitaire 号	Allseas	S－lay	60	1 050	DP－3	2005
Audacia 号	Allseas	S－lay	60	525	DP－3	2005
Brave 号	Cal Dive International	S－lay	20	22.5	8 点锚泊	1970
Sea Horizon 号	Cal Dive International	S－lay	36	90	—	1977
Rider 号	Cal Dive International	S－lay	20	22.5	8 点锚泊	1995
Lone Star Horizon 号	Cal Dive International	S－lay	39	80	8 点锚泊	—
Pecos Horizon 号	Cal Dive International	S－lay	24	50	8 点锚泊	—
Intrepid 号	Helix	R－lay	12	120	DP－2	1983
Express 号	Helix	R－lay	14	160	DP－2	2006
Caesar 号	Helix	S－lay	42	405	DP－2	2009
Swiber PJW 3000 号	Swiber Offshore	S－lay	48	200	12 点锚泊	2010
Aegir 号	Heerema	J－lay R－lay	32 16	2 000 800	DP－3	2012
DLB 1600 号	Valentine Maritime Gulf	S－lay	60	200	12 点锚泊	2013
Ceona Amazon 号	Ceona Services	R－lay	16	570	DP－2	2014
Polar Onyx 号	Ceona Services	R－lay	16	275	DP－2	2014
LTS 3000 号	SapuraCreast	S－lay	60	200	DP－1＋10 点锚泊	2010
Oceanic 5000 号	Oceanic Marine	S－lay	60	240	DP－2＋10 点锚泊	2011

注：＊表示采用半潜式船型。

2. 我国铺管船发展概况

1973年,在山东黄岛胜利油田采用浮游法铺设了3条500 m长的从系泊装置到岸上的海底输油管线,这是我国第一条海底管线。1985年,在埕北油田也采用浮游法成功铺设了1.6 km长的钻采平台间的海底输油管线。直到1987年,我国从新加坡购得一条二手铺管船,即"滨海109号",并在渤中28-1油田铺设距离为3.2 km的海底管线,才结束了国内无铺管船的历史[4]。

目前我国的铺管船基本集中在中海油、中石油、中石化和少数民营企业,除"海洋石油201号"外其余均为采用锚泊定位的浅水铺管船,且均为S型铺管船,铺管形式单一。表1-9列出了部分国内铺管船的基本信息。

表1-9 部分国内铺管船基本信息

船 名	船 东	铺管方式	最大管径/in	张紧器张紧能力/t	主吊机起重能力/t	定位方式	建造年份/年
滨海106号	海油工程	S-lay	30	22.5	200	多点锚泊	1974
滨海109号	海油工程	S-lay	60	66.6	318	多点锚泊	1976
海洋石油201号	海油工程	S-lay	60	400	4 000	DP-2	2011
海洋石油202号	海油工程	S-lay	60	200	1 200	12点锚泊	2009
蓝疆号	海油工程	S-lay	48	146	3 800	12点锚泊	2001
中油管道601号	中石油管道公司	S-lay	60	120	1 600	8点锚泊	2013
中油海101号	中油海	S-lay	32	75	400	8点锚泊	2010
胜利902号	中石化	S-lay	60	150	400	8点锚泊	2011
胜利901号	中石化	S-lay	40	80	60	8点锚泊	1998
海隆106号	海隆海工	S-lay	60	200	3 000	12点锚泊	2012

"海洋石油201号"是我国第一条,也是目前唯一一条深水起重铺管船,最大铺管水深达3 000 m,最大铺管速度为每天5 km(管径48 in)。该船船长为204.65 m,船宽为39.2 m,型深为14 m,结构吃水为11 m,航速为12 kn。该船采用双层甲板设计,船尾设置1台4 000 t全回转起重机,起重甲板中部为管子储存区,管子储存能力达9 000 t。双节点主铺管线布置于主甲板中部,设2台200 t张紧器,1台400 t A&R绞车,4个焊接站,2个无损检测/返修站,2个涂敷站。该船采用固定式托管架,分为4段,总长107 m。主电站为6台5 760 kW发电机组,尾部配置2台4 500 kW舵桨推进器,船中和船首另配置5台3 200 kW可伸缩全回转推进器,形成铺管作业时的DP-2级动力定位系统。"海洋石油

201 号"的建成投产填补了我国在深水铺管装备领域的空白。2012 年,"海洋石油 201 号"在荔湾 3 - 1 项目首试深水铺管作业,成功实现了 1 500 m 水深、22 in 管径的铺管作业。2018 年,"海洋石油 201 号"完成东方 13 - 2 气田海域 195 km 的海底管线铺设,海管管径 24 in,这是我国迄今为止自主铺设的最长海底管线。

1.6　起重、铺管船的发展趋势

1.6.1　大起重量和大型化

由于海洋开发技术的不断发展,海洋石油勘探开发装备作业能力的不断增强,模块化、大型化成为海洋工程建设的主要特点。一般大型生产模块重量从 2 000~3 000 t 增大到 10 000 t 以上。同时随着深远海开发的发展,要求起重船具有较强的深水作业能力。远海的海况条件要比近海和沿海恶劣,起重船的排水量大些,对提高耐波性有利。离岸越远,油水补给越为不便,船体尺度越大,自身的油水储存能力越强。这些都要求未来的起重船不断向大型化方向发展,具有起重能力大、深水作业能力强、吊高大等特点。

传统的平台拆除方案是将上部模块和下部导管架进行拆解,并利用起重机分块吊装拆除。由于该拆除方式时间长、污染严重,该方式在墨西哥湾、北海等海域受到当地监管机构的限制。为缩短拆除周期,减少污染风险,整体拆除法日益受到重视。平台整体拆除方式对起重船的起重能力提出了更高的要求。

在现代打捞技术中,沉船整体打捞成为趋势。对沉船进行水下分割、分块打捞能够降低吊重要求,但可能会造成燃油管路和储油舱的破坏,引起二次溢油污染。随着船舶的大型化,沉船的吨位增大,这对打捞起重船的吊重能力要求也越高。这些都要求打捞起重船向大起重能力方向发展。

具有大起重能力的大型起重船越来越受到市场的重视,它不仅适用海上石油平台上部模块等大件的吊装与拆除以及导管架的辅助下水与就位,还可用于水下安装、海上打捞救援;同时由于船舶吨位较大,甲板作业面积较大,它可以作为海底油气管线的铺设、平台支持、平台维护等工作平台,在广阔的海洋能源开发市场上具有良好发展前景。

1.6.2　作业水深和区域扩大

陆上石油资源日趋减少,常规水深海域的石油勘探开发已达到相当程度。

从 20 世纪后期开始,在高油价的驱使下深水石油的勘探和开发不断升温,全球各大石油公司都纷纷加大对深水、超深水石油勘探开发的力度。

目前,世界深水探明油气储量达 500 亿桶油当量,待探明深水油气资源量超过 1 000 亿桶油当量。2005 年,世界深水原油产量达到 1.5 亿吨,比 1995 年增长近 10 倍。目前已在中国近海六大沉积盆地发现超过 70 个油气田,其中包括蓬莱 19 - 1、流花 11 - 1、崖城 13 - 1 等大型油(气)田和荔湾 3 - 1 深水气田,其中油田主要分布在渤海珠江口、北部湾等盆地,气田则主要分布在东海、琼东南、莺歌海等盆地。世界范围内的深海石油勘探开发热潮兴起于 20 世纪 80 年代末,虽然至今仅有 30 多年历史,但技术创新层出不穷,海洋油气勘探开发突飞猛进,作业水深纪录不断刷新。深海油气勘探开发被认为是石油工业发展的一个重要前沿阵地。南海、北海、墨西哥湾、巴西沿海、西非沿海、里海等海上油田的深水区纷纷成为相关各国的开发重点。在全球主要海上油气产区中,大部分都将逐步进入 2 000 m 水域,部分地区例如墨西哥湾和巴西沿海,已进入超 2 000 m 的超深海开发时代。只有拥有深水装备、掌握深水起重铺管相关技术,我国才有可能拿到国际"深水俱乐部"的门票。

随着水深的增加,相应的导管架、平台以及配套海上结构物越来越大,用于安装、维修和必要时打捞这些结构物的船舶也就越来越大。现场越来越需要起重能力大、生活支持能力强、带有动力定位功能、抗风浪能力强的大型起重船。

同时,随着人们对极地资源利用意识的增强,大型起重铺管船必然要走向南极和北极,参与极地油气资源的开发。

1.6.3 航速提高

在海洋石油开发初期,由于大量的勘探开发集中在近海、沿海海区,所以在 20 世纪开发的大型起重铺管船,一般对航速要求不高(平均为 6～8 kn)或者是非自航。但随着全球性海洋油气工程大量开发的需要,起重铺管船向大型化和作业水域全球化发展,跨海域使用、长距离调遣越来越普遍。因此要求新建的起重铺管船具有较高的航速,以缩短航行调遣时间,增加实际作业时间。进一步考虑波浪失速等因素,大型起重铺管船应具有在较差海况下的推进功率裕度,设计航速不宜太低,一般不应低于 12 kn。新建的高规格起重铺管船中很多航速都已达到 14 kn。

我国年经济总量已跃居全球第二,与之相匹配的是巨大的海上运输量,沉船事故时有发生。自 1999 年以来,每年都有超过 200 艘船舶在我国水域沉没,其中有些船舶沉没于航道或者港内,特别是一些关键的大港口的主航道或港池内。

这往往会造成"一船沉没、全港瘫痪"的局面,势必给港口的生产乃至整个国民经济带来不可估量的损失。用于应急抢险打捞的起重船必须具备较高的航速,才能快速到达事故地点,及时清除可能造成海洋环境污染的沉船、沉物,起到保护海洋环境、保证航道畅通的作用。

1.6.4　良好的水动力性能及抗风暴能力

起重铺管作业要等待所谓"好气象窗口(fine weather window)"才能进行施工。恶劣的海况直接影响到船上工人的施工作业,甚至会造成船体的漂移及管线的受力不匹配,管线所受的外力使管线的内应力超出其许用应力而导致管线断裂现象。正是由于"好气象窗口"要等待,所以海上起重铺管作业要在非常难得的"好气象窗口"中迅速进行。起重铺管船的耐波性越好,适应恶劣海况的能力越强,对作业气象窗口的要求就越低,作业效率就越高。

随着海上油气开发逐渐向深远海发展,海上环境载荷更趋恶劣;同时海上施工项目技术要求高,时间要求紧。为了提高大型起重铺管船作业的安全性以及全年作业率,增强其营利能力,必然要求其具有良好的水动力性能以及抗风暴能力。当风暴发生时,船舶能依靠自身能力待机自存,而不需要转场避风,这样就能在天气转好后迅速恢复作业。

1.6.5　安装动力定位系统

动力定位系统在功能应用及可靠性方面有其巨大的优势,但能源消耗较大,经济性较差,特别是在浅水区域作业,普通的锚泊定位系统动力消耗仅相当于动力定位系统的 $20\%\sim30\%$ 左右。因此,在浅水区域作业(设计水深一般不超过 300 m)时,现有的大型起重、铺管船一般采用传统的锚泊定位系统。

随着深远海开发的发展,大型起重铺管船的作业水深不断增加,以前的锚泊定位方式已不能满足要求,动力定位系统应运而生。动力定位系统基本不受水深限制,并且能容易地与作业对象保持相对位置,铺管时控制路由,且不受锚索影响。现代大型起重铺管船多数至少具有 DP-2 级动力定位能力,一些较老的大型起重铺管船也进行了改装,增加了动力定位系统。

主要有三方面的因素使得动力定位功能成为起重铺管船的发展趋势:

(1) 锚泊定位受海域水深限制,一般在 150 m 水深浅锚泊定位较为有效。

(2) 海上起重铺管作业受气象海况的影响较大,要在非常难得的"好气象窗口"中迅速进行。锚泊定位布锚和起锚的时间很长,致使施工效率很低,经常会贻误时机,所以需要快速有效的定位功能。

（3）海洋的迅速开发导致浅水海域各类电缆管道、油气输送管道纵横密布，密度非常大，除了指定的锚地外，可供抛锚的海域越来越少。

1.6.6 全电力驱动及全电力推进

起重、铺管船作业工况多变，有全速航行工况，有低速铺管工况，有静态起重工况，还有避风待命工况。铺管工况和起重工况需要启动动力定位系统或锚泊定位系统。各种工况间用电负荷差异较大，使用全电力驱动具有优势。随着变频驱动技术的日益成熟，新建大型起重铺管船的主要用电设备（包括起重机、铺管设备、动力定位系统、推进器、定位锚等）已基本采用变频驱动。

起重、铺管船采用全电力驱动和全电力推进具有如下优点：

1. 供电转换方便，能节省总装置功率

针对起重铺管船工况多变、各工况间用电负荷差异大的特点，采用全电力驱动，可将不同工况下富裕的电力用于其他设备，供电转换极为方便。这意味着不必对各种不同时使用的负载配备独立的动力装置。因此，对全船负载而言，全电力驱动可节省总装置功率，动力装置的初投资及运行费用等经济性指标更高。

2. 全电力推进采用的定距桨的推进效率高，且利于采用新型高效推进器

全电力推进是采用变速驱动方式改变船舶航速，可以采用定距桨。定距桨比可调距桨推进效率高，且具有制造相对简单、成本低、可靠性高、基本免维护的优点。一般而言，轻载状态下的定距桨比调距桨节省 10%～20% 的功率。这对于有较长时间轻载低速运行（铺管工况）的铺管船来说，节能意义较大。

一些新型的全回转舵桨推进器、吊舱推进器和对转螺旋桨具有更高的推进效率，不需要设置舵机，在全电力推进船舶上正获得越来越多的应用。

3. 推进性能获得充分提高

电力推进调速范围大，反转快，起动转矩大，冗余性好，既能满足各种工况的性能需要，又能充分提高推进系统的生命力。推进系统的单故障不会使推进能力丧失，并能维持 70%～80% 的航速。推进系统的机动性、操纵性和生命力极高。

4. 有利于优化总体布置，合理节省有效空间

电力推进的电能供应是通过电缆传输的，电缆是一种柔性连接。电力推进不需要传统推进方式那样冗长的轴系，因而可将原动机与螺旋桨分开布置。电力推进的柴油发电机组可以在全船范围内灵活布置，有利于优化总体布置。

5. 节能环保

大型起重、铺管船通常设置多台柴油发电机组，按航行状态和作业工况的功

率不同,运行足够数量的机组,使各个状态下的运行机组保持一个较高的负荷率,可以避免出现在低负荷时高耗油率的状况。采用全电力驱动,柴油发电机组总能保持满载运行,几乎无轻载工况,效率始终保持在最佳运行点附近,耗油率低,排放物少,环保。

6. 减少噪声和振动

柴油发电机组的恒速运行能远离船舶结构的共振点。机组的负荷平稳,没有负荷变动较大时产生的额外振动和噪声。

7. 提高自动化程序,可靠性高

电力推进系统中的各个设备均为免维护性程度高的类型,故障率低,具有丰富的状态监测和故障报警自诊断功能,设备及供电的冗余度高,因此整个系统可靠性极高。

1.6.7　安全、环保、节能

先进的大型起重、铺管船排水量大(最大排水量可达到几十万吨),动力定位系统以及作业设备所需功率大,因此整船装机功率大(一般可达 15 000 ～ 40 000 kW)。同时船上人员众多(一般 200～400 人),使整艘起重、铺管船俨然成为一个小型城市。因此未来必然要求进一步提高起重、铺管船的安全性,更加关注节能和环保,需满足国际海事组织和作业海区海事管理机构的监管要求[2,6]。

安全返港、硫化物排放、氮氧化物排放、最新的劳工组织公约等都是大型起重铺管船需关注的设计点。

2 扒杆起重船

扒杆起重船是最早出现的起重船船型,其上装设的起重机为固定臂架式。扒杆起重船采用的固定臂架式起重机不具备回转能力,通常只能沿船长方向起重作业,这是它与全回转起重船船型的最大区别。

2.1 扒杆起重船起重机形式

扒杆起重船的起重机主要有下列几种形式:

(1) 单臂架单列主钩,起重量较小,臂架一般为人字形。

(2) 单臂架双列主钩,起重量较大的还在前后列设有 4 个吊钩,臂架为门字形。

(3) 双臂架双列主钩,一般有前后列,臂架为人字形,实际上也可看作两台单臂架前后列主钩起重机。

大型扒杆起重船基本上装载后两种起重机。表 2-1 为国外部分大型扒杆起重船的船型资料。

表 2-1 国外部分大型扒杆起重船的船型资料

船 名	起重能力 /t	臂架和主钩数	臂架结构 形式	船舶主尺度/m				建造年 份/年
				船长	型宽	型深	吃水	
海翔号	4 100	双臂架 4 钩	桁架	120	55	7.5	3.9	1993
武藏号	3 600	双臂架 4 钩	箱形梁	107.3	49	8	5.35	1977
第 50 吉田号	3 500	双臂架 4 钩	箱形梁	110	50	8.5	3.50	1990
Rambiz 号	3 300	双臂架 2 钩	桁架	85	44	5.6	2.4	1996
新寄隆号	3 000	双臂架 4 钩	桁架	110	45	7	4.5	1990
第 28 吉田号	3 000	单臂架 4 钩	箱形梁	94	40	7.8	3.8	1975
第 26 吉田号	2 200	单臂架 4 钩	箱形梁	94	40	7.8	2.8	1975
骏河号	2 200	单臂架 4 钩	Ⅱ形桁架	90	41	7.0	4.23	1991
金刚号	2 050	—	—	85	38.8	6.0	4.72	1987
寄隆号	2 000	双臂架 4 钩	管状梁	—				1970

从表 2-1 的统计数据可见:

(1) 采用双臂架 4 钩(即两台起重机)的扒杆起重船较多。采用单臂架 4 钩的扒杆起重船的建造年份,除"骏河号"外都比较早。

（2）20 世纪 90 年代以来，大型扒杆起重船采用双臂架 4 钩，适应了工程需求的发展，即起吊工件尺寸越来越大，要求吊钩间距也要加大，而单臂架 4 钩结构很难满足此要求。

（3）臂架结构采用桁架结构较多，采用箱形梁结构的起重机除"第 50 吉田号"外，都是早年的产品。比如，日本的"骏河号"采用高强度钢桁架结构，据说与钢板结构相比，臂架重量仅为后者的一半，风载荷也能降低 1/3 以上。

大型扒杆起重船装设双臂架 4 钩起重机（两台起重机）是其发展方向，它比装设单臂架 4 钩起重机（单台起重机）更符合当前工程的需要，表 2-2 为它们之间的简单比较。

表 2-2　双臂架 4 钩起重机与单臂架 4 钩起重机的比较

比 较 项 目	单臂架 4 钩	双臂架 4 钩
建造年代	大多数在 20 世纪 80 年代以前	大多数在 20 世纪 90 年代以后
臂架结构形式	门形架（Π字架）	人字架（三脚架）
并列钩距离	较小。较大的钩距要求门架的横梁宽度加大，受力情况变坏，必须加大横梁高度	较大，超过 20 m
要求搭载驳船的主尺度	常规起重驳船尺度	要求船宽较大
起重机作业	任一吊钩作业时，臂架总处于受力状态	两套臂架可独立作业。一台作业时，另一台处于休息状态
双钩吊装大件的操作	钩距小，吊点近，吊绳倾斜大，吊装受力较恶劣	钩距大，吊点较远，吊装作业合理
臂架受力情况	较大，横梁受弯矩，梁、柱的交汇点（固定端）受力较大，臂架断面尺度也较大	基本形成三角形交汇杆件，受力较合理，臂架断面尺度较小
臂架制造	一套臂架，工作量较少	工作量较大
臂架重量、材料耗量	较小（一套臂架）	较大，但差距不大（两套臂架）
制造成本	可能较少（一套臂架）	可能较大（两套臂架）
绞车、吊钩等规格、数量	相同	相同
综合评价	较差	较好

表 2-3 收集了部分 1 000 t 级扒杆起重船资料。表中资料显示：除 1 500 t 的"HAKODATE 号"采用双臂架 2 钩和 3 艘 1 300 t 起重船资料不全外，这种级

别起重船多数采用单臂架双钩起重机,"新柏鹏号"采用单臂架 4 钩起重机。

表 2-3　部分 1 000 t 级扒杆起重船资料

船　名		HAKODATE 号	新柏鹏号	第 80 宝荣号	长门号	建隆号	日神号
船舶主尺度/m	船长	80	90	72	80	80	80
	型宽	34	30	30	36	30	30
	型深	6.5	5.5	5.3	6	5.5	5.5
	吃水	2.96	4.38	2.8	3.92	4.4	4.4
满载排水量/t		6 000	5 085		5 917	4 520	4 520
主起重能力/t		1 500	1 200	1 000	1 300	1 300	1 300
副起重能力/t				200	100	150	150
臂架和主钩数		双臂架 2 钩	单臂架 4 钩	单臂架 2 钩	—	—	—
有效吊幅/m	主钩	34.5	44	19	33	21.1	21.1
	副钩	—	—	24	41	28.5	28.5
吊高/m	主钩	53.1	83.4	47	86	57.6	57.6
	副钩	—	—	47	99	—	—
臂架结构形式		双臂架桁架	桁架	—	—	—	—
船员/人		20	17	16	22	18	18
建造年份/年		1971	1992	1972	1972	1972	1973

2.2　扒杆起重船船型

扒杆起重船源于内河、港区、遮蔽水域的水上装卸作业需求,属于第一代起重船。作为起重船主流船型之一,其主要特点如下:

1. 船体形状

早期的扒杆起重船大多不具备自航能力,需要拖船拖带或顶推调遣,相应地大多采用箱形驳船船型。

图 2-1 为某 5 000 t 浮吊的线形。为增大作业甲板面积和安装扒杆起重机基座,首尾甲板均为方形。

随着作业水域向近海延伸和远距离调遣的需要,近来部分扒杆起重船开始采用自主航行设计,或具备短距离自航能力。

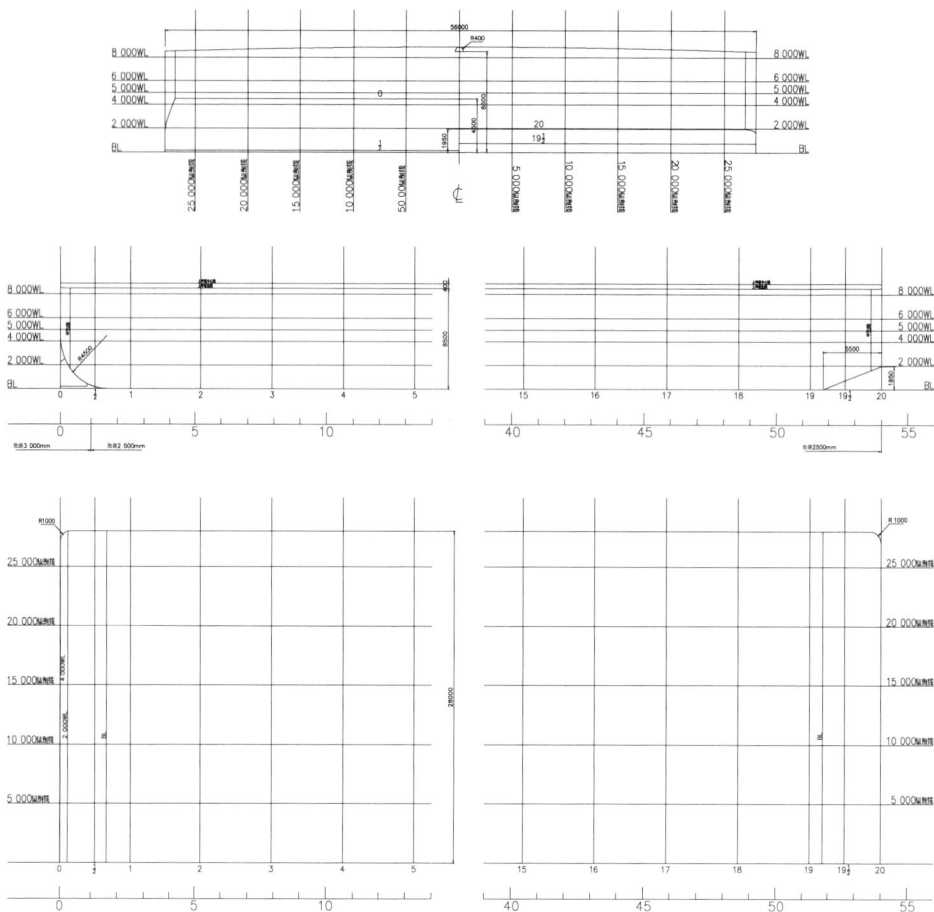

图 2-1 某 5 000 t 浮吊线形图

通常扒杆起重船的吃水较小,而船宽又相对较大,属于宽浅吃水船型。宽浅吃水船与常规船相比:① 螺旋桨尾流工作面小,螺旋桨效率低;② 与相同丰满度或排水体积长度系数的常规船相比,阻力和推力减额较高。增加螺旋桨尾流工作面积的方法主要是采用多桨推进和采用隧道尾以容纳大直径螺旋桨,螺旋桨桨叶直径与吃水比可达 0.9 以上。在双桨的宽浅吃水船上,可采用双尾型船尾或双尾鳍型尾,浅吃水情况下这种型线的快速性优于用常规尾轴架的情况[19-20]。

2. 布置

典型的扒杆起重船的起重机臂架布置于船首,臂架基座铰接于船首甲板上,后支架(又称人字架)和生活楼布置于船的后部。如果空间足够,生活楼应位于人字架下,这样有利于增加作业甲板的面积。双臂架起重船的生活楼布置在两个人字架之间,也能增加作业甲板面积。机舱、辅机舱、压载泵舱、燃油舱、淡水舱、压载水舱、杂用舱等布置在主船体内。

起重机臂架应尽可能靠近船首端布置,这样有利于获得较大的舷外有效吊距。起重机臂架与人字架之间是宽敞的作业甲板,其可作为装载吊装物的运货甲板,或放置起重用工具和索具(简称起吊工索具)的空间。

3. 动力

扒杆起重船有液压驱动和电力驱动两种驱动方式,详见下节论证。最新的扒杆起重船大多采用全电力驱动,设综合电力系统,这样有利于平衡各不同作业工况的电力负荷,减小总装机功率。

4. 定位

起重船作业时需要固定船位,采用的定位方式有多点锚泊定位和动力定位。扒杆起重船大多采用多点锚泊定位,多点锚泊定位设于船的首尾左右舷,至少为4点定位,如海况条件较高,则需8点及以上锚泊定位。

扒杆起重船在河道、港口锚泊定位时,锚泊线可能影响航道通航,或根本没有足够开阔的锚泊线布置空间。在这种情况下也可采用多点锚泊定位和动力定位相结合的方式进行定位。至于完全采用动力定位的扒杆起重船则非常少见。

5. 抗倾调载

扒杆起重船只能沿船长方向起吊,而起重船纵向的抗倾性能要优于横向的抗倾性能。从这点看,扒杆起重船的抗倾调载需求要低于全回转起重船的。一些小型扒杆起重船不需调载,或采用预调载即可满足起重作业的浮态控制要求。

但对于某些超大型扒杆起重船,起重作业时会产生巨大的纵倾力矩,仅靠船舶自身的纵向稳性回复力矩不足以抗衡巨大的纵倾力矩,必须要借助压载水来进行抗纵倾调载。因此,抗纵倾调载系统是大型扒杆起重船的必要装备。抗纵倾水舱应尽可能利用靠近船首和船尾的压载舱,以获得较大的抗倾力臂。抗纵倾调载系统的能力需与起重船的起重能力相匹配,其主要技术参数有抗纵倾水舱的容量、单位时间的调载力矩等。

2.3 扒杆起重船驱动形式

液压驱动与电力驱动是扒杆起重船常用的两种驱动方式,从历史发展过程来看,总体上有一个电力驱动—液压驱动—电力驱动的演变。这是由于在某个时期、某种系统技术发展的成熟程度所产生的一定影响，当然也不排斥个别的非主导形式的具体应用。

液压驱动与电力驱动的比较如表 2-4 所示。

表 2-4　液压驱动与电力驱动的比较

比 较 项 目		液 压 驱 动	电 力 驱 动
动力系统	设备	油泵+油箱	变频器
	工作形式	旋转	固态
	效率	低	高
	尺寸	大	小
执行系统	设备	液压机(油缸)	电动机
	工作形式	旋转(往复)	旋转
	效率	低	高
	尺寸	小	大
控制系统	设备	阀组+电子电器	电子电器
	工作形式	活动件+固态	固态
	尺寸	大	小
系统性能	调速性能	略差	优
	总效率	低($\eta_1\eta_3\eta_4+\eta_5$)	高($\eta_1\eta_2$)
	能量传输	管路尺寸大,不方便	电缆尺寸小,方便
	自动化程度	低	高
	噪声	大	小
	大功率组态	难	易
	调整变动	难	易
	维修	难	易
	环保	难	易

注：η_1—电动机效率，η_2—变频器效率，η_3—油泵效率，η_4—管路及阀件效率，η_5—液压机效率。

从表 2-4 分析来看，电力驱动比液压驱动有一定优势，主要体现在效率高、调速性能优、自动化程度高、动力尺寸和控制尺寸小等。

近些年来，随着电力电子器件的发展、数字控制和计算机技术的成熟，在电力驱动领域中，以变频器为代表的性能优良、高效耐用的电力驱动形式又异军突起,开创了一个新局面。

2.4 扒杆起重船主尺度选取

影响单船体扒杆起重船主尺度的主要技术指标是吊重(起重量)、吊高和吊幅。因此,即使同样起重量的起重船,由于吊高和吊幅要求不同,其主尺度也会有明显差别。随着起重船趋向于大型化和用途多样化,吊高和吊幅的增加幅度大于起重量的增加幅度,特别是对于国内不少大型桥梁建设和风电场建设,这方面的倾向尤为明显,因此在确定主尺度时必须慎重对待。通常吊重越大,吊高越高,吊距越远,主尺度规模也越大,这是由作业功能和总体性能所决定的。

1. 船长

一般,扒杆起重船的纵倾角要求控制在 2° 以内。尾吊时在起重载荷形成的巨大力矩作用下,船体将产生较大的尾倾。由船体的静水力性能可知,船长越长,船的纵稳性高度 GML 越高,每厘米纵倾力矩 MTC 越大,船体抗纵倾的能力越强,可以证明:MTC 与船长的平方成正比。

扒杆起重船的典型布置是首部设置主起重机臂架,尾部设置人字架和生活楼。船长应满足起重机臂架与人字架的间距要求。

起重机臂架与人字架之间的主甲板大部分为作业甲板。船长的选取也取决于作业甲板的面积需求。

就船的耐波性而言,船长对船舶的纵摇和垂荡运动影响较大。若船长大于作业海域波长的 1.3 倍,则船的纵摇运动较为缓和,有利于提高起重船的作业效率。

综上所述,增加船长对起重船起重作业时的纵倾角的减小、作业甲板面积的增大、耐波性都有好处。但从经济性角度来看,船长增加将增加船舶造价,且随着船长增加,要维持同等的总纵强度,船体就得花费更多的钢材,从而进一步提高造价。

2. 船宽

船宽选择的主要考虑因素为稳性、耐波性、总布置(作业甲板面积)等。

船宽是影响起重船稳性的最重要的主尺度参数。起重船起重作业的稳性需满足规范的要求。对于扒杆起重船来说,只需按尾吊作业工况考虑其稳性。从满足起重作业的稳性角度出发,船宽越大,稳性越好。

在初步设计阶段,箱形扒杆起重船的初稳性高度 GM_0 可按式(2-1)估算:

$$GM_0 = \frac{I_x}{\nabla} + \frac{WH}{\Delta} + KB - KG - \delta GM \qquad (2-1)$$

式中:∇ 为船舶排水体积,m^3;KB 为浮心高度,可近似取 0.5 倍的吃水;KG 为重心高度,可参考母型船选取或估算(此处 KG 不计起重载荷的重心高度);W 为额定起重载荷重量,t;H 为额定起吊高度(距基线高度),m;Δ 为船舶排水量,t;δGM 为自由液面修正值,m;I_x 为水线面横向惯性矩,m^4,可用下式求取:

$$I_x = \frac{LB^3}{12}$$

船舶的初稳性高 GM_0 越小,摇摆周期越大,船舶在波浪上的横摇越平稳,横摇角和横摇加速度越小,并且在海上经受谐摇的可能性也越低。从提高起重作业时的耐波性考虑,扒杆起重船的横摇周期应避开常见的风生浪周期($3\sim 8\text{ s}$)和涌浪周期(小于 $7\sim 8\text{ s}$),且最好能有 2 s 以上的余量。由船舶静力学可知,船的初稳性高 GM_0 与船宽的平方成正比,即 $GM_0 \propto B^2$。所以从耐波性出发,船宽不宜过大,否则 GM_0 过大,对横摇不利。

从甲板作业面积考虑,船宽越大,作业甲板的面积越大。

采用双臂架起重机时,船宽应适当大些,以满足起重机基座的安装要求,并留有必要的维修和行走空间。

3. 型深

起重船型深的选取除需满足规范要求的最小干舷外,还应照顾到作业时船舶在倾斜情况下的实际干舷,避免甲板上浪。

舱内布置空间的高度,特别是机舱净空高度,也是确定型深时考虑的重要因素之一。型深选取还应保证有足够的压载舱容,以满足调载需求。

在起重船作业时,船体承受巨大的中拱弯矩,适当增加型深有利于提高船体梁抗总纵弯矩的能力。而适当降低型深,有利于降低空船重心高度,对船的稳性有利。

起重船型深的选取应综合兼顾上述因素,并参考母型船的参数。型深变更对总布置的影响较小,因此,在方案设计阶段可先初定,在进行相关各项计算后,根据需要再进行调整。

4. 吃水

吃水选择的主要考虑因素为耐波性、初稳性、排水量等。

升沉和纵摇运动幅度主要与波长和船长比 λ/L 有关,最严重的纵摇及升沉在波浪周期等于纵摇周期时发生。从增加纵摇周期角度来考虑,应适当增加吃水,而且吃水的加大,使船舶的附连水质量加大,在波浪中摇摆的阻尼力矩亦增加,从而改善波浪中的运动性能。

在船长 L 和船宽 B 确定后,吃水 d 就成为调节横稳性高和纵稳性高的主要参数。增加吃水,可以减小初稳性高,进而增加摇摆周期。

在船长 L 和船宽 B 确定后,吃水 d 亦是决定排水量 Δ 的主要因素。总体上来说,排水量越大,船体抵抗外力的能力就越强,运动性能越好。但排水量增加,船体结构钢料也会增加,因此吃水也不宜过大。

对于在浅水滩涂作业的扒杆起重船,吃水小些可方便船只进入浅水区。扒杆起重船多使用拖航调遣,吃水小有利于减小拖航阻力。扒杆起重船多使用锚泊定位,吃水小有利于降低水流阻力。

表 2-5 中列出了我国新建的主要大型扒杆起重船的主尺度、主钩起重能力、最大吊高参数等。

表 2-5 国内大型扒杆起重船的部分参数

船 名	船长/m	船宽/m	型深/m	主钩起重能力/t	臂架和主钩数	最大吊高/m
四航奋进号	104	41	7.6	2 600	双臂架 4 主钩	80
振浮 3 号	80	28	6	1 300	单臂架 2 主钩	58
振浮 4 号	94	36	6.8	1 600	单臂架 2 主钩	95
振浮 5 号	94	36	6.8	2 200	单臂架 4 主钩	81
振浮 6 号	98	38	7.2	1 600	单臂架 2 主钩	110
振浮 7 号	120	48	8	4 000	单臂架 2 主钩	110
三航风范号	92.2	40.5	7.8	2 400	双臂架 4 主钩	88
上船浮吊 5 号	105.6	42	8	2 500	单臂架 4 主钩	101
稳强 8 号	108	43.2	7.8	1 800	单臂架 2 主钩	110
长大海升号	110	48	8.4	3 200	双臂架 4 主钩	80
德浮号	114.4	48	8.8	3 600	双臂架 4 主钩	108
华西 1000 号	91	30	7	1 000	单臂架 2 主钩	—
大桥海鸥号	118.9	48	8.8	3 600	双臂架 4 主钩	110
向阳二号	85.5	33.6	6	1 200	单臂架 2 主钩	85

2.5 扒杆起重船总布置

2.5.1 基本原则

扒杆起重船的总布置相对简单,从船头至船尾的主甲板上一般依次布置起重机臂架基座、作业甲板、生活楼和起重机人字架。起重机绞车通常布置于人字架下方的甲板室内。空间允许的话,生活楼也可布置于人字架下,这样有助于增加作业甲板的面积。扒杆起重船通常采用锚泊定位,定位锚绞车和锚架布置于主甲板上船首和船尾四个角点附近。

现在越来越多的扒杆起重船在尾部安装推进器,从而具有自主航行能力,一般可用于短距离的移航调遣。目前完全依靠自身动力进行国际航行的扒杆起重船并不多,一方面是由于其作业地点主要是就近的港口、码头和沿海海域,不需要长距离调遣;另一方面是由于其干舷低、阻力大、耐波性差,不适合远海航行。受限于浅吃水,扒杆起重船基本采用双桨乃至三桨推进。采用多桨推进能够提高扒杆起重船这类肥大型船体的操纵性。

为增加扒杆起重船就位时的灵活性,常在其首部布置侧推桨。侧推桨通常布置于主船体内,但扒杆起重船首部的型线肥大,侧推桨的管隧较长,这使得侧推桨的推力有较大损失。一个常用的解决办法是在首部布置附体,将侧推桨布置在附体内。当然这需要船首的型线适当收缩,为附体的布置提供空间。

只要结构上可行,应尽量增大呆木或尾鳍的面积,这是改善扒杆起重船航向稳定性的最简单而有效的措施。

扒杆起重船的型深较小,一般采用单层底或局部双层底。当然,如果布置可行且空间允许,应在船体中部设置双层底,并应延伸至首尖舱和尾尖舱的舱壁,或尽可能接近该处。双层底高度应符合规范和标准的规定,其内底应延伸至船舷两侧,以保护船底至舭部弯曲处。

主船体内除布置机舱、电气设备舱、辅设备舱、泵舱、燃油舱、淡水舱、污水舱、污油舱、舱底水舱等杂用舱以及一些索具和物料储藏舱外,其余均布置压载水舱或空舱。大型扒杆起重船的起重能力大,相应地纵向调载要求高,首尾均设置大容量的压载水舱,以保证有足够的预压载和调载水量。扒杆起重船只有纵向起吊,因此只需要考虑压载水的前后单向调拨,调载管路要比全回转起重船简单得多。

扒杆起重船船体内纵横舱壁的设置需满足结构强度、调载、舱容等要求。扒杆起重船通常设两道边纵舱壁,船宽较大时,还设有中纵舱壁。大吨位扒杆起重船起重机的臂架基座和人字架基座通常承受较大的支反力。如果可行,横舱壁应布置于起重机臂架基座和人字架基座的下方。当船首部设有长的上层建筑时,其首尖舱舱壁或防撞舱壁应风雨密地延伸至舱壁甲板的上一层甲板。

自主航行的扒杆起重船(自航扒杆起重船)的舱壁设置还应考虑破舱稳性的相关要求。扒杆起重船通常按特种用途船入级,国内自航扒杆起重船的横舱壁间隔与纵舱壁位置可参考表 2-6,国内自航扒杆起重船的防撞舱壁位置可参考表 2-7[21]。

表 2-6 国内自航扒杆起重船的横舱壁间隔与纵舱壁位置

	200 人以下的特种用途船	200 人以上的特种用途船
横舱壁间隔/m	$\min\left\{\dfrac{1}{3}L_L^{2/3}, 11.5\right\}$	$\min\{3.0+0.03L_{WL}, 11.0\}$
纵舱壁距外板距离/m	$\min\{B/5, 11.5\}$	$B/5$

说明: ① L_L 指按载重线公约定义的船长。
② L_{WL} 指在最深夏季载重线两端的垂直间量得的长度。
③ 纵舱壁距外板距离指在夏季载重水线平面上,自舷侧向船内中纵剖面方向垂直量取的距离。

表 2-7 国内自航扒杆起重船的防撞舱壁位置

	50 人以下的特种用途船	50 人以上的特种用途船
距首垂线距离/m	$[0.05L_{WL}, 0.08L_{WL}]$, $0.05L_{WL}<10$ $[10, 0.08L_{WL}]$, $0.05L_{WL}\geqslant10$	$[0.05L_{WL}, 3.0+0.05L_{WL}]$

非自航扒杆起重船的定员一般要比自航扒杆起重船的定员少很多,通常为几十人左右,生活楼的规模也较小;通常按特种用途船的规定设置四人间以供施工人员居住,船员一般居住在双人间和单人间。舱室布置和生活设施应满足劳工组织的相关要求[22]。

2.5.2 实例

下面以某 3 700 t 扒杆起重船为例,介绍典型的扒杆起重船的总体设计情况。

某 3 700 t 扒杆起重船采用单甲板、局部双层底、首尾削斜、方尾、方首的驳船船型,其首部装有一台固定式双臂架扒杆起重机,最大起重能力为 3 700 t。其总布置图如图 2-2 所示。

该船满足近海航区调遣航行和作业的要求,适用于我国近海海域的应急抢险打捞、航道和港口清疏、海洋工程的大件安装以及港内大件货物装卸等作业。

该船船长为 115.5 m,船宽为 48 m,型深为 8.5 m,最大吃水为 5.8 m,梁拱为 0.1 m,定员为 25 人,备员为 12 人,自持力为 60 天,最大作业水深为 60 m。

1)船体总布置简介

主甲板为连续甲板,3 700 t 扒杆起重机位于船首,人字架位于主甲板中后部

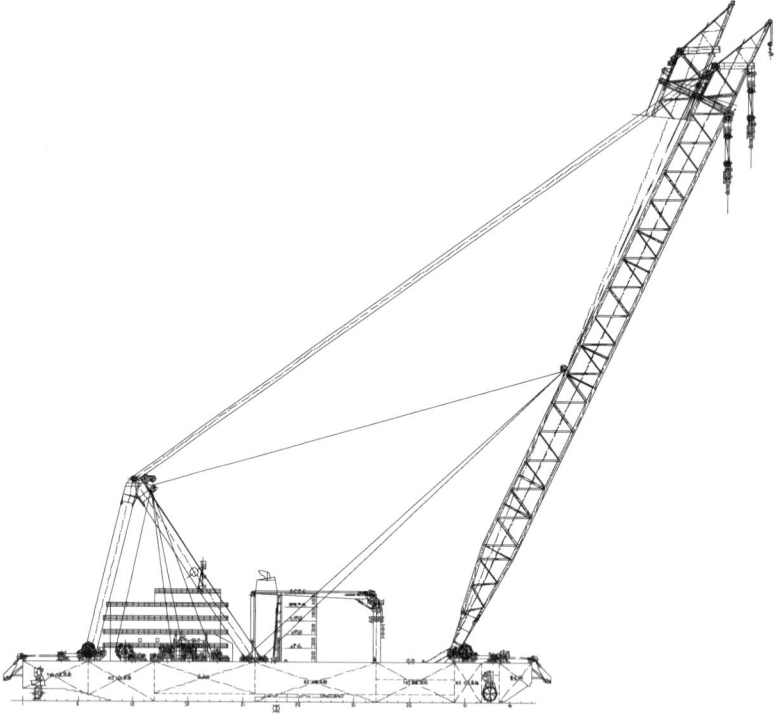

(a)

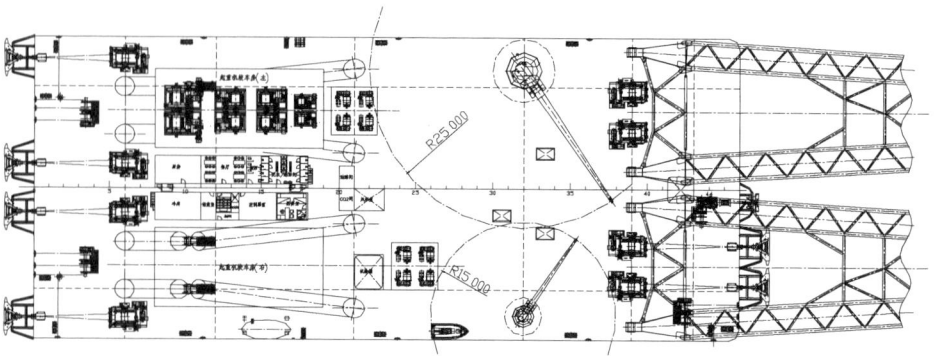

(b)

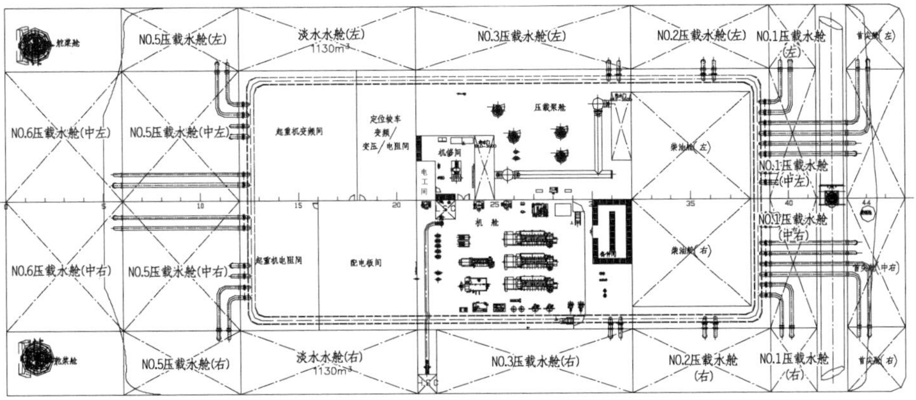

(c)

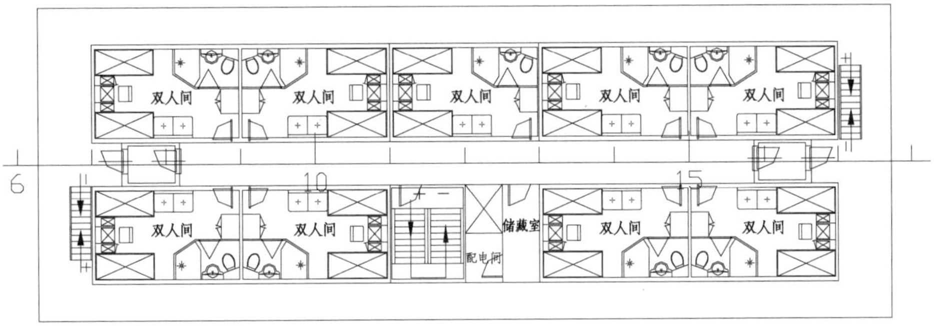

(d)

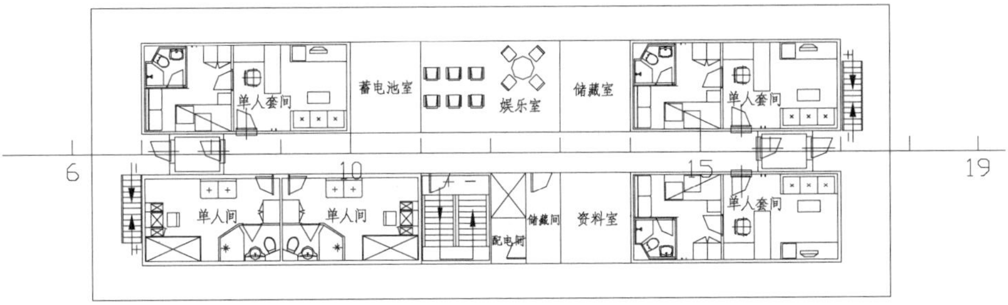

(e)

图 2-2 某 3 700 t 扒杆起重船总布置图

(a) 侧视图 (b) 主甲板 (c) 舱内 (d) B甲板 (e) C甲板

两侧,起重机绞车房位于人字架下方,生活楼位于两个人字架之间,主甲板中部设为作业区,作业甲板设计载荷为 10 t/m²。

主甲板上设有 8 点锚泊定位系统,前、后、左、右 4 点各设 2 台锚泊绞车及锚架。作业甲板中部设 20 t×25 m 和 10 t×15 m 电动液压甲板吊机各 1 台。

船尾设置 2 台 1 500 kW 电动全回转舵桨,短距离移航航速不小于 4 kn。首部设置 1 台 1 500 kW 电动管隧式侧推桨。

主甲板以下设 2 道边纵舱壁、1 道中纵舱壁和 6 道横舱壁。

主船体中部与边纵舱壁间设置双层底,高度为 2.0 m。双层底下方主要布置润滑油舱、舱底水舱、污水舱、污油舱等液舱及空舱。

双层底上方与主船体中部边纵舱壁间设机舱、变频器间、电阻间、机修间、电工间、泵舱、索具舱、打捞器材舱、柴油舱和日用柴油舱。船尾左右两侧各设一个舵桨舱,船首设一个侧推舱。左右淡水舱位于边舱(无双层底)中部。其余边舱和船体首尾部全部设为压载水舱。

2) 生活楼总布置简介

生活楼共分为 5 层,能供 37 人生活居住。甲板间层高统一为 3 m,从下至上依次为主甲板、A 甲板、B 甲板、C 甲板、驾驶甲板和罗经甲板。

主甲板上设厨房、舱厅、冷库、更衣/淋浴间、空调器室、医务室、厕所、梯道间。甲板室前部设油漆间、二氧化碳间、风机室。

A 甲板上设应急发电机室、会议室、办公室、洗衣间、被服库、厕所、梯道间和 3 个双人间、2 个四人间。

B 甲板上设储藏室、梯道间和 9 个双人间。

C 甲板上设娱乐室、资料室、蓄电池室、储藏室、梯道间、2 个单人间和 3 个单人套间。

驾驶甲板上设全通驾驶室。

罗经甲板上主要布置各种通信导航设备、探照灯、铭牌等。

3) 电站

该船设置了 3 台 1 650 kW/690 V/50 Hz 主柴油发电机组、1 台 510 kW/400 V/50 Hz 停泊柴油发电机组和 1 台 150 kW/400 V/50 Hz 应急柴油发电机组。

除满足生活和船舶系统用电外,作业时主电站需向起重机、锚泊绞车等供电。

4) 环境载荷

作业工况:风速为 13.8 m/s,有义波高为 2.0 m,流速为 3 kn。

自存工况：风速为 20.7 m/s,有义波高为 4.0 m,流速为 3 kn。

5）定位锚

该船设由液压驱动的 8 点定位锚,定位锚存放于首尾的锚架上。配 8 只 Stevpris MK5 型大抓力锚,每只重 8 t。工作锚锚索为镀锌钢丝绳,长 1 100 m,直径 64 mm,破断力 2 180 kN。另配锚头缆 8 套,锚浮标 8 个。

8 台定位锚绞车均为滚筒下方出索,通过 8 个转动导索器与锚系固。定位锚绞车主要技术参数如下：工作拉力为 720 kN(滚筒中间层);卷缆速度为 15 m/min(拉力为 720 kN 时);刹车支持负载不小于 2 300 kN(滚筒第二层);容绳量为 1 100 m。

6）主起重机简介

主起重机的单臂架起重能力为 1 850 t,双臂架起重能力为 2×1 850 t。每座臂架配备 925 t 主钩 2 只,200 t 副钩 1 只,主钩和副钩呈纵向直线布置。作业时的臂架仰角范围为 33°～67.5°,拖航时臂架仰角可减小至 15°。前主钩最大起升高度为主甲板面以上 117 m,后主钩最大起升高度为主甲板面以上 107 m,副钩最大起升高度为主甲板面以上 138 m,对应的后主钩舷外跨距为 36 m。主钩满负荷时的最大起升速度为 1.3 m/min,空载最大起升速度为 2.6 m/min。副钩满负荷时的最大起升速度为 5.2 m/min,空载最大起升速度为 10.4 m/min。主钩最大入水深度为 10 m。

每座单臂架配置 1 组双联变幅绞车、2 组双联主钩绞车、1 组双联副钩绞车、2 台索具钩绞车和 2 台稳索绞车;起重机和变幅绞车均由交流变频电动机驱动,并具有同步调平控制。吊臂由集中电动润滑系统供油。

2.6　扒杆起重船的稳性

扒杆起重船起重作业时的纵倾角一般不超过 2°,横倾角一般不超过 5°。

扒杆起重船基本在国内航行调道,稳性应满足中国海事局制定的《国内航行海船法定检验技术规则》的相关要求[23]。

2.6.1　稳性校核工况

应核算下列基本装载情况的稳性：① 全部燃料及备品;② 10% 燃料及备品。

应核算作业、避风及航行状态下的稳性。对于仅在港内作业的扒杆起重船,可免于核算航行状态下的稳性。

2.6.2 风压倾侧力矩

计算起重船的风压倾侧力矩 M_f 或力臂 l_f 时,受风面积应自水线向上每 15 m 分为一档,并按下式计算:

$$\begin{cases} M_f = 0.001P \sum_i C_i A_{fi} Z_i \\ l_f = \dfrac{P}{1\,000g\Delta} \sum_i C_i A_{fi} Z_i \end{cases} \qquad (2-2)$$

式中: P 为单位计算风压,Pa,由表 2-8 查得; C_i 为高度修正系数,由表 2-9 查得; A_{fi} 为受风面积,m²; Z_i 为受风面积中心至所核算装载情况下水线的垂向距离,m; Δ 为所核算装载情况下的排水量,t; g 为重力加速度,取 9.81 m²/s。

表 2-8 单位计算风压 P

状 态	作 业	避 风	航 行		
航 区	—	—	远 海	近 海	沿海、遮蔽
P/Pa	177	1 844	1 347	736	368

表 2-9 高度修正系数 C_i

Z_i/m	0~15	15~30	30~45	45~60	60~75	75~90	90~105	105~120
C_i	1.00	1.16	1.32	1.44	1.53	1.61	1.68	1.74

起吊物的受风面积中心应假定位于吊钩悬挂点,其受风面积 A_f 可按下式计算:

$$A_f = 2.78W^{0.556} \qquad (2-3)$$

式中: W 为起吊物质量,t。

2.6.3 极限静倾角

极限静倾角 θ_c 应取 4/5 上甲板边缘入水角,4/5 舷部出水角,横倾至剩余干舷 0.3 m 时的横倾角中的最小者;作业状态下不超过 3°,避风状态下不超过 8°。

2.6.4 最小倾覆力臂

最小倾覆力臂 l_q 应用计及船舶横摇影响后的动稳性曲线来确定。

（1）船舶具有正常的或曲折的动稳性曲线时，可用下列方法量取：

如图 2-3(a)所示，将动稳性曲线向 θ 轴负值方向延伸，在 θ 轴上自原点 O 向 θ 负值方向取绝对值等于所算得的横摇角 θ_1 的一点；经此点向上作 θ 轴的垂线，与动稳性曲线交于 A 点；由 A 点作动稳性曲线的切线；再经 A 点作一直线平行于 θ 轴，自 A 点起，在此直线上量取等于 1 rad(57.3°)的一段长度得 B 点；由 B 点向上作 AB 线的垂线，与上述的切线相交于 C 点，则线段 BC 为最小倾覆力臂。

（2）当动稳性曲线因进水角 θ_j 影响而中断时，除了用经过动稳性曲线中断处的割线代替上述切线外，其余均同本小节(1)所述，如图 2-3(b)所示。

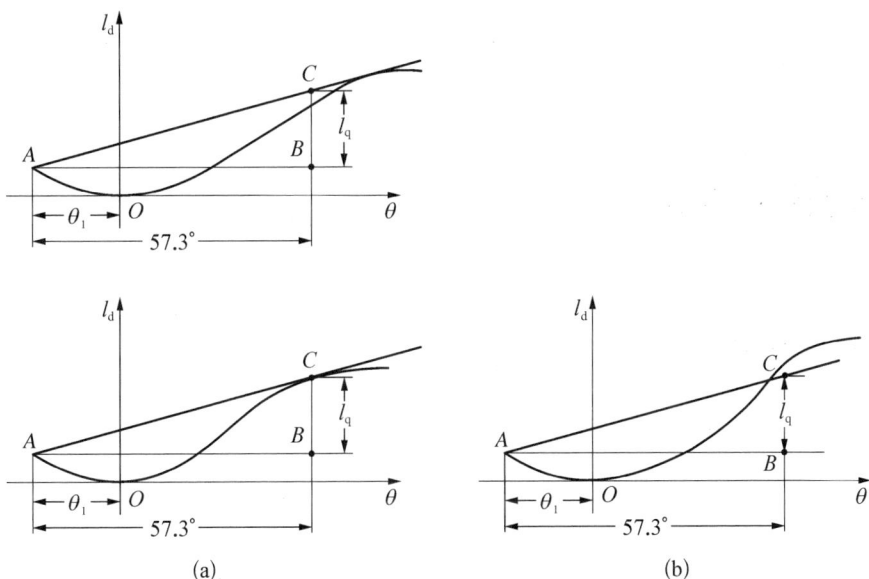

图 2-3 船舶动稳性曲线

2.6.5 作业和避风状态下的完整稳性衡准

作业和避风状态下的完整稳性衡准需考虑初稳性高度和稳性衡准数。

（1）初稳性高度 GM：

$$GM \geqslant \frac{M_f + M_l}{0.1716\theta_c\Delta} \tag{2-4}$$

式中：GM 为初稳性高度，并计及自由液面与悬吊重物对初稳性高度的影响，m；M_f 为起重船承受的风压倾侧力矩，考虑风压的高度修正影响并计入起重载荷的受风面积,kN·m;M_1 为起重船不对称装载倾侧力矩,kN·m;θ_c 为起重船允许的极限静倾角(°);Δ 为所核算装载情况下的排水量,t。

(2)稳性衡准数 K_c:

$$K_c = \frac{l_q}{l_f + \dfrac{M_1}{g\Delta}} \geqslant 1 \tag{2-5}$$

式中:l_q 为最小倾覆力臂,但不计横摇影响,m;l_f 为风压倾侧力臂,m。

2.6.6 航行状态下的完整稳性衡准

航行状态下的完整稳性衡准应考虑如下条件。

(1)经自由液面修正后的初稳性高度应不小于船宽的 0.16 倍。

(2)复原力臂曲线的最大值 GZ_{max} 不小于 1.5 m,其对应的横倾角不小于 15°。

(3)稳性衡准数 K_c:

$$K_c = \frac{l_q}{l_f} \geqslant 1 \tag{2-6}$$

求取 l_q 时的横摇角 θ_1 按下式计算:

$$\theta_1 = 11.75 C_1 \sqrt{\frac{C_2}{C_3}} \tag{2-7}$$

式中:C_1、C_2、C_3 均为系数。

C_1 根据按下式计算得到的横摇自摇周期 T_θ(单位 s)由图 2-4 查得。

$$T_\theta = \frac{B}{\sqrt{GM_0}} \left(0.73 + 0.046 \frac{B}{d}\right) \tag{2-8}$$

式中:B 为型宽,m;d 为所核算装载情况下的型吃水,m;GM_0 为所核算装载情况下船舶未计及自由液面修正的初稳性高度,m。

C_2 按下式计算,但最大值为 0.85:

$$C_2 = 0.66 - 0.05 \frac{B}{d} + 0.11 \frac{KG}{d} \tag{2-9}$$

式中:KG 为所核算装载情况下船舶重心至基线的垂向高度,m。

C_3 按下式计算,但最小值为 0.05:

$$C_3 = \frac{1}{10^4 dKG}(49BKG + 37dGM_0 - 6BGM_0 + 18dKG) \quad (2-10)$$

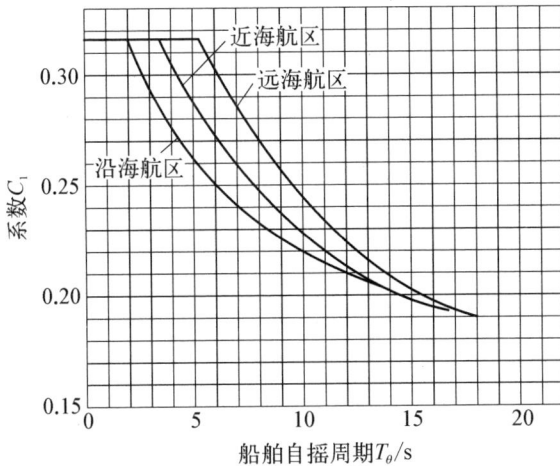

图 2-4 系 数 C_1

2.6.7 算例

某 3 700 t 扒杆起重船最大吊重、最大吊高作业工况下的稳性和浮态如表 2-10 所示。该船起吊前呈尾倾状态,起吊后呈首倾状态,纵倾角均控制在 1.5° 以内,整个作业过程中需从船首压载舱向船尾压载舱调拨压载水 1 450 t。表 2-11 列出了避风工况下的稳性和浮态情况。表 2-12 则列出了航行工况下的稳性和浮态。

表 2-10 某 3 700 t 扒杆起重船最大吊重、最大吊高作业工况的稳性和浮态

工　　况	100%油水起吊前	100%油水起吊后	10%油水起吊前	10%油水起吊后
排水量/t	25 531	29 231	22 639	26 339
平均吃水/m	4.926	5.670	4.417	5.163
纵倾/m(首倾为正)	−1.850	2.474	−1.720	2.626
LCG/m(距尾封板)	56.18	63.31	56.32	64.20
VCG/m(距基线)	15.88	29.90	17.35	32.70
M_f/(kN·m)	25 296.7	32 639.9	25 540.2	32 840.7
M_l/(kN·m)	0.0	0.0	0.0	0.0

（续表）

工 况	100%油水起吊前	100%油水起吊后	10%油水起吊前	10%油水起吊后
4/5 上甲板边缘入水角/(°)	4.992	3.224	6.064	4.034
4/5 艏部出水角/(°)	4.975	6.007	4.109	4.972
剩余干舷 0.3 m 横倾角/(°)	5.544	3.318	6.877	4.350
θ_c/(°)	3	3	3	3
稳性要求 GM/m	1.925	2.169	2.191	2.422
实际 GM/m	27.54	8.72	30.71	9.57
l_q/m	3.668	0.637	4.242	0.763
l_f/m	0.101	0.114	0.115	0.127
K_c	36.44	5.59	36.96	6.01

表 2-11 某 3 700 t 扒杆起重船避风工况的稳性和浮态

工 况	100%油水	10%油水
排水量/t	25 887	22 994
平均吃水/m	5.027	4.519
纵倾/m(首倾为正)	−0.039	0.098
LCG/m(距尾封板)	59.64	60.21
VCG/m(距基线)	13.09	14.19
M_f/(kN·m)	246 079	247 903
M_l/(kN·m)	0.0	0.0
4/5 上甲板边缘入水角/(°)	6.568	7.444
4/5 艏部出水角/(°)	6.652	5.611
剩余干舷 0.3 m 横倾角/(°)	7.492	8.621
θ_c/(°)	8	8
稳性要求 GM/m	8.434	11.197
实际 GM/m	29.76	33.45
l_q/m	4.201	4.823
l_f/m	0.969	1.099
K_c	4.335	4.389

表 2 - 12   某 3 700 t 扒杆起重船航行工况的稳性和浮态

工　况	100%油水	10%油水
排水量/t	26 177	23 285
平均吃水/m	5.072	4.564
纵倾/m(首倾为正)	−0.332	−0.194
LCG/m(距尾封板)	59.06	59.55
VCG/m(距基线)	13.01	14.09
GM_0/m	31.21	35.03
T_θ/s	10.013	9.84
C_1	0.231	0.233
C_2	0.469	0.474
C_3	0.05	0.05
θ_1/(°)	8.385	8.427
稳性要求 GM/m	7.68	7.68
实际 GM/m	29.42	33.02
稳性要求 GZ_{max}/m	1.5	1.5
实际 GZ_{max}/m	5.667	6.575
稳性要求 GZ_{max} 对应的横倾角/(°)	15	15
实际 GZ_{max} 对应的横倾角/(°)	15.65	15.92
l_q/m	2.725	3.170
l_f/m	0.403	0.457
K_c	6.762	6.934

　　由表 2 - 10～表 2 - 12 可以看出,某 3 700 t 扒杆起重船的稳性能满足中国海事局相关法规的要求,尤其是起重作业和避风工况下的稳性有较大的富余。

　　事实上,扒杆起重船船宽通常较大,无论是起重作业还是航行状态的稳性都不是设计的关键点。当然,扒杆起重船的稳性“富余”是以限制环境载荷为前提的,特别是起重作业的风速不能超过 17 m/s。

3

单船体全回转起重船总体设计

3.1 概述

单船体全回转起重船(monohull crane vessel)是为区别于双浮体的半潜起重船而给的特定名称。一般而言,在常规船体的甲板上设置一台全回转起重机,留有一定的甲板作业面积,以起重作业为其主要功能的工程船都属此类船,为便于叙述,本章以下叙述如无特别说明,起重船均指单船体全回转起重船。

船舶是一座综合性的浮在水上的移动建筑,因此,船舶设计是一门复杂的综合性的工程科学技术[19-20,24]。起重船除了具备常规船的基本功能外,还增加了特殊的作业功能,因此,它不单具有水上移动建筑的功能,还具有工厂施工生产的功能,这为其设计又增加了复杂性[25]。起重船的工程设计涉及很多专业领域,不同专业领域的专业基础理论和设计方法差异较大,通常在设计中将整个船的设计按专业划分成各个部分,例如一般分为总体、结构、舾装、轮机、电气、空调、冷藏和通风、特种机械等部分。各个专业部分在设计过程中需要兼顾多方面互相冲突的要求,并相互协调。各个专业部分又细分成若干子系统,本专业部分和跨专业部分的各个子系统之间通过接口交互相关设计结果,以实现船舶大系统的协调一致。

起重船设计是多参数、多目标、多约束的求解和优化问题。因而,由最初设计方案得到的主要尺度、技术性能参数和主要设备配置完全有可能不尽符合设计任务的要求,需要通过反复的迭代校验、修正和优化,才能达到预期的设计目标。这一逐步近似的设计过程可用图 3-1 所示的设计螺旋线表示。

图 3-1 所示的设计螺旋线反映了起重船总体设计的过程。与此类似,其他各专业部分的设计同样有一个螺旋形前进的逐步接近过程,只是各步骤所做的工作不同而已。船舶工程设计作为一个大工程系统的设计,通常都划分成数个阶段,各阶段的设计具有各自的目标和成果要求。每一阶段的设计都有明确的设计输入和输出,一般情况下,上一设计阶段的输出及其评审结论将作为下一设计阶段的设计输入。船舶工程设计阶段的划分与造船技术的发展是密切相关的,现代船舶工程设计通常划分为概念设计、基本设计、详细设计、生产设计等数个阶段,有的项目在概念设计阶段后还有初步设计阶段,以对概念设计进一步深化。每一设计阶段都遵循设计螺旋线的原则循序推进,但不同阶段的工作根据实际情况有所差异。

起重船是工程作业船的一种,常规船的基本理论原理和设计方法同样适用

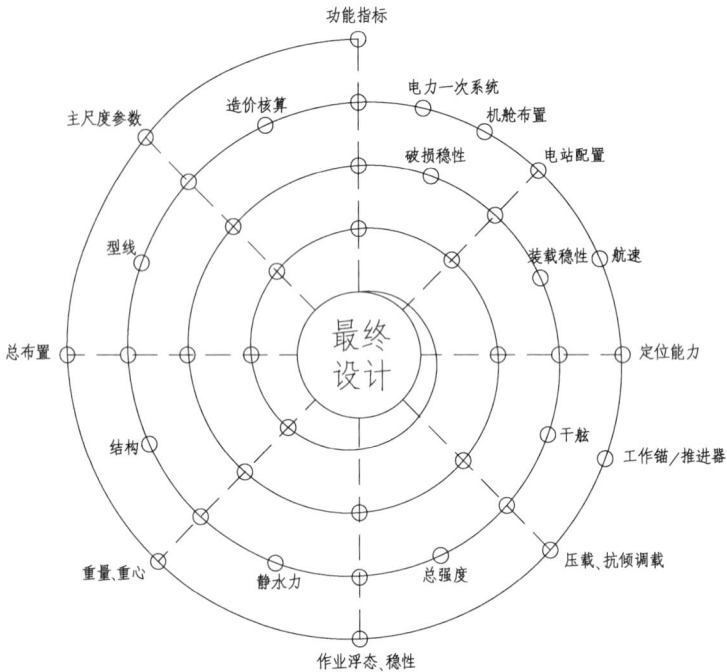

图 3-1   起重船总体设计螺旋线

于起重船,只是起重船有一些特殊的作业技术有别于普通船。在设计初期,对起重船设计方案的构思,应着重考虑下列因素:

(1) 分析设计技术任务书,明确目标船的主要作业功能。

(2) 估算目标船的要素、主要船舶性能和作业性能。

(3) 考虑所要采取的主要技术措施及拟采用的可行方案。

(4) 确定进一步开展设计工作的设想。

船舶设计的总体方案构思是整个船舶设计的一个重要环节,又是一项相当复杂的综合性工作,涉及的面非常广泛。由于各船舶公司对起重船的作业业务范围和使用要求不尽相同,每艘船总体设计方案需要构思考虑的内容会各有侧重[26-27],但主要应包括以下几个方面:

(1) 船舶主尺度参数的选取。

(2) 船体型线设计。

(3) 作业装备系统及总布置格局的设计。

(4) 船体结构形式的选择及结构设计。

(5) 船舶动力装置和全船主要设备系统的配置。

(6) 主要作业装备的配置。

　　上述各个方面既相对独立又相互联系、相互渗透。本章主要叙述(1)～(3)方面的内容,(4)结构方面的内容将在第6章介绍,涉及起重船特有的设备和系统将在第7～10章中介绍。对于船舶各专业常规和通用的设计方法,本书不再赘述,请读者参考船舶设计手册和相关资料。

3.2　单船体全回转起重船特点简介

　　单船体全回转起重船经过几十年的发展,形成了特有的主流船型,现对其主要特点进行介绍。

　　1. 船型型线

　　起重船的发展经历了从非自航船到自航船、动力定位船的过程,其船型型线与航行性能密切关联,所以起重船的船型型线大多采用圆舭、平底、倾斜船首球首、船尾底部升高的常规自航船型线,图3-2为某起重船型线。为了得到尽可能大的甲板作业面积,尾甲板都为平直方尾形。

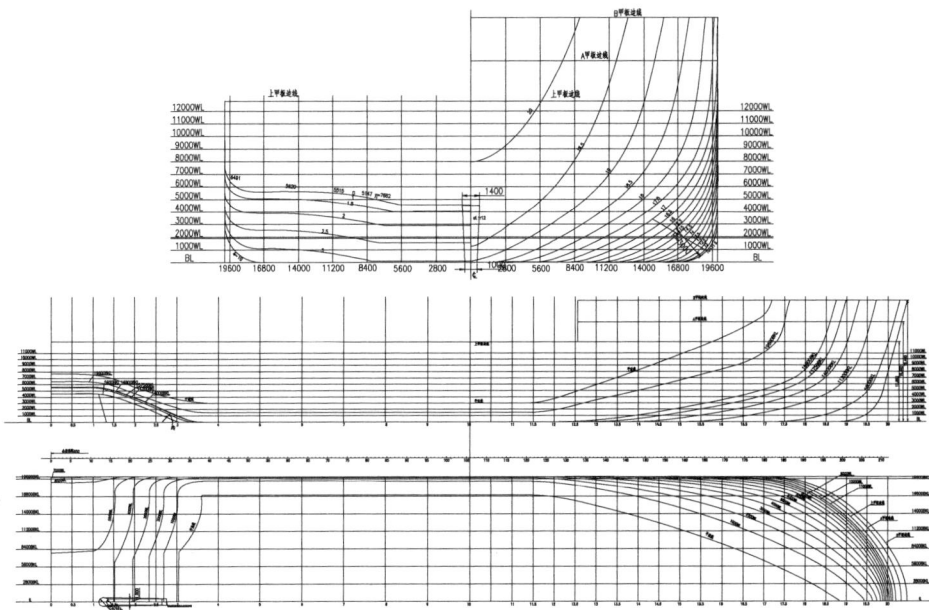

图3-2　某起重船型线

　　2. 总体布置

　　尾甲板设置1台全回转起重机,首部设一层或两层首楼,首楼上为上层甲板室,上层甲板室前端上部设直升机甲板;这一布置形式几乎成了现代全电力驱动起重船的主流布置形式。这样的布置使船的不同功能区域划分明晰:后部为作业区,前部为船舶航行操纵区。

起重机设于船尾部中心处,可向尾和左右两舷3个方向对外作业。起重机应尽可能靠近尾端布置,以获得较大的船外有效吊距。起重机前方是宽敞的作业甲板,可作为装载吊装物的运货甲板或放置起吊工索具的空间。

3. 动力装置

现代起重船大多采用全电力驱动,设置综合电力系统,有利于平衡各不同作业工况的电力负荷,减小总装机功率。对于动力定位DP‐2级以上有冗余要求的起重船,动力系统的配置还要与推进器相结合,以满足各种故障模式下的定位能力(详见第8章)。

4. 船舶定位

起重船作业时需要固定船位,常用的定位方式有多点锚泊定位和动力定位。非自航起重船大多采用锚泊定位,锚泊定位设于船的首尾部左右舷处,至少为4点定位,如海况条件较高,则需8点锚泊定位。深水作业的起重船需采用动力定位,为保证作业的可靠性,起重船动力定位都采用DP‐2或DP‐3级。

5. 抗横倾调载

起重船在进行全回转吊重作业时会产生巨大的横倾力矩,对于大型起重船,这一横倾力矩将达数十亿牛·米,仅靠船舶自身的稳性回复力矩不足以抗衡如此巨大的横倾力矩,必须要借助压载水来进行抗横倾调载。因此,抗横倾系统是大型起重船确保其作业稳性安全的必要装备。抗横倾系统由专用的抗横倾水舱、调载泵、管系及控制系统构成。抗横倾水舱一般设在船中附近,设置成成对舷边深舱的形式,以尽可能获得较大的抗倾力臂。抗横倾系统的能力需与起重船的起重能力相匹配,其主要技术参数有水舱的容量、单位时间的调载力矩等。

3.3　单船体全回转起重船主尺度选取

在船舶工程设计领域中,依据长期设计经验,按各类船的设计特点,在确定主尺度和主要船型参数时,一般将船舶分为两种类型:载重型船舶和布置地位型船舶。根据这两类船型的特点,在确定主尺度时,考虑的因素各有侧重[28]。

(1)载重型船舶。油船、散货船等载重量占排水量主要部分的船舶,其船长、船宽、吃水及方形系数主要受载重量所需的浮力和快速性条件约束,而型深则由最小干舷和舱容所决定。

(2) 布置地位型船舶。这类船舶的主尺度及船型要素主要取决于主体内以及主甲板以上的布置所需要的空间。这类船舶设计一般需从布置上入手,匡算所需的船长、船宽、型深等尺度,然后再结合重力与浮力平衡、快速性、稳性、耐波性等分析确定合理的主尺度和船型要素。

单船体全回转起重船是两种特性兼有的船舶。从排水量角度考虑,起重船的起重能力与船舶排水量有一定的内在联系,如同不同量级的举重运动员应达到相应的体重范围一样,不同起重能力的起重船需达到与其相适应的质量,即排水量,才能确保安全作业,也就是主尺度受与起重能力相适应的排水量及作业浮态和稳性的制约。从布置的角度考虑,起重船需要足够大的甲板作业面积,要满足起重机臂架搁置的长度需要,要布置各种重型作业设备,因此,主尺度又受布置空间的约束。

综上所述,单船体全回转起重船的主尺度与主起重机的起重能力有关,通常起重能力越大,主尺度规模也越大,这是由作业功能和总体性能所决定的。表3-1为不同起重能力的单船体全回转起重船的主尺度选取范围。起重船在确定主尺度时,参考功能相近的母型船是非常重要的。

表 3-1   不同起重能力的单船体全回转起重船的主尺度

船　名	起重能力 /t	总长 L_{oa}/m	垂向间长 L_{bp}/m	船宽 B/m	吃水 d/m	型深 D/m
Castoro 8 号	2 177	191.4	—	35	6.7~9.5	15
Saipem 3000 号	2 177	162	—	38	6.3	9
DB 27 号	2 400	128	—	39	5.33~5.79	8.53
Stanislav Yudin 号	2 500	183.2	173.1	36	5.5~8.9	13
Sapura 3000 号	2 720	151.2	144.4	37.8	5.79	9.1
Global 1201 号	2 720	162.3	150.3	37.8	5.8~6.6	16.1
威力号	3 000	141	137.6	40	8.5	12.8
DB 30 号	3 080	128	—	48.2	3.66~5.79	8.53
Kaizen 4000 号	3 800	156	—	50	7.5	12
蓝疆号	3 800	157.5	153.5	48	8	12.5
Aegir 号	4 000	210	—	46.2	11	16.1

（续表）

船 名	起重能力 /t	总长 L_{oa}/m	垂向间长 L_{bp}/m	船宽 B/m	吃水 d/m	型深 D/m
华天龙号	4 000	175	165	48	11.5	16.5
海洋石油 201 号	4 000	205	185	39.2	7~9.5	14
DB 50 号	4 400	151.5	—	46	9.45~11.89	12.5
Oceanic 5000 号	4 400	198	—	48	6.9~9.2	14.3
Oleg Strashnov 号	5 000	183	—	47	8.5~13.5	18.2
Borealis 号	5 000	182.2	—	46.2	8.5~11.35	16.1

1. 船长

起重船船长的选取没有严格的统一方法,图 3-3 为起重能力 2 000~5 000 t 起重船的船长分布,尽管图中数据比较离散,但是可以大致认为起重能力在 3 000 t 以下的起重船船长约为 150 m,起重能力为 3 500~5 000 t 的起重船船长在 175 m 左右。相同吨位的起重船船长差别较大,这主要是由于各型船对作业功能要求的侧重点有所差异。通常起重船与船长相关的因素有如下几点:

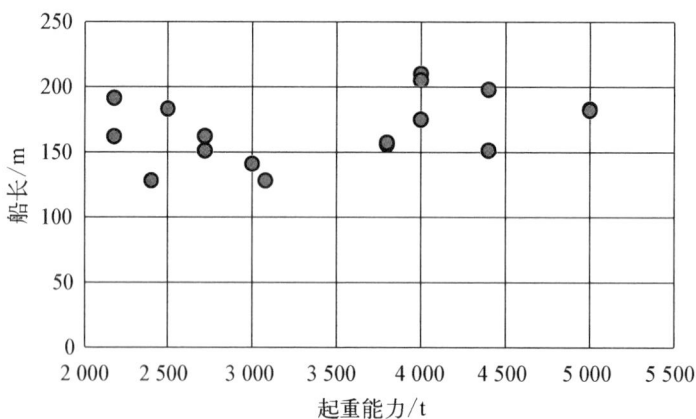

图 3-3 起重船船长分布

（1）船长与起重船的起重能力关系密切。通常单船体全回转起重船设计最大起重能力是在尾向固定吊工况,尾吊时在起重载荷形成的巨大力矩作用下,船舶将产生较大的尾倾角。而船级社相关规范规定起重机按船舶纵倾 2° 考虑倾斜载荷[5],因此在起重船设计时,一般都将尾纵倾 2° 作为校核浮态的极限纵倾角。由船舶静力学可知,船长越长,船的纵稳性高度 GML 越大,每厘米纵倾力矩越大,船舶抵抗纵倾的能力越强,可以证明,每厘米纵倾力矩与船长的平方成正比。所以,尽管图3-3不能表示船长与起重能力的确切关系,但起重能力越大,船长越长的总趋势还是明显的,这也印证了前述起重能力与排水量的关系。

(2) 起重船具有布置地位型船的设计特点,所以船长还取决于总体布置和甲板作业面积。起重船的典型布置是尾部设置主起重机,首部设置首楼和甲板室,中间大部分为作业甲板。由于作业的需要,起重船在作业甲板上放置大量索具等辅助作业设施和工具。作业甲板还可作为被吊装物件的短途货运甲板,将货物从码头、驳船运往吊装目的地后,直接从甲板上吊起进行安装。大型起重船作业甲板面积是一项重要的设计技术指标,通常要求达 $2\,500\sim5\,000\ \mathrm{m}^2$。此外,作业甲板的长度还需考虑航行时起重机臂架水平搁置的长度布置需求。因而船长的选取,较大程度上取决于作业甲板面积的需求。

(3) 在海上作业时,起重船耐波性能的优劣直接影响作业效率。起重船作业时,为稳性安全起见,在船舶方位可选择时,一般都采取首迎浪或首斜浪船位;而此时,船舶纵摇和垂荡性能就成了耐波性设计的主要矛盾。就起重船的耐波性能而言,船长对船舶的纵摇和垂荡运动影响较大。经验表明,船长大于作业海域波长的1.3倍时,船的纵摇运动较为缓和,有利于提高起重船的作业效率。

综上所述,增加船长对起重船的纵倾角、甲板面积和耐波性能都有好处;但从经济性角度考虑,增加船长将增加船舶造价,且随着船长增加,要维持同等的总纵强度,船体就得耗费更多的钢材,从而进一步提高造价。此外,船长增加,船舶遭受的风、浪、流侧向载荷增加,锚泊定位和动力定位的能力得相应提高,除了船舶造价提高外,还增加了作业营运成本。因此,对于一定起重能力的起重船及特定的功能要求,船长有一个适当的范围。

2. 船宽

船宽是起重船最重要的主尺度参数。与船长相比,船宽的选定与起重船的起重能力关系更紧密。图3-4显示船宽随起重能力增大而增大的趋势较为明显。起重船的设计应使作业时船舶在小角度横倾状态就具有足够大的回复力矩,以克服起重载荷引起的巨大倾侧力矩,从而避免大角度横倾导致倾覆的危险。因此,单船体全回转起重船应具有比普通船大得多的初稳性高度。由船舶静力学可知,船的初稳性高度 GM 与船宽的平方成正比,即 $GM \propto B^2$[29]。由此可知,起重船船宽得按所需求的 GM 来确定。

对于全回转起重船, GM 的要求应按尾吊和横吊两种作业工况考虑。尾吊时, GM 需满足起重机额定起重载荷在最大吊高作业时对稳性的基本要求。在设计初期,船舶主尺度、总布置都尚未确定,各种计算输入数据都无从获取,要准确地进行稳性衡准确实相当困难。要保证起重船的作业稳性,必须掌握起重船

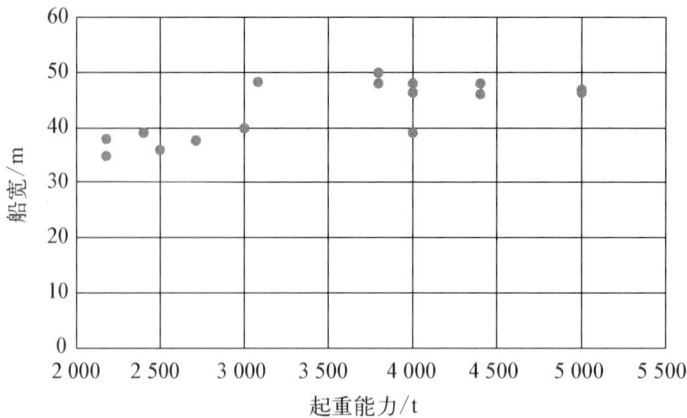

图 3 - 4 起重船船宽分布

稳性的两个主要特点：

（1）起重船作业时，悬吊重物的作用将使船舶的重心大大提高，也就是起重作业载荷会产生一个初稳性高度损失 δGM。对大型起重船来说，这个损失量是不容忽视的，其数值可能是常规船 GM 的数倍。

（2）大型起重船上层建筑发达，受风面积不仅是大倾角稳性必须考虑的因素，其对小倾角情况下的初稳性影响也不容忽视。除了定员众多、功能齐全的甲板室外，高耸的起重机本体也有巨大的受风面积，且受风面积系数随高度的增加而提高。

有了上述考虑，在设计初期也就不难进行稳性初估，从而为确定船宽提供依据。由船舶静力学可得

$$GM_0 = KM - KG = \frac{I_x}{\nabla} + KB - KG \qquad (3-1)$$

式中：∇ 为船舶排水体积，m^3；KB 为浮心高度，可近似取 0.5 倍的吃水，m；KG 为重心高度，可参考母型船选取或估算（此处 KG 不计起重载荷的重心高度），m；KM 为横稳心高度，m；I_x 为水线面横向惯性矩，m^4。

I_x 可以根据初定的船长和船宽勾画的水线面求得，也可用近似公式求取：

$$I_x = \frac{LB^3 C_w^{2.2}}{12} \qquad (3-2)$$

式中：C_w 为水线面系数，可参照母型船选取。对于起重船，C_w 一般均大于 0.94，如 C_w 较小，则上述近似公式不适用。

起重载荷初稳性高度损失 δGM（单位为 m）为

$$\delta GM = \frac{WH}{\Delta} \tag{3-3}$$

式中：W 为额定起重载荷质量，t；H 为额定起吊高度（距船舶基线高度），m；Δ 为船舶排水量，t。

由上述估算可得起重船尾吊时船舶的初稳性高度（实际计算时还应扣除自由液面修正）：

$$GM = GM_0 - \delta GM \tag{3-4}$$

所有起重船的 GM 应大于 0.15 m，且满足在 177 Pa 的风压下，静倾角不超过 3°。如不能满足上述要求，则需增大船宽。

对于单船体全回转起重船，仅尾吊工况稳性满足要求还不够，还需校核在额定回转能力下作业时的横倾角，即起重机回转 90°横吊作业时，船舶的横倾角不得超过 5°[23,30]。此时，船的横倾力矩除了风倾力矩外，还有起重载荷对船的横倾力矩，两者同向叠加使船横倾。为了提高船的起重能力，大多数起重船都设有抗横倾调载系统，通过压载水的调整，在船上施加一个倾侧力矩使其与起重力矩方向相反，以减小船的横倾角，从而达到在同样 GM 下，船舶具有更大的横吊起重能力。

假定未施加起重载荷时，船舶在抗横倾调载系统作用下向起重作业反方向产生一预压载倾角 θ_a，θ_a 应小于或等于 5°，可近似估算如下：

$$\theta_a = \arcsin \frac{M_a + M_f}{\Delta g GM_0} \tag{3-5}$$

式中：M_a 为抗倾调载力矩，kN·m；M_f 为风压倾侧力矩，kN·m。

从式（3-5）可知，可以通过调整 M_a 使 θ_a 小于等于 5°。

横向起重载荷加载后，船舶向起吊一侧横倾，横吊作业倾角为 θ，θ 应小于或等于 5°，θ 可由式（3-6）计算得出。

$$\theta = \arcsin \frac{M_a + M_h + M_f}{\Delta g GM} \tag{3-6}$$

式中：M_h 为起重载荷倾侧力矩，kN·m。

通过选择合适的船宽使 GM 满足横吊起重作业时船舶倾角的限制要求。需要说明的是，这里倾角 5°的限制是满足规范的最低要求，实际上多数大型起重机允许的工作倾角往往小于 5°，此时，船舶的倾角需满足起重机的限制条件。举例如下：

某起重船，船长 L 为 170 m，吃水 d 为 11 m，水线面系数 C_w 为 0.95，排水体积 ∇ 为 81 545 m³，排水量 Δ 为 84 000 t，重心高度 KG 为 10.2 m，风压倾侧力矩 M_f 为 33 094 kN·m，额定吊高为 100 m，尾吊额定载荷为 4 000 t，横吊额定载荷为 2 500 t，旋转半径为 40 m，起重机允许最大倾角为 3.5°，试选择船宽，使稳性满足起重作业要求。计算结果如表 3-2 所示。

表 3-2 计 算 表

项 目		船宽 B/m				
		42	44	46	48	50
水线面横向惯矩 I_x/m⁴		937 578	1 077 997	1 231 780	1·399 534	1 581 866
尾吊	未计载荷吊高初稳性高度 GM_0/m	6.498	8.220	10.106	12.163	14.399
	初稳性高度损失 δGM/m	4.762	4.762	4.762	4.762	4.762
	计入载荷吊高初稳性高度 GM/m	1.236	2.958	4.844	6.901	9.137
	风压静倾角/(°)	1.86	0.78	0.48	0.33	0.25
横吊	未计起重载荷初稳性高度 GM_0/m	6.64	8.42	10.36	12.48	14.78
	初稳性高度损失 δGM/m	2.976	2.976	2.976	2.976	2.976
	计入起重载荷初稳性高度 GM/m	3.48	5.26	7.20	9.32	11.63
	抗倾调载力矩 M_a/(kN·m)	282 000	366 000	458 000	558 000	558 000
	预压载倾角 θ_a/(°)	3.40	3.40	3.40	3.40	2.87
	横倾角 θ/(°)	14.78	8.60	5.38	3.40	2.73

从表 3-2 可见，船宽为 42 m 时，尾吊作业风压静倾角为 1.86°，已满足小于 3°的要求。但在横吊作业时，横倾角达 14.78°，大大超过 5°的限制，只有船宽取 48 m 才满足倾角要求。因此，对于单船体全回转起重船而言，全回转起重能力是选择船宽的关键因素。从上例来看，横吊能力已经比尾吊降低了 37.5%，如要满足 4 000 t 全回转，则船宽还得大大增加，但船宽加大使舷外有效吊距随之减小，以致船宽和舷外吊距很难达到实用意义上的平衡，从而制约起重能力的进一步提高。因此，仅采用预压载的方法已经不能满足起重能力大幅提高的需求。

得益于现代工业控制技术的发展成果,起重船的抗横倾调载可随着起重载荷的加载(或减载)同步进行,即通过动态调载,达到保持船舶倾角的效果。这一方法使得增加船宽不再是提高起重能力的唯一途径;通过增加动态调载量,同样可以提高全回转起重能力。为了避免调载过度危及船舶稳性安全,许多船级社规范中对于采用反向压载进行起重作业的船舶增加了起重载荷突然失去(简称失钩)时的稳性校核要求(详见 3.5 节)。

此外,船宽的选择与总布置要求的甲板作业面积有关。有时为了满足甲板面积的要求会将船宽适度加大。

在满足上述要求的前提下,船宽的选择还需兼顾船舶的横摇性能。影响横摇性能的主要指标是横摇周期,横摇周期短则摇摆剧烈。从耐波性角度考虑,应尽量增加船的摇摆周期,船的摇摆周期愈大,则它在波浪上的横摇愈平稳,横摇角和横摇加速度愈小,并且海上受到谐摇的程度也愈小。因此在满足稳性要求的前提下,不宜过度增加船宽。

3. 型深

起重船型深的选取除应主要考虑满足相关规范要求的最小干舷外,还应照顾到作业时船舶在纵横倾情况下的实际干舷,避免甲板上浪。舱内布置空间的高度也往往是确定型深时考虑的重要因素之一。起重船作业时,船体承受巨大的中拱弯矩,适当增加型深有利于提高船体梁抗总纵弯矩的能力。适当降低型深,有利于降低空船重心高度,对船的稳性有利。起重船型深的选取应综合考虑上述因素,并参考母型船的参数。型深变更对总布置的影响较小,因此,在方案设计阶段可先初定,在进行相关各项计算后根据需要再进行调整。

4. 吃水

起重船的吃水常设定一个较大的范围,取相对较浅的航行吃水和较深的作业吃水。航行吃水为夏季干舷吃水。选择吃水的主要考虑因素为耐波性、初稳性、排水量等,以满足重力与浮力平衡为主。

(1)吃水与耐波性的关系。升沉和纵摇运动幅度主要与波长 λ 和船长 L 的比值 λ/L 有关,最严重的纵摇及升沉发生在波浪周期等于纵摇周期时。鉴于起重船主要用于工程作业,且作业时船舶处于零航速状态,主要从增加纵摇周期的角度来考虑,应适当增加吃水;而吃水的加大使船舶的附连水质量加大,船舶在波浪中摇摆的阻尼力矩亦增加,故而改善其在波浪中的运动性能。

(2)吃水对初稳性和摇摆周期的影响。船长 L、船宽 B 确定后,吃水 d 就成为调节横稳性高度和纵稳性高度的主要参数。增加吃水,可以减小初稳性高度,进而增加摇摆周期。

（3）吃水与排水量的关系。船长 L 和船宽 B 确定后，吃水 d 就成为决定排水量 Δ 的主要因素。从起重船的作业需要来看，加大吃水，排水量增加，船体的质量增加，抵抗外力的能力就强；但排水量增加使船体结构钢料有所增加，因此吃水也不宜过大。

排水量增加还会影响浮力和重力的平衡，在保持干舷一定的情况下，型深 D 随吃水 d 的增加而增加，由于型深 D 对空船重量的影响幅度小于船长 L 和船宽 B 对重量的影响，所以，因吃水增加引起的排水量增加会超过因型深增大引起的重量增加。因此吃水增加还需要增加压载水的容积。

（4）吃水对纵倾角和横倾角的影响。从初稳性高度的分析可知，吃水增加会导致初稳性高度降低，但由于排水量有所增加，故吃水增加对纵倾角和横倾角影响不大。

3.4　单船体全回转起重船总布置

3.4.1　概述

与常规船舶设计一样，总布置设计是单船体全回转起重船设计的首要工作。总布置设计是整个设计过程中极其重要的一环，总布置设计不但对起重船的作业功能和航行性能有十分重要的影响，而且也是开展后续设计和各项计算的主要依据。因此，在方案构思、排水量和主尺度确定及型线设计时，就需要对总布置有初步的设想。当然，总布置设计也是由粗到细、不断调整优化的过程。

起重船总布置设计的目的是在满足作业功能和保证船舶航行性能的前提下，合理确定船舶整体布置，绘制出详细的总布置图。设计的主要工作包括下列内容：

（1）划分主船体内的各个舱室和上层建筑，勾画船舶的外部造型。

（2）调整平衡船舶的纵、横向浮态。

（3）布置船舶舱室和设备。

（4）协调各部位的通道和出入口。

起重船作为工程作业船，其总布置设计的基本原则是应最大限度地满足和提高船舶的作业营运效能，并确保作业安全。总布置设计的依据是起重船的设计任务书和各项公约、规范和规则。在总布置设计时，应关注以下各点：

（1）总布置设计要注意船体结构的合理性和工艺性，尽量保持主要纵向结构的连续性。

（2）利用现有条件，努力改善船员和施工人员的工作和生活条件，满足《海事劳工公约》[22]对舱室设备的要求，这是起重船舱室布置设计的重要原则。

（3）应充分注意到施工、检查、维护和更换设备的方便性，船上各处应有良好的"可达性"；在经济适用的原则下，外形要美观大方[31]。

3.4.2　总体布局的划分

总体布局的划分错综复杂[32]。对于单船体全回转起重船来说，必须首先确定作业区和生活居住区两大功能区域的布局。起重船最常规的布置是尾部为作业区，首部设置居住舱室，典型布置如图 3-5 所示。在这样的布局中起重机设在尾部，有利于浮态平衡；此外作为中央控制室的驾驶室设在首部，航行时驾驶室前方能满足无遮挡的良好驾驶瞭望视野，后方可观察到整个作业甲板。

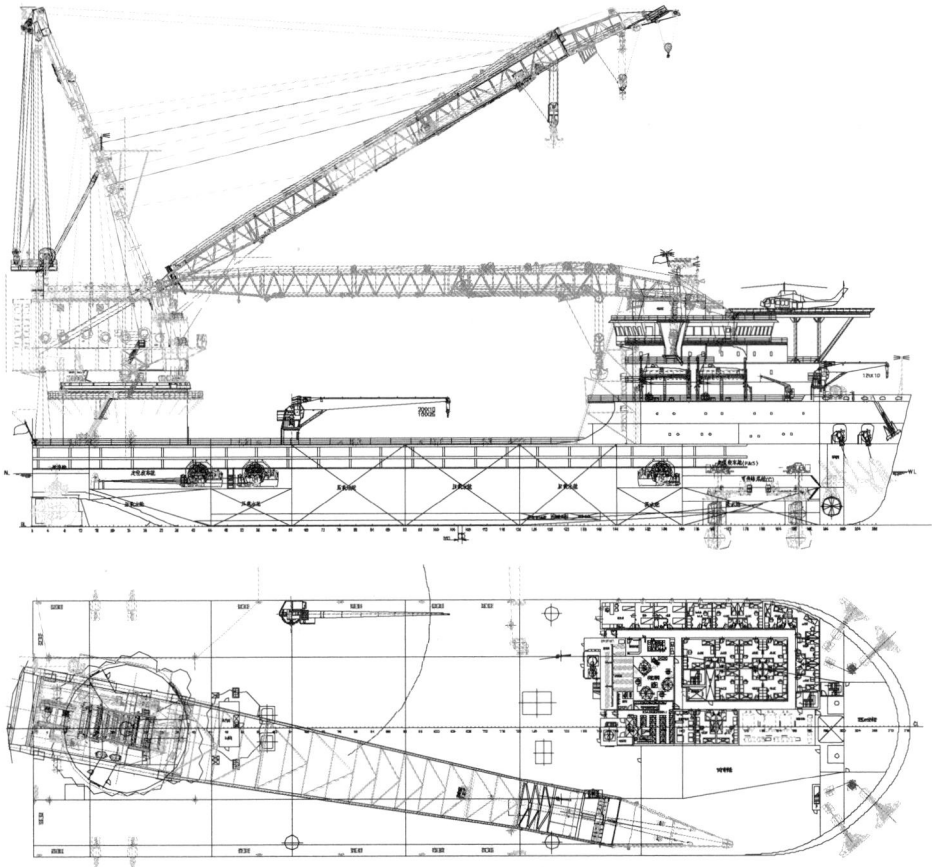

图 3-5　单船体全回转起重船典型布置

1. 主船体内的舱室划分

主船体内的舱室划分需考虑建造规范的要求,水密完整性、破舱稳性、结构强度等的要求以及使用功能上的要求,例如压载、抗横倾、抗横摇等特殊舱室的设置。

1) 主水密舱壁划分

起重船主船体内设水密横舱壁和水密纵舱壁,其将船分隔成多个水密舱室。水密横舱壁的设置应满足相关规范规定,规范规定的水密横舱壁的数量与船长有关,一般要求如表 3-3 所示。

表 3-3 水密横舱壁数量

船 型	船长 L/m						
	≤ 60	$(60, 85]$	$(85, 105]$	$(105, 125]$	$(125, 145]$	$(145, 165]$	$(165, 190]$
中机型	4	4	5	6	7	8	9
尾机型	3	4	5	6	6	7	8

机舱前后端壁应为水密横舱壁,各水密横舱壁均应伸至舱壁甲板。防撞舱壁距船首的距离通常为 0.05~0.08 倍垂线间长 L_{pp}。

起重船应设置两道贯通首尾的纵舱壁,边舱的宽度可取不小于 $B/5$,通常为水密舱壁,两侧边舱设压载水舱,用于作业浮态调整。

2) 主体船舱的建筑特征

(1) 双层底。防撞舱壁和尾尖舱壁之间应全船设置双层底。如双层底之上设置燃油舱,则需满足燃油舱保护要求,双层底高度应不低于 $B/20$ 或 2 m。双层底高度除应满足相关规范、公约等要求外,还应考虑舱容的需要,并满足便于结构施工和管路安装检修的要求。双层底舱一般作为压载水舱,起重作业时进行压载,以降低重心高度。

(2) 边舱。起重船主船体设置两道纵舱壁,除了为满足结构总强度的要求外,也是全船功能布置的需要。船中部两侧边舱大都作为抗横倾压载水舱,在起重作业时起调节船舶横倾的作用。对于采用锚泊定位的起重船,首尾两端的边舱作为锚泊绞车舱布置定位锚泊绞车,利于绞车出绳。

此外,边舱的适当位置还可布置淡水舱;根据烟囱布置的需要,还常在机舱部位辟出柴油机排气管道上行的烟道空间。

(3) 甲板与平台。大型起重船的型深比较大,为有效利用舱内空间常需设置数层平台。下层平台作为各类辅助设备和专用设备的设备舱。上层平台作为存储舱,存放各种作业辅助设施,例如起重器材、索具、备品、备件等。存储舱周边设置货料架,顶部设置起吊滑轨或吊梁等设施,有的大型存储舱内还配备小型叉车以便于理货。配备叉车的存储舱应合理布置货料架,方便叉车的行驶、进退和转弯。

3）其他船舱的布置

（1）燃油舱。大型起重船自持力要求的作业天数大多为30天以上,燃油舱的装载量常达数千吨,舱容较大。为了保护燃油舱,燃油舱只能设在双层底以上和边舱以内的位置。在起重船作业时,甲板上经常会有一些临时焊接操作,所以燃油舱顶部不宜直接利用露天作业甲板,在燃油舱顶部与露天作业甲板之间需设一夹层空舱对燃油舱进行保护。

（2）淡水舱。大型起重船定员达数百人之多,淡水消耗量很大,淡水舱舱容大,布置时需结合浮态要求统筹考虑。由于淡水需求量大,通常船上都设置制淡装置;淡水舱又分设为饮用淡水舱和洗涤用淡水舱。洗涤用淡水舱的舱容需与制淡装置的制淡能力相匹配。

（3）机舱。现代主流大型起重船都采用全电力驱动,机舱即为主发电机舱。为了获得尽可能大的无障碍作业甲板面积,机舱宜布置在船的中前部,使机舱的排气管道、通风管道等与甲板室连成一个整体而不致影响作业甲板面积。但其不利之处是机舱的振动和噪声会对居住舱室有一定影响,设计时应予以关注,并采取预防措施。

鉴于动力定位作业时故障冗余的要求,DP-3级动力定位的起重船需设置两个或两个以上水密和防火分隔的独立机舱。这一要求颠覆了传统的总布置模式,不仅要考虑机舱本身的分隔,通风管道、排气管道、主电缆走向等也都需各行其道,总布置前期设计时就需统筹考虑,以免后续引起大的返工。

此外,如全船定员超过240人,根据特种用途船安全规则,起重船需按客船要求布置两个机舱以满足遭遇火灾时安全返港的规定。

（4）推进器舱。全电力驱动定位起重船较多采用全回转推进器,推进器舱的布置依据推进器的配置而定。从全船布置来看,推进器舱大多分布在首尾两端,这是由动力定位推进器的布置要求所确定的,这样可获得尽可能大的转船力矩。全回转推进器采用"L"或"Z"形传动,设备本身的高度比较大,尤其是可升缩式推进器总高度约为桨直径的3.5倍,在设置推进器舱的位置时必须对需要达到的舱高有充分的估计,以免后期因设备选型的差异和布置高度不够而引起颠覆性的返工。

对于DP-3级动力定位船,还应重点考虑推进器舱的防火和水密分隔,以满足故障冗余的要求。

2. 上层建筑的形式、尺度、层数和造型

起重船的主流布置形式是主起重机设在船尾,上层建筑设在船首。为提高抗风浪性能,以设置高首楼为宜,一般首楼设 2～3 层,首楼以上设多层甲板室、驾驶室、直升机平台甲板等。甲板室的层数根据定员的需要而定,起重船的定员人数较多,可达 200～300 人甚至更多,通常可按特种用途船来设计。按照《2006 年海事劳工公约》的规定,船员需居住单人间,且要满足自然采光要求,特殊人员可居住双人间或四人间,但人均面积需满足要求。

从起重船的作业功能考虑,作业甲板面积应尽可能大,因此上层建筑的长度不宜过长,据统计大多数大型起重船首楼长度约占总长的 28%～38%;此外,还应兼顾作业甲板面积和舱室布置需求,优化布置。

起重船的驾驶室作为中央控制室,需满足从航行到作业的全方位视野要求,驾驶室应设计成全景式。直升机甲板设在首端驾驶室上方;对于从事海洋工程的大型起重船,直升机甲板需满足英国民用航空规定(CAP437)的要求。

典型的上层建筑外形如图 3-6 所示。

3.4.3　压载水舱布置和浮态调整

起重船主船体内设有大量的压载水舱,以调整船舶的吃水、纵倾和横倾。主起重机设于船舶的尾部,尾向起重作业时,船首需进行压载以使船舶纵倾控制在适度范围内。此外,为了减小中拱弯矩,船舶中部区域也需配载大量压载水。回转作业时,还需进行抗横倾的压载水调驳。为满足这些要求,起重船自船中后至船首均需设置压载水舱,船中部区域左右两舷都需设置足够的压载水舱以用于抗横倾调载。起重船压载水舱总容量约占排水体积的 65%～85%。

3.4.4　作业甲板布置

无障碍和无突出物的作业甲板是起重船的基本要求,作业甲板面积是起重船的一项重要技术指标,大多数起重船的作业甲板面积大于 2 500 m²。

作业甲板的设计载荷不低于 10 t/m²,可在作业海域短途运载吊装的模块和结构物。在起重机工作半径范围内,作业甲板不应布置舱盖、空气管等突出物。通常作业甲板都要铺设木甲板,以防滑、保护甲板、防止重物直接撞击甲板。

3.4.5　舱室和通道布置

起重船舱室的特点是定员多,因而舱室功能齐全,规模庞大。起重船的舱室

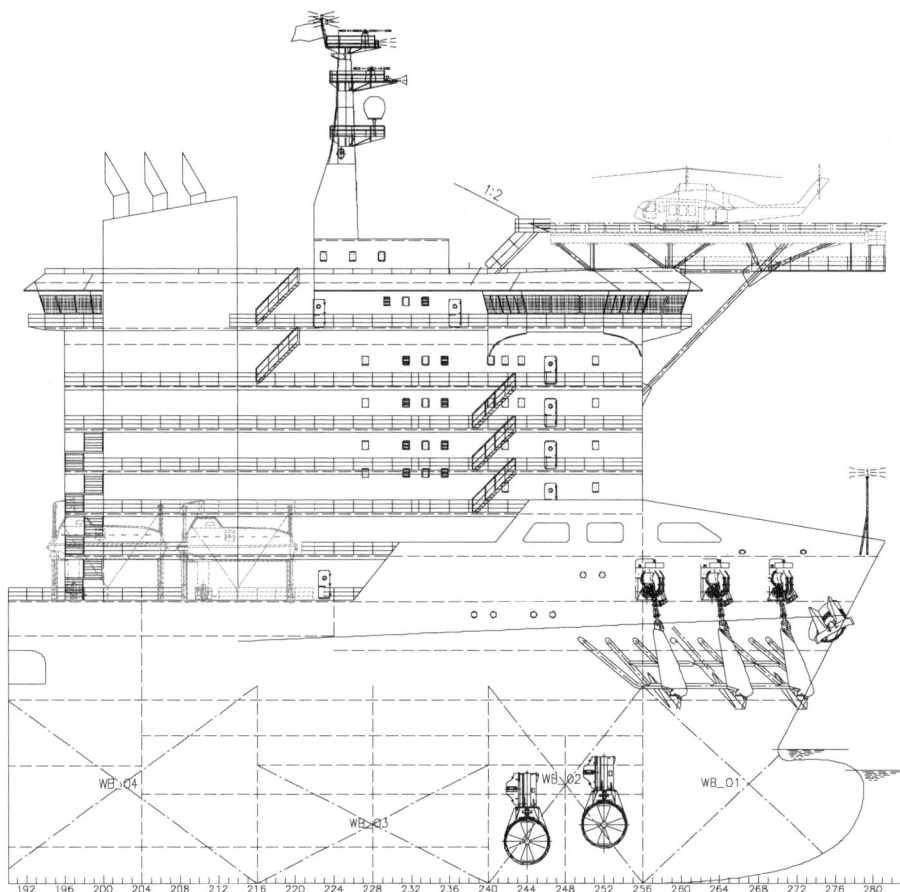

图 3-6 上层建筑外形图

主要分为生活舱室、工作舱室、特殊设备舱室、储存舱室等。舱室设计的基本要求是在适用、经济的前提下,尽可能改善船员的工作、生活和学习条件,做到舒适、方便、安全。

船上人员舱室(简称船员舱室)的布置应便于日常工作,力求接近工作地点,并设有方便的通道。业务性质相近的船员舱室应相邻布置。居住室及休息室尽可能布置在较安静和舒适的地方,并利于自然采光和通风。驾驶部船员舱室通常按职务自上而下布置在船舶右舷,轮机部船员舱室则自上而下布置在左舷,起重船还设有大量施工人员舱室,最好设在便于观察作业情况的位置。

根据《2006 年海事劳工公约》的要求,在除客船以外的船舶上,应为每一海员提供单独的卧室,对于低于 3 000 t 的船舶或特殊用途船舶,主管当局在与有关船东和海员组织协商后可准予免除此要求。大型起重船的定员一般都在200人以上,若要全部设单人间,显然是不现实的,因此,按《特种用途船安全规则》[33]将起重船定性为特种用途船是合理的选择。按特种用途船设计,舱室可设双人间或四人间,对于不担任高级职务的海员,其卧室的地板面积应为双人间不少于 $7.5\ m^2$,三人间不少于 $11.5\ m^2$,四人间不少于 $14.5\ m^2$。还可设四人以上的房间,但人均地板面积不小于 $3.6\ m^2$。卧室的净高不得低于 203 cm,且应有足够的尺寸并配备适当的设施,以保证适当的舒适性和整洁性。每个床位的最小内部面积应至少为 198 cm×80 cm。每个居住者应有一个宽敞的衣柜(至少为 475 L)和空间不小于 56 L 的抽屉或等效空间。如果抽屉设在衣柜内,则衣柜的总容积至少应为 500 L,柜内应设搁板,并能够由居住者上锁以确保隐私。每间卧室应备有一张桌子或书桌,并按需要配备舒适的座椅。

卧室和餐厅应有合适的自然采光,并应配备足够的人工灯光。起居舱室应配备空调设备。

餐厅的位置应与卧室隔开,并应尽可能靠近厨房。餐厅应足够大并且舒适,在考虑到任一时间可能用餐的船员人数的基础上还应配备适当的家具和设备。根据同时进餐人数,餐厅的面积应不少于 $1\ m^2$/人。

船上所有的人员均应能够使用满足最低健康标准和卫生标准的卫生设施,如条件允许尽可能为每一间卧室配备单独卫生间。对于没有单独卫生设施的人员,应为每 6 个人至少配备一个厕所、一个洗脸池和一个淋浴器。

通道和出入口的设置应以便捷、安全、实用为原则:要使得各舱室的人员易于从居住舱室进出,易于到达露天甲板,在紧急情况下易于安全、快速到达救生艇登乘甲板。舱室内部各处所之间,内部与外部之间的通道要保持直通,不要迂回曲折。各层甲板间的扶梯尽可能上下对齐,这样既方便布置又节省空间。50 人以上内舱室的通道宽度应不小于 1 m,露天甲板两舷的外部通道宽度应不小于 1.2 m。图 3 - 7 为某起重船典型的舱室和通道布置。

3.4.6 船舶设备及舱面布置

起重船的船舶设备主要有锚泊和系缆设备、救生设备、门、窗、舱盖、人孔、消防设备、通风设备、樯桅信号设备等,这些设备的选型和布置与常规船舶没有根本性的区别,可参考船舶设计手册或类似专业书籍。布置上需注意的是,起重船作业甲板区域应尽量避免布置与工程作业无关的船舶设备,使甲板保持平坦、无突出物;如舱盖、人孔等必须布置在作业甲板区的设备,则应选用埋入式,在舱盖、人孔等关闭时仍能保持甲板平整。

图 3-7　舱室和通道布置图

3.5　单船体全回转起重船稳性和浮态

3.5.1　大型起重船稳性和浮态的特点

大型起重船的稳性和浮态控制是总体性能研究设计的关键技术,稳性和浮态的特点是由起重船本身的布置特点和作业载荷的特殊性所决定的。

(1) 大型起重船主起重机的重量约占整个空船重量的 20%~25%。起重机的重心高度在甲板以上约 30~40 m,起重机装船后将使空船重心高度提高 40%~80%,也就是说,起重船的空船重心高度要比常规船高出约 40%~80%。

(2) 作业时在极短时间内吊起数千吨重物,即在短时间内船舶排水量急剧增加数千吨之多。

（3）根据船舶稳性原理，悬吊重量的重心高度应按悬挂点计算。大型起重船的吊钩定滑轮轴心距甲板高度常达上百米，数千吨吊重加载时全船的重心在短时间内急剧提高，对船舶稳性形成危险。

（4）起吊重物的重力与吊幅的乘积产生巨大的倾侧力矩，对船舶的纵倾和横倾产生极大影响（而且是在数分钟内发生）。为了使船舶处于安全浮态（一般横倾角小于 5°，纵倾角小于 2°），必须在反向加载大量压载水以部分抵消吊重产生的倾侧力矩，这样一来，船舶的排水量及吃水再度增加。

（5）在起重机带载回转作业时，巨大的倾侧力矩在短时间内从船侧转到船尾或反向，压载水必须迅速地进行相应的调载；否则会造成船舶倾斜加剧甚至倾覆，并使回转机构处于下坡运转状态，这是非常危险的。为了迅速地调载并确保船舶的稳性安全，大型起重船的抗倾调载系统要求极高。

3.5.2 船级社规范对起重船作业稳性的要求

各国规范对起重船作业稳性的要求不尽相同。

中国海事局《国内航行海船法定检验技术规则》[23]对起重船作业状态下的稳性有如下两点要求：

（1）初稳性高度 GM：

$$GM \geqslant \frac{M_\mathrm{f} + M_\mathrm{h} + M_\mathrm{l}}{0.171\,6\theta_\mathrm{c}\Delta} \tag{3-7}$$

式中：M_l 为船舶不对称装载倾侧力矩，kN·m；θ_c 为起重船允许的极限静倾角，(°)，回转式起重船不超过 5°。

（2）稳性衡准数 K_c：

$$K_\mathrm{c} = \frac{l_\mathrm{q}}{l_\mathrm{f} + \dfrac{M_\mathrm{h} + M_\mathrm{l}}{9.81\Delta}} \geqslant 1 \tag{3-8}$$

式中：l_q 为不计横摇影响的最小倾覆力臂，m；l_f 为风压倾侧力臂，m。

第（1）点是对初稳性高的要求，实际上是要求船舶的初稳性高度能满足在总倾侧力矩作用下，横倾角不超过 5°。总倾侧力矩包括风压倾侧力矩 M_f、起重载荷倾侧力矩 M_h 和不对称装载倾侧力矩 M_l。为了安全起见，M_f 应与 M_h 同向，通常将反向压载力矩归入 M_l，即 M_l 与 M_h 方向相反。理论上，如船舶排水量和压载水舱舱容允许 M_l 可增加到足够大甚至与 M_h 的数值相等，则该项衡准就蜕变为稳性高度仅需满足在风压倾倾力矩作用下横倾角不超过5°,而排除了对起重载荷的约束。

第(2)点是对稳性衡准数 K_c 的要求,与普通船相比,其在倾侧力臂中加入了起重载荷倾侧力臂和不对称装载倾侧力臂。同样,若使 M_1 与 M_h 大小相等方向相反,则该项衡准与常规船无异,也即排除了对起重载荷的约束。

综上所述,国内法规对起重船作业稳性的要求,实质上主要是对抗倾调载能力的要求,只要提高抗倾调载能力,就可增大起重力矩,其并没有从船舶本身的稳性出发直接限定船舶的起重能力。当然,由于起重载荷的重心较高,吊重增大本身会降低初稳性高度 GM 和最小倾覆力臂 l_q,这也间接限制了起重载荷不可能无限增大。

各国船级社,如挪威船级社(DNV)规范[34]对起重船的作业稳性有特殊要求。在起重船在起重作业中应用反向压载的情况下,当起重载荷突然失去时应满足如下要求:

(1) 面积 A_2 应不小于 A_1 的 1.4 倍,如图 3-8 所示。

(2) 起重载荷失去以后,船舶静止横倾角 θ_e 不大于 15°。

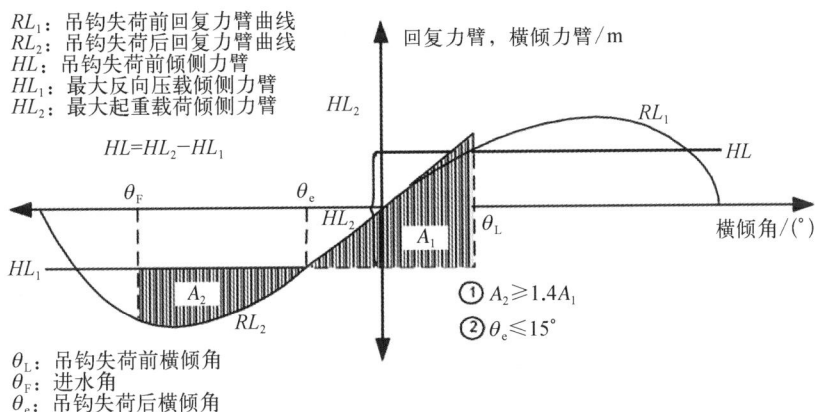

RL_1:吊钩失荷前回复力臂曲线
RL_2:吊钩失荷后回复力臂曲线
HL:吊钩失荷前倾侧力臂
HL_1:最大反向压载倾侧力臂
HL_2:最大起重载荷倾侧力臂

$HL=HL_2-HL_1$

回复力臂,横倾力臂/m

横倾角/(°)

① $A_2 \geqslant 1.4A_1$
② $\theta_e \leqslant 15°$

θ_L:吊钩失荷前横倾角
θ_F:进水角
θ_e:吊钩失荷后横倾角

图 3-8　失荷稳性曲线

第(1)点是对船舶动稳性复原能力的要求。因为起重载荷突然失去时,船舶迅速向压载一侧倾斜,在加速度作用下具有很大的动能,在达到回复力矩与压载倾侧力矩相等的平衡点后还将继续倾斜,直到回复力矩做的功完全克服倾侧动能为止。一旦船型确定以后,船舶的动稳性性能就基本固定,所以,这一要求实际上是限制了起重船的反向压载量,即不能通过提高船舶的抗倾调载能力来无限制地增大起重力矩。

第(2)点是对船舶静稳性复原能力的要求,即起重船所允许的最大反向压载倾侧力矩不能大于横倾15°时的稳性复原力矩。

DNV规范从动稳性和静稳性两个方面限制了起重作业时的反向压载倾侧力矩,从而限制了船舶所允许的起重能力,确保船舶稳性安全。近年来,美国船级社(ABS)、德国劳氏船级社(GL)等也都采纳了类似的起重船稳性衡准要求。

3.5.3 单船体起重船抗横倾和作业稳性计算实例

本节以某起重船为例,介绍抗横倾调载和作业稳性计算方法。该船起重机为3 500 t,回转半径为45 m,起重机设在船尾中心处,船舶左右两舷设置5对抗横倾水舱(见图3-9中WB_05~WB_09左右压载水舱)。当起重机吊载3 500 t从左舷向船尾旋转90°,要求回转时间不超过15 min(反向旋转类似);为了平衡横倾力矩,经计算需将约4 500 t压载水从右边舱调驳到左边舱。根据各对压载水舱的舱容,分配各对舱的调载水量并配置相应的调载水泵,以满足预定时间内调载水量的要求。表3-4为抗横倾计算表。

表3-4 抗横倾计算表

| 抗横倾水舱 | 横 吊 | | 尾 吊 | | 调驳体积/m³ | 单泵排量1 400 m³/h, 15 min 调载 | |
	装载百分比/%	装载体积/m³	装载百分比/%	装载体积/m³		理论泵数量/台	实际泵数量/台
WB_05.P	5	117.7	48	1 130.1	1 012.4	2.89	3
WB_05.S	95	2 236.6	52	1 224.3			
WB_06.P	15	361	65	1 563.2	1 202.2	3.43	4
WB_06.S	85	2 045.6	35	843.3			
WB_07.P	5	103.1	50	1 031.4	928.3	2.65	3
WB_07.S	95	1 959.6	50	1 031.4			
WB_08.P	5	103.1	50	1 031.4	928.3	2.65	3
WB_08.S	95	1 959.6	50	1 031.4			
WB_09.P	5	57.7	50	577.2	519.5	1.48	2
WB_09.S	95	1 096.7	50	577.2			
合计					4 590.7		15

说明:P—左边舱;S—右边舱。

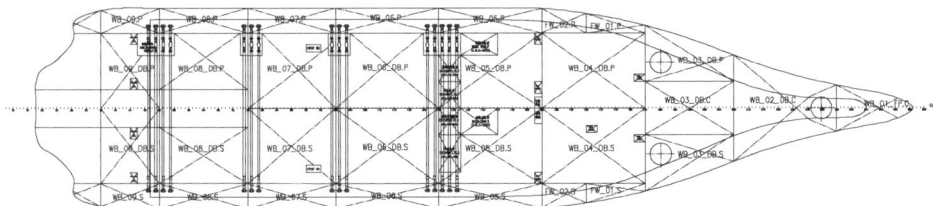

图 3-9　抗横倾水舱布置

按 DNV 起重船作业稳性衡准方法,当起重机吊重时,在船舶采用反向压载的情况下,需核算失荷稳性,即在起重载荷突然失去时,船舶向压载一侧倾斜时的稳性,包括动稳性和静稳性。计算结果如图 3-10 所示,由图可知,稳性曲线下面积比 $A_2/A_1 > 1.4$,反向压载倾侧力矩的横倾角为 $7.9°$,小于 $15°$,满足规范要求。

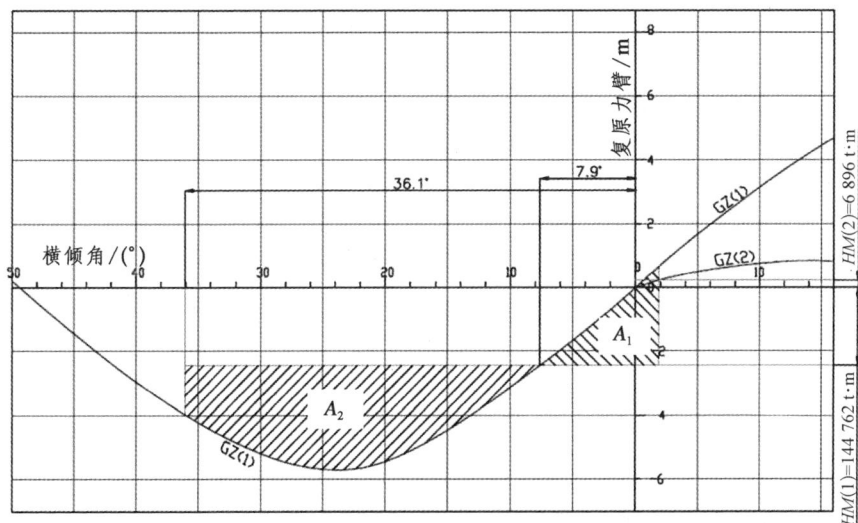

图 3-10　失荷稳性衡准

3.6　单船体全回转起重船耐波性能

大型起重船耐波性设计是确保起重船作业能力和作业效率的关键技术和技术难点。从海洋起重船船型的发展历史来看,由最初的方驳型到自航船船型再到半潜平台型的进化主要也是为了改善耐波性能。

主尺度是决定船舶耐波性能的主要因素[35-37]。大型起重船的耐波性改善主要是改善其摇摆性能,包括纵摇性能和横摇性能。纵摇性能取决于船长与波

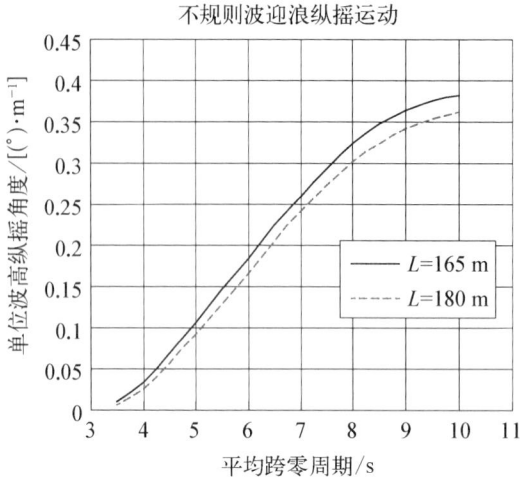

图 3‑11　纵摇幅值与船长的关系

长的关系。一般而言,船长大者抗纵摇性好,但船长关系到船的造价,因此不能盲目加大,而要综合权衡。变船长船模耐波性试验为优化纵摇性能、合理选定船长提供了科学依据。图 3‑11 为某型起重船船长分别为 165 m 和 180 m 时,纵摇幅值(单位波高纵摇角度)随波浪周期的变化情况,显然船长较长者的抗纵摇性能要优于较短者。

对于起重船,横摇性能比纵摇性能更重要。就主尺度而言,船宽是决定横摇性能的主要因素。而船宽选择必须以起重作业时的稳性和倾角为主,且要留有相当裕度。影响横摇性能的主要指标是横摇周期,横摇周期短则横摇剧烈。从耐波性角度考虑,应尽量增大船的横摇周期,船的横摇周期愈长,则它在波浪上的横摇愈平稳,横摇角和横摇加速度愈小,并且在海上易遭谐摇的程度也愈小。初稳性高度和横摇周期是相矛盾的。对于起重船,在作业准备阶段,希望船舶横摇平缓,起重机吊钩摆幅小,利于挂钩,这时初稳性高度不应太大;一旦加载起重载荷,全船重心高度大幅上升,船舶遭受巨大倾侧力矩的作用,这时船舶需要较大的初稳性高度,形成足够的回复力矩以平衡起重载荷产生的倾侧力矩。采用如图 3‑12 所示多吃水变船宽的中剖面船型可以解决起重船不同作业阶段稳性和横摇性能的矛盾[38]。在航行和作业准备阶段,吃水浅,水线面宽度小,初稳性高度小,横摇周期长。在起重作业准备阶段,船舶压载,吃水加大,水线面增大,初稳性高度提高,以保证起重作业时的稳性安全。起重加载后,吃水进一步加深,水线面增宽,但重心大幅提高,所以横摇周期加大,以使横摇性能满足作业要求。表 3‑5 是该船型在船模试验时不同作业阶段吃水下的横摇周期。

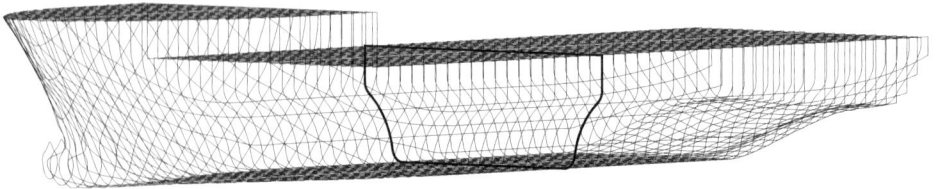

图 3‑12　多吃水变船宽的中剖面船型

表 3 - 5　试 验 数 据

工　　况	吃水 d/m	重心高度/m	横摇周期 T/s
航　　行	7.50	19.41	16.80
航　　行	9.00	19.22	17.15
作业准备	10.85	15.09	12.25
起重作业	11.50	22.70	25.55

　　常规船型也可通过增加吃水来改善横摇性能。根据箱形船体初稳性高度与 $\dfrac{B^2}{C_B d}$（其中 C_B 为方形系数）成正比的关系可知,适当加大吃水可降低初稳性高度,增大横摇周期,改善耐波性能。增大吃水,则作业时排水量增大,船舶自身质量增大,抗外力干扰能力增强,自然有利于耐波性。选取一定的作业吃水范围,在实际作业时,可根据所处的海况、起重载荷、固定吊或回转吊等作业形式,在最大和最小作业吃水之间选择合适的吃水进行压载,以达到稳性和耐波性双赢的效果。

　　设计有效实用的减摇附体,也是改善耐波性能的重要措施。舭龙骨是最经济实用的减摇设施,舭龙骨看似很简单,但要想获得最佳的减摇效果,第一要与船型相匹配,第二尺度比要适当。起重船都为大方形系数船舶,平行中体较长,因此尽可能延长舭龙骨的长度,配合舭圆半径,合理确定舭龙骨的宽度,可以获得较理想的减摇效果。

4 半潜起重船总体设计

4.1 概述

从 20 世纪 70 年代起,海洋油气工程建设的发展不仅对大型起重船的需求量与日俱增,而且对起重船的作业能力和性能也提出新的要求。低干舷、方驳型港内作业的扒杆起重船已不能适应海洋油气工程建设的需要,采用自航船船型的单船体起重船成为大型起重船船型的主流趋势。这期间建造的大型起重船主要是采用流线型船型的单体船,船尾设置单台全回转起重机,最大起重能力不超过 5 000 t,其代表船有 DB 50、DB 52 等(见图 4-1)。由于船体采用常规海洋运输船的形状,所以比较能适应海洋油气工程施工,具有一定抵抗恶劣海况的能力。自 80 年代起,随着海洋油气工程对起重船起重能力要求的不断提高,单船

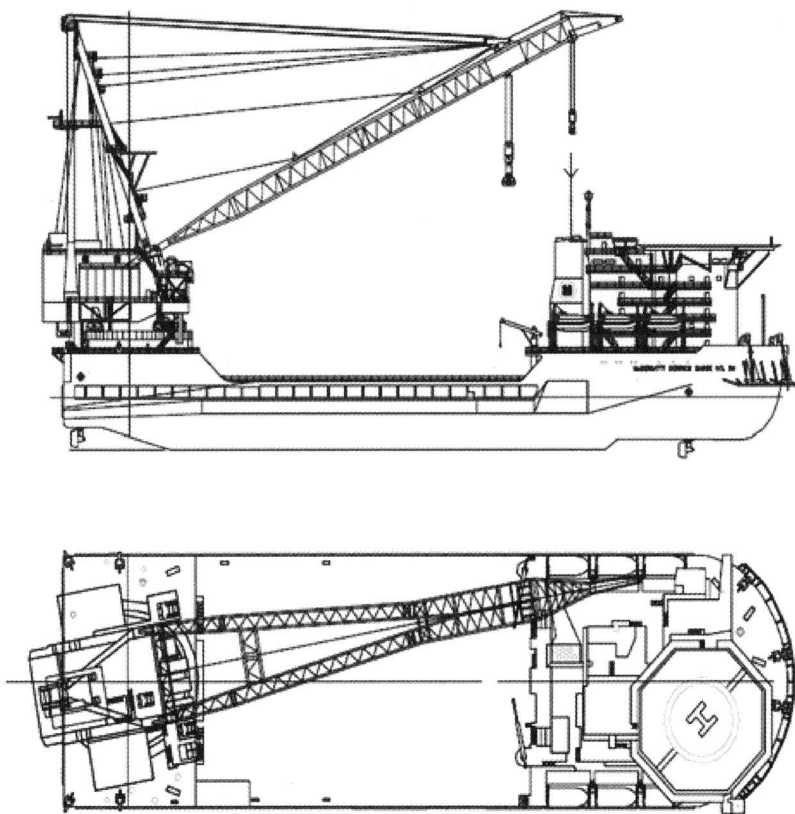

图 4-1 单船体起重船

体起重船在稳性、抗倾能力、耐波性能等方面已不能适应起重吨位和作业性能大幅提高的要求,于是半潜双起重机起重船(简称半潜起重船)应运而生。从半潜钻井平台的高海况适应能力上得到启示,起重船也尝试采用类似的船型。由于半潜平台型船体具有类似双体船高稳性的特点,允许安装其上的起重机的起重吨位大幅度提高,且一般还可设置两台起重机,其联合作业时起重能力更是翻倍。半潜起重船的小水线面积,使其对波浪和海流的敏感度大为减小,从而大大降低了起重作业时对海况的苛刻要求,使作业效率大为提高。大起重能力和高耐波性能使得海洋平台吊装工程的完成时间从原先的整个季节缩短到几个星期。20 世纪 80 年代相继有 4 艘起重能力为 6 000 t 以上的半潜起重船投入使用。图 4 - 2 为半潜起重船外形图。

图 4 - 2　半潜起重船外形图

4.2　半潜起重船特点简介

　　总览国内外大型起重船,其船型无外乎两种:① 船尾设单台全回转起重机的单船体起重船;② 设置两台全回转起重机的半潜起重船。

　　分析图 4 - 3 大型起重船的起重能力可发现,起重能力 5 000 t 及以下都为单船体起重船,8 000 t 以上都为半潜起重船,5 000~8 000 t 只有一艘半潜起重船。这一现象客观上反映了船型与起重能力的关系,而这种关系的形成是由诸多复杂的技术因素所决定的。首先,对于单船体起重船来说,提高整体的起重能力就是要提高起重机的起重能力。而海洋油气工程向深海大型化发展的趋势,要求大型起重船起重能力成倍地提高。对于设置单台全回转起重机的起重船而言,起重机的起重能力要成倍提高面临着诸多技术瓶颈。而一船设置两台起重机,则是实现起重能力翻倍的有效途径,且可拉开两吊点之间的距离,有利于大尺度结构物的吊装。

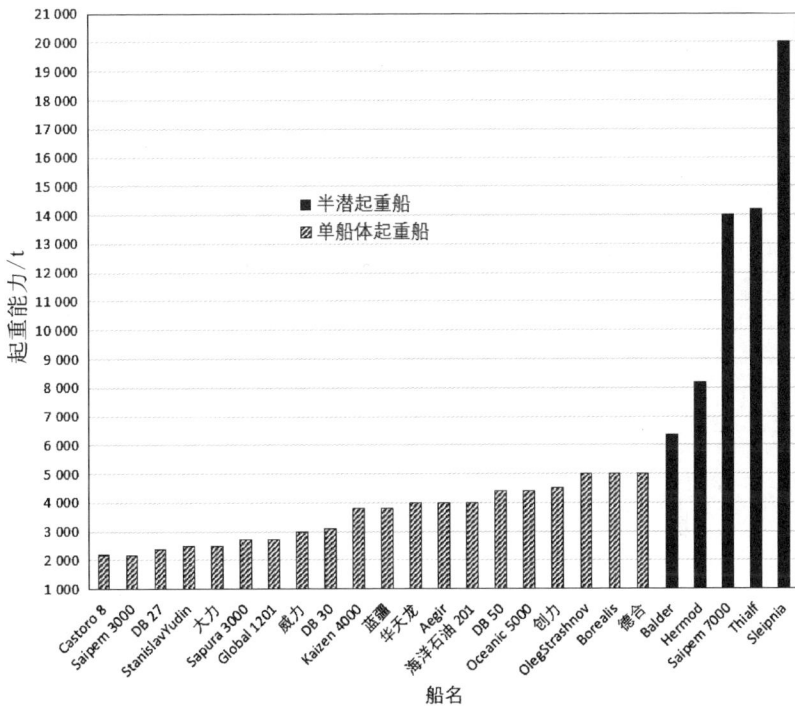

图 4‐3　大型起重船的起重能力

从船型对大吨位起重能力的适应性来研究起重船的船型,主要需考虑舷外有效吊距、抗倾调载性能、运动耐波性能等方面。以 5 000~10 000 t 单船体起重船方案为例,对上述各项性能进行分析,数据如表 4‐1 所示。

表 4‐1　单船体起重船方案参数表

起重能力/t	5 000	6 000	7 000	8 000	9 000	10 000
船长/m	179	185	195	205	215	220
船宽/m	48	50	52	53.5	55	56.5

（续表）

型深/m	16	17	17.5	17.5	17.5	17.5
吃水/m	11	11	11	11	11	11
尾吊能力×吊距/(t×m)	5 000×45	6 000×45	7 000×45	8 000×45	9 000×45	10 000×45
回转吊能力×吊距/(t×m)	4 000×45	5 000×45	6 000×45	7 000×45	8 000×45	9 000×45
未吊重 GM/m	12.2	12.7	13.9	15.0	16.1	17.3
横吊后 GM/m	7.1	6.9	7.4	8.1	8.8	9.5
预调载量/t	1 145	1 228	1 400	1 582	1 782	1 943
动态调载量/t	3 054	3 941	4 571	5 186	5 709	6 259
失荷静倾角/(°)	9.1	10.4	10.5	10.6	10.4	10.4
未吊重横摇周期/s	10.1	10.4	10.4	10.2	10.1	10.0
吊重后横摇周期/s	14.5	15.7	15.8	15.7	15.4	15.3
舷外有效吊距/m	21.00	20.00	19.00	18.25	17.50	16.75

4.2.1 舷外有效吊距

大型起重船起重机的重心在主甲板以上数十米高处,而起重载荷的悬挂点更是在甲板以上近百米的高度处。此外,在横向起重作业(横吊)时,起重载荷产生巨大的倾侧力矩,这一倾侧力矩随船起重量的增大而增大。为了确保稳性,船舶需选择足够大的宽度。随着起重量的增加,船宽将越来越大。而大型起重机主钩额定吊重下的吊距都受一定限制,这是由起重机本身结构的技术状态所决定的。资料表明大型起重机主钩额定吊重下的吊距最大不超过 45 m。为了保持单船体起重船良好的浮态,应尽可能减小其作业时的横倾角,一般主起重机设在船尾中心处。因此在起重机吊距确定的情况下,回转吊作业时船侧的舷外有效吊距就取决于船宽,船宽越大,舷外有效吊距越小。由表 4-1 可见,7 000 t 以上单船体起重船的舷外有效吊距已小于 20 m,吊距与吊重极不匹配。而对于采用双起重机的半潜起重船,两台起重机分别设在左右两舷,可获得最大的舷外有效吊距。

4.2.2　抗倾调载系统的要求

单船体起重船横向起重作业时会产生巨大的倾侧力矩,这一倾侧力矩使船舶产生的倾角大大超过起重机允许的工作倾角和船的安全范围。如果仅用提高船舶复原力矩的方法来克服作业倾侧力矩,则船宽将大到难以接受的尺度。例如:为了使静倾角不超过 2.5°,5 000 t 起重船的船宽要取到 59 m 左右;而8 000 t 起重船的船宽则需 68 m。如上所述,选用这样的船宽,船侧的有效吊距已无法满足实际使用要求。因此,大型起重船都需设置压载水调载系统,进行反向压载以减小作业倾角,从而降低对船体本身抗横倾能力的要求来避免选取过大的船宽。通常采用预调载的方法,即在横向起吊前,通过压载水的调整使船反向预倾一个角度,则起吊后,船向起吊侧倾斜,前后两个倾角都在许用的工作倾角范围内。由静水力学原理可知,在船的主尺度和初稳性高度 GM 确定的情况下,力矩和倾角的关系也就确定,而船宽的选定不能仅考虑横倾角一个因素,还要满足总布置及主要功能的要求。对于大型起重船,如上所述,船宽的确定往往无法满足作业倾角的要求,因此就要采用动态调载的方法。所谓动态调载,就是在起吊前除了预加一个反向倾角外,在起吊加载过程中继续进行调载而保持倾角在许用的范围内。因为起重机加载过程的时间不可能太长,所以动态调载量越大,调载系统的单位时间内排量也越大。此外,动态调载量还与起重机带载回转 90°所限定的时间有关。由 5 000~10 000 t 单船体起重船可见(见表 4-1),动态调载量随起重能力的增大而迅速增加。调载量的增加,使调载系统越来越庞大,其设计和建造面临许多新的技术难点。

4.2.3　耐波性能

随着起重量的增大,船舶在海上运动产生的附加动载荷也大大增加,而有效吊重载荷加上附加动载荷必须控制在起重机的安全工作负荷以内,也就是说,如果附加动载荷增大,则有效吊重载荷就得降低。此外,过大的船舶运动会使被吊物产生剧烈的晃动,造成就位困难以致无法安全作业。因此,起重船对海上运动性能的要求是随着起重量的增大而提高的。当单体船型的运动性能无法满足作业要求时,则必须采用新的船型。半潜船型将大部分排水体积沉入水下,水线面积较小,对波浪的敏感性降低,因而具有优良的运动响应性能,从单船体起重船和半潜起重船的运动性能比较中可见(见表 4-2),半潜起重船的运动幅度大大小于单船体起重船。这也是 5 000 t 以上的大型起重船不再采用单船体,而改用半潜船型的重要原因之一。

表 4 - 2　船型运动性能比较表

船　　别	半 潜 起 重 船			单船体起重船		
有义波高/m	2.5	3.5	4.5	2.5	3.5	4.5
横摇角/(°)	0.6	0.7	0.9	2.7	4.2	5.4
纵摇角/(°)	0.6	0.7	0.9	0.9	1.3	1.9
垂荡幅值/m	0.7	0.8	1.0	1.0	1.5	2

4.2.4　吊装结构物尺度的限制

　　一般而言,起重船吊装的海上结构物的尺度随重量的增加而增大,但起重机额定起重载荷下的吊距和吊高不可能随起重载荷的增加而成比例增大,因此,单起重机起重船的起重能力限制了起吊结构物的长、宽、高尺度,即限制了起重能力的有效发挥。双起重机联合作业,可使被吊结构物的尺度大幅增加。

　　综上所述,当起重船达到一定起重吨位时,单船体起重船的船型技术性能限制了起重船起重能力的进一步提高,而对于超大型的起重船来说,半潜起重船的技术优势是显著的。然而,半潜船的吃水大,船体由下浮体、立柱、上平台等部分组成,构造复杂,用钢量大,在同样吨位情况下,双浮体多立柱的半潜船用钢量约为单体船的两倍以上。此外压载和调载系统的技术难度和复杂性也比单体船更大,起重机的数量需设置两台,据估计在同样起重能力情况下,双起重机半潜起重船的总造价约为单机单体起重船的 2.5 倍。因此采用何种船型,除了特殊技术要求外,主要还要考虑性价比的问题。单体船型运动性能不如半潜船,但其造价相对较低,对于 5 000 t 级左右的起重船,其运动性能可满足要求,也能达到足够的有效吊距,因此采用单体船型是比较适宜的。而 8 000 t 级以上起重船如采用单体船型,由于船宽过大,有效舷外吊距已小于实用要求,单体船的摇摆运动使其产生过大的附加动载荷,其技术状态极不合理,所以采用半潜船型是合理的选择。由图 4 - 3 可见,5 000～8 000 t 级的起重船只有一艘"Balder",该船采用半潜船型,两台起重机总起重量为 6 350 t,因该船设有 J - lay 铺管系统,功能以铺管为主,所以起重能力相对低一点,也算是特例。一般而言,这一起重量区间的起重船的船型选择很难在性能和价格之间找到平衡点。

　　综合对大型起重船单体船型和半潜船型的研究,可以认为,起重载荷为 5 000 t 及以下的起重船,采用单体船型,技术和经济性能是良好的。起重载荷为 8 000 t 以上的起重船,从技术性能考虑,宜采用半潜船型并设置双起重机。

起重量为 5 000～8 000 t 的起重船,从技术性能来说应采用半潜双起重机船型,但造价较单体船型成倍增加,经济性较差,如非特殊需要,投资建造起重船应尽量避开这一"高不成,低不就"的吨位区间,图 4-3 也客观反映了这一倾向。

4.3　半潜起重船的船型和主尺度

半潜起重船主船体由下浮体、立柱和上平台构成,典型的半潜起重船船型如图 4-2 所示。与常规船的设计相同,半潜起重船的设计在船型确定后,首先要考虑的是主尺度的选定。但不同的是半潜起重船选取主尺度时既不能简单套用载重型船的设计方法,由排水量的要求来考虑船长、船宽和吃水;也不能完全按布置地位型船舶的设计方法,按布置要求初选船长、船宽和型深,再校核重力和浮力平衡及其他船舶性能。因为由半潜起重船的船体构造特点可知,其船长、船宽、吃水和船型系数对于排水量及浮心位置等参数的影响并不具有唯一性;而且半潜起重船的作业吃水、生存吃水和航行吃水相差甚远,各吃水下浮体形状不尽相似,因而它的排水量与主尺度的关联性又随作业状态的不同而有差异[39]。

表 4-3 为半潜起重船主尺度参数表,可供选定大型半潜起重船主尺度参数参考。由于半潜起重船主尺度参数复杂,各船型在确定主尺度时又在很大程度上取决于个性化的功能需求,为叙述明了起见,本节将以笔者曾参与设计研究的某型 2×8 000 t 半潜起重船为例介绍主尺度选定的一般方法。

表 4-3　半潜起重船主尺度参数表

项　　目	起重能力/t					
	2×7 100	2×7 000	2×4 000	2×5 000	2×6 000	2×8 000
上平台长/m	165.3	175	187	170	197	225
上平台宽/m	88.4	87	88	88	92	90
上平台高/m	11.9	8.5	12	12.5	10	13.8
型深/m	49.5	43.5	46	46.5	47	48
航行/作业/生存吃水/m	11.8～31.6	10.5/27.5/18.5	12.5/25/18	11/24/16	12/29/19	12/26/18
立柱数/个	8	6	8	8	6	10

（续表）

项　　目	起重能力/t					
	2×7 100	2×7 000	2×4 000	2×5 000	2×6 000	2×8 000
下浮体长/m	153.9	165	180	170	187.7	217
下浮体宽/m	29	33	28.8	28	33	30
下浮体高/m	13.6	11.25	13	14	12.5	13.5

4.3.1　船长

　　船长选择的主要考虑因素为耐波性（纵摇和升沉）、抗沉性、总布置（甲板面积）、起重机吊臂搁置长度、重量、强度等。如设计船兼有铺管作业功能，则还要满足铺管作业工艺流程布置的需要。

　　由于半潜船的船体是由 3 部分构成的，所以其船长实际上也有 3 个定义，即下浮体长、立柱间长和上平台长。下浮体长度与其宽度和高度来提供半潜作业时的浮力并满足航行吃水（航行时为航行吃水）配合下航行排水量的要求，其长度还与航行阻力有关。立柱间长是在作业吃水下从后立柱的后端量到前立柱前端的理论长度，与作业时的稳性和耐波性能以及可变载荷关系密切。上平台的长度与宽度配合以确保足够的甲板面积，通常上平台长是上述 3 个长度中最大的，即称为半潜船的总长。因此，确定船长时先初定上平台长度，然后校核其余两个长度是否能满足静水力性能、水动力性能和有关功能的要求，通过相互协调，最终确定船长。

　　1）上平台长度

　　上平台的长度与宽度配合主要满足作业甲板面积需求。此外，因为上平台是水线以上的建筑，从航行、作业和靠泊的安全性考虑，立柱间长和下浮体长不应超过上平台长，通常将上平台长度作为半潜船的总长。在确定上平台长度时，还要照顾到立柱间长和下浮体长使其能满足静水力性能、水动力性能等方面的要求。

　　根据主要功能的需求，2×8 000 t 半潜起重船的作业甲板面积约需 11 500 m²，若取船宽 90 m，则作业甲板长度约为 130 m，尾部起重机基座等约为 30 m，首部甲板室约 45 m，防撞舱壁的首甲板约留 20 m，则上平台长约需 225 m。以此为基础进行总布置初步规划，基本能满足全船布置的要求，初定上平台长为 225 m。

　　2）立柱间长

　　立柱间长与作业时半潜起重船的静水力性能、波浪中的纵摇和垂荡有很大关系。

在作业吃水下,各个立柱的水线面的总和形成作业吃水的水线面积,水线面积的大小表征每厘米吃水的排水量,影响可变载荷参数。各立柱水线面的组合构成纵、横水线面惯性矩,是作业时纵、横稳性的决定性因素。其中,立柱间长对纵稳性和起重机尾吊作业时半潜起重船的纵倾影响最为密切,通常应将双机联合尾吊作业时的纵倾角控制在1°之内。

立柱间长对耐波性的影响取决于该长度与作业海域常见波长之间的关系。对于规则波,其耐波性研究表明,船长与波长之比 L/λ 是影响纵摇的重要因素,$L/\lambda \leqslant 1.3$ 时,无论是否发生谐摇,纵摇都是严重的;同样 L/λ 也是影响垂荡的主要因素,当 $L/\lambda \leqslant 1$ 时,即遭遇长波时,无论是否发生谐摇,都不可避免要产生较大的垂荡。船舶在涌浪中的运动可近似认为是遭遇规则波的情况。

考虑上述因素,2×8 000 t半潜起重船选取立柱间长约215 m,根据装载稳性计算,起重作业时纵倾角可控制在1°以内;按全球海域作业的要求,从耐波性角度考量,这一长度也是合适的。

3) 下浮体长

下浮体起支承立柱的作用,主要提供航行和作业时的浮力。航行时,下浮体顶部出水,其排水量应能与航行时全船重量相平衡;作业时下浮体全部沉入水下。从航行和作业安全考虑,一般下浮体长不宜超出上平台长。

2×8 000 t半潜起重船取下浮体长约220 m,略小于上平台长。

4.3.2 船宽

半潜船的船宽为上平台的宽度,通常左右立柱和下浮体外缘之间的宽度与上平台相同。船宽的选择主要考虑:甲板面积对总布置的要求、作业时横稳性和横倾角的限制以及下浮体宽度和两浮体之间合适的间距。

1) 上平台宽

上平台宽配合长度可满足作业甲板面积、尾部起重机布置和首部甲板舱室布置的需求。通常半潜起重船将起重机设在尾部左右两角处,上平台的宽度适当加大可拉开两起重机之间的距离,有利于起吊大型结构物。由表4-3可见,2×8 000 t半潜起重船取上平台宽度约90 m,可满足甲板面积和总布置的要求。

2) 下浮体宽

下浮体宽度的选取主要取决于航行时排水量的需求,此外还应考虑航行阻力问题。半潜起重船航行时下浮体顶部出水,如同双体船一般。双体船阻力性能研究结果表明,其总阻力由两片体的阻力和片体之间流动干扰形成的干扰阻力组成。干扰阻力与两片体之间的间距和航速有关,间距越小,航速越高,干扰阻力占总阻力的比例越大。一般情况下,片体之间的净间距不应小于片体宽度。从半潜起重船主尺度统计资料来看,下浮体宽度与净间距之比大多在 1.0 左右,由于半潜起重船航速均较低,在确定下浮体宽度时大多以满足排水量为主,阻力性能的考量则退居次要地位,所以也有将上述下浮体宽度与间距之比取为大于 1 的实例。下浮体宽度确定后,还应校核航行时的稳性。

2×8 000 t 半潜起重船取下浮体宽度为 30 m,可满足航行排水量和航行稳性的要求,结合下浮体型线的优化,也可获得较低的阻力性能。

3) 立柱宽度

上平台的宽度确定后,左右立柱外缘间的最大宽度已确定,但立柱的数量、形状和尺度大小都可变化。各个立柱宽度的选取主要从满足作业吃水水线面和横稳性的要求出发,进行组合和比较分析优化。有关立柱数量、形状和尺度的选择将在 4.5 节中叙述。

立柱外缘之间的宽度即作业吃水水线宽度,需满足作业吃水水线面积和水线面惯矩的要求。这关系到半潜起重船作业时的稳性和浮态,起重作业单侧回转起吊时,起重量越大,横倾力矩越大,需要船舶的初稳性高度越大,船宽应越大。与常规船不同,半潜起重船的初稳性高度除通过船宽的变化调整外,还可通过改变立柱的大小和形状来进行调整。

4.3.3　吃水

半潜起重船的主体结构由下浮体、立柱和上平台构成,因此,其型深取决于各组成部分高度的总和,而各组成部分的高度又与吃水有关。半潜起重船有 3 个吃水指标,即航行吃水、作业吃水和生存吃水。各个吃水情况下船舶的功能不同,对船舶性能的要求也各不相同。大型半潜起重船起重作业时吃水可达 20 m 以上,而航行吃水约 10 m,生存吃水一般介于两者之间。

1) 航行吃水

半潜起重船自航或拖航调遣时,船舶调整到航行吃水,此时下浮体露出水面,在下浮体长宽尺度既定情况下,航行吃水主要由空船重量、航行情况下的装载量(包括人员、燃油、淡水、食品、备品、物料等)以及调整浮态的必要压载水量来确定。一般情况下大型半潜起重船的航行吃水为 10～12 m。

2) 作业吃水

为了充分发挥半潜船的优势,作业吃水应适当取大些,以利于改善其运动性能。但同时还应考虑在起重作业船舶有纵、横倾情况下,要求上平台下缘不入水且保持适当的气隙。因此,作业吃水不宜取得过大,否则要加大立柱高度,进而增大型深,提高重心高度,这对稳性不利。作业吃水也不可过小,应避免起重作业船舶有纵、横倾时下浮体甲板出水而产生稳性突变、波浪拍击等危险状况。一般情况下半潜起重船作业吃水为 25~28 m。

3) 生存吃水

生存吃水的选定主要考虑在相应海况下的运动性能。半潜起重船在生存状态的波高比作业状态的高,为了保持一定的气隙,避免上平台底部受波浪拍击,生存吃水应小于作业吃水。但在生存状态,船舶需具有一定的质量才能抵抗恶劣海况的环境干扰,因而吃水又不能太小。生存吃水的选定以满足气隙为主,在波浪中运动时下浮体甲板出水可能较难避免。一般生存吃水可取作业吃水和航行吃水的中间位置,约 18~19 m。

4.3.4 型深

半潜起重船型深的选取所考虑的因素远比普通船复杂。由于半潜起重船的型深由下浮体、立柱、上平台 3 部分的高度构成,型深的确定除了需考虑吃水、干舷、稳性等因素外,还要满足各工况吃水、纵横倾、对应海况下的运动气隙,以及下浮体、立柱、上平台各部分舱室布置空间高度的要求。吃水确定后,可先选定下浮体、立柱、上平台各部分的高度,最后便可确定型深。

1) 下浮体高度

下浮体高度的确定主要考虑航行时下浮体甲板的干舷高度以及推进器安装所需的空间高度。因下浮体甲板是全封闭的,从全船性能考虑,一般航行干舷取得较低,通常为 0.5~1.5 m,该数值还与各设计阶段对空船重量估算的准确度有关,应避免因空船超重引起航行时下浮体全部没入水中而使航行阻力剧增的现象。2×8 000 t 半潜起重船取干舷高度 1.5 m,则下浮体高度为 13.5 m。设计时需对首部立柱与下浮体的型线进行优化,解决航行时首部上浪和甲板遭遇波浪拍击的问题。

2) 立柱高度

立柱高度的选定与作业吃水和生存吃水有关。

在作业状态时,立柱的高度应满足:在纵、横倾状态下,设计作业海况波峰达到极大值时,上平台底部保持适当的气隙;在破损倾斜情况下,风雨密进水点在破损水线以上的垂直高度需大于 4 m,横倾角需大于 7°。2×8 000 t 半潜起重船取上平台底部高度 34.5 m,则理论气隙为 8.5 m,初步估算能满足上述要求。

在生存状态时,理论气隙为 16.5 m,按设计生存海况,有义波高为 8 m,遭遇波峰极大值时,仍有足够气隙。

由上述分析可知,取立柱高度(自下浮体顶部至上平台底部)为 21 m 能满足作业状态和生存状态的相关性能要求。

3) 上平台高度

半潜起重船的上平台都为箱形封闭结构,上平台的高度选定主要需满足结构强度、刚度和内部布置空间高度的要求。上平台是连接立柱和左右下浮体的结构主体,要承受半潜起重船作业时和波浪中运动产生的弯、扭、剪等载荷,应有合理的结构高度。上平台内是布置各类船舶设备和物料储存的主要舱室空间。机舱高度是上平台高度选取时考虑的主要因素。考虑设置 1.5 m 高度的双层底,设置一层舱内平台,取上平台高度为 12～14 m 可满足布置和结构的综合要求。

综合下浮体、立柱和上平台 3 部分的高度即为半潜起重船的型深。

4.4 半潜起重船总体布置

半潜起重船总体布置要考虑的内容包括主起重机、甲板绞车系统等作业系统的布置和机舱、居住舱室等各大船舶系统的布置。作业系统和船舶系统既是各自功能独立的系统,又是相辅相成具有有机联系的系统。总体布置设计的目的是如何在船舶这一有限的空间内合理安置各个系统,使船舶作业高效、安全、可靠,人员生活居住环境舒适、安静。本节将结合 2×8 000 t 半潜起重船的总体布置情况介绍布置设计要点。

主起重机是起重船的主要作业设备,如前所述,主尺度及船型的设计都是围绕主起重机的作业能力展开的。半潜起重船大多设两台起重机,作业时可以两台起重机联合起吊,也可以单台作业,机动灵活,可充分发挥设备的能力。

通常主起重机设在船尾左右两舷,可将起重机筒体基座圆弧与上平台尾端圆弧重合。这样布置的好处有两点:① 起重机转到船侧和尾部都可以达到最大的舷外有效吊距,可充分发挥起重机的起重能力,有利于大型海洋工程结构物的吊装作业;② 起重机筒体基座与船体外板重合,使基座与上平台、立柱和下浮体连成一个整体,有利于载荷的有效传递,且可减少结构重量,优化结构设计。

下浮体中主要布置压载水舱、泵舱、推进器舱等功能舱室和必要的通道、梯道等,图4-4为2×8 000 t半潜起重船下浮体的典型布置。左右下浮体中间设置贯通首尾的通道,通道内由设有水密门的舱壁将每个浮体分割成若干个水密舱段。每一舱段内均有梯道经立柱直达上平台。通道两侧除设置推进器舱、泵舱外,其余空间全部设压载水舱,下浮体压载水舱是半潜起重船作业时的主要压载水舱,其作用是使船达到作业吃水深度,并尽可能降低全船重心高度。

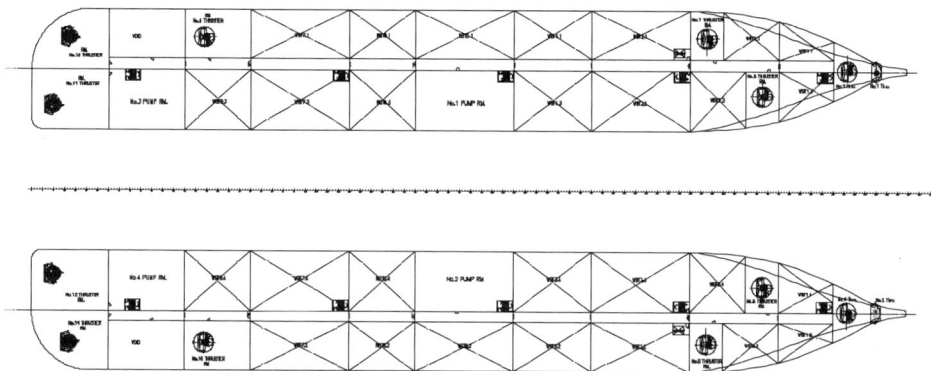

图4-4 半潜起重船下浮体典型布置

立柱的布置与全船立柱设置的数量、形状等都有关。最尾端的立柱,由于起重机设置在尾部从重量分布角度考虑,不宜设置油、水等大载重量舱,可设置空舱、通道、储物舱等。中部立柱可作为左右调载的抗横倾水舱,可根据纵倾情况有选择地布置前、后抗横倾水舱,以平衡单台起重机回转作业时的纵、横倾力矩。首端立柱也可作为压载水舱,当双机联合尾吊作业时,进行压载水前后调载,避免产生过大的尾倾。每一立柱内设有连通下浮体和上平台的梯道。

上平台设置双层底和中间甲板。上平台内主要布置机舱、各类设备舱、储存舱等。根据全船主电站的配置情况,为满足DP-3级动力定位动力源冗余要求,上平台内设置多个A60分割的机舱及相应的中压配电间。上平台中部布置用于压缩空气压载系统的空压机舱和集管舱,前部可布置冷库、厨房、餐厅、健身房等生活舱室。

主甲板以上主要作为作业甲板区,作业甲板应尽可能避免布置舱盖、通风筒、透气管等凸出物,保持甲板的平坦、干净。尾部左右两侧设主起重机;中部为主作业区,通常布置各类作业绞车、辅助吊机、潜水装置、水下机器人(ROV)装置等;主甲板前部设甲板室,布置全船的生活居住舱室、办公室、会议室等工作舱室。驾驶及中央控制室设在顶层,顶上设直升机平台。

4.5　半潜起重船船体构造设计

半潜起重船主船体由下浮体、立柱和上平台构成,各部分的尺度、形状和立柱的数量、分布等是半潜起重船船体构造设计的主要工作,这是区别于其他常规船型设计所特有的内容。

4.5.1　下浮体尺度及船型设计

20世纪80年代建造的大型半潜起重船大多为非自航船。其下浮体的形状相对比较简单,有利于简化建造工艺。典型的船型如图4-5所示,其下浮体是带舭圆的矩形横截面的柱体,为减小拖航阻力,首部有一底纵切角。

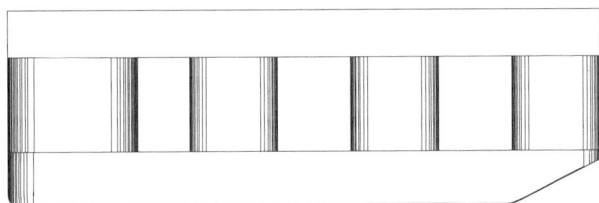

图4-5　非自航半潜起重船船型示意

现代大型半潜起重船的基本技术要求定位于自航船,因此下浮体的设计,除满足重力与浮力平衡要求外,不可忽略阻力和航行性能的影响。自航半潜起重船典型的船型如图4-6所示,其下浮体采用圆舭剖面,尾部纵向如同常规船体,船底逐渐升高以满足全回转推进器安装的需要。尾封板与两舷采用圆弧过渡,圆弧半径可与立柱或起重机基座相配合,以利于上部载荷的有效传递。下浮体首部形状设计主要以减小航行阻力为目的,采用常规倾斜首柱或小球首加"V"形横剖面,上部与首立柱光顺过渡,构成类似首楼形状,避免航行时下浮体首部甲板上浪。采用这种船首的另一好处是可减少首部的排水体积,使下浮体的浮心位置后移,对减小由尾部起重机重量形成的尾纵倾有利。

4.5.2　立柱数量、尺度及形状设计

半潜起重船的立柱是连接下浮体和上平台的结构,立柱的作用有二:一是支持甲板和甲板上的设备;二是为保证平台的稳性和可变载荷而提供足够

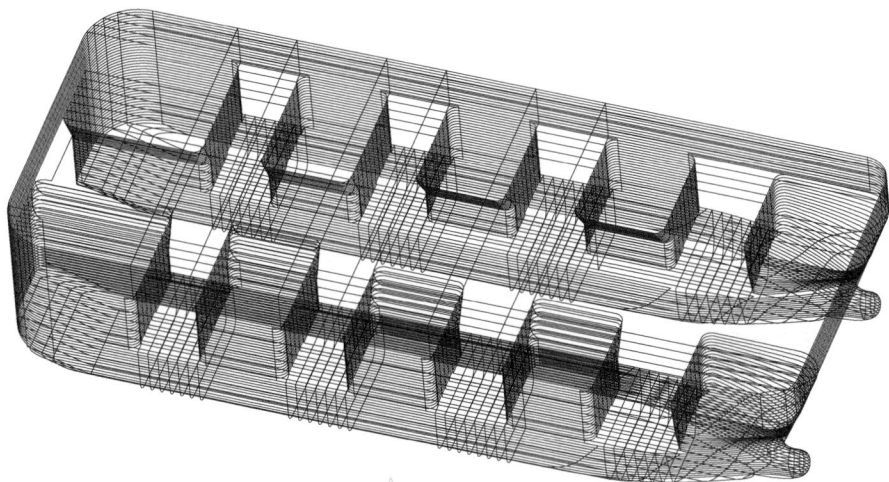

图 4-6 自航半潜起重船船型

的水线面积。对半潜起重船来说,立柱水线面积的分布尤为重要。设计经验和研究结果表明,半潜起重船立柱的数量、形状、大小和位置并不取决于结构强度,而主要由浮态、稳性和作业时可变载荷的要求所决定,首尾端的立柱还应照顾到作业效率、航行性能及波浪中运动性能的影响。

如图 4-5 所示的半潜起重船设有 8 个立柱,每侧 4 个,立柱总长约占船长的 67%,立柱为带圆角的矩形截面,从下到上形状不变。为了使浮心后移,增大尾端 2 个立柱的水线面积,使尾端立柱的面积增大到其他立柱的 1.8 倍。同时,缩小尾部两排立柱之间间距。采取这些措施后,在作业吃水情况下,浮心位置达到中后 3.58% 船长处。

也有半潜起重船设置 6 个立柱,每侧 3 个,立柱下部为矩形水线面,由图 4-7 可见,立柱上部(作业水线以上)向首尾方向加长,水线面积大幅增加,主要为了提高承受可变载荷的能力。立柱下部总长度大约为船长的 50%,而上部则增加到了船长的 68%。此外,立柱横剖面上部内侧呈 45° 斜角向上放出,这样的处理不仅增大水线面积,在回转起重作业时还能有效增大水线面惯性矩,从而增大回复力矩。

如图 4-6 所示的自航半潜起重船则设有 10 个立柱,每侧 5 个。立柱都为带圆角的近似矩形水线面,横剖面内侧作业水线以上呈约 60° 斜角向上放出。立柱总长度约占船长的 64%。鉴于半潜起重船起重机的巨大重量和作业时的起重载荷都集中在船尾部,从浮态平衡角度考虑应使立柱的水线面形心尽量往尾部移动。适当增加立柱数量可使立柱之间的间距有更大的调节自由度。尾部

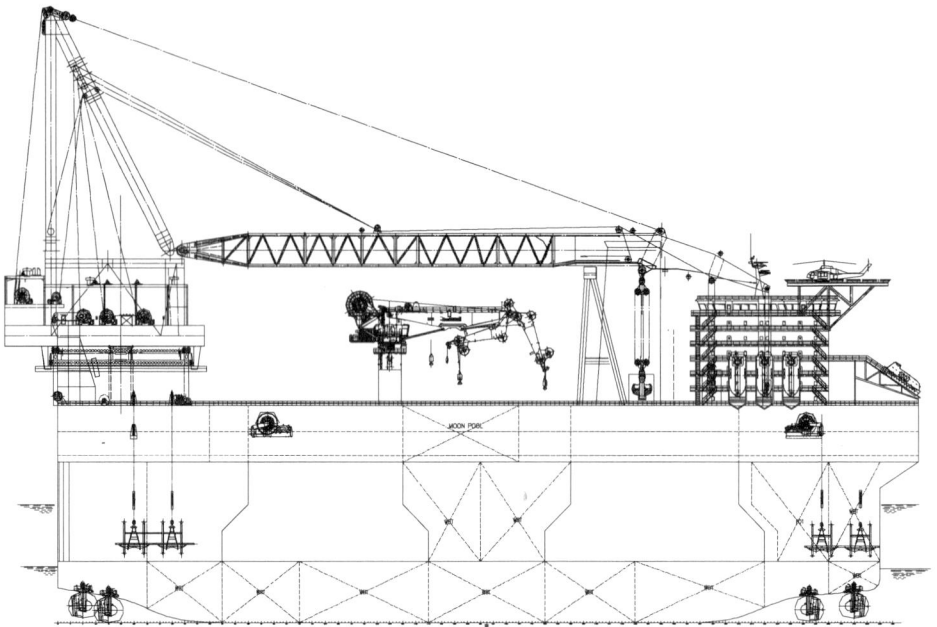

图 4-7　6 立柱半潜起重船

4 个立柱的宽度加大到与下浮体相同,既达到增大尾部水线面积的目的,又有利于将上部起重机的载荷有效传递至下浮体。尾端立柱的内外侧采用不对称设计,外侧采用大圆弧,与下浮体和上平台对齐,有利于增大回转起重作业时的舷外有效吊距和起重机载荷的传递。首端立柱采用不规则形,与下浮体和上平台前端连成一体,下缘外侧与下浮体甲板型线相吻合,上缘外侧与上平台边线对齐,形成类似双体船的两个船首,以改善航行性能和在波浪中的运动性能。这样的船首处理使半潜起重船不再完全形似半潜平台,而更像是机动灵活自航船的船型。

立柱的净高度(从下浮体甲板至上平台底板)对运动性能及稳性都有很大的影响。这一高度以水面为界分为两部分:水下部分高度决定了下浮体的沉潜深度,对平台的运动性能影响很大;水上部分高度即气隙,与平台在波浪中的运动有关,决定了上平台底部在作业海域的设计海况下是否砰击以及相应的结构设计要求。立柱高度与平台的重心高度和平台的最小进水角都有很大关系,就稳性角度而言这一高度应尽可能地减小,但对气隙则相反。如前所述,立柱的高度是全船型深的组成部分,型深确定后,立柱的高度取决于与下浮体和上平台两部分的配合,以获得较好的稳性和运动性能。

4.5.3 上平台尺度及形状设计

半潜起重船的上平台多为箱形封闭结构,采用这种结构形式的好处有:① 上平台是承受半潜船作业载荷和波浪中运动产生的弯、扭、剪等载荷的结构主体,采用箱形封闭结构形式大大提高了上平台承受各种载荷的能力;② 上平台内部设置 2～3 层甲板,提供了大量的舱室空间,可用于布置动力设备、机械设备等各类设备舱室和储物舱;③ 封闭的箱形上平台可提高大倾角稳性,增强破损情况下的残存稳性。

上平台的长宽尺度即上述 4.3 节所述的船长和船宽,上平台的高度从满足 2～3 层甲板布置的角度考虑可取 10～13 m 左右,主要需考虑结构构件的高度并满足机舱的空间高度要求。

图 4-8 为 2×8 000 t 半潜起重铺管船的外形,其下浮体、立柱和上平台的构造概况可见一斑。

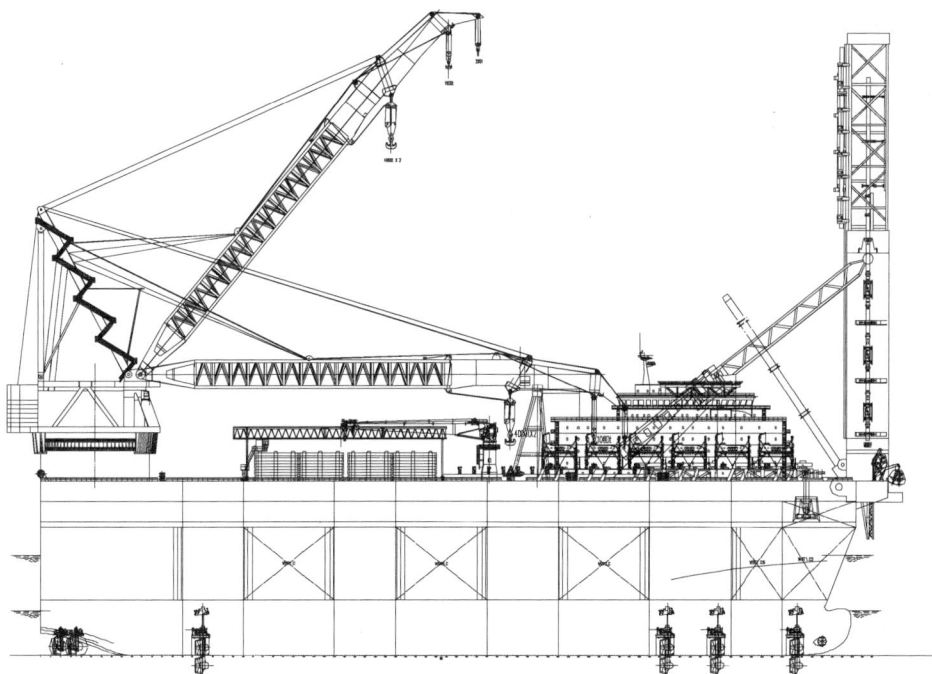

图 4-8 2×8 000 t 半潜起重铺管船

4.6　半潜起重船运动性能预报

　　半潜起重船作业时,由于大部分排水体积都在远离水线以下的部位,水线面积小,受波浪干扰影响小,耐波性好,这是采用半潜船型的主要优势之一。在半潜起重船的设计要求中,常给定作业环境载荷,要求在相应海况下能保持正常作业功能,因此在设计中需对设计船的耐波性能进行预报评估。半潜起重船耐波性预报与常规航行船的侧重点有所不同,除了横摇、纵摇、垂荡等 6 个自由度的运动幅值和加速度的预报以外,还要进行气隙预报,而这些运动响应通常只需考虑无航速的情况。

　　半潜起重船运动性能预报可采用数值计算[40-42]或船模运动试验来求取规则波下的运动响应传递函数(RAO),应用谱分析方法预报半潜起重船在不规则波中的短期运动响应。也可在不规则波中进行船模运动试验,或在风浪流水池中直接模拟作业海况,进行船模试验预报实船运动性能。

　　本节将以 2×8 000 t 半潜起重船为例,简要介绍半潜起重船运动性能预报方法和计算结果。

4.6.1　规则波运动响应的数值计算

　　对于半潜起重船运动响应的数值计算,可采用三维绕辐射势流理论进行水动力分析。数值计算需要建立三维水动力模型,包括湿表面模型和质量模型。根据船体型线采用 SESAM 系统的 PatranPre 模块建立三维湿表面模型。三维湿表面模型划分到立柱顶端,如图 4 - 9 所示的 2×8 000 t 半潜起重船共划分了6 058 块单元,单元尺度为 3 m。对于不同的装载工况,建立相应的质量模型,满载作业工况质量模型如图 4 - 10 所示。此外,为考虑流体黏性效应,垂荡、横摇和纵摇临界阻尼分数取为 0.03。气隙计算点位置如图 4 - 11 所示。

　　由水动力分析结果可得到运动响应传递函数。运动响应传递函数是船体在单位波幅的规则波作用下的响应,是分析在不规则波中船舶运动特性的基础。在传递函数计算中,浪向范围取 0°～180°,间隔 15°;规则波周期取 3～35 s,间隔 1 s。图 4 - 12 为满载作业工况 0°浪向的纵摇运动响应传递函数,图 4 - 13 为满载作业工况 90°浪向的横摇运动响应传递函数。

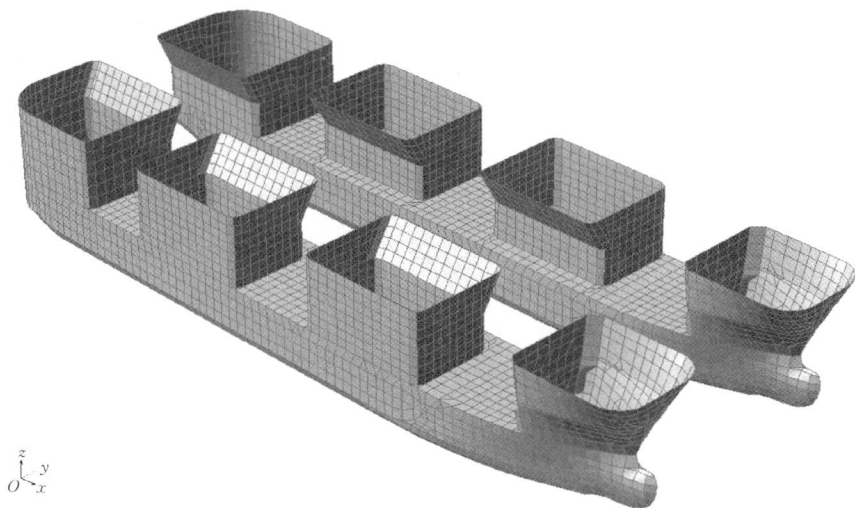

图 4‑9 三维湿表面模型

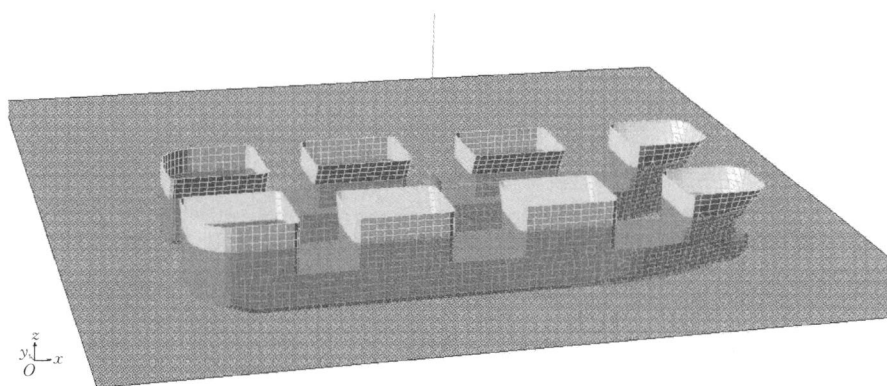

图 4‑10 满载作业工况质量模型

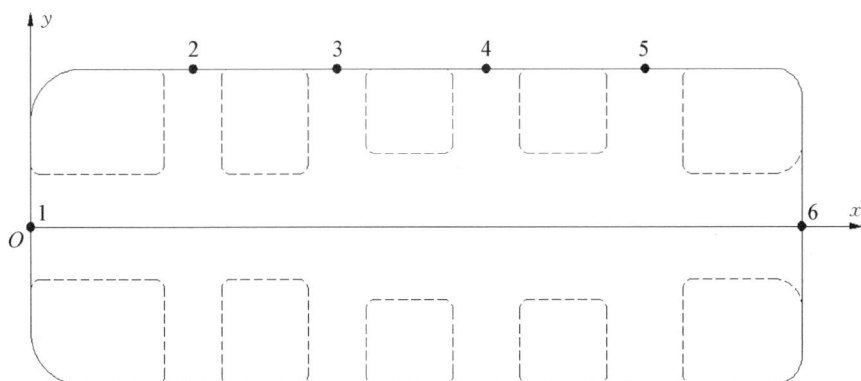

图 4‑11 气隙计算点位置图

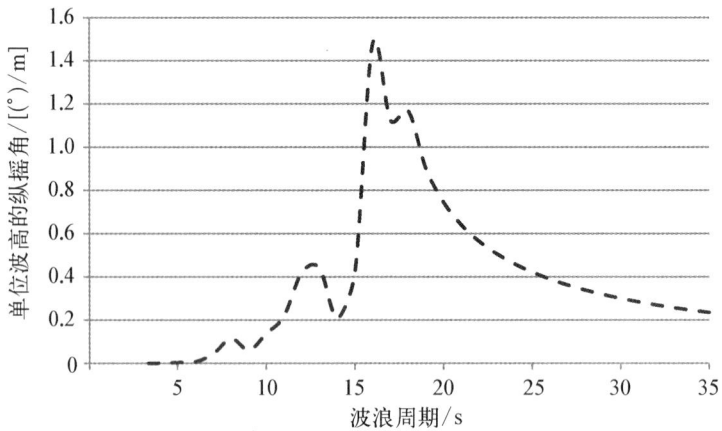

图 4 - 12　满载作业工况 0°浪向时纵摇运动响应

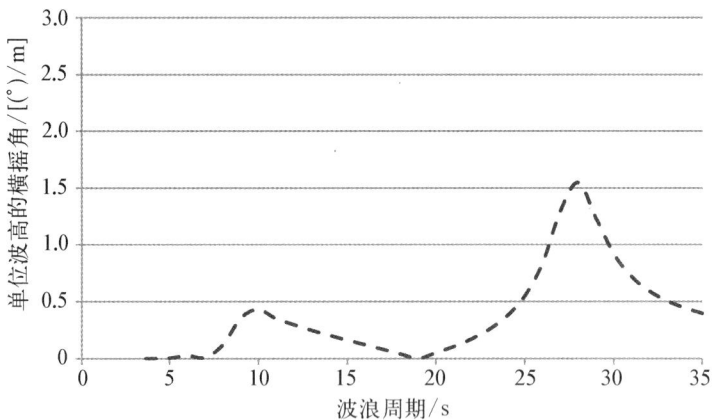

图 4 - 13　满载作业工况 90°浪向时横摇运动响应

4.6.2　规则波船模运动试验

　　船模运动试验是预报船舶耐波性的重要手段,同样适用于半潜起重船的耐波性研究和预报。通过静水中的船模摇摆自由衰减试验可确定船的摇摆固有周期和阻尼力矩系数。规则波中的船模运动试验可确定船舶的运动响应传递函数。船模运动试验除了需满足几何相似外,还需满足重力相似和惯性相似,即船模和实船的傅汝德数和斯托罗哈数相等。

　　2×8 000 t 半潜起重船耐波性试验包括满载航行、满载作业、待机自存等多种工况,分别在各工况下进行静水自由衰减试验和规则波各浪向下的零航速运动试验。通过试验得到各工况下的自由衰减曲线和 6 自由度的运动响应传递函数。以下将列出部分试验结果供参考。

图 4-14 为满载作业工况下横摇自由衰减时历曲线,通过曲线可求得该工况的横摇固有周期,该周期为 28.5 s。

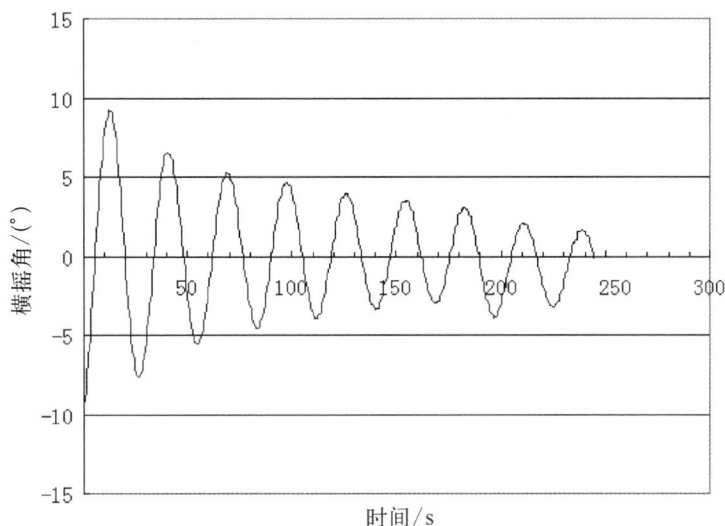

图 4-14 满载作业工况下横摇自由衰减时历曲线

图 4-15 为满载作业工况下迎浪纵摇运动响应曲线,图 4-16 为满载作业工况下横浪垂荡运动响应曲线。

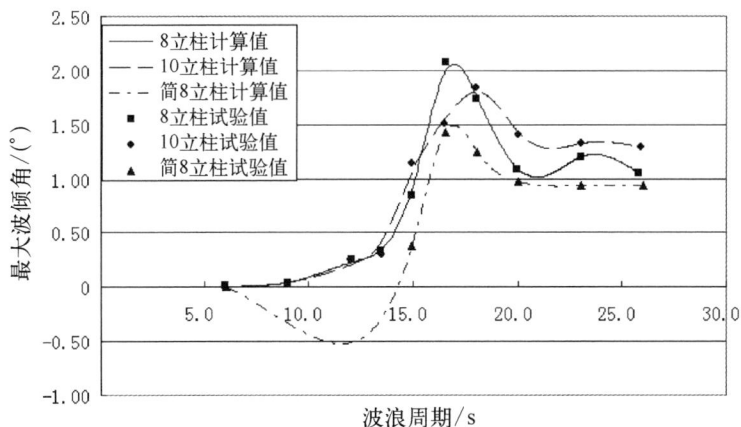

图 4-15 满载作业工况下迎浪纵摇运动响应曲线

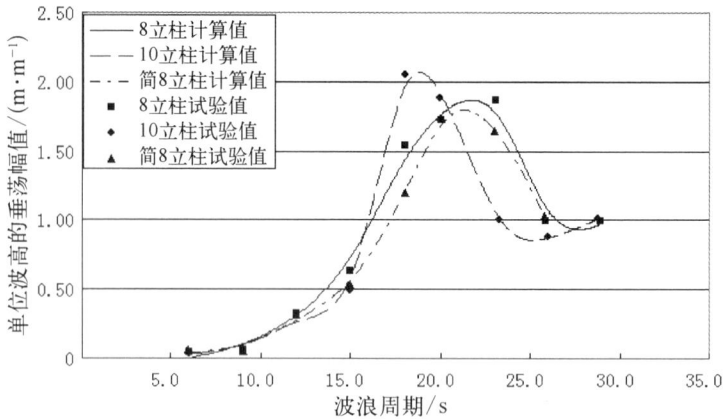

图 4‑16 满载作业工况下横浪垂荡运动响应曲线

4.6.3 不规则波运动短期预报

在获得船体运动响应传递函数后,可结合海况资料确定的海浪谱,采用谱分析方法预报船体在不规则波中的短期运动响应。

半潜起重船短期运动响应可看作一平稳随机过程,其响应谱可表达为

$$S_Y(\omega) = |H_Y(\omega)|^2 S_w(\omega) \tag{4-1}$$

式中:$H_Y(\omega)$ 为运动响应传递函数;$S_w(\omega)$ 为短期海况的海浪谱。

大量实践表明,半潜起重船运动幅值或波面升高的短期响应服从 Rayleigh 分布。该分布只有方差 σ^2 一个参数,可由响应谱按下式直接得到:

$$\sigma^2 = m_0 = \int_0^\infty S_Y(\omega)\,\mathrm{d}\omega = \int_0^\infty |H_Y(\omega)|^2 S_w(\omega)\,\mathrm{d}\omega \tag{4-2}$$

式中:m_0 为响应谱的零阶矩。这样,可获得半潜起重船短期运动预报的各种统计值,包括均值、单幅有义值、十一值等。其中,单幅有义值 Y_{sign} 的表达式为

$$Y_{\mathrm{sign}} = 2\sqrt{m_0} \tag{4-3}$$

此外,可进一步求短期响应最大值 $Y_{\max}$。短期响应最大值与单幅有义值的关系为

$$Y_{\max} = \frac{\sqrt{2\ln n}}{2} Y_{\mathrm{sign}} \tag{4-4}$$

式中:n 为该变量的短期循环次数,对于 3 h,其表达式为

$$n = \frac{1}{2\pi} \sqrt{\frac{m_2}{m_0}} \times 3\,600 \times 3 \qquad (4-5)$$

式中：m_2 为响应谱的二阶矩。

表 4-4 为根据数值计算所得的运动响应传递函数对 $2 \times 8\,000\ t$ 半潜起重船在起重准备时风浪海况条件下的短期运动预报（其中，H_s 为有义波高，T_p 为谱峰周期，T_z 为跨零周期）。

表 4-4 起重准备时风浪海况条件下的短期运动响应预报最大值

工况/海况	起重准备（$H_s = 3\ m$，$T_p = 6 \sim 12\ s$，$T_z = 4.5 \sim 9\ s$，JONSWAP）						
浪向角/(°)	0	30	60	90	120	150	180
纵荡幅值/m	0.437	0.344	0.301	0.064	0.258	0.275	0.285
横荡幅值/m	0.000	0.200	0.565	0.888	0.576	0.238	0.000
垂荡幅值/m	0.812	0.786	0.785	0.798	0.596	0.547	0.578
横摇角/(°)	0.000	0.303	0.589	0.878	0.639	0.314	0.000
纵摇角/(°)	0.841	0.762	0.539	0.227	0.684	0.961	1.067
首摇角/(°)	0.000	0.351	0.437	0.046	0.421	0.376	0.000
纵向加速度/(m/s²)	0.150	0.102	0.076	0.037	0.062	0.077	0.085
横向加速度/(m/s²)	0.000	0.057	0.140	0.318	0.142	0.064	0.000
垂向加速度/(m/s²)	0.198	0.182	0.187	0.257	0.143	0.135	0.160

表 4-5～表 4-7 给出了根据规则波船模运动试验的结果和 JONSWAP 谱对 $2 \times 8\,000\ t$ 半潜起重船在起重准备时不规则波下的运动性能预报。

表 4-5 起重准备时横浪不规则波单位有义波高下单幅有义值的预报

平均跨零周期/s	单位波高的垂荡幅值/(m/m)	单位波高的横摇角/[(°)/m]	重心处加速度/(m/s²)
2.5	0.000	0.000	0.000 0
3.0	0.001	0.005	0.000 0
3.5	0.003	0.018	0.000 1
4.0	0.008	0.037	0.000 1
4.5	0.017	0.065	0.000 3
5.0	0.028	0.080	0.000 4

(续表)

平均跨零周期/s	单位波高的垂荡幅值/(m/m)	单位波高的横摇角/[(°)/m]	重心处加速度/(m/s²)
5.5	0.043	0.087	0.000 6
6.0	0.061	0.093	0.000 9
6.5	0.082	0.096	0.001 1
7.0	0.108	0.098	0.001 5
7.5	0.137	0.098	0.001 8
8.0	0.171	0.098	0.002 2
8.5	0.208	0.097	0.002 6
9.0	0.249	0.096	0.003 1
9.5	0.292	0.094	0.003 5

表 4 - 6　起重准备时迎浪不规则波单位有义波高下单幅有义值的预报

平均跨零周期/s	单位波高的垂荡幅值/(m/m)	单位波高的纵摇角/[(°)/m]	重心处加速度/(m/s²)
2.5	0.000	0.000	0.000 0
3.0	0.002	0.003	0.000 0
3.5	0.006	0.011	0.000 2
4.0	0.013	0.022	0.000 3
4.5	0.023	0.039	0.000 6
5.0	0.031	0.052	0.000 7
5.5	0.038	0.062	0.000 8
6.0	0.045	0.075	0.000 9
6.5	0.052	0.090	0.001 0
7.0	0.061	0.109	0.001 1
7.5	0.073	0.134	0.001 2
8.0	0.090	0.167	0.001 5
8.5	0.113	0.208	0.001 8
9.0	0.140	0.257	0.002 1
9.5	0.171	0.316	0.002 4

表4-7 起重准备时随浪不规则波单位有义波高下单幅有义值的预报

平均跨零周期/s	单位波高的垂荡幅值/(m/m)	单位波高的纵摇角/[(°)/m]	重心处加速度/(m/s²)
2.5	0.000	0.000	0.000 0
3.0	0.002	0.001	0.000 1
3.5	0.007	0.005	0.000 2
4.0	0.015	0.010	0.000 4
4.5	0.027	0.018	0.000 8
5.0	0.034	0.025	0.001 0
5.5	0.040	0.037	0.001 1
6.0	0.046	0.052	0.001 3
6.5	0.054	0.072	0.001 5
7.0	0.069	0.096	0.001 7
7.5	0.093	0.125	0.002 1
8.0	0.125	0.158	0.002 5
8.5	0.164	0.197	0.003 0
9.0	0.209	0.239	0.003 6
9.5	0.258	0.287	0.004 3

4.7 半潜起重船航行阻力及快速性

半潜起重船在航行时下浮体甲板出水,立柱和上平台完全在水面以上,因此,其航行状态类似于双体船。研究表明,双体船在航行时,除受到两个片体本身的摩擦阻力和兴波阻力外,还受到两片体间波系干扰所产生的附加阻力。附加阻力可为正值或负值,负值表示有利干扰,可使双体船的兴波阻力低于两片体相距无穷远处的兴波阻力。片体间的波系干扰随船型、傅汝德数和片体间距的不同而变化。通常,可调整片体间距与船长之比而获得有利的波系干扰。但最佳的片体间距与船长之比往往使两片体的间距过大,实际上常难以采用。

由船模阻力试验可知,当傅汝德数 $Fr=0.30\sim0.36$ 时,如片体间距选取得当,可产生有利干扰;而当 $Fr=0.36\sim0.51$ 时,附加阻力常为正值[43]。

　　除了兴波阻力受到片体间的波系干扰外,摩擦阻力也因两片体内侧的水流速度大于外侧而有所增加。片体间距越小,摩擦阻力增量越大,片体间距附加的摩擦阻力目前尚无恰当的计算方法;但当片体中心距与片体宽度之比大于等于2时,它对总阻力的影响可以忽略不计。

　　通常半潜起重船设计航速约为 12 kn,傅汝德数均小于 0.15,属低速范围,其兴波阻力所占比例很小,且下浮体比较瘦长,长宽比达 7 以上时,兴波阻力更小[44]。因此,片体间的兴波干扰所产生的附加阻力可忽略不计。

　　阻力成分应以摩擦阻力为主。虽然下浮体中心距与下浮体宽度之比等于2,如前所述,片体之间由流速增加引起的附加摩擦阻力可以忽略;但由于船长较长,片体间距与船长之比较小,航行中下浮体中间会产生一定的阻塞效应,在计算中还应适当考虑摩擦阻力增量。

　　半潜起重船阻力性能研究可采用母型船模型试验资料换算与经验回归公式计算相结合的方法来进行实船阻力预报。

　　以 2×8 000 t 半潜起重船为例,航行阻力试验预报采用二因次阻力换算方法,摩擦阻力按 1957 ITTC 公式计算,取 10% 的双体阻力增量。由于上层建筑比较发达,且两台起重机受风面积很大,考虑取 10% 的空气附加阻力,预报的实船有效功率如图 4-17 所示。

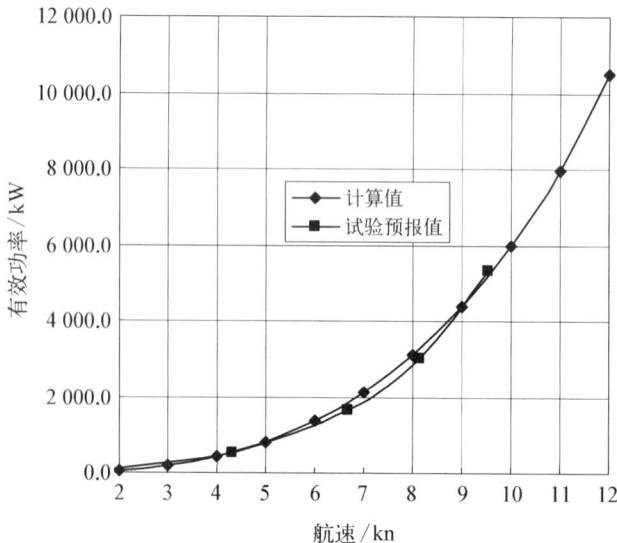

图 4-17　有效功率曲线

　　在计算方法预报中,采用 Holtrop 阻力回归计算法计算单个下浮体的阻力,双体阻力增量取 10%,附体及空气附加阻力取 20%。计算所得有效功率曲线与试验预报的比较如图4-17所示,当航速为6~9 kn时,计算值高于试验预报值,9 kn以上两者吻合较好。因此以计算曲线作为航速预报的船体有效功率是比较可靠的。

该船主推进器为4台5 500 kW电力驱动的全回转导管推进器,推进器以动力定位工况作为设计点,动力定位工作时单桨可达到最大推力905 kN,自由航行时航速为12 kn。

4.8 半潜起重船作业稳性和浮态

半潜起重船起重作业的工况与单船体全回转起重船类似,但由于船型不同,水线面形状差别很大,所以起重作业的稳性和浮态又与单船体全回转起重船不同,本节将以2×8 000 t半潜起重船为例,介绍半潜起重船起重作业的稳性和浮态计算。

4.8.1 半潜起重船稳性和浮态的特点

半潜起重船作业吃水水线面实际上是由各个分列的立柱水线面构成,与单船体船型相比,在同等尺度规模下,其水线面面积要小得多,因此在起重作业加载起重载荷后,吃水增加量相当可观,在进行稳性和浮态计算时应予以关注。

半潜起重船不是常规船型,稳性衡准不能依据常规船的要求。从整体构造特点来看,半潜起重船更接近于海上移动平台设施的柱稳式平台,按柱稳式平台的稳性要求核算稳性是合理的。中国船级社《海上移动平台入级规范》对起重/安装维修平台的稳性要求也适用于半潜起重船[45]。规范要求:

应在全部漂浮起重作业吃水范围内,计算起重载荷倾覆力矩(包括吊臂倾覆力矩)、最大起重作业设计风速下的风倾力矩以及可能的不对称装载倾覆力矩;应考虑起重机吊臂的方位、吊幅和吊高以及起重载荷的全部范围,以找到最不利的组合;应考虑最大的甲板负荷/甲板货和设备处于实际可能的最不利位置。

应假定起重载荷的受风面积中心位于吊钩悬挂点,其受风面积$A_f(m^2)$可按下式计算:

$$A_f = 2.78 W^{0.556} \tag{4-6}$$

式中: W 为起重载荷,t。

半潜起重船在各种起重作业装载状况下的完整稳性应符合以下衡准要求：

（1）倾覆力矩曲线与复原力矩曲线第 1 个交点所对应的倾角应小于甲板边缘入水角或起重机作业最大允许倾角中的较小值。

（2）当风从最不利方向施加时，自静平衡角至第 2 个交点所对应的倾角或进水角处复原力矩曲线下的面积中的较小值，至少应比自静平衡角至同一限定角处风倾力矩曲线下的面积大 30%（见图 4-18）。

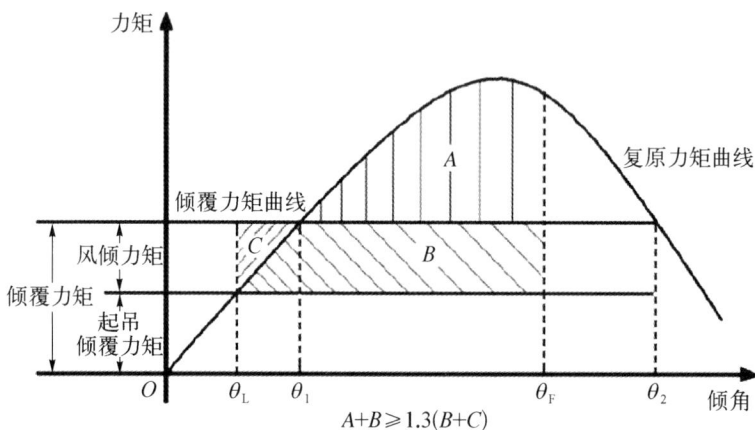

图 4-18　复原力矩衡准

θ_L—静平衡角，指包括不平衡装载倾覆力矩在内的起吊倾覆力矩曲线与起重载荷失去前复原力矩曲线第 1 个交点所对应的倾角；θ_F—进水角；θ_1—倾覆力矩曲线与复原力矩曲线第 1 个交点所对应的倾角；θ_2—倾覆力矩曲线与复原力矩曲线第 2 个交点所对应的倾角。

对于起重作业时设有反向压载系统的半潜起重船，应就每一装载和作业条件下起重载荷突然跌落对完整稳性的影响予以研究，并满足下述规定：

（1）下述规定是基于半潜起重船在良好气象条件下进行起重作业的，即可不考虑风的影响。

（2）对任意装载情况，起重载荷和反向压载联合作用下的静平衡角 θ_L（起吊倾覆力矩曲线与起重载荷失去前复原力矩曲线的第 1 个交点所对应的倾角）应小于甲板边缘入水角。

（3）起重载荷失去后由反向压载引起的静平衡角 θ_E（起重载荷失去后复原力矩曲线与在无起重载荷排水量下由反向压载引起的倾覆力矩曲线的第 1 个交点所对应的倾角）应不超过 15°。

（4）自第 1 个交点至进水角、第 2 个交点或 30° 中较小角之间的剩余面积 A_1 应不小于面积 A_2 的 1.3 倍（见图 4-19）。

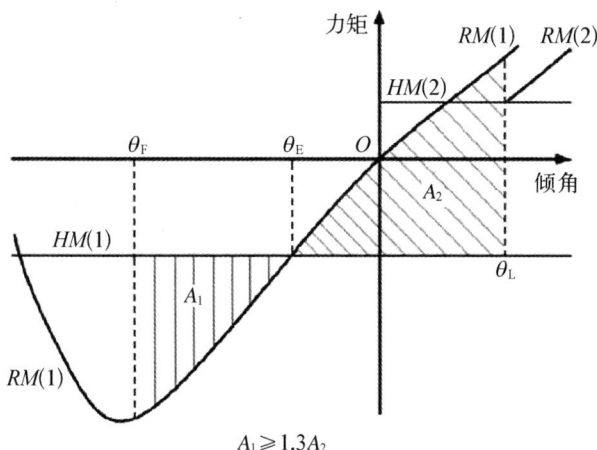

图 4-19 失荷稳性衡准

RM(1)—无起重载荷排水量下的复原力矩曲线；RM(2)—有起重载荷排水量下的复原力矩曲线；HM(1)—无起重载荷排水量下由反向压载引起的倾覆力矩曲线；HM(2)—有起重载荷排水量下由起重载荷和反向压载联合作用引起的倾覆力矩曲线；θ_F—进水角、第 2 个交点对应倾角或 30°中的较小角。

4.8.2　半潜起重船稳性和浮态计算实例

本节以 2×8 000 t 半潜起重船为例介绍稳性和浮态计算过程。

1）计算衡准要求

按柱稳式平台的要求计算并校核 2×8 000 t 半潜起重船的稳性。结合作业特点，算例仅介绍风从最不利方向，即正横向施加时的稳性校核。航行、作业和生存工况下的稳性基本要求为：

（1）至第 2 个交点或进水角处的复原力矩曲线下的面积，取其较小者，至少应比至同一限定角处风倾力矩曲线下的面积大 30%。

（2）经自由液面修正后的初稳性高度应不小于 0.15 m。

其中：航行、起重作业和铺管作业工况下的风速按 70 kn 计算，生存工况下的风速按 100 kn 计算。

另外，起重作业单侧横吊 8 000 t 载荷时，计算突然失荷稳性。

2）起重作业调载方法及失荷稳性

起重作业时将立柱内的压载水舱作为调载水舱。单侧横吊和回转吊作业时，用 4 号和 3 号立柱进行左右对角调载，这样不仅可提供抗横倾调载力矩，还能改善起吊前后或回转时的纵倾情况。单机横吊 8 000 t、带载回转 90°时的调载过程示意图如图 4-20 所示。

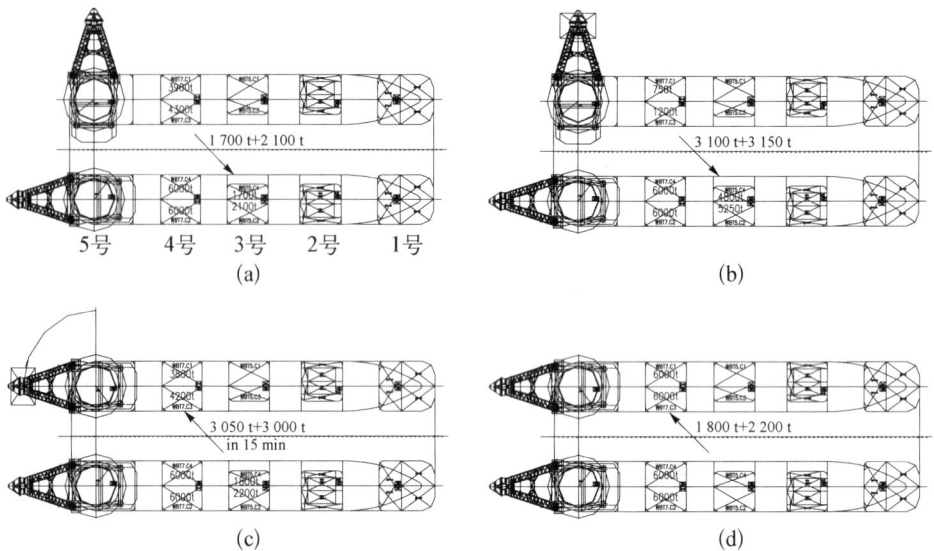

图 4 - 20　单机横吊 8 000 t、带载回转 90°时的调载过程示意图

（a）左机空钩左向，右机空钩尾向　（b）左机 8 000 t 左向，右机空钩尾向　（c）左机 8 000 t 尾向，
右机空钩尾向　（d）左机空钩尾向，右机空钩尾向

表 4 - 8 为单机起吊 8 000 t 回转吊作业典型的调载和船舶浮态情况。由表可知，作业过程中船舶最大横倾角为 2.5°和最大纵倾幅值为 4.898 m（相当于纵倾角 1.26°），都能满足起重机作业要求。单个作业步骤的最大压载水调载量为 6 250 t，压载系统选用 4 台排量为 7 200 m³/h 的调载水泵，可满足回转 90°、调载时间小于 15 min 的作业要求。

表 4 - 8　单机起吊 8 000 t 回转吊作业典型的调载和船舶浮态总结表

作 业 状 态	左机空钩左向，右机空钩尾向	左机 8 000 t 左向，右机空钩尾向	左机 8 000 t 尾向，右机空钩尾向	左机空钩尾向，右机空钩尾向
平均吃水/m	25.581	26.469	26.236	25.553
首吃水/m	27.111	26.590	23.787	26.312
尾吃水/m	24.050	26.349	28.685	24.794
纵倾幅值/m	3.061	0.241	−4.898	1.518
横倾角/(°)	−2.5	2.5	−0.3	0
调载情况	左4→右3 2 100 t＋1 700 t	左4→右3 3 150 t＋3 100 t	右3→左4 3 050 t＋3 000 t	右3→左4 2 200 t＋1 800 t

由第3章可知,起重船的起重能力,即起吊的最大力矩取决于船舶提供的抗倾调载能力,而抗倾调载能力的提高又受制于船舶本身的静稳性和动稳性复原能力,其检验方法就是进行失荷稳性的校核。图4-21为失荷稳性的校核结果,可见复原力矩面积比达到6.18、失荷后的静平衡角为7.62°,均满足规范的要求。

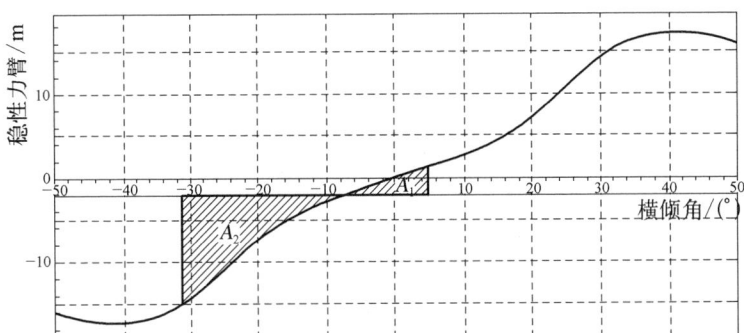

图4-21 失荷稳性曲线

双机联合作业尾吊16 000 t时,需进行首尾压载水的调载,如图4-22所示。在16 000 t重物起升过程中,需从4号立柱将7 200 t压载水打到1号立柱,根据压载泵的配备情况,这一操作可在15 min之内完成。这一作业过程的调载情况和船舶浮态如表4-9所示。

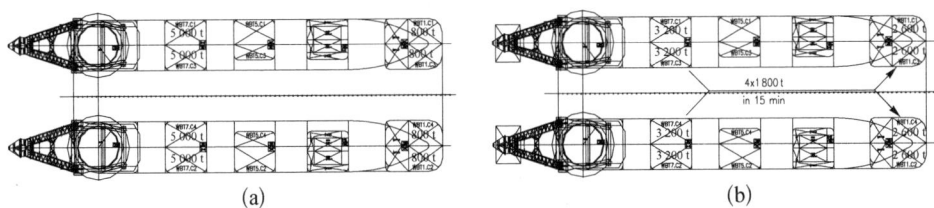

| (a) | (b) |

图4-22 尾吊作业调载示意图

(a) 左机空钩尾向,右机空钩尾向 (b) 左机8 000 t尾向,右机8 000 t尾向

表4-9 尾吊作业调载情况和船舶浮态总结表

作业状态	左机空钩尾向, 右机空钩尾向	左机8 000 t尾向, 右机8 000 t尾向
平均吃水/m	25.329	26.982
首吃水/m	27.270	28.953
尾吃水/m	23.387	25.010

（续表）

作　业　状　态	左机空钩尾向， 右机空钩尾向	左机 8 000 t 尾向， 右机 8 000 t 尾向
纵倾幅值/m	3.883	−3.942
横倾角/(°)	0	0
调载情况		4 立柱→1 立柱 4×1 800 t

3) 各种装载状态稳性总结

本算例的稳性计算校核了航行、起重作业、铺管作业、生存工况下的装载状态共计 26 种，各种计算工况的代号和装载状态定义如下：

(1) SAIL1——100%油水和备品航行。

(2) SAIL2——10%油水和备品航行。

(3) LIFT1.1——100%油水和备品，尾吊作业准备。

(4) LIFT1.2——100%油水和备品，尾吊能力 2×8 000 t。

(5) LIFT2.1——10%油水和备品，尾吊作业准备。

(6) LIFT2.2——10%油水和备品，尾吊能力 2×8 000 t。

(7) LIFT3.1——50%油水和备品，较浅吃水，尾吊作业准备。

(8) LIFT3.2——50%油水和备品，较浅吃水，尾吊能力 2×8 000 t。

(9) LIFT4.1——100%油水和备品，横吊作业准备。

(10) LIFT4.2——100%油水和备品，横吊 8 000 t。

(11) LIFT4.3——100%油水和备品，横吊→尾吊 8 000 t。

(12) LIFT4.4——100%油水和备品，尾向 8 000 t 卸载。

(13) LIFT5.1——10%油水和备品，横吊作业准备。

(14) LIFT5.2——10%油水和备品，横吊 8 000 t。

(15) LIFT5.3——10%油水和备品，横吊→尾吊 8 000 t。

(16) LIFT5.4——10%油水和备品，尾向 8 000 t 卸载。

(17) LIFT6.1——50%油水和备品，较浅吃水，横吊作业准备。

(18) LIFT6.2——50%油水和备品，较浅吃水，横吊 8 000 t。

(19) LIFT6.3——50%油水和备品，较浅吃水，横吊→尾吊 8 000 t。

(20) LIFT6.4——50%油水和备品，较浅吃水，尾向 8 000 t 卸载。

(21) PIPELAY1.1——100%油水和备品，载管 10 000 t，铺管作业。

(22) PIPELAY1.2——100%油水和备品，载管 1 000 t，铺管作业。

(23) PIPELAY2.1——10%油水和备品，载管 10 000 t，铺管作业。

（24）PIPELAY2.2——10％油水和备品，载管1 000 t，铺管作业。

（25）SURVI1——100％油水和备品航行，生存。

（26）SURVI2——10％油水和备品航行，生存。

完整稳性的计算模型包含下浮体、立柱和上平台。

表4-10为部分稳性总结表，由表可见，该半潜起重铺管船的各种装载状态稳性都能满足要求。

表4-10 部分稳性总结表

（1）航行和生存工况。

工 况	SAIL1	SAIL2	SURVI1	SURVI2
轻柴油量/t	598.8	58.7	598.8	58.7
淡水量/t	2 347.6	449.8	4 497.6	449.8
重燃油量/t	9 980.1	1 017.1	9 980.1	1 017.1
压载水量/t	3 764.3	9 160.8	46 041.9	57 690.9
排水量/t	138 345.8	132 251.3	182 773.3	180 781.4
平均吃水/m	11.967	11.464	16.000	15.725
纵倾幅值/m	−0.113	−0.26	−0.137	−0.071
横倾角/(°)	0.0	0.0	0.0	0.0
尾吃水/m	12.024	11.594	16.068	15.761
首吃水/m	11.911	11.334	15.931	15.689
稳性衡准数	25.488	24.985	13.702	14.651
初稳性高度/m	51.85	55.743	15.070	16.731

（2）起重工况（尾吊16 000 t）。

工 况	LIFT1.1	LIFT1.2	LIFT2.1	LIFT2.2	LIFT3.1	LIFT3.2
吊重/t		16 000		16 000		16 000
轻柴油量/t	598.8	598.8	58.7	58.7	293.4	293.4
淡水量/t	4 497.6	4 497.6	449.8	449.8	2 248.8	2 248.8
重燃油量/t	9 980.1	9 980.1	1 017.1	1 017.1	5 085.4	5 085.4
压载水量/t	113 439.0	113 439.0	123 220.8	119 220.8	88 995.7	88 995.7
排水量/t	250 170.5	266 170.5	246 401.3	258 401.3	218 278.3	234 278.3

(续表)

工　况	LIFT1.1	LIFT1.2	LIFT2.1	LIFT2.2	LIFT3.1	LIFT3.2
平均吃水/m	25.329	26.982	24.829	26.013	21.196	22.836
纵倾幅值/m	3.883	−3.942	3.421	−3.725	4.055	−3.620
横倾角/(°)	0.0	0.0	0.0	0.0	0.0	0.0
尾吃水/m	23.387	28.953	23.118	27.875	19.168	24.646
首吃水/m	27.270	25.010	26.539	24.150	23.223	21.025
稳性衡准数	44.691	21.866	44.529	21.900	34.003	16.822
初稳性高度/m	14.092	3.871	14.352	3.816	13.236	1.005

(3) 起重工况(横吊 8 000 t)。

工　况	LIFT4.1	LIFT4.2	LIFT4.3	LIFT4.4
吊重/t		8 000	8 000	
轻柴油量/t	598.8	598.8	598.8	598.8
淡水量/t	4 497.6	4 497.6	4 497.6	4 497.6
重燃油量/t	9 980.1	9 980.1	9 980.1	9 980.1
压载水量/t	115 977.9	115 977.9	115 977.9	115 977.9
排水量/t	252 709.4	260 709.4	260 709.4	252 709.4
平均吃水/m	25.581	26.469	26.236	25.553
纵倾幅值/m	3.061	0.241	−4.898	1.518
横倾角/(°)	−2.5	2.5	−0.3	0.0
尾吃水/m	24.050	26.349	28.685	24.794
首吃水/m	27.111	26.590	23.787	26.312
稳性衡准数	43.334	32.131	32.113	44.865
初稳性高度/m	14.12	8.928	8.397	13.802

4.9　半潜起重船破舱稳性

半潜起重船作为在海上从事海洋工程作业的工程船,在调遣和作业工况下,应具有在一定海况下破损后保持足够的残存稳性的能力。根据作业性质和船型特点,半潜起重船的破舱稳性应满足海上移动平台的要求。

4.9.1　半潜起重船破舱稳性衡准要求

半潜起重船破舱稳性按海上移动平台规范对柱稳式平台的破舱稳性要求衡准,破舱稳性的计算采用确定性分析方法。

1) 假定破损范围

(1) 只假定平台四周的立柱、下浮体和撑竿受到破损,并假定破损仅限于立柱、下浮体和撑竿的暴露部分。

(2) 应假定立柱和撑竿在操作手册规定的吃水以下 3 m 和吃水以上 5 m 之间任何部位发生垂向范围为 3 m 的破损。如果在此区域内设有水密平台,则应假定在该水密平台以上和以下两个舱室均发生破损。考虑到实际的作业情况,经主管当局同意,可以在吃水以上或以下取较小的距离。但是,要求的破损区域范围至少应为操作手册规定的吃水以上和以下各 1.5 m。

(3) 应假定垂向舱壁不破损,但如沿立柱外缘量得的舱壁间距小于该吃水处立柱外缘周长的 1/8 者除外,在这种情况下,假定该舱壁不存在。

(4) 假定水平破损贯入为 1.5 m。

(5) 在航行工况下,下浮体水密舱壁之间的距离应不小于 3.0 m;在 3.0 m 范围以内的其他舱壁应不予考虑。

2) 破舱稳性衡准要求

(1) 半潜起重船应具有足够的干舷和水密分隔以提供足够的浮力和稳性,使其在作业和航行工况下遭遇上述假定范围的破损后并受到来自任何方向风速为 25.8 m/s 的风倾力矩作用下,仍能满足如下残存稳性的要求:① 倾角不大于 17°;② 位于破损水线以下的开口应为水密,破损水线以上 4 m 范围内的开口应为风雨密(见图 4-23);③ 破损后,复原力矩曲线从第 1 个交点至满足②所要求的风雨密完整性范围或第 2 个交点(取较小者)应至少有 7°的范围,且在此范围内于某同一角度量得的复原力矩应至少达到风倾力矩的 2 倍(见图 4-24)。

(2) 半潜起重船在作业或航行工况下,均应有足够的浮力和稳性,使其在所考虑水线以下的水密舱室(这些舱室可以是泵舱、设有海水冷却系统机械的舱室或与海水相邻的舱室)浸水符合下述要求(见图 4-25):① 单个水密舱室浸水后,半潜起重船的静倾角应不大于 25°;② 位于与静倾角对应的最终水线以下的任何开口均应为水密开口;③ 在这种情况下,复原力矩在静倾角之外还应有 7°的正值范围。

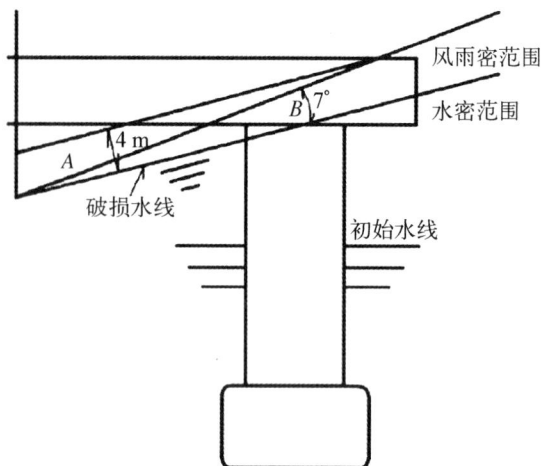

图 4-23　风雨密要求示意图

A—风雨密完整性 4 m 区域；B—风雨密完整性 7°区域

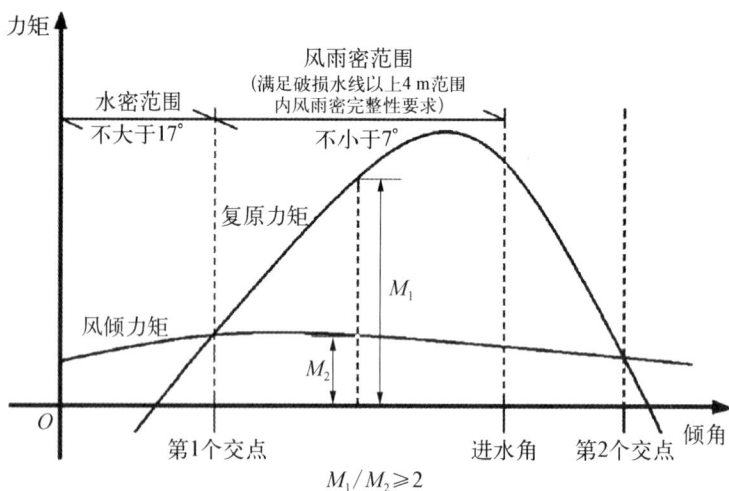

$$M_1/M_2 \geqslant 2$$

图 4-24　稳性曲线要求

4.9.2　半潜起重船破舱稳性计算实例

2×8 000 t 半潜起重船的破舱稳性按照海上移动平台对柱稳式平台的要求计算校核。因船体长宽比大于 2，结合作业特点，破舱稳性计算仅计算左侧船体的破损情况，风向考虑为正横方向。

破舱稳性计算的初始状态为：

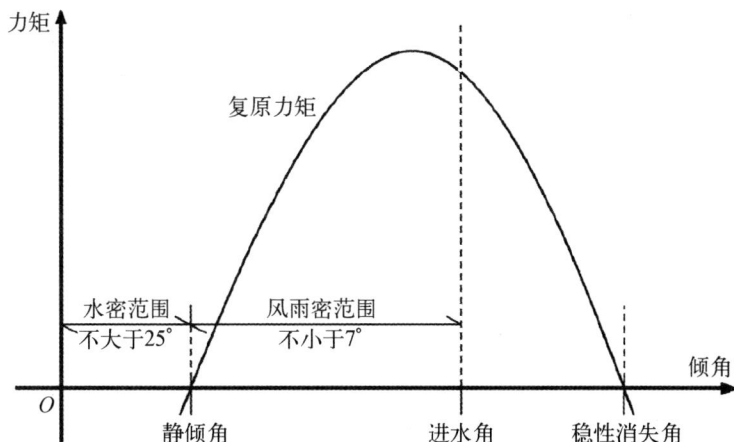

图 4 - 25 半潜起重船不计风压单舱破损稳性曲线示意图

(1) INI1——100％油水和备品,航行。

(2) INI2——100％油水和备品,尾吊准备状态。

(3) INI3——100％油水和备品,横吊准备状态。

(4) INI4——100％油水和备品,满载铺管状态。

破损舱室共 17 组,初始状态和破损舱组的破损组合共有 68 种,计算结果都满足破损稳性的衡准要求。为了分析半潜起重船各不同位置的舱室破损对残存稳性的影响危险程度并指导分舱设计,对各衡准要求的每一破损组合的计算值作出曲线图,如图 4 - 26~4 - 29 所示。

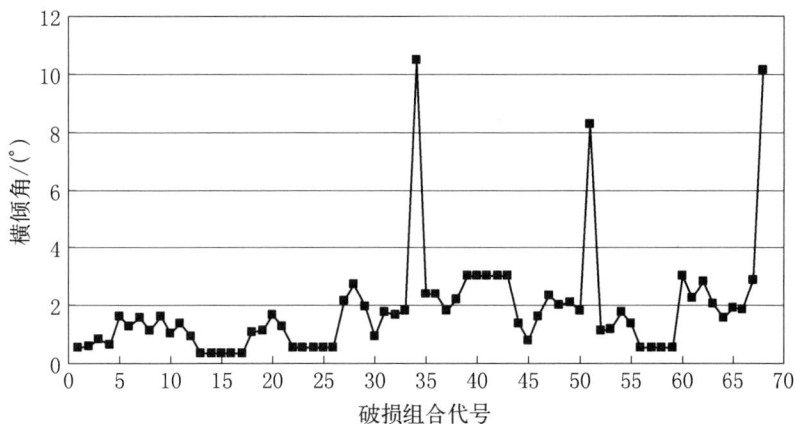

图 4 - 26 平衡状态静横倾角小于 17°

从结果中可以看出,半潜起重船航行状态下的破舱稳性要远好于作业状态下的破舱稳性。主要原因为:① 航行吃水远小于作业吃水,而图 4 - 28 和图

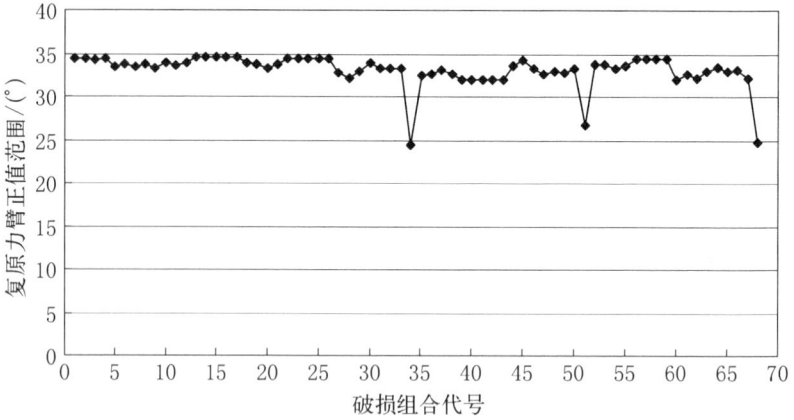

图 4 - 27   复原力臂正值范围大于 7°

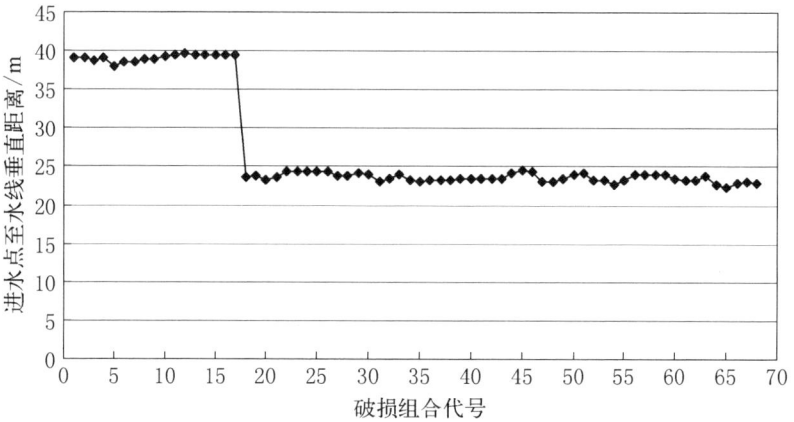

图 4 - 28   进水点至平衡水线垂直距离大于 4 m

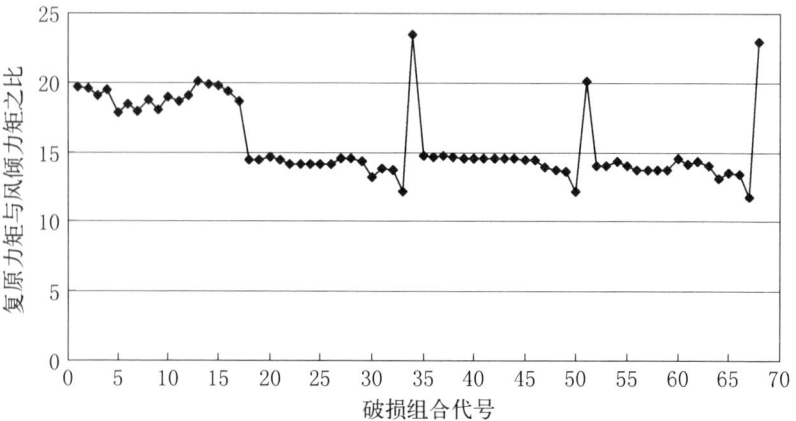

图 4 - 29   复原力矩与风倾力矩之比大于 2

4-29 反映的残存稳性衡准数主要与干舷有关,干舷高,则衡准数也高;② 航行时下浮体出水,相当于双体船,水线面积及其惯性矩远大于作业状态,其完整稳性要高于作业状态,则破损残存稳性亦好于作业状态。这一现象也说明了立柱的形状、尺度和水线面积与作业状态的完整稳性和破舱稳性均关系密切,在相关船型设计尺度选取时需非常谨慎。破损后横倾角的衡准如图 4-26 所示,各个吃水状态差别不大,因为这一参数主要取决于破损舱的浸水容积和其所处的横向位置,与吃水的关系不大。

图 4-26～图 4-28 所示破损组合 34、51 和 68 的破损状况有突变,该状况是 5 号立柱破损,进水量较大,所以横倾角相对较大,复原力臂正值范围相对较小。由于横倾角加大,上平台入水,所以复原力矩反而增大,图 4-29 所示的复原力矩与风倾力矩之比突增就反映了这一现象。要改善 5 号立柱破损进水量大的状况,可在该立柱内增加垂向分隔舱壁。

5 铺管船总体和作业系统设计

铺管船的主要功能是进行海底油气管道的铺设。由于管道铺设的水深和管径不同,铺管作业的方式可分为 S 型、J 型和 R 型等各种类型。铺管船的船型与起重船类似,且在工程实践中许多铺管船常与起重船结合在一起建成多功能的起重铺管船。铺管船的动力装置配置和作业定位功能也与起重船相近,本章不再赘述。本章将对 S 型铺管船的作业原理、总体布置和作业系统配置进行详细介绍,对 J 型和 R 型铺管船则仅作一简要介绍。

5.1 S 型铺管船总体和作业系统设计

S 型铺管(S-lay)是通过铺管船尾部多段托管架的角度调整来达到船上管段、托管架支撑管段、水中管段以及海底管段的 S 型铺设。S 型铺管作业方式由于其具有较高的作业效率而在世界范围内得到广泛的应用,典型的 S 型铺管船的日铺管能力超过 3 km 以上。同时 S 型铺管船上易于布置较大的甲板起重机,在具备铺设管线能力的同时还可以进行海上起重安装作业,因此在海洋管线的铺设中占有很大的市场份额。目前世界上最大的铺管船为瑞士 ALLSEAS 公司的 Solitaire 深水铺管船,该船于 2005 年改造完成,安装有 3 台 350 t、总张紧能力为 1 050 t 的张紧器,采用动力定位和 S 型铺管方式,铺管最大深度达2 775 m,每天最大铺管速度达到 9 km。

S 型铺管作业方式也存在制约其发展的因素,如大管径和大水深的管道铺设时管线张力较大,需要更长、承载能力更大的托管架和张紧器。目前国际上能提供的张紧器的最大能力有限,在海况恶劣时管线铺设的安全风险较大,偶有铺管过程中张紧器夹持不住铺设管道的报道。

5.1.1 S 型铺管原理概述

S 型铺管法是指管线在船上开始下水时保持水平,在下水的过程中逐渐变为 S 形,如图 5-1 所示。在铺管船甲板上沿船长成一直线排列的若干个焊接站进行流水作业,将单根长度为 12~24 m 的管节焊接成连续的管线。在焊缝经过X 光检查和涂装之后,铺管船前进,管线入海。该管线入海要在船尾通过一个精准的倾斜角度。在斜坡的底端连接着一个长长的弧形托管架。托管架是一个开放的框架结构,用来支持 V 形滚轮控制管道从水平状态过渡到倾斜状态。早期的托管架是刚性的,而现代的托管架是铰接的,由几个部分通过铰链连接而成。托管架的弯曲形状由这些分段的连接角度形成。其长度一般根据工作水深和管线的重量而定,传统的 S 型铺管法的工作水深可以达到 100 m。管线的悬浮长度部分通过位于斜坡的张紧器支撑。最常用的张紧器呈 V 字形,通过履带压在管线的表面。管线通过旋转的轨道离开托管架,在这一部分,管线在托管架上受到相对较高的张紧力。

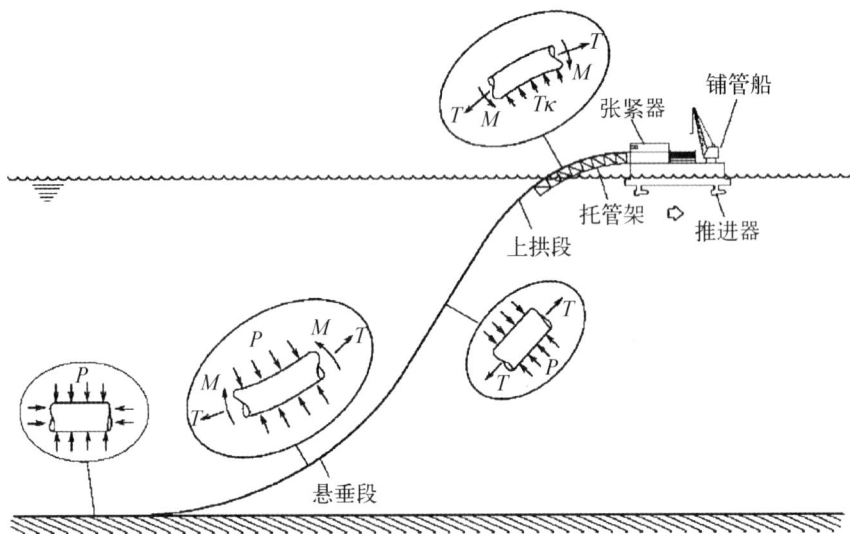

图 5-1　S 型铺管法安装图示和载荷分布

托管架过短会使管道在托管架尾部过度弯曲,有可能使管道变形屈曲。这样的屈曲会使管道压裂、进水(湿弯)。管道进水会使管线变重从而使其下沉力超过张紧力,最终导致管线沉向海底。管线向上成弧形的部分称为上拱段。管线以设定好的角度离开托管架,逐渐下沉,慢慢变直并向与张紧器相反的方向弯曲。通常最大弯曲发生在靠近海床的悬垂段(下凹),也就到了最大水深。因此,必须确保累积的弯曲和压力载荷能够保证管道结构的安全。悬垂段的曲率通过施加在顶部的张紧力控制。无论何种原因,船舶突然一动或者张紧力丢失都会导致过度弯曲、局部屈曲和塌陷。在悬垂段之后,管线就会接触海底到达目的地。如果海底较为平坦,可以认为管道只受外部静水压载作用。它的设计往往是基于避免这种压力载荷下管道被压溃。铺管船的主要任务之一是提供持有悬吊张紧力并控制它的形状。在早期的驳船上,张紧力通过几条缆绳传递到锚上。缆绳连接到绞车上,驳船前进,缆绳缠绕。这是一个很需要技术的操作,需要按照预先设计的路线保持铺管船的位置和方向。在操作过程中锚的损坏可能会导致驳船突然偏航或漂流,这反过来又会使托管架尾部过度弯曲。更多先进的 S 型铺管船在深水中用动态定位系统定位。动态定位是通过电脑控制、运用 GPS 技术的推进器(可以自由控制的、隐蔽的推进器)来实现的。很明显,动态定位系统成本高,但是它也提高了铺管作业的效率(对于直径为 30 英寸以上的管道,铺管速度高达 4 英里*/天)。图 5-2 为一个大型带有动态定位功能的 S 型铺管船,其半潜式主体结构长 152 m。它有 1 个铰接的节点和 3 个110 t 张紧器。管线的长悬浮部分更像是电缆,而非梁,因此它的长度以及悬垂段曲率主要由吃水深度控制,浸没部分的管线重量以及张紧力施加到驳船上。

(a)

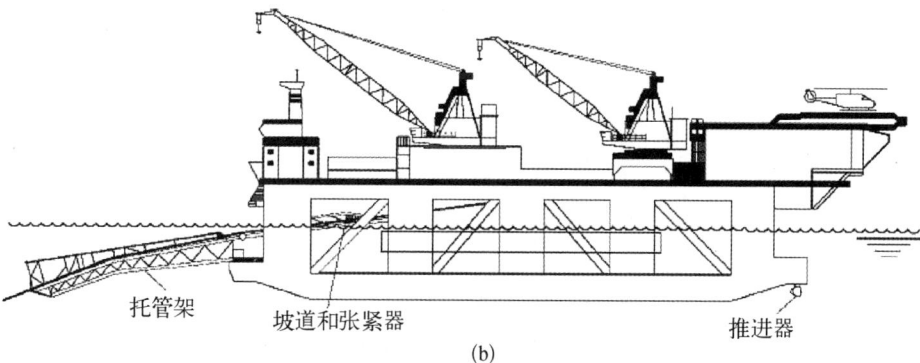

托管架　　坡道和张紧器　　推进器

(b)

图 5-2　Saipem's Castoro Sei 半潜式 S 型铺管船

(a) 照片　(b) 侧视图

---

* 英里(mi),英制长度单位。1 mi=12 in,1 in=2.54 cm。

绝大多数管线都安装空管道,以便减少安装张力。安装空管道的作用有二:① 要避免屈曲破坏,无论是上拱段还是悬垂段;② 保持管道在弹性范围内工作。悬垂段的曲率主要靠张紧力控制,然而过大的张紧力对托管架上的管线有害,会使管线塑化。在某些情况下,较高的张紧力需要较大的铺管船,这也会增加运营成本。在一般情况下,无论是托管架上的塑性变形还是悬垂段的塑性变形都是可以避免的,塑性变形会使管线横截面过度椭圆化、海底管线螺旋化。

S 型铺管船铺管方法是目前海底管道铺设最常用的方法,如图 5-1所示。

这种管道铺设法由多艘工作锚艇对铺管船的多点锚泊进行起抛锚作业,铺管船在工作锚的定位锚绞车牵引下沿着管道铺设方向移动。管线一端在铺管船张紧器进行张紧,另一端在托管架的支撑下自然地弯曲成"S"形曲线,管线的应力、张力及变形通过托管架长度方向上的支撑滚轮、托管架的弯曲半径以及张紧器的张力来控制,浅水施工时托管架弯曲半径较大,一般呈直线形布置;深水铺管时托管架的弯曲半径较小,需要通过布置多节铰接式托管架来调节托管架的曲率以形成连续曲线。

铺管作业系统设备如图 5-3 所示。铺管作业系统设备包括管线移运起重机及维修用行车装置、管线纵向传输设备、管线横向传输设备、对中站、管线处理设备、主作业线焊接站、主作业线固定支持滚轮、张紧器、A&R 绞车、尾部可调支持滚轮、管线涂覆设备、托管架及其吊放系统、铺管液压系统、铺管控制系统等。铺管船船尾常配置重型起重机,在进行托管架安装时,兼顾海上重型起重机

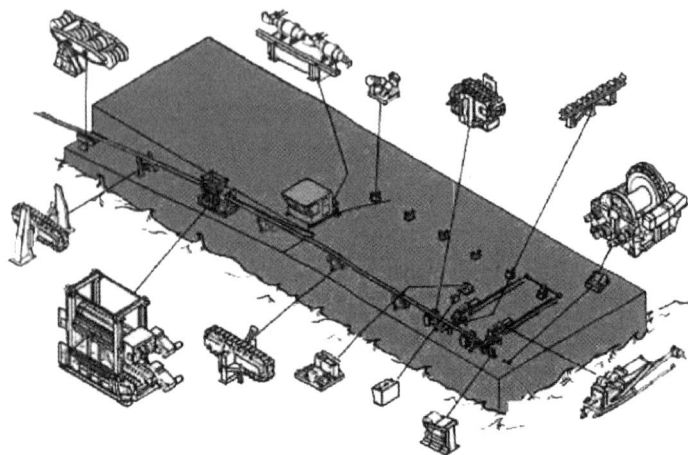

图 5-3 铺管作业系统设备

的吊装功能[46]。

5.1.2　S型铺管船总布置

S型铺管船的总布置是围绕铺管作业工艺流程而展开的。S型铺管船的动力装置、居住舱室的布置与起重船类似,只是不同的船有不同的侧重而已。因此,本节将主要介绍S型铺管船不同形式的铺管作业线对船舶总布置的影响。

1) 单甲板、单节点、边铺管

作业甲板为一层甲板,铺管主作业线设在甲板一舷,另一舷为储管区和管道输送线。管道从储管区吊上输送线,沿船纵向向首部传输到达作业区。然后进行管道开坡口等预处理,同时横向输送到主作业线,沿主作业线向尾部进行焊接流水作业,至尾端通过托管架下水。其布置示意如图5-4所示。

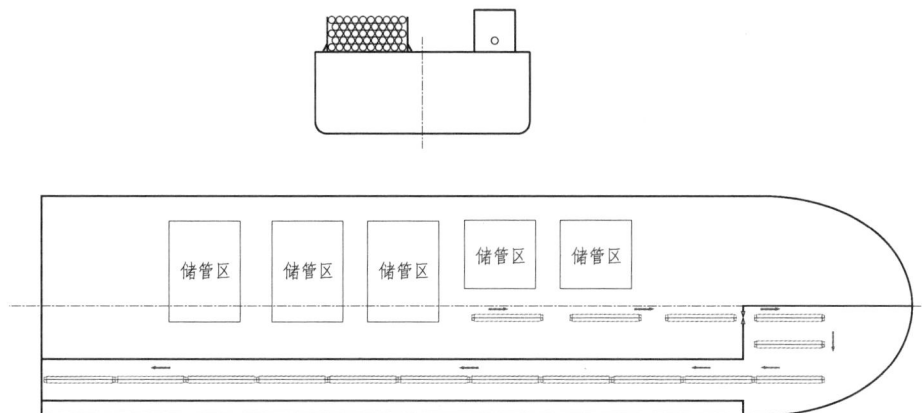

图 5-4　单甲板、单节点、边铺管布置示意图

2) 单甲板、双节点、边铺管

作业甲板为一层甲板,铺管主作业线设在甲板一舷,另一舷为储管区、双节管预制辅生产线和管道输送线。单节管道从储管区输送至船尾的双节管预制辅生产线,进行管道开坡口等预处理,然后沿从尾向首的流水生产线进行双节管预制、焊接、检验,形成合格的双节点管并到达主作业线预备区。进入主作业线的双节点管,沿主作业线向尾部在双节点工作站进行焊接流水作业,至尾端通过托管架下水。其布置示意如图5-5所示。

3) 单甲板、双节点、中铺管

作业甲板为一层甲板,铺管主作业线设在甲板中心处,一舷为储管区,另一舷为双节管预制辅生产线及管道输送线。单节管道从储管区输送至船尾的双节

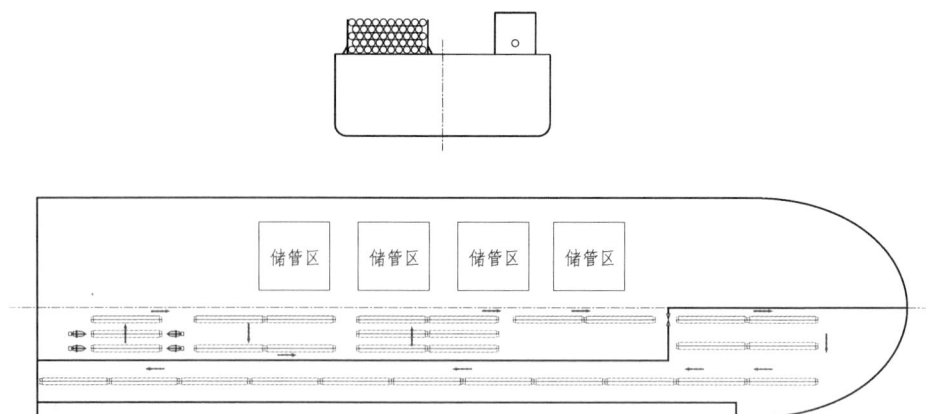

图 5-5　单甲板、双节点、边铺管布置示意图

管预制辅生产线,进行管道开坡口等预处理,然后沿从尾向首的流水生产线进行双节管预制、焊接、检验,形成合格的双节点管并到达主作业线预备区。进入主作业线的双节点管,沿主作业线向尾部在双节点工作站进行焊接流水作业,至尾端通过托管架下水。其布置示意如图 5-6 所示。

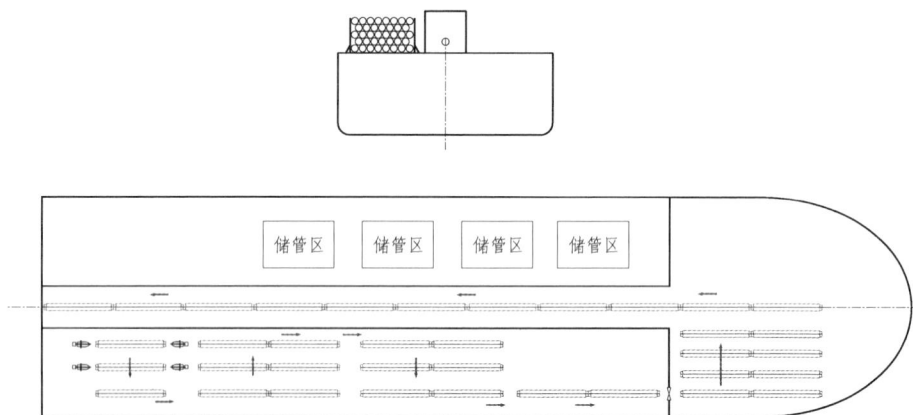

图 5-6　单甲板、双节点、中铺管布置示意图

4) 双甲板、双节点、中铺管

设两层作业甲板,上层露天甲板为管道储存区,下层甲板为铺管作业甲板,铺管主作业线设在船体中心处,左右两舷为双节管预制辅生产线。单节管道通过垂直输送通道从上层甲板输送至下层甲板左右两侧,进入双节管预制辅生产线。对单节管进行管道开坡口等预处理,然后沿从尾向首的流水生产线进行双节管预制、焊接、检验,形成合格的双节点管并到达主作业线预备区。进入主作业线的双节点管,沿主作业线向尾部在双节点工作站进行焊接流水作业,至尾端通过托管架下水[47]。其布置示意如图5-7所示。

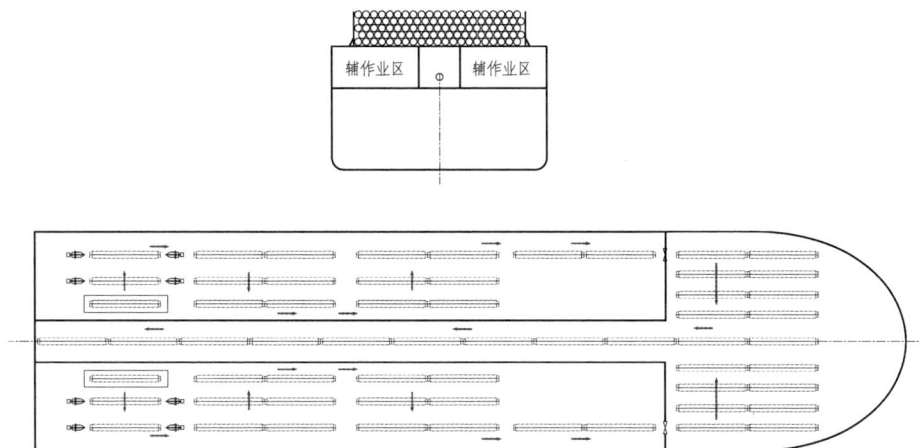

图5-7 双甲板、双节点、中铺管布置示意图

综上所述,单甲板S型铺管船船体结构简单,空船重量较小,但受限于甲板作业面积,因而铺管效率相对较低。在单甲板铺管船三种布置形式中,边铺管形式的储管区、辅作业线和管道输送线集中在一舷,甲板面积利用率较高。从储管区至管道输送线的管道吊运没有盲区,操作方便。但对于边铺管形式,由于主作业线设在船甲板的一舷,船舶在波浪中横摇运动幅值较大,全船重量分布左右不对称,不同的装置状态都需进行重量的横向配载,作业时船舶定位和移船受力较复杂,运管驳船只能在船舶一舷靠泊,运管效率较低,且驳船受风向、潮流等气候环境限制,无法选择有利舷侧靠泊。在单甲板、双节点、中铺管布置形式中,船舶布置左右对称,波浪中运动性能较好;但甲板作业面积分成左右两个区域,面积利用率较低。总之,单甲板铺管船由于作业甲板紧凑,作业效率和性能均受一定限制;而双甲板铺管船的甲板面积相对富裕,布置合理,但船舶整体尺度规模较大,船舶造价也较高。设计时应根据船东客户的需求综合考虑选择总体布置形式。

5.1.3 S型铺管船定位及移船

与起重船类似,S型铺管船作业时也需进行定位,不同的是除了定位,铺管船还需沿着管线铺设的路径移船。由5.1.1所述的S型铺管原理可知,管线从铺管坡道经托管架呈拱形弧线入水,在近海床处又呈上凹曲线与海底相切,由此形成一个完整的横卧"S"形。而管线的这一弯曲须在其弹性变形范围内,为了保持其弹性变形,需由船上的张紧器给管线施加适度的张紧力。与其相对应,船后管线对船舶作用了一个拖曳力。该拖曳力的大小与铺设的管径、水深、管材的弹性模量等参数有关,由铺管系统分析计算可得。因此铺管船的定位和移船除了需克服风、浪、流等作用在船上的环境力以外,还需克服铺管力的水平分量。

　　S型铺管船的定位方式可以采用锚泊定位或动力定位。如采用锚泊定位,则定位绞车的绳速需兼顾移船速度,通常铺管船定位绞车的绳速要高于起重船的,且与铺管效率有关。

5.1.4　S型铺管船浮态及稳性

　　S型铺管船的装载稳性需考虑铺管作业工况。铺管作业工况稳性按航行状况衡准,装载量主要是甲板上储存的管道,同时还要考虑托管架的附加重量以及水下管线拖曳力的垂向分力对浮态的影响。用于铺管船稳性计算的受风面积需计入甲板上装载的管道以及托管架的侧投影面积。

5.1.5　S型铺管作业系统配置设计

1. 铺管作业工作流程

　　双节点铺管作业工作流程:舷侧吊机将管子从运输船上吊装至主甲板上的管子横向输送线,管子经横向输送至升降机并下放至在中间甲板的双节管预制线上的横向输送机,坡口加工,消磁和加热,对中,多个站点的单节管焊接,检验(不合格在下一站返修),再经主作业线横向输送机,主作业线对中前消磁加热,主作业线对中,多个站点的双节管焊接,检验/返修,经张紧器张紧,管道涂敷后经托管架输送至海底。

　　背负式铺管作业工作流程:小口径管道经过吊装横移至背负式作业线,并经焊接检验/返修,从主甲板尾部舱口(主作业线涂敷站上方)下放至主作业线,与涂敷后的主作业线一起绑扎后随主管道下放至海底。

2. 影响铺管作业流程的关键因素

　　铺管系统的作业效率受很多因素的影响。铺管作业流程从运管船往铺管船上吊运管道开始,直至管道通过托管架下放至海底,为一个大的工作循环。铺管作业线就是一个在船上布置的全套作业流水线。流水线的作业效率高低取决于整个流水线的设备配置、工艺流程的编制以及船舶定位等。在整个流水线的工作过程中,焊接站的数量、焊接设备的先进程度、焊接人员的素质是影响铺管系统作业效率的关键因素。

主作业线上的各个站点的工作时间直接决定了铺管船的作业效率,同时,为了使整个铺管作业流程顺利,每个工序的工作时间必须小于主作业线焊接速度最低的焊接站所花费的时间。需要考虑的设备配置原则:双节管预制线作业效率对主作业线作业效率而言应该有一定的冗余;由于背负式作业线所铺管径小很多,焊接速度远高于主作业线的工作速度,所以背负式作业线的工作时间只要满足稍短于主作业线的工作时间即可。因此,提高主作业线的工作效率是铺管船设计和铺管设备配置的最主要因素。而在主作业线上的多个作业站中,焊接站的工作效率是关键因素。

对于要求铺管速度较高的专业铺管船而言,应该采用双节管的铺管作业方法以最大地提高铺管速度。同时考虑到海底油气管道直径可至 60 in 甚至更大,接头焊缝需要多层焊接,为了提高焊接作业速度,一般采用双火炬焊接的自动焊系统。大型铺管船设计时都会考虑铺管效率、船体性能和建造成本,由于主作业线的长度与船长紧密联系,船舶主尺度一般要满足 5 个双节管焊接站的设备布置,以达到较高的作业效率。按现有铺管作业线设备的尺度、布置及管段长度,无论是船型还是半潜式铺管船,船长尺度基本可以确定在 220 m 左右;如布置 6 个或 7 个双节管焊接站,船长需相应增加 24 m 或 48 m。从铺管船整体市场看,船长在 220 m 左右比较经济。因此,世界上相应的焊接设备供应商在提供铺管船焊接设备时,都会按照布置 5 个双节管焊接站的作业线开发可靠的设备,并采取一些有效的措施,如开发多火炬头焊接系统,提供施工方设备时附带的不同管径、不同厚度的钢管焊接施工工艺流程(如焊接站数量、坡口需要多少道焊缝、每站焊接时完成几道焊缝等)。焊接设备供应商还会提供相关的焊接设备控制编程程序。据调研,设备厂商根据焊接站数量、管径大小、壁厚、材质制订了三十多种焊接程序供选用。世界上先进的管道焊接设备供应商有法国的 SERIMER 公司、美国的 CRC 公司等,SERIMER 公司的产品在海洋工程中应用广泛。如 SERIMER 公司提供了铺管船上管径 30 in、壁厚 17.5 mm 钢管的开深 U 形坡口焊接设备。开深 U 形坡口有 9 道焊缝,通过 5 个焊接站进行的 5 轮焊接作业完成一个焊缝的焊接工作流程。该流程是把 5 轮焊接工作均匀分配至 5 个焊接站点,在最长焊接时间的焊接站完成焊接和打磨等工作后进行移船操作,达到了较高的作业效率。在每个焊接站,操作者对每个节点的焊渣进行清洁,更换焊头接触点(如必要的话,还需进行目测并清洗),焊接作业均匀分布在焊接站里,从而使焊接站之间的操作保持平衡[48]。

3. 铺管速度计算

铺管速度取决于主作业线关键站点工作时间、移船时间以及管道返修时间。而主作业线上关键站点工作时间根据焊接施工工艺流程的不同也会有所不同,但主要是第一站点对中/夹紧和根焊时间,或分配至其他焊接站的焊接和打磨时间(有的焊接站需要完成两道焊缝)。铺管速度计算所需要时间如下:

(1)移船时间,1~1.5 min。

(2)焊接作业时间。以中海油"蓝疆号"铺管船对 22、48 in 管在 5 个焊接站焊接施工为例,其作业时间如表 5-1 所示。

表 5-1 "蓝疆号"铺管船对 24、48 in 管焊接的作业时间

管子直径 /in	管径×壁厚 /(mm×mm)	焊接站/min				
		1	2	3	4	5
24	610.0×15.9	2.7	2.2	2.2	1.3	2
48	1 219.2×31.8	7.5	7.5	7.5	9.5	7.5

从表中看出,48 in 管在第 4 焊接站的作业时间超过了第 1 焊接站管道组对中和焊接的时间,这是因为根部焊接焊道要求不高,需要时间不多。

(3)返修时间。在上例中的 5 个焊接站完成焊接工作后进行焊缝探伤,根据焊接设备的性能以及材质的焊接难易程度、焊接质量要求,返修率一般为平均生产率估算的 2%~3%。

综合以上三个因素,国内铺管船铺管速度计算的参考值可从表 5-2 中选用。

表 5-2 国内铺管船铺管速度计算的参考值

项　　目		48 in 管	22 in 管
双节管铺管	一个接头焊接总时间/min	39.5	13.6
	双节管铺管焊接次数/次	5	5
	耗时最长的双节管焊接站被分配的时间/min	8.4	4.9
	一次移船距离/m	24.4	24.4
	一次移船(24.4 m)时间/min	2	2
	返修率/%	1.5	1.5
	铺管速度/(km/d)	3	4.5

综上所述,提高铺管作业速度主要取决于耗时最长焊接站的作业时间,提高

的方向在于增加焊接站数量或合理地分配好各个站点的焊接时间[49]。

4. S 型铺管系统分析计算

1）铺管计算适用规范与规则

铺管计算分析根据下列规范与规则进行设计。

（1）Det Noske Veritas（DNV）"OS-F101 submarine pipeline systems"规范中以下要求：

　　a. 静态张力：

　　（a）管线上弯段最大总应力为 85% SMYS（规定的最小屈服应力）；

　　（b）管线下弯段最大总应力为 72% SMYS。

　　b. SMYS。

（2）API specification 5L - 2004 管线钢管规范。

（3）参考 Global 及 McDermott 的分析方法，基于静态分析的结果，采用一定的经验系数得出动态张力和托管架的载荷需求：

　　a. 动态张力为 117.6% 静态张力：

　　（a）托管架动态垂向载荷为 150% 静态垂向载荷；

　　（b）托管架动态横向载荷为 20% 静态张力。

2）选用的铺设钢管特性

（1）屈服强度为 448 MPa。

（2）泊松比为 0.3。

（3）杨氏模量为 207 GPa。

（4）钢管密度为 7 850 kg/m³。

（5）铺设管防腐层厚度为 0.4 mm。

（6）铺设管防腐层密度为 1 442 kg/m³。

（7）混凝土配重层密度为 3 043 kg/m³。

3）典型铺管计算结果

（1）铺设水深不大于 300 m 时管线张力的计算结果，如表 5 - 3 所示。

表 5 - 3　铺设水深不大于 300 m 时管线张力的计算结果

托管架半径/m	铺设水深/m	托管架长度/m	管径/in	管线总张力/t	管线总张力水平分力/t	管线总张力垂直分力/t
175	300	80	24	250	196.788	154.190
				260	205.690	159.033
				270	214.978	163.354

（续表）

托管架半径/m	铺设水深/m	托管架长度/m	管径/in	管线总张力/t	管线总张力水平分力/t	管线总张力垂直分力/t
175	300	90	24	200	148.839	133.592
				210	157.475	138.930
				220	166.288	144.043
215	150	80	30	290	245.099	155.005
				300	253.914	159.774
				310	263.010	164.091
		90		240	196.669	137.555
				250	205.138	142.893
				260	214.118	147.490
340	50	80	42	270	251.982	96.979
				280	261.403	100.343
				290	270.847	103.643
		90		230	212.600	87.758
				240	222.003	91.186
				250	231.402	94.622
340	50	80	48	280	261.786	99.339
				290	271.225	102.650
				300	280.726	105.798

（2）铺设水深大于 300 m 时管线张力的计算结果，如表 5-4 所示。

表 5-4　铺设水深大于 300 m 时管线张力的计算结果

托管架半径/m	铺设水深/m	托管架长度/m	管径/in	管线总张力/t	管线总张力水平分力/t	管线总张力垂直分力/t
90	1 500	80	14	250	97.402	230.245
				260	105.959	237.429
				270	114.619	244.464
		90		215	61.675	205.964

托管架半径/m	铺设水深/m	托管架长度/m	管径/in	管线总张力/t	管线总张力水平分力/t	管线总张力垂直分力/t
90	1 500	90	14	225	69.902	213.866
				235	78.561	221.480
100	1 500	80	16	290	137.575	255.290
				300	146.129	262.004
				310	154.719	268.630
		90		245	93.006	226.660
				255	100.946	234.169
				265	109.431	241.350
115	1 250	80	18	350	194.754	290.811
				360	201.778	298.137
				370	210.368	304.377
		90		300	144.755	262.766
				310	151.048	270.711
				320	159.613	277.351
100	1 000	80	16	190	90.018	167.322
				200	98.242	174.208
				210	106.804	180.812
		90		160	60.455	148.139
				170	68.087	155.770
				180	76.271	163.042
115	1 000	80	18	280	155.966	232.540
				290	164.007	239.168
				300	172.459	245.475
		90		240	115.988	210.111
				250	123.410	217.417
				260	131.725	224.162
150	750	90	20	290	191.704	217.599

（续表）

托管架半径/m	铺设水深/m	托管架长度/m	管径/in	管线总张力/t	管线总张力水平分力/t	管线总张力垂直分力/t
150	750	90	20	300	199.021	224.478
				310	206.867	230.881
150	500	80	20	240	172.379	166.989
				250	181.253	172.184
				260	190.399	177.054
		90		200	133.124	149.258
				210	141.901	154.803
				220	150.740	160.242
175	350	90	24	230	170.896	153.930
				240	178.747	160.155
				250	187.585	165.262
175	300	80	24	250	196.788	154.190
				260	205.690	159.033
				270	214.978	163.354
		90		200	148.839	133.592
				210	157.475	138.930
				220	166.288	144.043

（3）铺管分析结论。针对大水深的管线铺设，对比不同托管架长度的铺管分析可知，采用 90 m 长的托管架更合理。但是与 80 m 长的托管架相比较，90 m 长的托管架的自重和制造成本增加。在实际建造过程中，托管架长度取决于张紧器类型、结构强度、铺管作业深度、管径等因素。

对于不大于 300 m 的铺管水深，铺管权限半径选择 150～340 m，托管架长度可以相对减少。

对于大于 300 m 的铺管水深，铺管权限半径选择 90～150 m。

为了获得理想的铺管作业曲线，船体尾部铺管坡道需要留出 40～50 m 的坡道长度；同时，为了获得理想的铺管作业效率，主作业线预留 5～7 个双节管焊接/检验返修站。

5. S 型铺管系统设备配置

1) 管道移运设备

(1) 管道规格。铺管船常用管道规格如表 5-5 所示。

表 5-5 铺管船常用管道规格

标称 直径/in	外径 /mm	壁厚 /mm	混凝土配 重层厚度 /mm	空气中单位 长度质量 /(kg/m)	水中单位 长度质量 /(kg/m)	管道重力与 浮力之比
4	114.3	7.1	0	18.98	8.31	1.78
6	168.3	11.1	0	43.34	20.32	1.88
8	219.1	14.3	0	72.62	33.69	1.87
10	273.1	18.3	0	115.49	55.09	1.91
12	323.9	14.3	25	191.03	81.29	1.74
16	406.4	14.3	30	260.99	90.2	1.53
20	508.0	17.5	31.75	372.14	114.9	1.45
24	610.0	20.62	31.75	490.54	132.12	1.37
28	711.0	20.62	50.8	712.62	194.55	1.38
32	813.0	20.62	77.0	1 041.90	313.73	1.43
36	914.0	25.4	69.85	1 197.88	328.56	1.38
40	1 016.0	25.4	88.9	1 536.46	424.64	1.38
48	1 219.2	25.4	110.0	2 110.52	490.85	1.30

单节管长度为 12.2 m,双节管长度为 24.4 m。因此,最大的单节管质量约为 26 t,最大的双节管质量约为 50 t。管道移运起重机起重能力需要考虑最大节管质量,最大跨距应该能覆盖管道驳船和辅助作业线的上管区域。

(2) 管道移运起重机。在主甲板左右舷各安装一台基座式起重机,用于管道和其他补给品的吊装。起重机额定起重能力为 80 t×30 m,起重机功能如下:

a. 从补给驳船移运单节管或双节管至主甲板堆场;

b. 从补给驳船移运单节管或双节管至主甲板横向传输装置;

c. 从补给驳船移运单节管或双节管至主甲板固定式纵向传输滚轮;

d. 其他补给品的船内外吊装。

(3) 门吊。4 台门吊在左右舷对称安装于主甲板堆管区域,用于管道及其他设备的移运。门吊额定起重能力为 50 t，每台门吊功能如下：

    a. 从固定传输滚轮上吊运单节管或双节管至堆场；

    b. 从管道堆场吊运单节管或双节管至主甲板上的横向传输设备；

    c. 其他设备在船舶内部的吊装。

  2) 管道储存设备

管道从运输驳船吊装进入甲板上的管道堆场，主甲板堆管区域总面积一般不小于 1 000 m²，分别布置在主作业线的两侧。管道堆场上堆放的管道能在紧急情况下使用，防止因气象或其他突发原因导致管道驳船无法按时到达而影响铺管效率。

管道堆场采用木甲板，两侧布置支撑立柱，立柱高度至少超过木甲板面 3 m，用于管道的防护。在所有环境情况下，包括停机和待机，立柱强度至少能满足 4 层 24 in 带 120 mm 厚水泥配重层钢管的储存要求，因此应充分考虑船舶运动对支撑立柱的影响。立柱靠管道的一侧设置聚氨酯涂层或厚橡胶垫，以免损坏管道。

每 3 台纵向传送机需装有至少 1 根导向立柱，用于协助起重机将单节管或双节管放到纵向传送线上，每根立柱应有厚橡胶垫或套有橡胶轮胎，以免损坏管道。

在甲板上纵向输送机的前端和后端都装有端部缓冲立柱，以防止单节管或是双节管从纵向输送机上滚落。缓冲立柱表面设有厚橡胶垫，防止对管道和管道涂层造成损伤。

所有立柱设计为可拆卸式，在主甲板上设置立柱基座，基座高度应尽量降低，使用螺栓将基座与立柱连接。

  3) 管道传送滚轮系统

管道传送滚轮系统包括以下设备：

  (1) 辅助作业线纵向传输机。

  (2) 管道处理区固定横梁。

  (3) 横向输送装置。

  (4) 横移小车。

  (5) 对中站 1 套。

  (6) 自由式支撑滚轮 1 套。

  (7) 固定式管段支撑滚轮。

  (8) 可调 A&R 绞车钢丝绳支持滚轮。

  (9) 船尾可调支撑滚轮。

  (10) 船尾支撑滚轮。

  (11) 控制系统 1 套（遥控和就地控制形式）。

(12) 动力单元 1 套。

管道传送滚轮系统的作用是将管道进行纵向和横向的运送,管道由管道装卸起重机吊到纵向传送滚轮上,在滚轮一侧设计有辅助管道下放的立柱和防碰装置。管道进入准备区,在横向传送装置上完成坡口处理,管道预热和消磁等准备工作可在坡口加工区或首部横移区进行,并进入对中站,通过一组对中装置完成管线的对中工作。

单节管施工时,张紧器前设 5～7 个工作站,包括 3～5 个焊接站、1 个管道清洁站,以及 1 个检验/返修站。管节点通过在 3～5 个焊接站中的全自动焊设备焊接,进入管道清洁站开始进行焊缝打磨清洁及冷却,之后进入检验/返修站进行自动无损探伤的检验或返修。

双节管施工时,张紧器前设 4 个双节管工作站,包括 3 个焊接站和 1 个检验/返修站。双节管通过在 3 个焊接站中全自动焊设备的焊接和冷却,在第 4 个双节管工作站开始 AUT 无损检验或返修作业。

张紧器前的每个滚轮组可以由 8～10 个滚轮组成,张紧器后的每个滚轮采用可以调节的履带支撑形式。履带滚轮支撑装置安装于船体甲板上。

4) 张紧器

铺管船用张紧器是铺管的关键设备,张紧器的张力大小对管线铺设深度有直接影响,张紧器张紧系统可实现管线恒张力控制。铺管船上采用的张紧器按照驱动方式可以分为两大类:一类是电力驱动;一类是液压驱动。两者各有其优点,并成熟地应用于各种铺管船舶。

张紧器张紧系统主要由上下两套履带驱动机构组成。上履带驱动机构安装在上部可升降的动框架上;下履带驱动机构安装在下部固定框架上。电动机驱动 4 个螺旋压紧装置,提升动框架和上履带板,把管线穿入上下履带板中间后,再反向旋转螺杆,使动框架带动上履带板等部件下降压紧管线。在铺管过程中,驱动两台液压马达产生所需的扭矩,带动夹持着管线的履带板运动。

管线从铺管船的船尾下水时,从船尾到海底有一段比较长的悬空段,因受风、浪、流的影响而上下垂荡。管线从船尾到海底之间的距离不断变化,这就使得悬空段的长度和管线应力也随之变化。如果将管线固定在船上,当船上升时,管线将承受很大的拉力,这个拉力可能超过管线的许用应力而使管线破坏;当船舶下降或将管线自由放在船上时,管线受自身重力和海况的影响,将承受很大的弯曲应力,该应力超过材料的屈服极限时会使管线产生塑性变形。

张紧器的主要技术参数有最大张紧力、适合管径、适合环境载荷、装置总功率、蓄能器、装置重量、装置外形尺寸等。

张紧器的作用就是要保持管线有一定的拉力,防止管线由于上述原因而破坏。另外,为了满足管线焊接要求,张紧器的拉力在最大值和最小值之间变化时,管线应该是固定的。为了实现上述动作要求,可采用内向曲线径向柱塞式液压马达的正反转功能;同时,铺管过程中管道必须保持最小拉力,调整液压泵的工作油压,驱动两台液压马达,产生所需要的扭矩,通过链输送带动夹持着管线的履带板运动,即可产生管线所需要的张紧力。

目前,张紧器设备的主要生产厂商有:

(1) 美国的 Westech 公司。

(2) 荷兰的 SAS Offshore BV 公司。

(3) 意大利的 Remacut 公司。

(4) 中国的上海振华重工 ZPMC 公司。

根据铺管船的铺管能力要求,进行铺管张力计算,选取主作业线上张紧器组合,将其设置在两个连续的主作业线工作站之间。有些铺管船在设计建造时还考虑预留第三台张紧器的安装区域。

5) A&R 绞车系统

当海上的环境载荷超过铺管船设计指标规定时就需要弃管,以免损坏管道或设备。

弃管时,先在未下水的管道末端焊接拖拉封头,然后将其与 A&R 绞车的缆绳相连。铺管船前移,张紧器夹持着管道以维持管道张力,A&R 绞车的缆绳此时处于不受力状态。随着管道入水,张紧器对管道的张紧力越来越小,A&R 绞车缆绳的张力逐渐增大,直到拉力全部由 A&R 绞车承受,管道在基本保持张力的状态下入水。管道全部入水后,从拖拉封头上解下 A&R 绞车缆绳,并在管道的封头上系上浮标,弃管完毕。

待海况条件达到铺管施工的要求后进行铺管作业时,先将 A/R 绞车的缆绳与管道拖拉封头相连,然后铺管船移动,A&R 绞车以一定的拉力收缩缆绳,使管道的张力增大到铺设管道的设计张力值,在 A&R 绞车和吊机的辅助下,管道经过托管架和铺管船尾部的辊道进入张紧器。这时,张紧器对管道施以一定的张紧力,并逐渐增大,而 A&R 绞车的拉力逐渐减小,最后管道的张紧力全部由张紧器承担。在张紧器的作用下,把管道送到焊接工位,解下 A&R 绞车的缆绳,收管完毕。

随着水深的增加,要求的张力也要增加,A&R 绞车的性能也要与张紧器的性能一起增加;此外,水深增加会使绞车处理的管道长度增加。一般常规的浅水铺管船配置的 A&R 绞车设置成单滚筒的绞车形式,深水铺管用 A&R 绞车一般配置成摩擦滚筒和储绳滚筒的组合形式。

目前,A&R 绞车的主要生产厂商有:

(1) 荷兰的 SAS Offshore BV 公司。

(2) 意大利的 Remacut 公司。

(3) 新加坡的 Hytop 公司。

(4) 美国的 Westech 公司。

(5) 中国的上海振华重工 ZPMC 公司。

A&R 绞车的组成为直角排缆器、测量滑轮、导向轮、储绳滚筒等。根据铺管船的铺管能力要求,A&R 绞车的最大拉力一般设定为张紧器的总张力。

6) 托管架

(1) 托管架概述。目前国内现役铺管船,如"蓝疆号""海洋石油 202 号"和深水铺管船"海洋石油 201 号"等,均为 S 型铺管船。托管架是 S 型铺管船的核心装备之一,一般可分为浮式托管架(floatable stinger)和固定式托管架(fixed stinger)两类。浮式托管架可以连续调整托管架曲率半径,但其可控性较差,应用较少。固定式托管架一般由若干段桁架铰接而成,并配有起升系统,可实现一定范围内的半径变化,是目前应用最为广泛的托管架。

固定式托管架位于铺管主作业线张紧器之后,与船尾连接。托管架在铺设过程中起支撑和保护管道作用,同时可使管道由水平平滑过渡到近似垂直入水,避免上弯段过度弯曲而损坏。

托管架系统设计包括托管架结构设计及其辅助系统设计。其中托管架辅助系统包括托管架起升系统、托辊系统、托管架监控系统和其他辅助设施。

(2) 托管架结构设计。托管架结构设计包括托管架主结构设计以及托管架各连接处的结构和机构设计。

托管架主结构是实现托管架功能的基础。在托管架主结构设计之前,首先应确定托管架的基本参数,主要包括托管架可实现的曲率半径、托管架长度、托辊数量和位置等参数。这些参数与铺设管线的规格和力学性能、管线在水中的线密度、铺管张紧器能力、目标水深等因素密切相关。托管架基本参数确定的设计流程如图 5-8 所示。

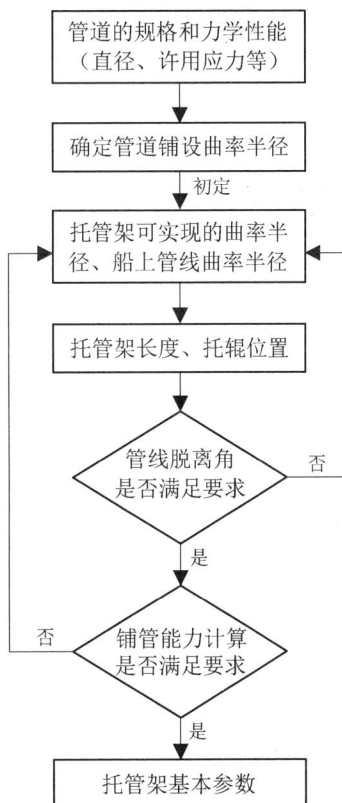

图 5-8 托管架基本参数确定的设计流程图

　　由托管架基本参数确定的设计流程图可以看出,铺管能力的计算是托管架基本参数确定的最重要环节。托管架的铺管计算可采用专业铺管分析软件——OFFPIPE,衡准依据为 DNV 的"OS-F101 submarine pipeline systems"规范,管线规格参数按 API specification 5L(2004)选择。

　　将托管架所受载荷最大的工况确定为设计工况,确定托管架曲率半径、两节托管架长度和托辊间距。按此基本参数开展托管架主结构的详细设计。

　　托管架宽度主要由铺设管线的最大直径确定。一般情况下,托辊宽度应该是最大管径的 2.5～3 倍;再考虑两侧的人行走道宽度。考虑到重量控制等因素,该托管架采用最节省材料的倒三角截面结构,这种结构稳定简单,其典型截面图如图 5-9 所示。

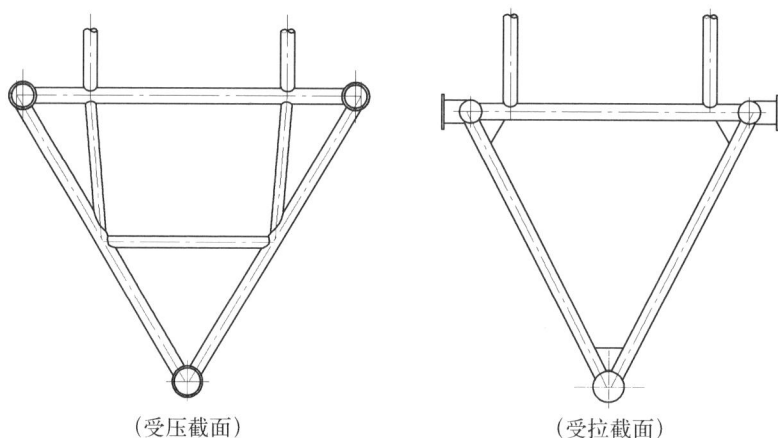

(受压截面)　　　　　　　　　　　　(受拉截面)

图 5-9　托管架典型截面

　　根据托管架侧向载荷预估值以及相近托管架参数,可初步确定托管架与船尾连接主铰点的间距。

　　根据铺管能力计算的载荷结果和环境载荷预估值、托管架刚度和强度要求以及重量控制要求,可初步确定托管架高度、杆件规格和材料。

　　此外,还应考虑其他的一些功能性要求,如为实现托管架上管线曲率半径的调节,需要调整两节托管架间的夹角,两节托管架夹角调整可通过短接管方式实现。又如在托管架起升钢丝绳突然断裂的情况下,托管架不能与船体干涉,以防损坏船体结构。

　　由此,经过多回合结构计算优化,托管架主结构的初步设计基本完成。典型托管架主结构的三维模型如图 5-10 所示。

　　托管架管节点主要采用简单节点,部分采用搭接节点,节点设计按 API RP

图 5 - 10　典型托管架主结构三维模型图

2A-WSD (2005)规范要求进行。所有托管架管节点焊接和其他焊接连接均需符合 AWS D1.1/D1.1M：2010 美国钢结构焊接规范要求。管材材料主要为低合金高强度钢。

托管架的连接部分是实现托管架曲率半径调整的关键部分，并且承受巨大而复杂的载荷，是托管架结构设计的重要部分之一。

托管架的连接包括两段托管架的连接和托管架与船尾基座的连接。所有连接均可以快速安装锁紧和拆卸。

两段托管架的连接部分主要由与主弦杆焊接的连接板结构、销轴和锁紧机构组成。该连接共有 3 组，包括上部 2 组和下部 1 组。上部连接主要承受拉应力，下部连接则主要承受压应力。

托管架与船尾基座的连接部分主要由主铰点装置、主铰点锁紧装置、船尾铰点基座等组成。由于托管架主铰点同时承受径向力和轴向力，因此，在每个铰点设置两个关节轴承，可以承受左右舷两个方向的轴向力。主铰点锁紧机构由液压油缸驱动，并配有安全销以防止误操作等造成主铰点的脱落。该装置在拆卸托管架时，还具有将主铰点顶出基座的功能。

（3）托管架结构计算。根据托管架主结构的初步设计结果和铺管计算结果，采用 DNV 开发的系列软件 SESAM/GENIE 对托管架在不同作业海况和铺管作业状态下的总体强度进行计算校核。

托管架的主结构强度计算考虑的载荷包括托管架自身重力和浮力、惯性力、铺管载荷、水动力载荷（浪、流）、风载荷等。

托管架的主结构计算校核衡准参照 API RP 2A-WSD (2005)规范，主要校核管件和管节点的 UC 值（计算应力与许用应力的比值），以及自由端的变形。UC 值均需小于 1.0。托管架在各工况下的总体强度和变形需满足规范要求。

托管架主铰点和两端托管架间连接铰点处的局部强度采用经验公式设计计算，各设计计算的载荷借助托管架总体强度直接计算中的各相应位置处的构件受力分析,选取各工况下的最大值进行相应连接处结构强度的计算校核,最后采用大型商用有限元软件 MSC/PATRAN 和 MSC/NASTRAN 进行强度校核。

经过计算,托管架主铰点和两端托管架间连接铰点处的局部强度均应满足许用要求。此外,托管架各连接处的销轴强度和刚度需采用经验公式设计计算和校核[50]。

(4) 托管架起升系统。托管架起升系统主要起支撑托管架的作用。在铺管工况时,调整托管架与主甲板的角度,可较大幅度调整托管架上的管线曲率半径,以满足不同水深和铺设管径的需求。在航行或生存工况下,可收起托管架至水面以上。

该托管架起升系统主要由 A 字架、起升绞车、滑轮组、插拔销装置、连接杆、钢丝绳等组成。

在托管架第一段端部左右两侧分别设置有吊耳,动滑轮组通过连接杆与吊耳相连,再用钢丝绳与 A 字架定滑轮组相连,钢丝绳连接至起升绞车,控制起升绞车收放钢丝绳可实现托管架的收放和角度调整。

A 字架为桁架结构,总长约 35 m,弦杆由高强度无缝钢管组成,腹杆多为钢管。上部两根弦杆与起重机筒体底座铰接。下部两根弦杆用法兰与船体连接。在 A 字架顶部设两组定滑轮装置,定滑轮组用销轴连接于 A 字架横梁上。每个定滑轮组由 4 个滑轮及滑轮架组成。滑轮组设置挡绳装置,防止钢丝绳跳出绳槽。

托管架起升绞车共两台,布置于铺管作业线顶棚。导向滑轮设置于起重机底座筒体上。

在托管架第一段末端的两侧,与定滑轮组对应地设置了两套动滑轮组。动滑轮组由 4 个滑轮和滑轮架组成。吊点与连接杆的连接采用液压插拔销装置,可在应急情况下远程控制销轴插拔。插拔销装置由底座、导向塞、油缸、销轴、轴套、定位套、压盖等组成。插拔销油缸内置于销轴内,陶瓷活塞杆带位移传感器。

托辊系统主要作用是为经过托管架的海管提供支撑并引导海管入海,各个支撑点形成一个曲率很大的圆弧,使管线上弯段以较大的入水角入海,不至于过度弯曲使局部应力过大。同时,也可以通过调整托辊管底高度来实现管线曲率半径的微调。

该托管架共设置 11 套滚轮(见图 5 - 11),根据其所受载荷的类型和最低管底高度(BOP)高度是否可调,可将其分为三类:第一类托辊呈 V 形,可承受垂向载荷,并可调节 BOP 高度;第二类托辊在第一类托辊基础上加装可承受横向载荷的装置,也可调节 BOP 高度;第三类托辊呈 U 形,该托辊为固定式,可同时承受垂向和横向载荷滚轮。

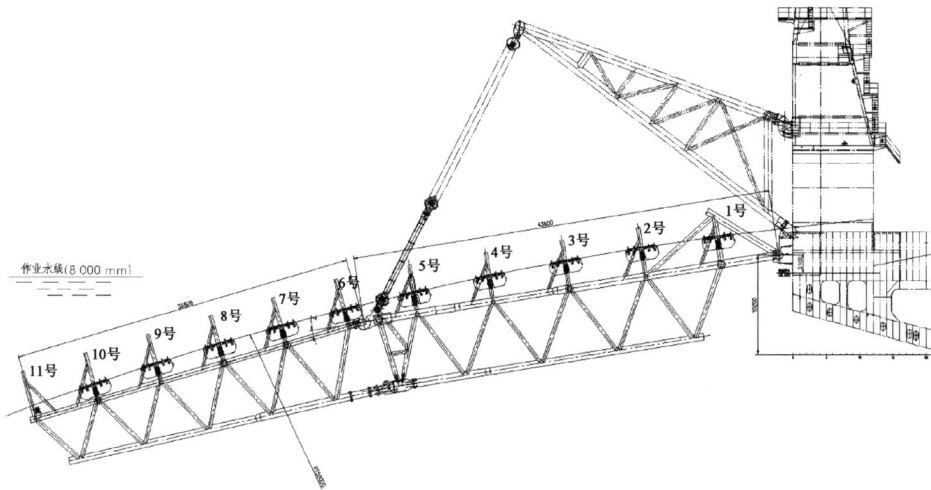

图 5-11 托辊布置图

托辊基座两侧的枢轴底座固定在升降套筒或升降 U 形板上,升降套筒或升降 U 形板可沿着两侧导向立柱或导向板上下移动来调整托辊 BOP 高度并在适当位置通过插销连接固定。两侧的导向立柱和导向板与托管架焊接固定。

(5)托管架监控系统。托管架监控系统主要包括托管架载荷监控,托管架状态视频监控、托管架位置监控等。

该系统主要用于监视托管架各个组成设备的运行状态,观察船舶在铺管时托管架的工作角度和下放位置、托管架尾部滚轮载荷、托管架起升绞车、托管架关键滚轮和管线的工作情况、管线与两侧立柱的距离、管线与关键滚轮的接触情况以及观看管线的完好度。

托管架作业海况和实际运行工况的复杂性在设计中很难考虑完全,因此需要设置载荷监测以保证托管架的安全运行。托管架载荷监控主要包括托辊载荷监测和托管架主铰点载荷监测。

为防止管线在托辊处局部应力过大,可在托辊处设置载荷测量传感器以实时监测载荷状态;在多个托辊处配置垂直载荷测量传感器以测量管线垂向力;在每节托管架尾端托辊处配置水平载荷测量传感器以测量管线侧向力。

托管架主铰点载荷采用间接测量的方式。通过测量起升系统钢丝绳拉力,反算托管架主铰点受力,达到载荷监测的目的。

托管架状态视频监控系统主要由露天型摄像机、水下摄像机、水下照明等组成,主要用于托管架安装和脱离操作过程的监视、固定式托管架绞车状态的监控以及托管架托辊工作的水下监控。

托管架位置监控系统主要包括角度传感器、吃水传感器、声呐等。角度传感器在托管架的第一段和第二段分别安装 1 套,可以实时监控两段托管架角度以及托管架与水平夹角,量程为 0°～90°。在托管架末端设置吃水传感器,可以实时监控托管架末端的入水深度,量程为 0～0.1 MPa。通过以上信号采集及测量,可在显示屏上显示出托管架在海平面下相对船体及水线的位置。

考虑到作业时海水混浊、能见度差、监控无法拍摄到清晰画面的情况,可采用声呐图像和直观数值来帮助作业人员判断铺管与托管架滚轮的相对位置。声呐安装于托管架尾部,当采用一节托管架时,声呐可安装至托管架第一段末端。该声呐工作频率为 1.1 MHz 和 600 kHz,最远距离为 40 m 和 80 m,最短作用距离为 0.3 m,最大工作水深为 100 m。

在托管架实际位置超出事先设定的正常范围后,托管架位置监控系统具有自动报警功能,使操作人员能及时地对托管架位置进行调整,以避免事故的发生。

5.2　J型铺管船简介

5.2.1　J型铺管系统

1. J型铺管系统概述

J型铺管又称 J-lay,其特点是采用垂直铺管,管线张力较小,在相同水深和管径的管道铺设中可以采用比 S-lay 更小的张紧器进行铺管工作。J型铺管法是从 20 世纪 80 年代以来为了适应铺管水深的不断增加而发展起来的一种铺管法,是目前最适于进行深水和超深水的管道铺设方法。这种铺管法实质上是张力铺管法的一种,在铺设过程中可借助调节托管架的倾角和管道承受的张力来改善管道的受力状态,以达到安全作业的目的。但 J 型铺管设备垂直布置的方式决定了其主作业线要比 S 型铺管的短得多,一般铺管船的作业效率与主作业线的长度、主作业线上工作站的数量成正比,J 型铺管的主作业线上的作业站相对 S 型铺管要少得多。因此,J 型铺管方式主要应用于深水、大管径的管道铺设,但作业效率较低,典型的 J 型铺管速度为 1～1.5 km/d。典型的 J 型铺管船有 Saipem 7000 J 型铺管船(见图 5-12)和 Balder J 型铺管船(见图 5-13)。

一般来说,J型铺管船的成本会比其他类型的铺管船要高,而且铺设时也比其他方法要慢,但在深海铺设时,J型铺管法有其独特的优势:

图 5 - 12   Saipem 7000 J 型铺管系统

图 5 - 13   Balder J 型铺管系统

（1）管道与海床的接触点和铺管船的距离更短，因而便于铺管船动力定位。

（2）对铺管船的水平作用力大幅降低，从而减小船舶所需的移船动力。

（3）由于没有了 S 型铺管法中的拱弯段从而消除了管道的残余应力并降低了水平拉力，同时还取消了 S 型铺管法特有的长而脆弱的托管架。

（4）管道铺设完成后其应力也比 S 型铺管法的更小。

浅海区域的管道铺设大多采用 S 型铺管作业方式，随着海洋石油及天然气的开发从近海逐渐走向深海，J 型铺管作业方式会有较大的发展前景。

2. J 型铺管系统功能原理

J 型铺管系统是一种垂直铺管系统，J - lay 系统基本的作业过程是将水平放置在甲板面上已预制好的 4 节点管或 6 节点管垂直提升到铺管塔架上，连接到悬吊着的管线顶部，焊接完成后下放，然后再将新的管段连接上去（见图 5 - 14）。

铺管作业开始时，用管道装载臂（pipe loader）将管道输送到塔架上的焊接线。首先，装载臂旋转下放到水平位置，利用其上设置的多个液压夹具夹住横在水平传输线上的管道，然后将其竖起来。

当装载臂架转动到与塔架平行位置时，塔架上的水平旋转夹具转到管道中心位置，接替装载臂上的夹具，于是装载臂上的夹具松开管道，装载臂可开始下一轮新的管道装载过程。塔架上的旋转夹具沿轨道将管道提升到已连接好即将入海的管道顶部，并旋转到焊接线中心进行对中作业。入海管道由侧向可移动开合的工作站中的夹持装置夹住。

当对中到位后，即可开始第一步定位焊。此时 A&R 绞车牵引的滑动模块

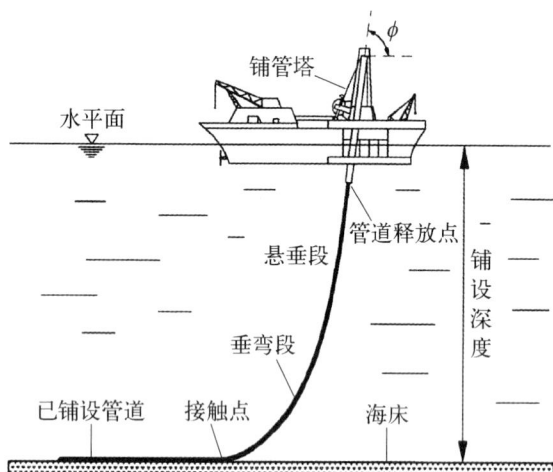

图 5 – 14　J 型铺管示意图

已升到管道的上端附近,其中的抱箍夹持装置夹住管道。

接着可以进行后续焊接,检验和涂敷。当新的管道与入海管连接完成,工作站中的夹持装置打开,入海管的全部张力由 A&R 绞车承载,管道吊索连续下放一个管段长度。

当管段下放到位后,工作站中的夹持装置重新工作,滑动模块抱箍夹持装置释放并上升。这时新的装载过程可以开始下一管段的安装。

J 型铺管的另一种形式是在塔架上设置垂直安装的 2～3 台四轨张紧器,管道入海张力由张紧器承载,这种形式类似下节介绍的 R 型铺管。由于受张紧器的张力所限,一般总张力较小;且受张紧器可通过尺度的限制,无法连接通过较大的管汇等结构。

在 J 型铺管作业时,塔架可在 60°～90°范围内调整到合适的角度。通过调整角度,可以防止管道载荷超过限定值。塔架的角度调整采用两套液压驱动调整装置。为了过桥,通过调整塔架角度可以尽量减小塔架在甲板以上的高度。用起重机吊住塔架,拆除角度调整装置,可以将塔架放置到与甲板近乎平行的高度。

3. J 型铺管系统组成

J 型铺管系统应包括管道预制线、管道存储系统、送管系统、张紧器、A&R 绞车、J 型铺管塔等(见图 5 – 15)。

J 型铺管塔是 J 型铺管的核心设备,J 型铺管塔由以下设备及系统构成:

(1)主体塔架(内含 A&R 滑轮、内部对中器的滑轮、内部对中器、外部对中

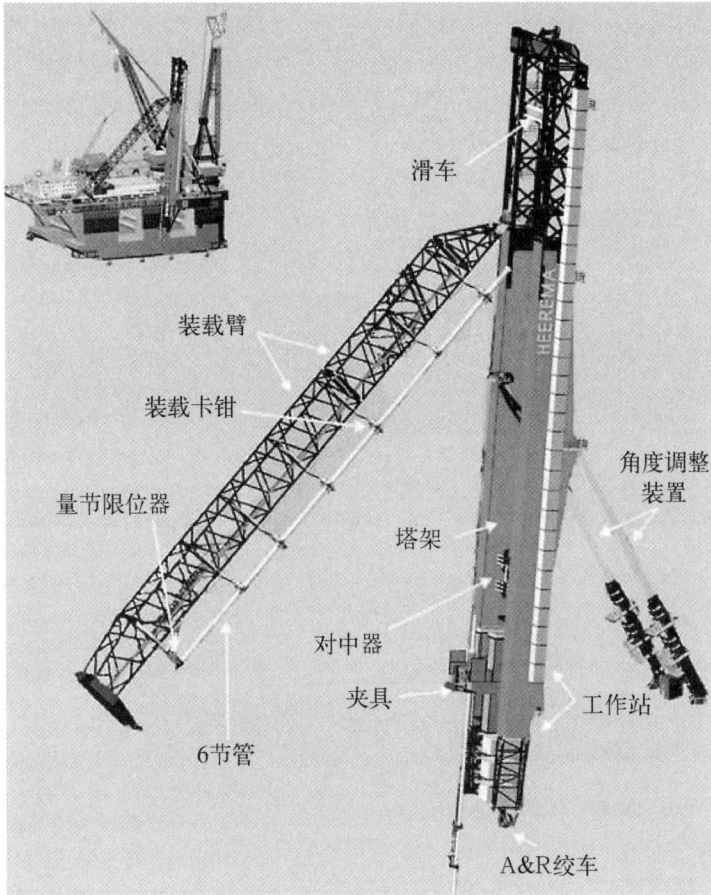

图 5-15 J 型铺管系统组成

器、履带式张紧器、焊接站、无损探伤及涂层站、托管架)。

（2）角度调整机构（卡孔式调节器＋A 字架）。

（3）管道输送系统（水平输送系统、管段装载臂、管段传送臂、管段转动臂、垂向滚筒）。

1）管段预制线和管道存储系统

4 节或 6 节管段由支持船将管段运至铺管船处，再由铺管船上的主吊和辅吊配合将管段吊运至平台上预留的储管舱内存储（见图 5-16）。

2）送管系统

送管系统由水平输送系统、管段装载臂系统、管段传送臂系统、管段转动臂系统、垂向滑轮等组成。

水平输送系统布置在铺管塔前方甲板上约 3 250 m² 的空间内，沿水平输送

图 5‑16　管段吊运与存储

图 5‑17　管段装载臂系统

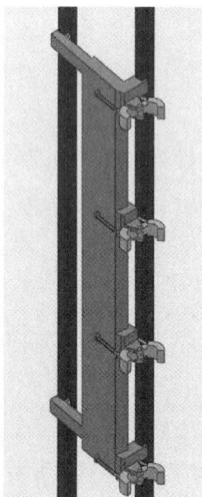

图 5‑18　管段传送
臂系统

系统的管段要依次经过人工检验和打坡口再传送至装载臂位置。

　　管段装载臂系统由装载臂和液压夹具(预设计为 3～4 个)组成,如图 5‑17 所示。管段传送臂系统包括由液压千斤顶控制的装载臂和液压夹具。管段在装载臂上夹紧,装载臂底部的液压千斤顶驱动其转动到铺管作业线前方的准备线上,准备交给传送臂并向上传送。

　　管段传送臂系统由安装在铺管塔上的滑轨、传送臂和液压夹具组成(见图 5‑18)。滑轨约长 106 m,布置在铺管塔一侧,传送臂在滑轨上的上下行运动由液压夹具控制,液压夹具的功能与装载臂上的夹具功能相同。

　　管段转动臂系统由转动臂和液压夹具组成(见图 5‑19)。转动臂有 3～4 个,布置在铺管塔的上塔架轴上,可沿轴转动。管段由传送臂传至上塔架部分后，可由转动臂将其夹紧转至作业铺管路径上，交由垂向分布的一系列垂向滚筒夹紧，垂向滚筒滚动将管段向下传输。

图 5‑19 管段转动臂系统

送管系统还包括甲板上的小型运管吊机，其可将夹板上的管段吊运至水平输送系统的打坡口平台上。对于运管吊机，应满足 API Specification 2C 及 CCS 对甲板吊机的规范要求。所使用钢丝绳应满足 API Specification 9A 及 CCS 规范的要求，并应取得相应的船级社产品证书。

3）履带式张紧器

铺管塔上的张紧设备在初步设计时采用履带式张紧器和夹具共同夹紧的形式。履带式张紧器的尺寸应满足塔架内部尺寸要求，其预设计质量约为 $3 \times 70 = 210$ t，履带式张紧器均匀地布置在焊接站和涂层站之间（见图 5‑20），其适合的管径范围为 $4 \sim 32$ in，额定拉力应满足目标管线铺设张力要求，至少能够承受 110％额定拉力的短时拉力，预设计张紧能力为 $3 \times 300 = 900$ t。履带式张紧器还需具备手动操作模式和恒张力操作模式，并能实现自动张力转换操作。

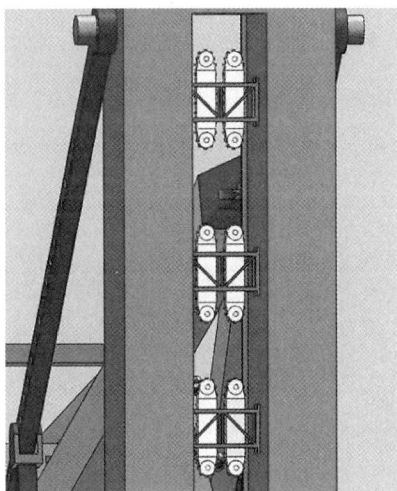

图 5‑20 履带式张紧器

夹具由预设计张紧能力均为 600 t 的静态夹具和动态夹具组成，静态夹具固定在塔架底部与船体连接处，动态夹具可沿塔架内部预设路径滑动，静态和动态夹具垫块与管线的摩擦系数需满足管线铺设张力的要求。管线在静态和动态夹具的轮替夹持和履带式张紧器的夹紧下下放。

4）A&R 绞车

A&R 绞车的安装位置需根据半潜式铺管船的总体布局形式确定，既便于对管道的收弃，也要便于在船首下放水下设施时辅助使用。

A&R 绞车的额定拉力满足目标管线铺设张力要求，至少能够承受 110％额定拉力的短时拉力，具备下放 3 000 m 水下生产设施（不小于 300 t）的能力，预设计 A&R 绞车张紧能力为 900 t。A&R 绞车具备手动操作模式和恒张力操作模式，并且 A&R 绞车之间能实现自动张力转换操作。

5.2.2　J 型铺管船总布置

在 J 型铺管系统中，管线是在高耸的塔架上对中焊接，然后呈近乎垂直状态入海。这种铺管方式适合深海管线的铺设。J 型铺管系统常设在半潜起重铺管船上，而半潜船甲板面积宽敞，J 型塔架在船上的布置位置可有多种方案，各种方案各有利弊。

1）J 型塔架设于船尾

典型案例：Saipem 7000 J 型铺管船的塔架（见图 5－21）。塔架设于船尾两台起重机之间，可以利用自身的起重机进行塔架的吊装拆卸。

图 5－21　J 型塔架设于船尾

塔架的尺度受限于起重机,同时塔架又限制了起重机的回转角度,两者互为干涉。在进行起重作业时,需将塔架拆除,因此无法在较短的时间间隔内进行作业功能的转换。此外,近 5 000 t 的塔架设在尾部,使尾部的重量更加集中,不利于浮态平衡和结构强度。

2)J 型塔架设于船侧

典型案例:Balder J 型铺管船的塔架(见图 5-13)。塔架设于船侧。甲板作业面积利用率较高,不影响甲板面的原有布置,比较适合于后期改造方案。

塔架设在一侧形成很大的横倾力矩,需靠横向压载进行平衡。由于惯量左右不对称,船舶在波浪中横向运动性能较差。铺管力作用在船的一舷,增加了额外的转首力矩,铺管作业时船舶动力定位和移船所耗费的推力将大大增加;自航时,给稳定航向操纵带来困难。

3)J 型塔架设于船中

塔架设于船中的布置方案如图 5-22 所示。甲板上需开设月池,甲板作业面积利用率较低,且不利于结构强度。

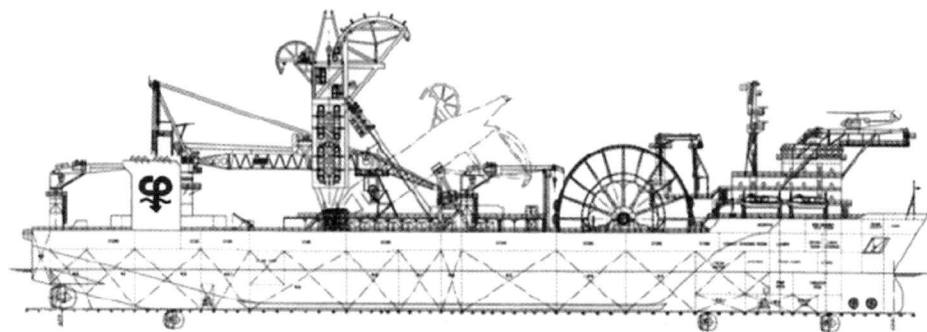

图 5-22　J 型塔架设于船中

塔架可设于起重机的作业范围内,可利用自身起重机进行拆装。其重量布置合理,利于浮态平衡。

4)J 型塔架设于船首

如图 5-23 所示,塔架设于船首,左右两侧可运管、储存,管线从两侧向中间、自船尾向船首的流程顺畅,甲板面积利用率高。塔架重量在船首,平衡了部分船尾的起重机重量,有利于浮态平衡。塔架不在主起重机的作业半径内,需借助外部设备进行塔架的拆装。

综合比较各种布置方案的优缺点可知,J 型塔架设于船首的方案对船舶浮态稳性、运动性能、定位性能、结构强度、作业效率等有利。

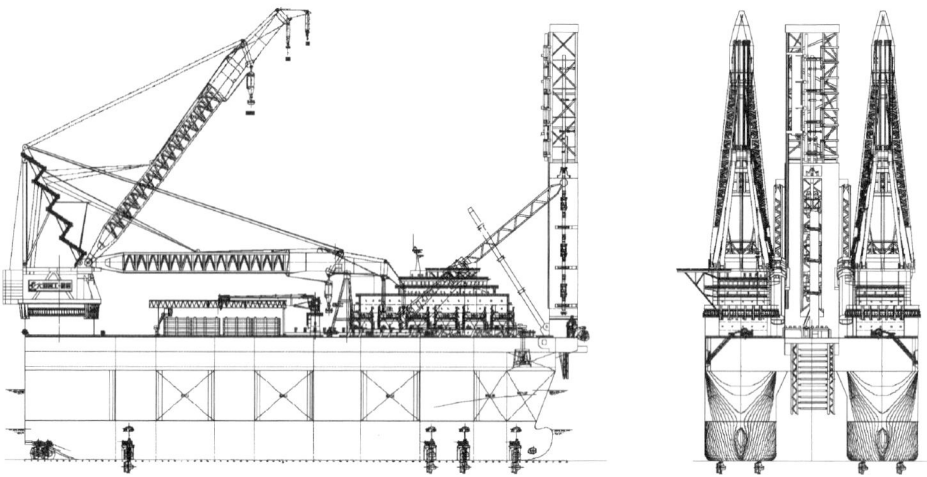

图 5‑23 J 型塔架设于船首

由于不能利用自身的起重机进行塔架吊装,所以塔架需要在基地安装就位。调遣航行时,为了保证航行安全,应将塔架向船内倾斜一定角度,并用专用支架固定。这一倾斜和起升操作应不借助外力,而完全依靠船上自身的设备和机构完成。一般 J 型塔架作业时具有可向前后倾斜一定角度的调节能力。这种布置方式应考虑增大塔架向内倾斜角度的调节行程,使塔架上部进入主起重机副钩的作业范围,利用主起重机接力,使塔架放至支架搁置固定。

单船体的 J 型铺管船布置形式相对比较单一。通常 J 型塔架都布置在尾端,前部为上层建筑甲板室,船中后部作业甲板为管道储存、预接、输送区域。管道通过甲板上的水平输送系统传输至塔架附近,利用垂直输送臂将管道由水平状态提升至垂直状态并送入塔架进行定位对中。典型的单船体 J 型铺管船布置如图 5‑24 所示。也有将 J 型塔架设于船中后甲板处的布置形式,此时,甲板需开设大面积的月池,管道通过月池入水铺设,如图 5‑25 所示。船中后甲板铺管的单船体铺管船为了提高铺管功能的利用率大多采用 J 型和 R 型兼用的多用途铺管塔架,关于这类布置形式,本书将在 5.3 节中介绍。

5.2.3 J 型铺管船浮态及稳性

J 型铺管船的装载稳性的计算需考虑铺管作业工况。铺管作业工况稳性衡准按航行状况要求,装载量应主要计入甲板上储存的管道。J 型铺管作业水下管道对船舶的拖曳力垂向分力很大,铺管水深 3 000 m 的 J 型塔配置张紧器的张力约为 2 000 t,对船舶浮态的影响是必须考虑的。

图 5‑24 单船体 J 型铺管船尾塔架布置

图 5‑25 单船体 J 型铺管船中塔架布置

5.3　R 型铺管船简介

5.3.1　R 型铺管原理概述

R 型铺管(R-lay)又称为卷管式铺管。卷管式铺管法是 20 世纪末开始发展起来的一种新型铺管方法,这种铺管方法是将管道在陆地预制场地上接长,然后卷在专用滚筒上,再送到海上进行铺设施工的方法。管道的陆地预制场地通常设在码头后沿,一次可以接长若干根 500~1 000 m 的长管段。将这些管段对接并通过管道矫直器进行矫弯后,直接卷到专用滚筒上。焊接、检验、保温、防腐等工作均在陆地完成。在制造卷管时,可将铺管船停泊在基地码头,将制成的管线直接卷到船上的滚筒;也可将卷满管道的滚筒由专用运输船运至在海上施工的铺管船,用起重机吊运上船。装满管道的滚筒最大质量可达三千多吨,直径达 25 m 左右。该方法的优点是 95% 以上的焊接工作可以在陆地完成,海上铺设时间短,成本低,每段管道(一个滚筒的管段)可连续铺设,作业风险小。每个专用的卷管滚筒都和特定的铺管船一起搭配使用,普通卷管的直径为 2~14 in,最大铺设管径可以达到 18 in,最大作业水深可达 3 000 m。这种铺管法需要的主要设备包括陆地接长预制场地、卷管滚筒、卷绕设备、铺管塔架、轮式校准器、矫直器、张紧器、管道夹持装置等。

由于每个滚筒上的管道可以连续地进行铺设,卷管式铺管法一次可以铺设几千米甚至数十千米的管道,有效地提高了铺管效率。另外,铺管所需的工作人员数量大大减少,同时铺管时发生意外的可能性也大大降低,这使得铺管的费用也成倍降低。

卷管式铺管与 J 型铺管类似,管道也是经过铺管塔架垂直入水。塔架位置根据各艘船的总体布局而异,有设在船尾,也有设在船中经月池铺管入水。塔架由左右两套撑杆支撑,通过撑杆可调节塔架的倾斜角度在 30°~90° 内变化。

铺管作业时,卷管从卷管滚轮放出,经过校准轮后进入铺管线。须对在储管滚轮和塔架之间的管线后部施加持续的张力以防止管道变形损坏或在恶劣工况下塔架结构超负荷。所以该张力必须连续检测并均匀施加到张紧器和储管盘上。校准轮可以绕铺管线转动,以适应管道从储管滚轮放出时沿轴向摆动的角度变化。这一设计可以使管道平稳地在校准轮的槽中移动而防止侧滑,同时也避免了塔架遭受过大的侧向载荷。

在校准轮切线方向,沿铺管线设有两道矫直轨道,与校准轮一起形成三点矫直系统,施加一反弯力矩将管道矫直。矫直后的管道进入四轨垂直张紧器,通常设有两台张紧器来夹持管道,使管道在下放过程中维持在弹性可控的弯曲变形范围内安全铺设到海床。

对于在船上进行卷管的船舶,船上设有卷管系统。在卷管工作模式下,管道从陆上生产基地拉出,经过塔架的支腿之间连接到储管滚筒,如图 5 - 26 所示。在塔架与储管滚筒之间设有可移动的卷管张力器。卷管张力器提供张紧力,使管道在弹性弯曲状态下卷到储管滚筒上,并横向排列整齐。卷管张力器可滑动、倾斜和转动,保证管道能以适当的轨迹绕在卷筒的任何位置。储管滚筒装有排管装置,帮助管道以一定的角度绕在滚筒上,保证管道不会嵌入其他层内。卷管张力器在不用时可滑移到侧面停放位置。

图 5 - 26 陆上基地预制卷管

5.3.2 R 型铺管船船型和总布置

R 型铺管船的船型常采用单船体自航船,这是与其铺管的高效率相适应的。与 J 型铺管船相似,R 型铺管船也有一高耸的铺管塔架,但塔架的高度比 J 型塔架低,塔架较轻便,倾斜的角度范围也更大。由于两者的作业方式具有很大的相似之处,从扩展船舶功能的角度考虑,卷式铺管船常设计成 R 型和 J 型兼而有之的多功能铺管船。这种铺管船采用较轻型的垂直铺管系统,集 R 型和 J 型铺管功能于一个系统,铺管塔架的前后两工作面可适合卷管和直管两种不同的管道输入形式。

R 型铺管船的总布置形式也是主要根据铺管塔架的布置位置不同而分成各种布置类型,主要的总布置形式有如下几种:

(1) 尾铺管式。尾铺管式的典型布置如图 5 - 27 所示。这种布置只能是单一的卷式铺管,卷管从塔架前方输入,其优点是塔架前面有较大的甲板作业面积,可放置多排管道卷筒,装载量达 5 000 多吨。

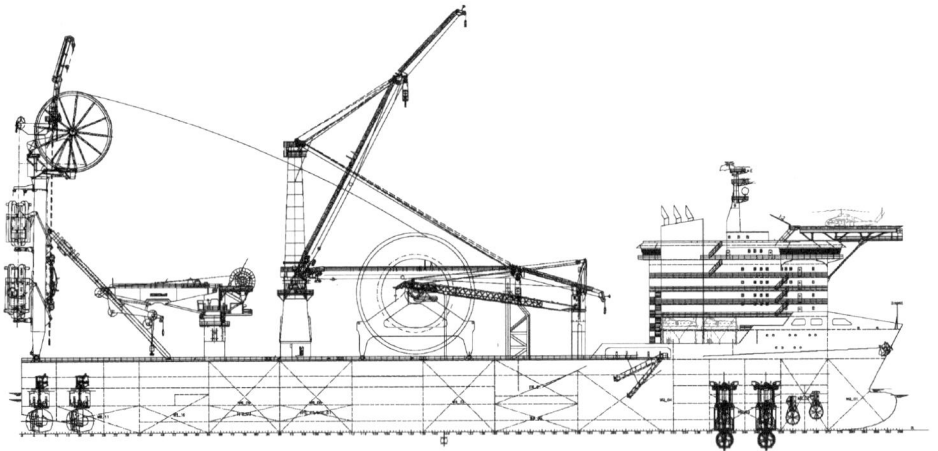

图 5 - 27　尾铺管式布置

(2) 中铺管-后卷筒式。中铺管-后卷筒式布置,是将塔架置于尾作业甲板的中间位置,管道通过月池入海铺设。卷管从塔架后工作面输入,直管从前工作面经输送臂送入,典型布置如图 5 - 28 所示。在这种布置中,船尾部有足够的空间布置大吨位起重机,可将管道卷筒从运管驳船吊上作业甲板,不用返回制造基地装载,提高了铺管作业效率。

(3) 中铺管-前卷筒式。中铺管-前卷筒式布置(见图 5 - 29),与(2)类似,塔架同样位于作业甲板中间位置,管道经月池入海铺设。但卷管是从塔架前工作面输入,而直管从后工作面输入。在这种布置形式中,后甲板有较大的空间可用于直管的吊运、预制和输送,但卷管要从基地预制后直接上船储存,如在作业现场用驳船运输卷管,则需有其他起重船配合吊运上船。

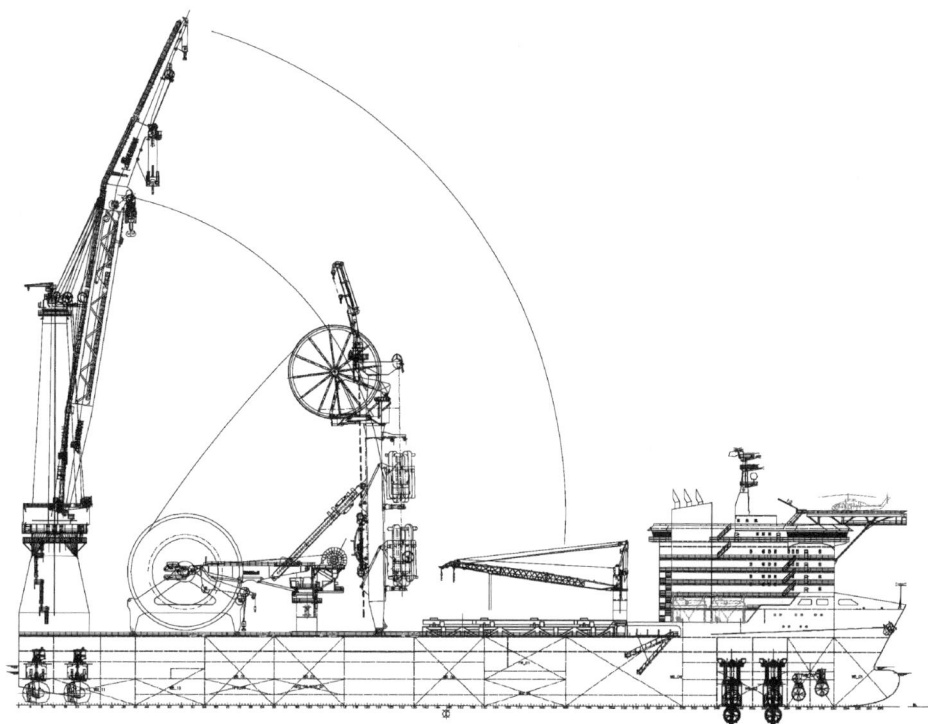

图 5 - 28　中铺管-后卷筒式布置

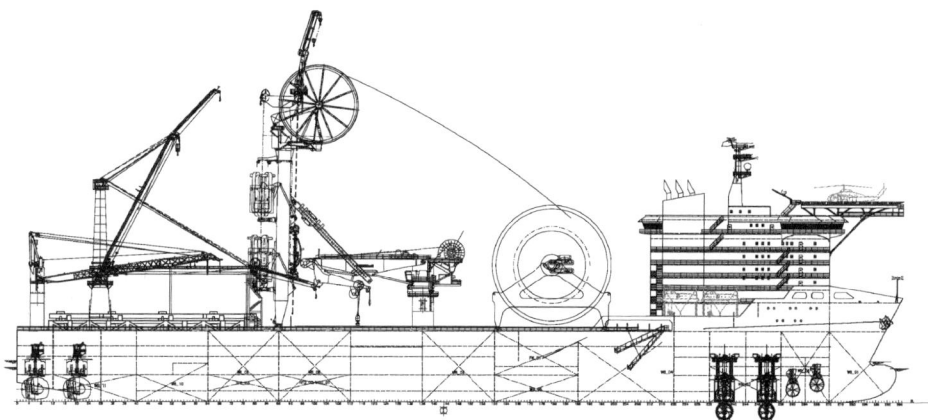

图 5 - 29　中铺管-前卷筒式布置

6

半潜起重铺管船结构设计

6.1 结构设计概述

海洋工程作业船设计是个系统、长期的工程,根据不同设计开发阶段提出的需求,将设计理念不断深入、持续细化,直至完成生产并投入实际使用。通常设计开发过程大致可以分为基本设计、详细设计和生产建造设计几个阶段,分别对应前期、中期和项目实施阶段。

根据设计开发阶段所具备的条件不同,在基本设计开展之前,可以进行概念设计,即针对工程目标,对整体框架和基本性能进行初步规划,并基本完成其可行性的论证。而基本设计阶段则要求根据设计目标规格书,通过较为系统、完整的工程分析和论证,完成设计分析报告,如较为详细的技术规格书、主要布置图、主要系统原理图、基本结构图等,若条件允许需完成第三方审查或船级社审批。就结构设计而言,在概念设计阶段一般进行初步结构框架布置规划即可,不一定涉及结构设计的内容。在基本设计阶段,需对设计目标进行整体结构规划和设计,并通过计算来验证结构安全性,完成整体结构分析和典型局部热点疲劳分析,整体结构在设计规格书和相应规范规则要求下基本定型并通过验证。

目前在工程设计项目中,为了加快实施进度,缩短项目周期,详细设计和生产建造设计两个阶段趋于融合,并紧密联系在一起。通常由总承包商牵头,组织详细设计公司和生产建造公司,在完成项目实施后将最终产品提交船东审核验收。因此,在此阶段中,详细设计直接与生产建造对接,需大量考虑建造实施中的可行性,甚至根据不同生产建造公司的风格、习惯等对设计进行深化和调整,协助生产建造公司最终完成项目开发。在此阶段,详细设计通常由专门的设计公司或者生产建造公司中的设计研发部门完成,生产建造设计由生产建造公司的生产设计部门完成。具体到结构设计,详细设计需根据总布置图、设备资料等完成整套完整设计图纸和相应分析计算,并通过船级社和船东的审查,供生产建造设计使用。同时,如有生产建造设计应特别关注的位置和工艺要求,需在图纸文件中对关键节点和工艺进行详细说明,或者对生产精度等提出具体要求。生产建造设计则根据详细设计图纸完成三维建模,导出具体零件图,并制订相应的生产工艺和搭载建造、检验等文件,提供给生产现场最终完成项目实施。在生产建造完成后,整理相应的完工文件,随同工程装备将其一并提交给船东。

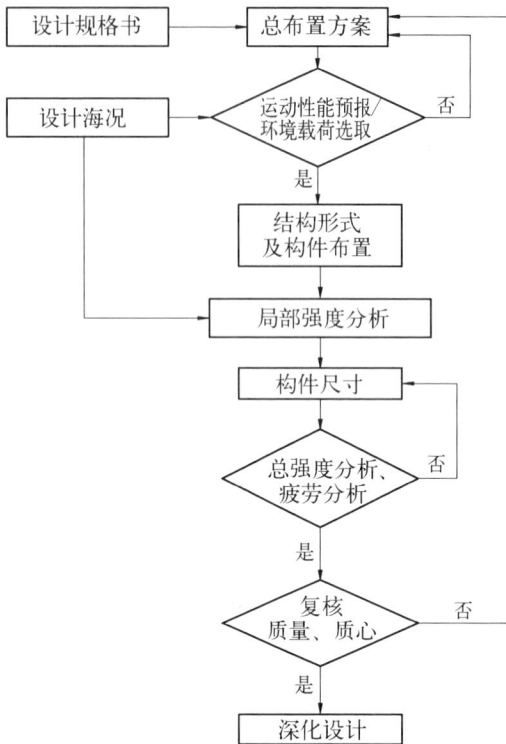

图 6 - 1　结构设计流程图

在设计目标明确后,通常的结构设计流程如图 6 - 1 所示,具体内容如下:

首先,根据总布置、设计规范及指南要求,进行结构构件布置和规划,包括板架形式或者桁架形式的选用,桁材和骨材的布置,以及非船型结构的主要载荷应力传递路径规划等。

其次,根据初步规划,依照船级社规范要求,进行规范构件计算,结合设计经验预留一定设计冗余,初步确定结构构件尺寸,完成第一轮初步设计。

最后,按规范要求,根据船东提供或者确认的设计环境载荷参数,进行整体环境载荷预报。依据预报得到的极限环境载荷,结合相应的模型试验结果,采用设计波方法对结构整体进行分析评估,验证结构屈服强度、屈曲强度以及疲劳强度是否满足设计要求。若不满足设计要求,需对初步设计进行适当调整和优化,或对结构关键区域予以加强。最终将设计反映到送审图纸中,随图提交相应设计分析报告,供船东及船级社审查。

在完成结构整体设计后,随设备供货时间,依照各种设备供应商提供的设计资料,如设备安装图、设备最大反力等文件,开展相应的设备加强设计。因为设备加强设计受限于设备供货资料,且通常在整体设计完成之后开展,所以需根据整体结构布局进行局部结构加强。不过,对于大型起重机等核心装备,其空间要求高,设备载荷大,在设计伊始就必须对设备加强设计加以考虑和规划,以免后期有重大变化而使整个设计项目彻底颠覆。

后期,需配合生产建造公司的生产规划进行相应设计调整,包括板缝线优化,局部管路、电缆开孔布局调整及相应结构加强等。值得注意的是,相对于常规运输船而言,海洋工程装备的设备众多,布局紧凑,电缆和管路密布。起重铺管船等又设置了很多载荷巨大的核心装备,导致整体结构应力传递路径复杂。

因此建议在基本设计和详细设计阶段,根据主要应力传递路径和高应力区域分布,对管路和电缆布置进行规划,圈定限制开孔区域,给出相应开孔加强指南。避免后期集中开孔对重要结构造成无法挽回的损失,从而影响工程项目的整体安全。

在相应的设计过程中,计算机辅助设计和分析软件必不可少。随着计算机分析和仿真技术的不断发展,工程设计手段和工具在近三十年中发展迅速,已从传统的手绘、晒图,发展到各种计算软件辅助分析和各种三维设计软件直接应用于生产和设计。常用的结构辅助设计和分析软件如表 6-1 所示。

表 6-1 常用的结构辅助设计和分析软件

来　　源	软　　件	主　要　应　用
通用商业软件	AutoCAD	二维、三维设计
	FORAN	三维设计
	CATIA	三维设计
	Tribon	三维设计
	NAPA STEEL	三维设计
	ANSYS 系列(FLUENT 等)	结构有限元分析(水动力分析等)
	MSC 系列软件	结构有限元分析
	FEMAP	结构有限元分析
	STAR CCM+	水动力分析
中国船级社	COMPASS	结构规范校核、水动力分析
美国船级社	EAGLE FPSO	结构规范校核
	DLA	结构有限元分析
挪威船级社	NAUTICS HULL	结构规范校核
	SESAM 系列软件包	水动力分析、结构有限元分析
法国船级社	MARS	结构规范校核
	HOMER(VERISTAR)	结构有限元分析(水动力分析)

对于设计绘图软件,二维绘图软件如 CAD 等已逐步被三维设计软件所替代。有的二维绘图软件也开始开发强大的三维功能,逐步从生产建造阶段向详细设计甚至基本设计、概念设计阶段扩展;此类设计软件既可输出相应的图纸文件,又能较为便利地将三维电子模型传导至下一个设计或生产环节以用于深度

开发和应用。

三维设计软件多用于设计出图或者生产三维放样,其中有些软件已实现与通用有限元分析软件的连接,可以直接导出模型文件,略做修改即可进行结构有限元分析,能大大节省整个项目的开发周期。目前,随着有限元分析技术的成熟,船东和船级社等审查机构对设计方案进行计算验证的要求也越来越高,从原来的规范公式计算发展到三维有限元模型,到近年来发展的载荷直接分析预报要求。

主要的结构分析软件的应用可粗略划分为结构应力分析、结构载荷分析和结构非线性分析三个大类。目前,主流设计以及规范规则均要求进行结构应力分析,即建立结构板梁模型,施加相应环境载荷,分析其应力分布及变形情况;对应其材料选择,根据规范要求的应力许用标准,评价其结构安全性。结构载荷分析即常说的水动力分析,属于整体载荷和运动分析,可为后续结构评估提供设计输入。其他诸如碰撞爆炸等结构非线性分析目前尚未列入规范要求,多用于特殊情况分析和船东特别要求。

表6-1提及的通用商业软件基本可以覆盖计算分析的要求。同时,船级社结合自身规范的发展要求,纷纷投入精力开发配合其规范体系要求的分析软件,往往将其规范校核的内容内置于软件中。在项目进行中,若采用其开发的软件进行分析,有利于设计和审查双方沟通,便于发现问题并达成共识。从应用经验来看,对于常规船型,船级社经过数年的应用和升级,基本可以很好地完成分析工作。而对于大型工程船或其他特殊海洋工程装备,为了应对不同的分析需求,无论使用通用商业软件还是使用船级社软件,均应进行相应分析和特殊考虑,基本需要一船一议。

对应不同的设计阶段和不同的设计要求,软件应用的侧重点也各有不同。在概念设计和基本设计阶段,往往需要进行不同方案的对比,因此针对不同的主尺度特点需要进行整体性能和载荷分析以及整体强度分析,以方案优选和确定可行性为主,主要采用水动力分析软件和整体有限元分析软件。在详细设计阶段,通常主要外形尺度和设计指标参数已经确定,分析集中于设备加强和局部结构形式调整,以设计细化为主,采用结构有限元分析软件。此外,在详细设计阶段也会采用水动力分析软件和整体有限元分析软件,针对阶段性的设计更新,进行整体评估,检查其是否在基本设计的框架内。随着详细设计的深入,逐步进入生产建造设计阶段,三维设计软件开始广泛应用,或用于输出设计图纸,或用于导出生产设计零件样图等。生产建造中的一些问题要求对局部结构进行修改,此时也会使用有限元分析软件进行验证分析,证明结构的安全性,并提交船东和船级社审查。

6.2 设计规范及指南

通常,开展工程设计,除了满足业主的一系列要求之外,还必须满足国内外的法规和标准,挂旗国条例等。国际海事组织(IMO)是主管海上安全和防止船舶造成海洋污染等的专门机构。中国作为 IMO 的缔约国之一,且考虑到半潜起重铺管船工作区域的国际性,接受并执行 IMO 的相关规定。同时,依据国情,我国也颁布了相关的规则要求。中国船级社作为国内唯一海上设施检验的专业机构,在执行中国政府接受的 IMO 相关公约、规则和中国政府相关规定的基础上,也推出了自己的、针对海上移动平台的《海上移动平台入级与建造规范》和《材料与焊接规范》;另外,《船舶与海上设施起重设备规范》也是必须要执行的。《钢质海船入级规范》可以用来作为与产品设计和检验相关的详细技术要求参考。中国船级社作为国际船级社协会(IACS)的十大成员之一,接受 IACS 推出的《新造船与维修质量标准》中第 47 A 部分的对船舶质量要求的标准;另外,IACS 发布的针对移动平台的统一要求也已经在中国船级社《海上移动平台入级与建造规范》中有所体现,若满足了中国船级社《海上移动平台入级与建造规范》要求,国际船级社的统一要求也得以满足。总之,国际船级社的上述两要求都具有强制性。此外,一些专门结构和工业标准也经常会被引入规格书作为设计要求,例如《英国民用航空规则》是直升机平台设计的一个补充参考标准。在结构和焊接方面,美国焊接协会(AWS)的《结构焊接规则》和美国钢结构协会(AISC)的《钢结构物的设计、制作和竖立细则》等标准可作为参考。此外,其他船级社,如美国船级社(ABS)、挪威船级社(DNV‐GL)、法国船级社(BV)等的规范规则和指导性文件,也可作为指导规范,在设计和生产建造时遵照执行。

深水半潜起重铺管船设计使用的各种规范和标准,主要有 IMO 的《海上移动式钻井平台构造和设备规则》等相关法规;MAPOL 公约、SOLAS 公约以及它们的最新修正案;中国政府的有关法规;国际船级社协会的相关标准和推荐性做法;挪威船级社规范和相关推荐性做法;美国船级社谅解备忘录(MOU)和相关推荐性做法;美国钢结构协会相关标准;美国焊接学会相关标准;美国机械工程师协会(ASME)相关标准;电气和电子工程师学会(IEEE)的相关标准;国际电工委员会(IEC)的相关标准;英国民航当局关于海洋工程直升机甲板的标准;英国健康与安全执行局的研究报告;英国关于动力定位方面的规则;国际上公认的公开出版物上的一些相关理论和方法等(见表 6‐2)。

表 6‑2　深水半潜起重铺管船设计常用的规范和标准

编　　号	规　范　名　称
中国政府规则(CHN)	
CHN 1*	《海上移动平台安全规则》
CHN 2*	《小型航空器商业运输运营人运行合格审定规则》2005 年
CHN 3	《船舶与海上设施法定检验技术规则》和修改通报
国际公约、规则、导则(IMO)	
IMO 1*	《海上移动式钻井平台构造和设备规则》
IMO 2*	《国际船舶吨位丈量公约》
IMO 3*	《73/78 防污染公约》
IMO 4*	《国际控制船舶有害防污底系统公约(AFS 公约)》
IMO 5*	《国际海上避碰规则》
IMO 6*	《国际安全管理规则(ISM 规则)》
IMO 7*	《国际船舶和港口设施保安规则(ISPS 规则)》
IMO 8*	《动力定位系统船舶导则(MSC/Circ. 645)》
IMO 10	《国际载重线公约》
IMO 11	《国际海上人命安全公约及其 1988 年议定书(SOLAS)》1974 年及修改版
中国船级社规范、指南(CCS)	
CCS 1*	《海上移动平台入级与建造规范》
CCS 2*	《材料与焊接规范》
CCS 4*	《船舶与海上设施起重设备规范》
CCS 5	《钢质海船入级规范》
国际船级社协会(IACS)	
IACS 1*	《新造船与维修质量标准》第 47(1996)A 部分
IACS 2*	《统一要求 UR‑D1‑D11/Z15》

说明：(1) ＊表示该要求是强制性的,其他为参考性的;

(2) 中国船级社规范、指南(CCS)部分可视情况由其他船级社相应要求替代。

在概念设计和基本设计阶段,设计者的注意力常集中于功能的实现、整体性能是否满足基本法规和条例的要求,相对而言结构设计涉及内容有限。通常在此阶段,结构设计的主要工作为:在总布置划分的前提下进行结构布置,根据规范要求进行规范估算,形成初步结构框架设计;在有条件的情况下,开展整体载荷预报和整体强度分析;根据分析结果,定位关键应力传递路径和关键应力传递节点,进行初步设计和计算验证。涉及的规范内容主要有规范结构计算、载荷分析、有限元屈服和屈曲分析以及疲劳强度分析。

随着项目深入,进入详细设计阶段,设计输入逐步完整,主要进行总强度分析和局部加强结构设计。通常,船级社要求提供相应的计算分析报告,有推荐的建模范围、边界条件施加方式、载荷加载模式、结果读取方法、评判标准等,具体内容将在后续章节结合案例进行详细介绍。到生产建造环节,现场验船师配合船东和船厂完成项目的检验和实施,主要涉及建造检验等方面的内容,与设计相关性不大,不再展开。规范结构计算主要涵盖结构主要构件的布置要求、材料选取、板厚、骨材和桁材模数以及支柱等构件的设计要求。下面以中国船级社和美国船级社海洋工程规范为例,介绍构件基本规范要求的计算。需要注意的是,虽然规范计算结果与有限元直接分析结果相比显得略微保守,但在设计中规范计算结果是对构件尺寸的最小要求,必须满足。

6.2.1 构件规范设计要求

1. 中国船级社相关构件规范设计要求

根据中国船级社《海上移动平台入级与建造规范》和《钢质海船入级与建造规范》对水密舱的设计要求,板材、扶强材及桁材的设计要求如下:

1) 舱壁及平台板最小厚度

$$t = 4s\sqrt{h} \tag{6-1}$$

式中:t 为舱壁及平台板最小厚度,mm;s 为扶强材间距,m;h 为由列板下缘量到舱壁甲板的垂直距离,m,取值不小于 2.5 m。

平面舱壁板厚度 t 不小于 5.5 mm。

2) 扶强材最小模数

$$W = Csh_wl^2 \tag{6-2}$$

式中:W 为扶强材最小模数,cm³;h_w 为由扶强材跨距中点量到舱壁甲板的垂直距离,m,取值不小于 2 m;l 为扶强材跨距,m;C 为系数,当扶强材端部不连续或与无扶强材的板直接连接,$C=6$,当扶强材端部用肘板连接或扶强材端部直接同纵向构件搭接,$C=3$。

根据中国船级社《海上移动平台入级与建造规范》及《钢质海船入级与建造

规范》对深舱的设计要求,板材、扶强材及桁材的设计要求如下:

1) 舱壁及平台板最小厚度

$$t = 4s\sqrt{h} + 2.5 \tag{6-3}$$

当船长大于等于 90 m 时,t 不小于 8 mm。

2) 扶强材最小模数

$$W = 8.2sh_{w}l^{2} \tag{6-4}$$

扶强材剖面惯性矩 I 至少为

$$I = 2.3Wl \tag{6-5}$$

2. 美国船级社相关构件规范设计要求

根据美国船级社(ABS)"Rules for building and classing mobile offshore drilling units(MODU)"对深舱的设计要求,板材、扶强材及桁材的设计要求如下:

1) 规范要求的板厚

$$t = sk\sqrt{qh_{max}}/254 + 2.5 \tag{6-6}$$

式中:t 为板厚,mm;s 为骨材间距,mm;

$$k = \begin{cases} (3.075\sqrt{\alpha} - 2.077)/(\alpha + 0.272), & 1 \leqslant \alpha \leqslant 2 \\ 1.0, & \alpha > 2 \end{cases}$$

其中 α 为板架的长宽比(长边/短边);$q = 235/Y$,Y 为规定的最小屈服点或屈曲应力,或者 72% 的规定的最小拉伸应力,两者取最小,N/mm^{2};h_{max} 为下列距离中的最大者,m:从板的最下缘分别到舱顶至溢流管顶的距离的 2/3,到舱顶以上 0.91 m,到载荷线上的一点,到干舷甲板距离的 2/3 上的某一点。

根据 ABS MODU 规范,与干舷相关的设计压强取值不适用于柱体式钻井平台,即半潜平台。

2) 规范要求的扶强材剖面模数

$$SM = fchsl^{2}Q \tag{6-7}$$

式中:$f = 7.8$;h 为最大压强,m,从骨材的中点至以上与板所述的相同的计算点的距离;s 为骨材间距,m;l 为两个支撑点之间的距离,但当外板或甲板及舱壁上的骨材支撑处安装有肘板并且肘板满足 ABS MODU 规范的要求时,l 可从肘板长度的 25% 开始量起；Q 为材料系数，对于 36 千克级高强度钢，$Q=0.72$；

$$c=\begin{cases} 0.9,适用于骨材两端或一端与甲板或平台连接，另一端有桁材支持 \\ 1.0,适用于骨材两端均有桁材支撑 \end{cases}。$$

3）规范要求的桁材剖面模数

$$SM=fchsl^2Q \qquad\qquad (6-8)$$

式中：$f=4.74$；$c=1.5$；h 为最大压强，单位 m，从桁材跨距的中点至以上与板所述的相同的计算点的距离；s 为桁材支持面积的宽度；l 为两个支撑点之间的距离，但当外板或甲板及舱壁上的扶强材支撑处安装有肘板并且肘板满足 ABS MODU 规范的要求时，l 可从肘板长度的 25% 开始量起；Q 为材料系数，对于 36 千克级高强度钢，$Q=0.72$。

对于构件规范设计，因上述公式均源于经典材料力学公式，各大船级社所要求的板厚和模数差异不大，仅在部分系数上略有差异。同时，因国际船级社组织近年来推动的共同规范制定，运输船方面的设计规范已基本统一。而各大船级社对不同类型的海洋工程装备各有擅长，给出的相应设计规范或指南有不同的侧重和要求。

作为行业内公认的资深船级社，美国船级社和挪威船级社在特殊船型的海洋工程设计领域积累了相当多的审查和实施经验。相对来说，中国船级社在近些年才开始涉足此类深水领域，相关规范和指南尚处于研发阶段。因此，后续主要以美国船级社和挪威船级社为例，对柱稳式半潜平台（半潜起重船）的设计规范和计算分析要求进行概要介绍。

美国船级社对于柱稳式半潜平台的相关要求如下：

（1）Rules for building and classing mobile offshore drilling units（MODU）。

（2）Rules for building and classing steel vessels（SVR）。

（3）Guide for the fatigue assessment of offshore structures。

（4）Guide for buckling and ultimate strength assessment for offshore structures。

上述规范、规则中的前两项为强制要求满足的规范，后两项指南则为设计指导性文件，可供设计参考。

挪威船级社对于柱稳式半潜平台的相关要求如下：

（1）DNV GL-OS-C107 structural design of ship-shaped drilling and well service units，October 2008。

（2）Hull structural design，ships with length 100 metres and above，

January 2011。

（3）DNV GL - OS - C101 design of offshore steel structures，general（LRFD method），October 2008。

（4）DNV GL - RP - C201 buckling strength of plated structures，October 2002。

（5）DNV GL - RP - C203 fatigue strength analysis of offshore steel structures，April 2008。

同样，前三项为强制要求满足的规范，后两项指南则为设计指导性文件，可供设计参考。

6.2.2　波浪载荷预报

目前，舰船与海洋工程结构物的运动和波浪载荷理论主要有两个发展方向：一个是以线性切片理论为基础，计及非线性效应，在频域内甚至在时域内预报运动和波浪载荷响应；另一个方向是三维理论的发展和应用。随着计算机技术的发展，超量计算不再是载荷预报工作中的瓶颈，三维水动力理论已经日趋成熟，可以更好地描述海洋结构物在环境载荷作用下的状态，并已逐步取代线性切片理论成为主流的预报方法[51]。

自 Hess 和 Smith 提出了以分布源和分布偶极为主求解无界流场中三维无升力绕流问题的分布奇点方法以来，三维水动力理论取得了显著的进展。目前，三维水动力理论研究的热点方法包括自由面 Green 函数方法、Rankine 源方法和全非线性方法。

半潜式平台属直壁形浮体，在势流理论范畴内，波浪与浮体相互作用的非线性效应在工程分析中可忽略不计，而黏性效应和耦合效应可以通过临界阻尼修正的方式计及。因而，三维线性频域水动力理论结合临界阻尼修正可以很好地完成深水半潜式平台载荷预报工作[52]。

波浪载荷预报的三维水动力理论主要包括基于自由面 Green 函数方法的线性频域理论，基于规则波计算得到的运动和波浪载荷响应的传递函数，采用谱分析方法对载荷响应进行短期或长期统计预报。

在半潜式平台设计前期可以采用确定性分析方法，将业主要求的环境最大波陡转化为设计波波高。其分析流程如图 6 - 2 所示。

当设计工作逐步深入，如果获取了工作海域不规则波的波浪谱后，可在此基础上采用谱分析方法求取规则设计波的频率及波幅参数。其流程如图 6 - 3 所示。

根据平台尺度初定设计波的
浪向、波长和周期

↓

计算平台典型波浪载荷的传
递函数,并确定设计波周期

在 3～15 s 波浪周期范围内
计算规则波限制波高

↓

将传递函数和限制波高相乘
获得响应载荷

↓

根据最大响应载荷确定设计
波的周期和波高

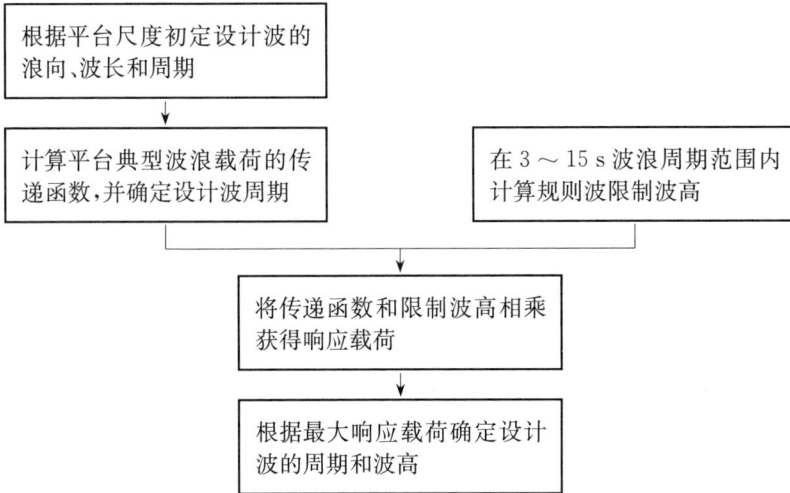

图 6‑2　用于设计波参数计算的确定性分析方法流程图

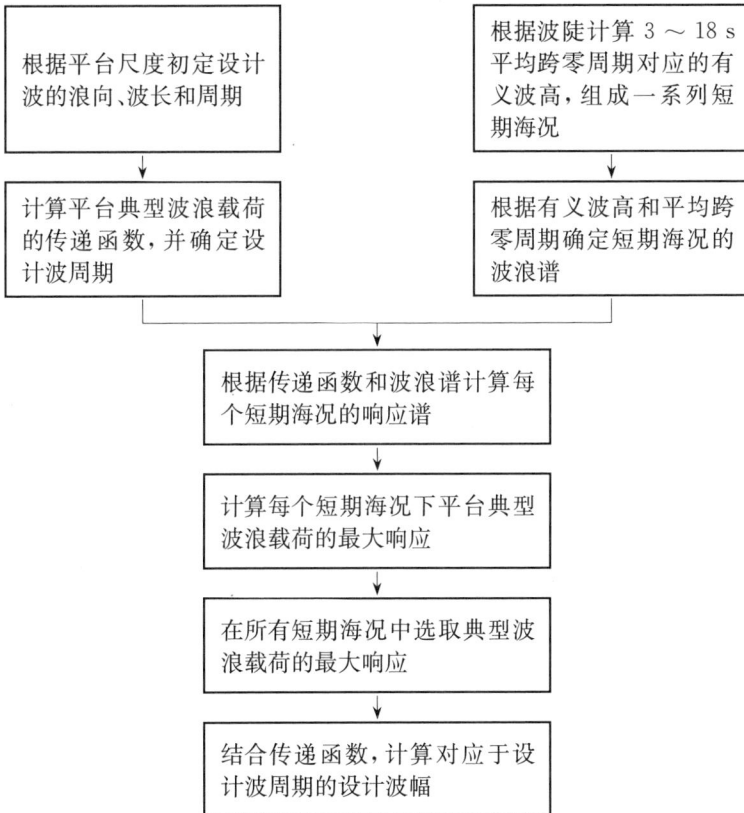

根据平台尺度初定设计
波的浪向、波长和周期

根据波陡计算 3～18 s
平均跨零周期对应的有
义波高,组成一系列短
期海况

↓

计算平台典型波浪载荷
的传递函数,并确定设
计波周期

根据有义波高和平均跨
零周期确定短期海况的
波浪谱

↓

根据传递函数和波浪谱计算每
个短期海况的响应谱

↓

计算每个短期海况下平台典型
波浪载荷的最大响应

↓

在所有短期海况中选取典型波
浪载荷的最大响应

↓

结合传递函数,计算对应于设
计波周期的设计波幅

图 6‑3　用于设计波参数计算的谱分析方法流程图

对于双下浮体半潜式平台而言,长周期波浪并不一定产生设计的控制载荷,极限水动力载荷往往在半潜式平台遭遇一系列特定浪向和周期的波浪时产生。这样的系列极限载荷决定了半潜式平台承受环境载荷的能力。所谓"设计波"方法,即对于上述一系列产生极限工况的波浪环境载荷,先搜索得到其波浪频率,进而将其载荷极值通过响应函数等效转换为波高。目前,各大船级社的海洋工程结构规范,均推荐将设计波方法作为半潜式平台总强度分析的设计载荷输入,不同的船级社在控制工况的定义及设计波参数的确定上各有特色,以下进行介绍和对比。

1. 美国船级社

美国船级社对于半潜式平台总强度控制工况定义有 6 个,分别为最大横向分离力工况、最大水平扭矩工况、最大纵向剪切力工况、最大纵向加速度工况、最大横向加速度工况和最大垂向弯矩工况[53]。

1) 最大横向分离力工况

在该工况下,一横浪的规则波作用于平台上,其波长约等于两倍的双下浮体最外侧之间宽度(见图 6-4);该工况是水平横撑结构(如无横撑则为上船体主要舱壁和甲板结构以及立柱与上船体连接结构)的载荷控制工况。

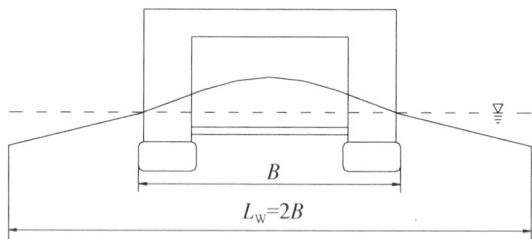

图 6-4 最大横向分离力工况下的波长示意图

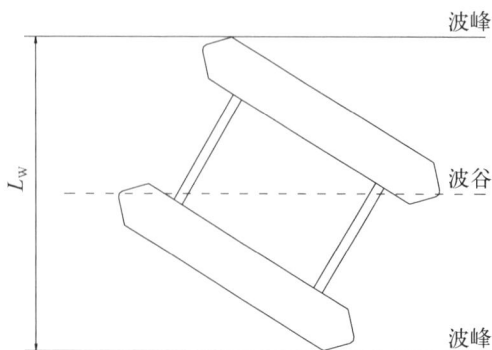

图 6-5 最大水平扭矩工况下的波长示意图

2) 最大水平扭矩工况

在该工况下,一浪向角(与船首方向夹角)为 $30°\sim60°$ 的规则波作用于平台上,其波长约等于两个下浮体首尾两端对角线长度(见图 6-5);该工况是对角设置的水平和垂向撑杆(如无横撑则为上船体主要舱壁和甲板结构)的载荷控制工况。

3）最大纵向剪切力工况

在该工况下，一浪向角（与船首方向夹角）为 $30°\sim60°$ 的规则波作用于平台上，其波长约等于 1.5 倍两个下浮体首尾两端对角线长度（见图 6-6）；该工况是横撑（若有）以及部分上船体主要舱壁的载荷控制工况。

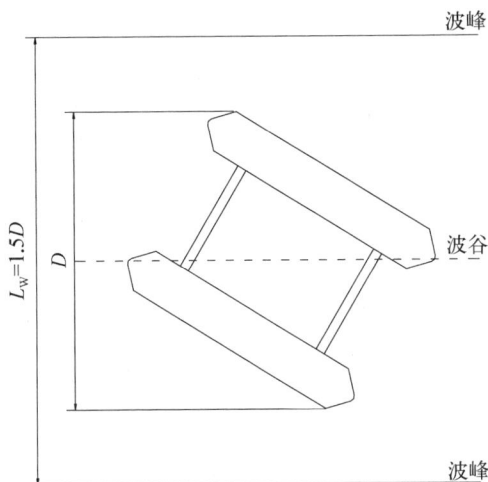

图 6-6 最大纵向剪切力工况下的波长示意图

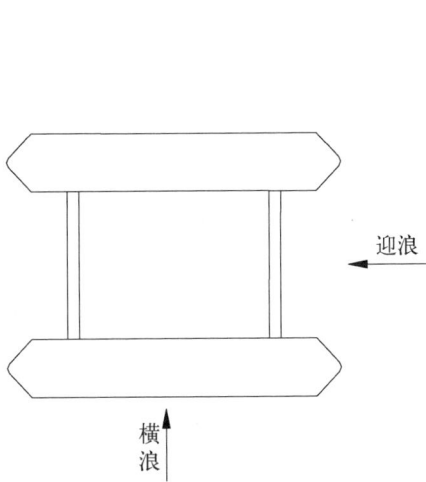

图 6-7 最大纵向和横向加速度工况下规则波浪向示意图

4）最大纵向和横向加速度工况

在最大纵向和横向加速度工况下，规则波的浪向分别为迎浪和横浪（见图 6-7）；该工况下载荷通常在较低吃水时较大（即控制拖航状态总强度载荷），这些由惯性加速度导致的甲板惯性载荷将通过剪力传递，产生作用于对角设置的斜撑结构的轴向应力以及立柱结构的弯曲应力；如无对角设置的斜撑则可能导致立柱与上船体结构以及立柱与下浮体结构之间产生弯曲应力。

5）最大垂向弯矩工况

在该工况下，一迎浪的规则波作用于平台上，其波长约等于下浮体长度（见图 6-8）；该工况在下浮体的中部处产生类似航行船舶的中拱和中垂弯矩，在下浮体纵向构件上产生弯曲应力。

2. 挪威船级社

对于半潜式平台整体响应分析，挪威船级社推荐了简化方法和谱分析方法。其中谱分析方法通过设计波参数计算，对半潜式平台整体强度分析更为清晰和直观。

挪威船级社对于半潜式平台总强度控制工况定义有 7 个，分别为最大横向

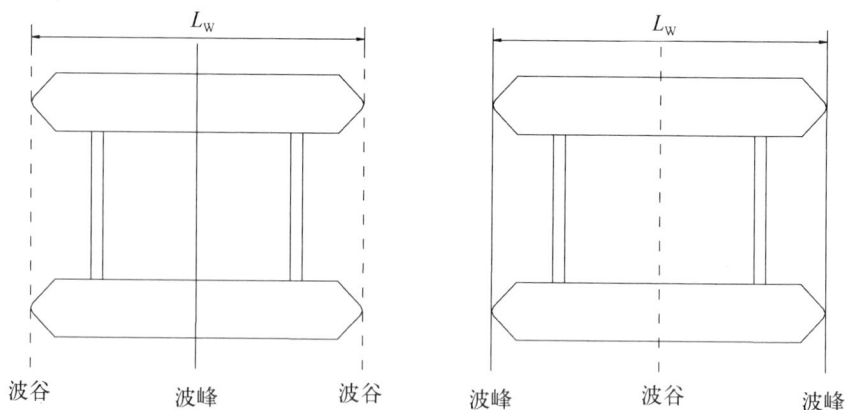

图 6 - 8　最大垂向弯矩工况波长示意图

分离力工况、最大横向水平扭矩工况、最大纵向剪切力工况、上船体最大纵向加速度工况、上船体最大横向加速度工况、上船体最大垂向加速度工况、最大垂向弯矩工况。

1) 最大横向分离力工况

在该工况下,一横浪的规则波作用于平台上,其波长约等于两倍的双下浮体最外侧之间宽度(见图 6 - 9);该工况是水平横撑结构(如无横撑则为上船体主要舱壁和甲板结构以及立柱与上船体连接结构)的载荷控制工况。

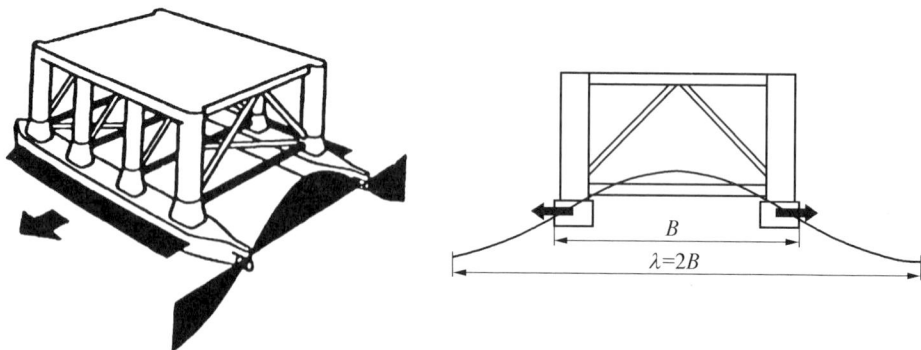

图 6 - 9　最大横向分离力工况的波长示意图

2) 最大横向水平扭矩工况

在该工况下,一浪向角(与船首方向夹角)为 45°~60°的规则波作用于平台,其波长约等于两个下浮体首尾两端对角线长度(见图 6 - 10);该工况是对角设置的水平和垂向撑杆(如无横撑则为上船体主要舱壁和甲板结构)的载荷控制工况,其中,扭矩可分解为弯矩及分离力两个分项,弯矩对浪向变化不敏感,分离力对浪向很敏感。该工况的控制载荷取决于浪向角的选择是否准确,在实际应用中甚至建议选择多个浪向同时进行比较分析。

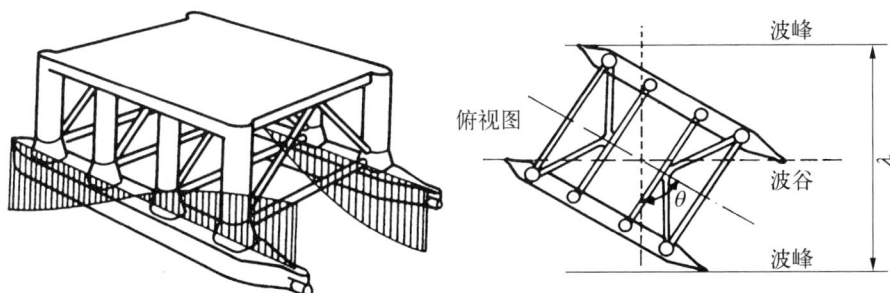

图 6-10   最大横向水平扭矩工况的波长示意图

3) 最大纵向剪切力工况

在该工况下,一浪向角(与船首方向夹角)为 $45°\sim60°$ 的规则波作用于平台上,其波长约等于 1.5 倍两个下浮体首尾两端对角线长度(见图 6-11);该工况是横撑(若有)以及部分上船体主要舱壁的载荷控制工况;该工况的应力分解与最大横向水平扭矩工况类似,其中作用于横撑及下浮体上的纵向力取到最大值。同样,该工况对浪向角取值十分敏感。

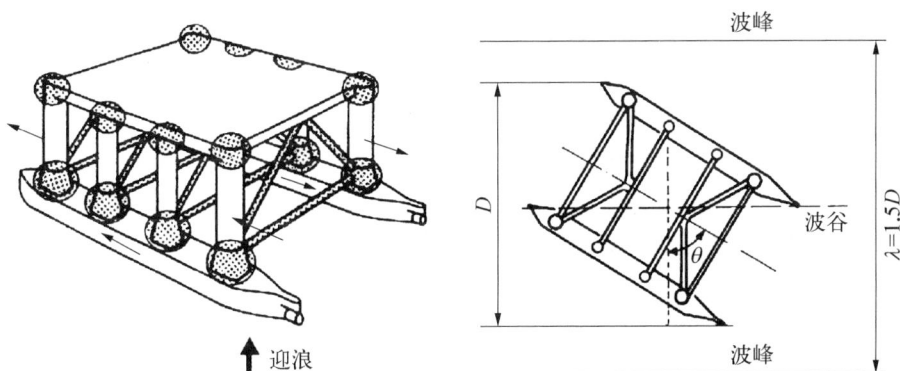

图 6-11   最大纵向剪切力工况的波长示意图

4) 上船体最大纵向和横向加速度工况

在上船体最大纵向和横向加速度工况下,规则波的浪向分别为迎浪和横浪;该工况下载荷通常在吃水浅时较大,这些由惯性加速度导致的甲板惯性载荷将通过剪力传递,产生作用于对角设置的斜撑结构的轴向应力以及立柱结构的弯曲应力;如无对角设置的斜撑则可能导致立柱与上船体结构以及立柱与下浮体结构之间产生弯曲应力(见图 6-12)。

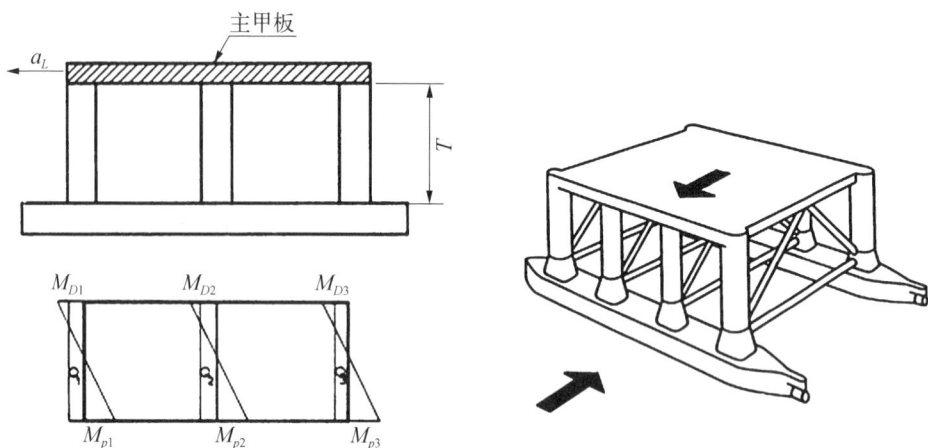

图 6‑12　上船体最大纵向和横向加速度工况示意图

5）上船体最大垂向加速度工况

垂向加速度通常都不是控制载荷，上船体最大垂向加速度一般在生存工况下出现，为 0.2～0.25 g，如图 6‑13 所示。

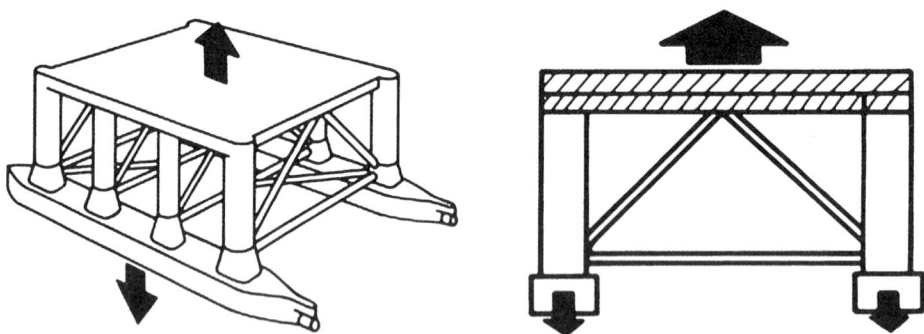

图 6‑13　上船体最大垂向加速度工况

6）最大垂向弯矩工况

在该工况下，一迎浪的规则波作用于平台上，其波长略大于下浮体长度；该工况在下浮体的中部处产生类似航行船舶的中拱和中垂弯矩，在下浮体纵向构件上产生弯曲应力，如图 6‑14 所示。

其中，在横向分离力、纵向剪切力和横向水平扭矩计算时，需要包括所有作用于中剖面一侧的力，计算点一般取水平面平台重心位置处。三向加速度均为半潜式平台上船体主甲板中心点处的值，同时对于横向及纵向加速度，考虑纵摇和横摇加速度的影响。

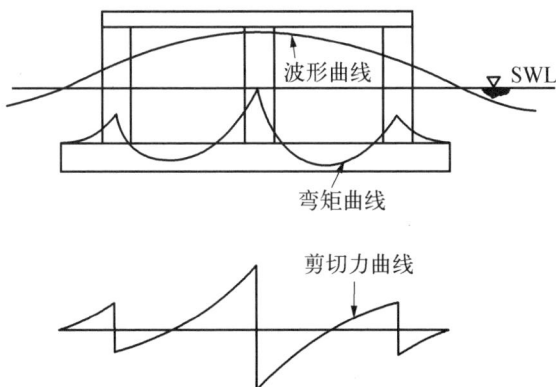

图 6-14 最大垂向弯矩工况的波长示意图

值得注意的是,若考虑横向分离力对下浮体造成的影响,通常下浮体出现最大应力时的浪向与下浮体受到最大纵向剪切力的浪向并不一致。

6.2.3 节点疲劳强度分析

结构在交变应力作用下的疲劳损伤是一个累积的过程。通常认为交变应力的每一个循环都将造成一定的疲劳损伤,从而降低结构寿命。对于结构受交变幅度的交变应力作用的情况,结构的总疲劳损伤量可以通过把各个不同幅值的应力循环造成的疲劳损伤按适当的原则累加而得到。当结构的总疲劳损伤量大于某一数值时,结构就会破坏。

目前最常用的疲劳累积损伤模型是建立在 Palmgren - Miner 线性疲劳累积损伤理论的基础上,这一理论认为,结构在多级恒幅交变应力作用下发生疲劳破坏时,其总损伤量是各应力范围水平下的损伤分量之和。

目前舰船与海洋工程的疲劳评估主要有两种方法:简化法(simplified method)与谱疲劳分析法(spectral fatigue analysis method)[54]。也有分为 3 种方法,增加了确定性方法(deterministic method)。这些疲劳评估方法均是基于 Palmgren - Miner 线性疲劳累积损伤原理。当累积损伤度 D 大于 1 时,结构的抗疲劳能力不能接受。D 的表达式为

$$D = \sum_{i=1}^{J} \frac{n_i}{N_i} \qquad (6-9)$$

式中:n_i 为应力范围 S_i 的循环次数;N_i 为应力范围 S_i 对应的失效循环次数;J 为应力范围段的总数。

在讨论简化法和谱疲劳分析法之前,首先介绍这几种方法都需要采用的应力-寿命(S-N)曲线法:用循环应力范围或塑性应变范围或总应变范围来描述疲劳总寿命。在这些方法中,通过控制应力幅或应变幅来获得初始无裂纹(或具有名义光滑表面)的实验室试样产生疲劳破坏所需的应力循环数或应变循环数。这样得到的寿命包括萌生主裂纹的疲劳循环数(可能高达疲劳总寿命的90%)和使这一主裂纹扩展到突然断裂的疲劳循环数。应用经典方法预测疲劳总寿命时,可以用各种方法来处理平均应力、应力集中、环境、多轴应力和应力变幅的影响。由于裂纹萌生寿命是光滑试样疲劳总寿命的主要部分,经典的应力和应变描述方法在多数情况下体现抵抗疲劳裂纹萌生的设计思想。在低应力的高周疲劳条件下,材料主要发生弹性变形;对于这种高周疲劳,传统上是用应力范围来描述破坏所需的时间或循环数。低周疲劳中的应力通常很大,足以在破坏之前引起明显的塑性变形。这时,可以用应变范围来描述疲劳寿命。经典的(短寿命)应变描述方法(也可称低周疲劳方法)常用于预测应力集中部位全塑性区应变场的裂纹萌生和早期扩展寿命[55]。

严格来说,基于 S-N 曲线和 Palmgren-Miner 线性疲劳累积损伤准则的疲劳计算方法仅适用于预报裂纹的起始寿命,但现在一般都将疲劳破坏的概念模糊化,通过人为地定义某一种状态为疲劳破坏,将原来的裂纹扩展过程简化为一个破坏临界状态,从而将基于 S-N 曲线和 Palmgren-Miner 线性疲劳累积损伤准则的疲劳计算方法用于估算结构疲劳破坏的全寿命期。

疲劳强度分析中 S-N 曲线修正需考虑以下几个方面的因素:

(1) 板材厚度影响。

(2) 平均应力影响。

(3) 环境影响。

关于 S-N 曲线的修正,各个船级社规范的规定和处理不尽相同,这里不做详细讨论。下面仅就本研究的处理进行简单说明。

1) 板材厚度影响修正

结构细节的疲劳性能与构件厚度相关。对于同一应力范围,随着构件厚度增加,焊缝的抗疲劳强度可能会降低。这种效应(也称尺度效应)的产生是因为与邻近板厚度有关的焊趾的局部几何形状及厚度上的应力梯度变化。

美国船级社规范指出当板材厚度 t 大于基准厚度 $t_R = 22$ mm 时,S-N 曲线不再适用。当板厚 t 超过基准厚度 t_R 时必须对疲劳应力范围进行修正后使用:

$$S_f = S\left(\frac{t}{t_R}\right)^{-q} \qquad (6-10)$$

式中：S 为未经修正的疲劳应力范围；q 为板厚修正指数，$q=0.25$；S_f 为经修正后的疲劳应力范围。

2）平均应力影响修正

S‑N 曲线是根据应力幅值拟合而得到的，忽略了平均应力 σ_m 对疲劳强度的影响。可在计算中引入平均应力影响折减因子 f_m 来考虑平均应力对疲劳强度的影响。挪威船级社规范指出焊接节点的平均应力影响折减因子可按图 6‑15 确定，平均应力可取为结构在静水中的应力。但目前关于半潜平台疲劳分析是否考虑平均应力影响尚无定论。

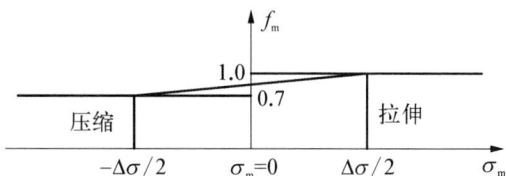

图 6‑15 平均应力影响折减因子

简化法是基于梁理论的名义应力法。简化法采用双参数的 Weibull 分布来描述疲劳热点区域应力的长期分布，该分布的两个参数（形状因子和尺度因子）可以根据规范方法或直接计算方法确定。之后就可以结合 S‑N 曲线和 Palmgren‑Miner 线性疲劳累积损伤原理计算疲劳累积损伤，进而分析结构疲劳寿命。简化法广泛应用于舰船与海洋工程结构物疲劳寿命分析，相对于谱疲劳分析法通常给出的计算结果偏保守。

确定性方法还忽略了海浪的随机性，采用一系列具有确定波高和周期的规则波来描述长期海况，这样结构在该规则波下的应力响应也是一系列的确定值，结合 S‑N 曲线和 Palmgren‑Miner 线性疲劳累积损伤原理，即可计算总体疲劳累积损伤，进而得到结构疲劳寿命。确定性方法主要应用于自升式平台等结构的疲劳寿命分析，相对于谱疲劳分析法给出的计算结果也偏保守。

事实上，舰船与海洋工程结构物的疲劳是受大量随机因素影响而又极其复杂的现象，其中，由于载荷、材料性能和模型的不确定性，很难做出比较合理的反映。为此，目前多应用谱疲劳分析法，即全概率方法，该方法通过计及舰船或海洋工程结构物的特点和海域情况的长期随机分布来评估载荷和应力。它采用了更为真实的波浪散布图来描述长期海况，波浪散布图中的各个短期海况（H_S，T_Z）又可采用海浪谱来表达。采用波浪载荷直接预报和结构直接分析方法，获得结构热点应力的传递函数，并结合海浪谱得到热点应力的响应谱。假定每个短期海况下的热点应力服从 Rayleigh 分布，结合 S‑N 曲线即可得到各短期海况下的结构疲劳损伤。叠加波浪散布图中所有的短期海况，可得结构的总体疲劳损伤和疲劳寿命[56]。全概率方法的理论体系更完善，疲劳寿命计算结果也更接近实际情况。图 6‑16 给出了舰船和海洋工程结构物的疲劳全概率方法分析流程。疲劳全概率方法的原理主要如下：

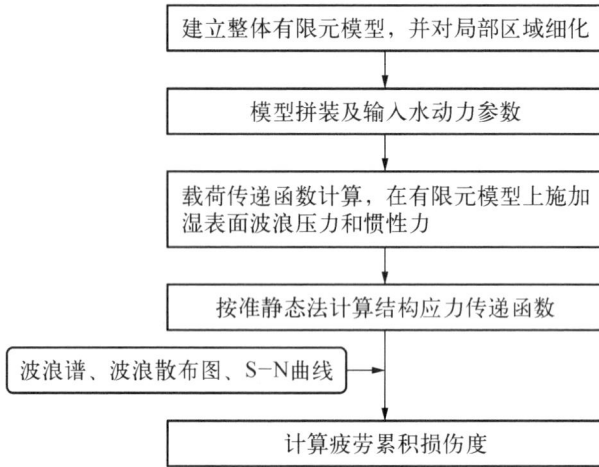

图 6-16　舰船和海洋工程结构物的疲劳全概率方法分析流程

（1）计算疲劳应力传递函数 $H_\sigma(\omega \mid \theta)$，即直接计算结构热点处的热点应力/名义应力/切口应力，在各个波频、各个浪向角、单位波幅下的传递函数。

（2）确定疲劳应力能量谱 $S_\sigma(\omega \mid H_S, T_Z, \theta)$。

（3）计算谱矩。

（4）假定各个短期海况符合 Rayleigh 分布，则疲劳应力范围的概率密度函数分布形式为

$$g(S) = \frac{S}{4\sigma^2} \exp\left[-\left(\frac{S}{2\sqrt{2}\,\sigma}\right)^2\right] \tag{6-11}$$

（5）根据 Miner 法则，疲劳累积损伤可由各短期海况的疲劳损伤线性叠加而得。

焊接节点疲劳问题是船舶与海洋工程结构强度的关键问题之一，各大船级社及相关机构均对此问题进行了系统研究，并推出各自的规范或指导性建议。例如：ABS "guidance notes on spectral-based fatigue analysis for floating offshore structures"，Euro code 3(1992)，IIW (1996)，DNV GL RP-C203 for offshore structures，ISO/CD 19902 (2002)，API RP 2A （both WSD and LRFD），API RP 2T(1997)。以下就船级社规范做简要介绍。

美国船级社自 1946 年起，在船舶结构委员会（ship structure committee, SSC)的组织下便开始在船舶焊接疲劳问题方面的研究工作，逐步形成了完整的分析评估体系。主要的分析方法有简化疲劳分析方法、确定性疲劳分析方法和

疲劳谱分析方法。

简化疲劳分析方法将长期海况分布定义为 Weibull 分布,采用统计的方法分析疲劳寿命及许用应力循环范围。由海况条件得到的应力分布同样满足 Weibull 分布,表达式为

$$F_s(s) = P(S \leqslant s) = 1 - \exp\left[-\left(\frac{s}{\delta}\right)^{\gamma}\right]$$

式中:γ、δ 为 Weibull 分布的形状因子和尺度因子,

$$\gamma = \left(\frac{\sigma_s}{\mu_s}\right)^{-1.08}$$

$$\delta = \frac{\mu_s}{\Gamma\left(\frac{1}{\alpha} + 1\right)}$$

式中:μ_s、σ_s 为 S 的均值与方差;$\Gamma(\cdot)$ 为伽马函数。ABS 认为,对于海洋工程结构,S 一般取 $0.7 \sim 1.4$,取决于结构固有周期和波浪环境载荷。例如在墨西哥湾,对于固定式平台,$\gamma = 0.7$;而在北海,$\gamma > 1$,若平台比较细长甚至可能达到 1.4。进而可通过选择适用的 S-N 曲线,积分得到结构的疲劳损伤为

$$D = \frac{N_{\mathrm{T}}}{A} \delta^m \Gamma\left(\frac{m}{\gamma} + 1\right)$$

其中评估准则为 $D \leqslant \dfrac{1.0}{FDF}$,其中 FDF 为疲劳安全因子且大于 1。

确定性疲劳分析方法主要应用于项目前期,通过分析有限的几个波高和周期组合,来评估结构的疲劳寿命。

确定性疲劳分析方法简要过程如下:确定分析的波浪条件、水深和浪向;计算各工况下波浪载荷幅值;用单自由度方法确定合适的动载荷系数;计算结构响应幅值;将应力计算幅值乘以合适的应力集中系数;用 PM 准则计算疲劳累积损伤。

疲劳谱分析方法即全概率疲劳分析方法,将长期随机分布的海况分解为多个正态分布的短期海况,每个短期海况各自定义波浪谱密度函数。通过各个短期海况下结构响应的求解,得到不同谱密度下的疲劳损伤,进而得到疲劳谱密度函数。通过假设短期过程,即可由 Rayleigh 分布函数求得结构的长期疲劳损伤,从而评估节点的疲劳寿命。在前文中已详细说明了全概率方法的流程及原

理。在此,仅对其中参数的选取进行补充。ABS要求,在进行结构整体响应分析时波浪频率取 0.2～1.8 rad/s,增量为 0.05 rad/s;浪向为 0°～360°,间隔为15°。波浪散布图需取自官方调查资料,"1000"分布。关于板厚修正系数,ABS参考 DEn(1990)——22 mm 以上需要修正,以及 HSE(1995)——16 mm 以上需要修正,同时给出了修正公式及参数:

$$S_f = S \left(\frac{t}{t_R} \right)^{-q}$$

式中:t_R 为修正厚度;q 为 0.25(DEn)或 0.3(HSE)。带宽雨流修正系数依照不同修正公式,取值有 0.806、0.843、0.839。

挪威船级社在疲劳设计方面的规范及指南主要有:

(1) DNV GL - RP - C203:fatigue design of offshore steel structures。

(2) DNV GL - RP - C206:fatigue methodology of offshore ships。

(3) DNV GL classification notes No.30.7:fatigue assessment of ship structures。

其中,DNV GL - RP - C203 主要介绍了海洋工程结构的疲劳分析方法及设计建议,DNV GL - RP - C206 主要介绍了船型海洋工程结构如浮式生产储油装置(FPSO)等的疲劳分析方法及设计建议,Notes No.30.7 则是对航行船舶的疲劳分析方法及设计建议介绍。

DNV GL - RP - C203 介绍了结构疲劳分析的范围和一些影响因素,例如设计的材料在空气中的屈服极限不超过 960 MPa,在海水中的屈服极限不超过550 MPa;温度升高对疲劳寿命的降低影响;低周疲劳和高周疲劳的影响等。DNV GL 所采用的疲劳分析方法主要基于 S-N 曲线,引入线性疲劳累积损伤假定。若用 S-N 曲线方法所求得的结构疲劳寿命较短,则建议建立较大范围的结构模型,采用适当的断裂力学方法对该结构的疲劳问题进行分析。通过断裂力学计算,可以了解结构裂纹的发展和疲劳破坏的过程。

对于各种不同的结构连接形式,DNV GL 给出了 3 种不同类型的 S-N 曲线,分别是名义应力 S-N 曲线、热点应力 S-N 曲线和切口应力 S-N 曲线。对应不同的连接和节点几何形式、交变应力方向,给出各自使用的 S-N 曲线,其中包括铸钢结构的 S-N 曲线、无防腐保护的节点 S-N 曲线、高于 500 MPa 的超高强度钢 S-N 曲线、不锈钢 S-N 曲线等。关于板厚修正,DNV GL 对参考板厚规定为,板材 25 mm,管件 32 mm,插销 25 mm。DNV GL 还给出各种连接和结构形式的应力集中系数,如板的圆形开孔,板的矩形导角开孔以及板的十字连接和关节点连接等。

若通过有限元方法对连接节点进行热点应力法疲劳分析,需对网格进行细化,通过对连接节点有限元模拟,即可得到几何应力集中,再选用 D 曲线对热点应力进行疲劳分析。细化网格单元,单位网格大小为 $t \sim 2t$,内角需保证在 $60° \sim 120°$,单元细长比不超过 5,模型边界需能使原理分析区域避免边界效应的影响。热点应力由距离热点 $1.5t$ 及 $0.5t$ 处的应力计算结果内插得到。采用热点应力法仅可对深熔焊处疲劳寿命进行分析,无法对其他焊接方式进行考察。

在上述 S-N 曲线分析方法的基础上,DNV GL 给出了一个简化疲劳分析方法。该方法通过双参数 Weibull 分布来描述结构所能承受的长期应力循环,进而通过伽马函数和单斜率 S-N 曲线来给出结构所受的累积损伤。通过不同的 Weibull 参数形状因子选择和 S-N 曲线选取可以得到基础许用应力。再乘以各项折减系数就可以较为快捷地得到满足疲劳寿命要求的最大结构许用应力水平。从而指导结构设计或对结构疲劳寿命进行初步校核。

对于全概率疲劳分析,DNV GL 建议浪向从 $0°$ 到 $360°$ 扫略最大间隔不超过 $30°$,每个浪向下取 $20 \sim 25$ 个频率进行传递函数的计算。求得的计算结果需验证浮力和重力的平衡,以免力的不平衡造成额外的总强度载荷,影响最终分析结果的准确性。非管节点 25 mm 以上,管节点 32 mm 以上,需进行板厚修正,板厚修正系数需对照各 S-N 曲线参数选取。其他参数的选取与 ABS 相似。

疲劳强度评估的目的是关注结构容易产生疲劳裂缝的部位,即"热点"。热点处可采用不同的疲劳强度评定,有名义应力 S_{nom}、热点应力 S_{hot} 和切口应力 S_{notch}(见图 6-17)。在图 6-17 中,S_{nom} 表示热点处的名义应力,$S_{hot\_3t/2}$ 表示距热点 $3t/2$ 处的热点应力,$S_{hot\_t/2}$ 表示距热点 $t/2$ 处的热点应力。S_{hot} 可由 $S_{hot\_3t/2}$、$S_{hot\_t/2}$ 线性外插而得到。

名义应力 S_{nom} 是指热点处构件中的应力,它只考虑宏观几何影响,而不考虑由结构不连续性和焊缝存在所引起的应力集中。当然名义应力是由粗网格的有限元分析方法或简化法求得。一般对纵骨端部的疲劳强度评估可采用名义应力法,S-N 曲线的选择必须与之相对应。

热点应力 S_{hot} 是指热点处的局部应力,考虑了连接处几何形状引起的结构不连续性,而不包括焊缝影响的局部应力。具体可由精细网格的有限元方法或由名义应力乘应力集中系数求得。DNV GL-RP-C203 附录 A 中,给出了常见的结构连接形式的应力集中系数,如肘板软趾、板与板的连接等。

切口应力 S_{notch} 是指在切口处(如焊缝的根部或切口边缘)的峰值应力,它考虑了由于切口存在所引起的应力集中。它可由热点应力乘以疲劳切口因子 K_w

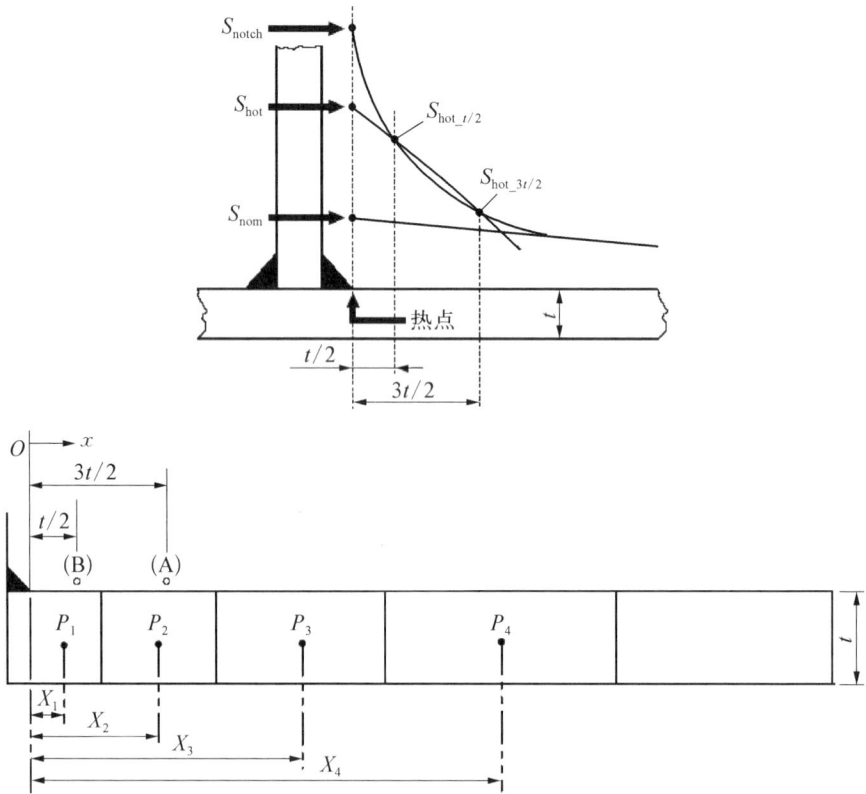

图 6-17　名义应力、热点应力和切口应力

求得。一般来说,如不采用船级社所建议的切口,必须要考虑切口应力。

ABS 规范提供了海洋工程装置在空气中非管节点的 S-N 曲线,如图 6-18 所示;具有阴极保护的海洋工程装置在海水中非管节点的 S-N 曲线,如图 6-19 所示;海水中自由腐蚀海洋工程装置的非管节点的 S-N 曲线,如图 6-20 所示。

当采用 $t \times t$ 的细化网格求解疲劳热点应力时,对于大肘板的趾端建议采用 E 曲线,对于纵骨穿过强框架和横舱壁的节点,则可根据具体的结构形式采用 E 或者 F 曲线。

DNV-RP-C203 中也给出了相应情况下的 S-N 曲线,如图 6-21 和图 6-22 所示。

由于疲劳问题往往出现在焊缝连接处,所以对焊接趾端的处理可以有效提高结构的疲劳寿命。在对焊缝和趾端处理的同时,需要特别注意对钢结构的防腐保护。常用的措施有焊脚打磨、惰性气体保护、锤击等。以上措施对于高于

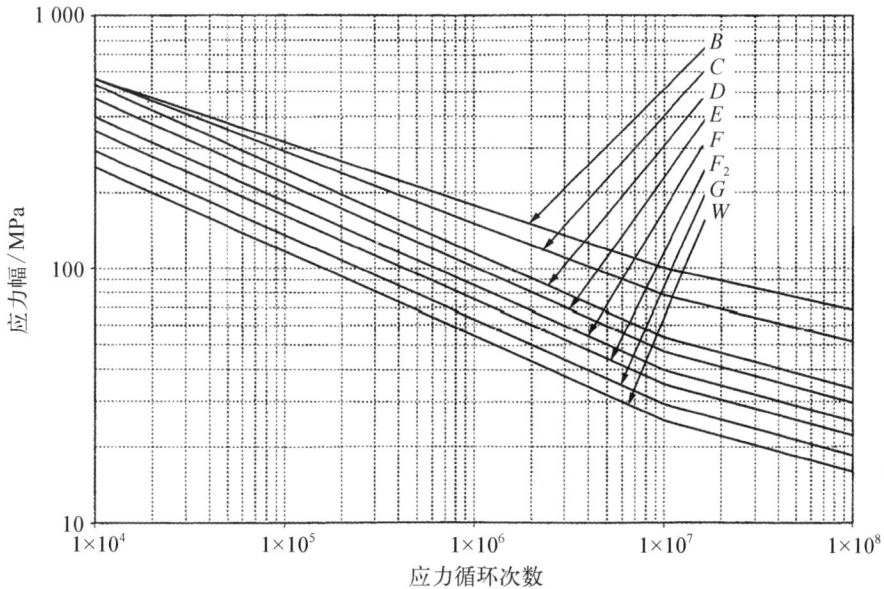

图 6‑18 海洋工程装置在空气中非管节点的 S‑N 曲线(ABS)

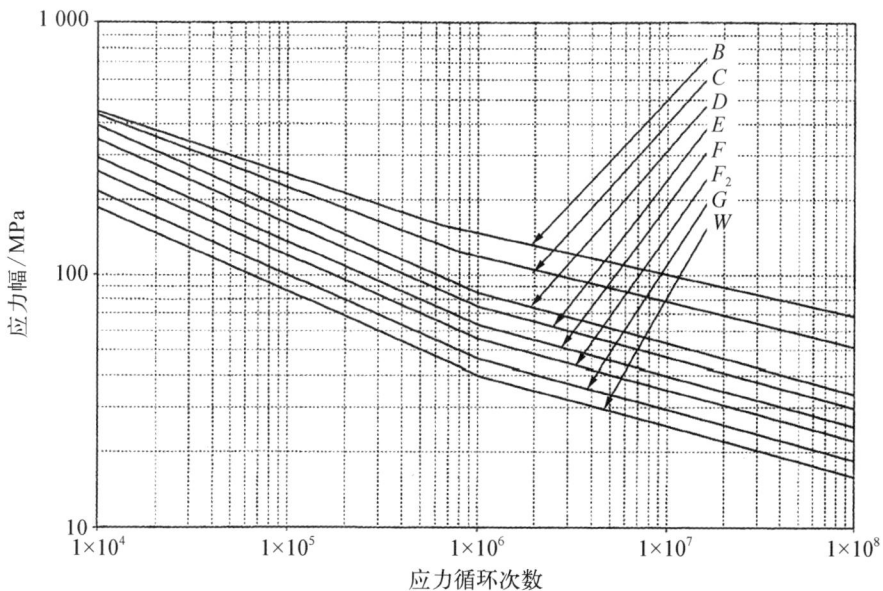

图 6‑19 具有阴极保护的海洋工程装置在海水中非管节点的 S‑N 曲线(ABS)

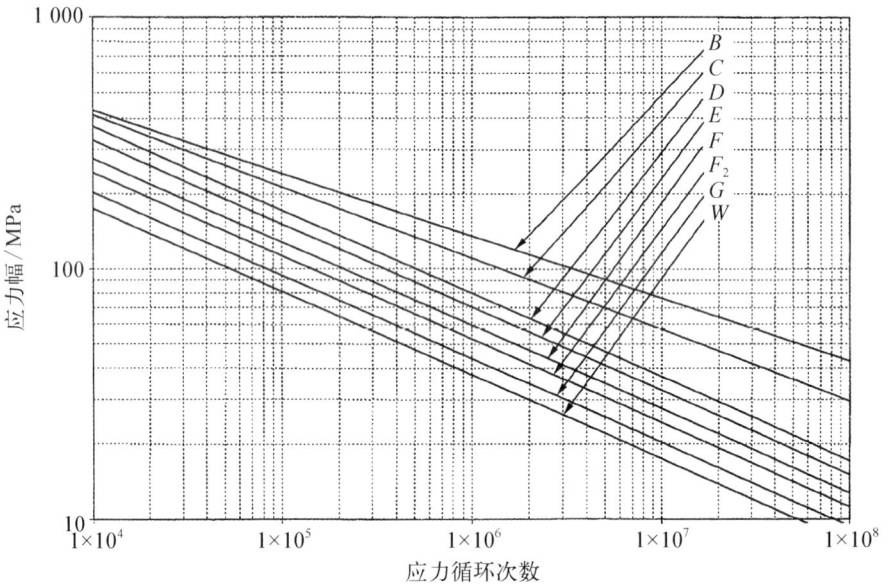

图 6-20 海水中自由腐蚀海洋工程装置的非管节点的 S-N 曲线(ABS)

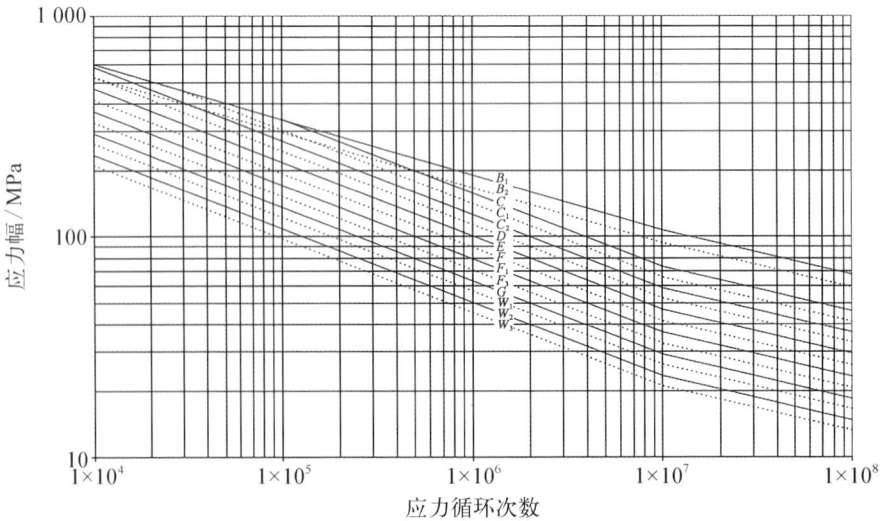

图 6-21 海洋工程装置在空气中非管节点的 S-N 曲线(DNV GL)

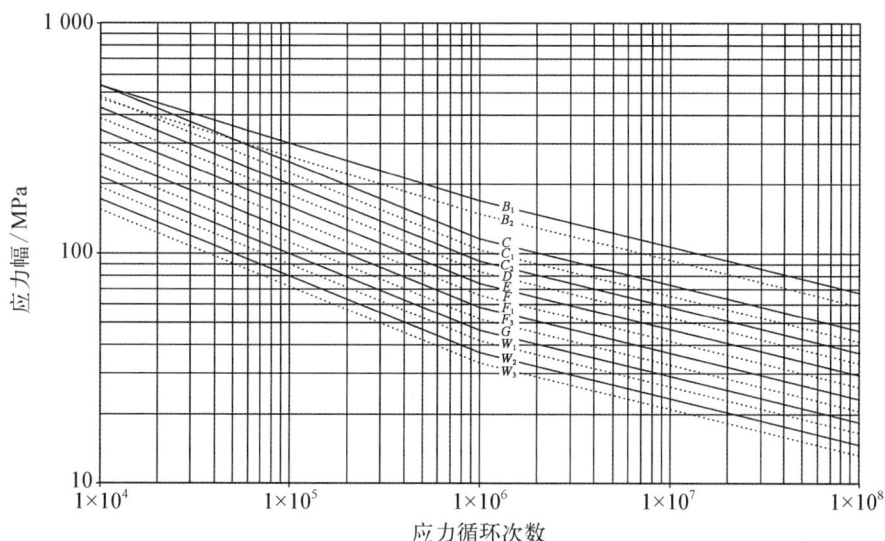

图 6‑22 具有阴极保护的海洋工程装置在海水中非管节点的 S‑N 曲线(DNV GL)

10^4 量级循环次数的疲劳问题可以有较为显著的改善效果。改善情况如表 6‑3 所示。

表 6‑3 防腐保护措施对疲劳寿命的改善

防腐保护措施	最小屈服应力	疲劳寿命提高倍数
焊脚打磨	小于 350 MPa	0.01×材料屈服限
	大于 350 MPa	3.5
惰性气体保护	小于 350 MPa	0.01×材料屈服限
	大于 350 MPa	3.5
锤击*	小于 350 MPa	0.011×材料屈服限
	大于 350 MPa	4.0

* 锤击对疲劳寿命的改善很大程度上取决于施工者的技术和经验。

(1) 焊脚打磨。打磨焊脚时,一般可选用球形钻头,推荐使用直径 12 mm 的钻头。通常仅仅打磨焊脚(见图 6‑23 中 A 处)是不够的,需要将打磨范围扩大至连接构件(见图 6‑23 中 B 处)。推荐磨入连接件 0.5 mm 左右,最大不超过 2 mm 或 7% 板厚之间的较小值。

焊脚打磨不仅仅是在生产过程中改善构件疲劳寿命的有效模式;在工程设计阶段,即可在热点区域加以标注说明,从而在疲劳寿命计算时引入相应的折算

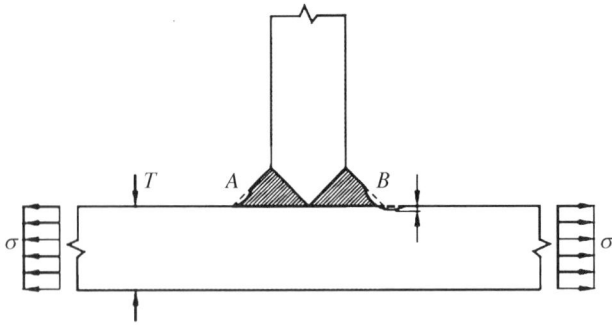

图 6 - 23 焊脚打磨示意图

系数。需要注意的是,如果在设计阶段即考虑了打磨对疲劳寿命的改善,那该处的结构应力相对势必较高,这也就意味着一旦出现焊接裂纹就会很快扩展导致结构发生破坏。因此,在将打磨系数引入热点区域时,建议加强在使用过程中的检视,以便及时发现问题并采取必要的修补措施。

(2)惰性气体保护。由于无法保证施工过程中的保护程度,通常在设计阶段中不考虑惰性气体保护对连接处的疲劳寿命改善。

(3)锤击。同样由于处理结果的不确定性,不建议在设计阶段考虑锤击处理对结构疲劳寿命的改善。此外,对锤击处理的限制和建议如下:

a. 锤击施工的区域不会因为锤击而破坏。

b. 控制锤击的力度以免使结构产生较大残余应力。

c. 推荐选用与焊脚打磨钻头匹配的锤头进行击打,以保证锤击力直接作用于焊缝。

6.3 起重铺管船结构设计

起重铺管船作为海洋工程作业船舶,其特种作业设备众多,要求特殊,布置复杂,主要涉及铺管系统、大型起重机、动力定位系统、舱室系统等。

从 20 世纪 70 年代起,国外开始建造各种千吨以上的起重船。在早期,主要是 20 世纪 80 年代之前,绝大多数起重船还是采用传统的流线型单体船,并在船尾设置单台全回转起重机。在这一时期,起重铺管船最大起重能力往往不超过 5 000 t。由于这一方案采用的是常规的海洋运输船型,所以技术较为成熟,方便设计建造部门依据传统经验进行设计建造,且能够适应海洋工程施工,并对恶劣海况具有一定的抵抗能力;但该方案的缺陷也比较明显,传统的排水型船舶在遇到较高海况时，它的稳性、抗横倾性和耐波性等方面的能力已经不适应更大起重吨位和作业海况的需求。因此在 20 世纪 80 年代以后，半潜式船型及双起重机的布局应运而生。半潜平台型船体在对抗风浪和海流方面的优势，大大提高了起重船的作业能力和作业效率。过去往往需要整个季节才能完成的海洋平台吊装工程，在具有大起重能力和高耐波性能半潜起重船的辅助下，可缩短到几个星期完成。同时半潜船型较为复杂，无论设备布置、规划，还是波浪载荷预报和结构强度设计，都对设计建造者提出了新的要求[57]。

起重铺管船的结构设计与常规的运输船有很大不同之处。对于常规的运输船，其结构设计的核心围绕货物的装载和卸载，相对来说全船大多数时候在正浮或少量尾倾状况下运营。因此全船载荷分布力求均匀，船体结构分布也相对均匀，以在尽量多装货物的前提下减轻全船重量。但对于起重铺管船来说，其核心功能在于起重机和铺管系统，尤其是起重机的存在使整个船体布置围绕起重机的正常运转来进行。起重机无论自身重量还是起吊重量都占了船体重量相当大的比例，这使得船体的重心非常接近船尾。为了维持作业要求的浮态，往往会采用在船首大量加压载水的方式来维持平衡，并使这类船舶在工作时长期处于静载荷中拱的状态。这就要求船中的结构强度明显超过普通运输船型；同时船尾附近通常布置全回转式起重机，也需要周密仔细地设计结构，以使起重机自重和起吊重量可以较均匀地传导到船体上。在实践中往往通过设置多层甲板、内底以及纵横的舱壁来使局部载荷均匀分布。

现代的很多起重船也兼做铺管作业，因此铺管设备的布置以及相关的结构设计往往也成为半潜起重船的一个重点考虑内容。整体而言，在双体半潜起重铺管船的设计中，铺管塔布置在船头的情况较多，但也有布置在侧面和船尾的，或者在船中开月池进行布置。不同的布置方式各有优缺点。需要特别引起注意的是铺管塔往往较高，因此铺管塔基座附近的局部结构设计应该给予充分重视。

综上所述，起重铺管船的结构设计，既要考虑到全船的首尾因受到压载水和起重机及起吊重量的作用而处于比较大的中拱状态，又要考虑到船尾起重机及其工作载荷的额外负重对局部结构的影响。这种复杂的受力形式不能简单地套用常规运输船的设计习惯。在总体结构布置时就要考虑到船尾复杂载荷对全船的影响，同时还要考虑到总体结构强度的支撑影响。在船体总体强度方面，应该采用成熟的波浪载荷预报软件进行载荷预报，对全船进行有限元建模，运用预报得到的载荷进行全船有限元计算，充分验证结构设计的合理性。对局部强度，无论是铺管塔基座、起重机基座，还是船舶几何突变处的重要节点（例如立柱与上浮体连接处,立柱与下浮体连接处,横撑的根部等区域),都要进行细化的有限元细网格建模分析,以得到合理的节点设计结果。必要的时候需要对不同的方案进行比较,从中选出最适合的解决方案,以避免出现结构强度方面的重大事故。

6.3.1 船型起重铺管船结构设计

船型起重铺管船往往吨位较小,在 20 世纪 80 年代前曾经是起重铺管船的主流船型。如今因为成本低廉,使用灵活,其在一些对吊重需求不大的场合仍然有着广泛的应用。如前文所述,船型起重铺管船的起吊重量一般不超过 5 000 t,部分为流线型自航船。但因为在内河流域的广泛应用,部分船型不需要进行远距离调动,为了施工方便,也有做成驳船箱型船体外形,首尾部适当起翘,舷部转角处采用小半径的圆弧过渡,以适当减小拖航阻力。

如前文所述,这类船型起重铺管船因为作业中长期处于中拱状态,通常采用纵骨架式以加强纵向强度,安装甲板机械的位置应予以局部加强。因为吊重较小,部分船舶为单底结构,通过主甲板、纵横舱壁和船底结构来传递起重机基座所受到的设备和工作载荷。如果是在内河流域工作,需要考虑的波浪载荷较小,静水载荷为船体总强度的控制载荷。考虑到实际起吊工作中载荷可能变化很大,可以在设计阶段加大结构安全因子,以适应运营使用的安全要求。

6.3.2 非船型起重铺管船结构设计

随着海洋油气开发逐渐向深海推进,海洋平台也向大型化、模块化发展,适用于深水开发的各类钻探、采油、浮式生产系统等新型海洋装备不断涌现,其海上安装越来越复杂。为了缩短海上施工的周期,降低海上安装的风险,海上吊装作业对浮吊的起重能力需求日见提高。半潜起重铺管船以其性能优良、抗风浪能力强、甲板面积大、甲板可变载荷大、装载量大、适应水深范围大、人员居住舱室多等优点,成为超大型浮吊及深水铺管系统的最佳载体。通常,半潜起重铺管船由下浮体、立柱及箱型上平台结构组成;立柱间设置横撑,具有较大的甲板可变载荷和油水储存能力;且设有直升机坪。其设置锚泊或动力定位或者两者兼有的定位系统,具有良好的抗风浪性能,可适应世界上大部分海域的环境载荷[58]。

随着当代深海开采的需要和铺管技术的不断提高,半潜起重铺管船作业水深已经发展到 3 000 m,作业环境也可适应世界上大部分海域的环境载荷。相应地,对结构的要求及设计难度也随之提高,主要表现如下:

(1) 结构设计主要依据的国内外现行规范,其相关章节的论述较为粗略,尤其是我国尚缺少研制大型起重铺管船的实践与经验,在规范内容上难以得到充分的体现。

(2) 缺乏相当等级的大型起重铺管船结构设计和强度分析的、可供借鉴的技术资料,必须立足于自主开发设计。

(3) 减少撑杆数目,减少管节点,降低疲劳产生的概率;起重铺管船的立柱一般设置较多,立柱与上平台及下浮体连接节点类型复杂、数量庞大,船体的结构冗余度问题和疲劳强度问题较为突出。

(4) 采用高强度钢和 Z 向钢,减小钢料重量,提高甲板可变载荷,特别是减小超大型全回转起重机筒体及其加强区域的重量。

(5) 尽可能增大甲板作业面积。

(6) 船体承受的作业载荷大,固定尾吊时最大起重能力可达 16 000 t,单吊全回转时最大起重能力可达 8 000 t。

(7) 定位锚绞车、张紧器、A&R 绞车等拉力甚高,且运营中受力情况较为极端,总纵强度与局部强度问题均十分复杂。

半潜起重铺管船船体通常采用双下浮体(twin pontoon)形式或 U 形下浮体形式。下浮体采用单甲板、单底、单壳结构。下浮体采用纵骨架式(主要是纵向强度问题),隔一定距离设置强框架。合理地设置纵骨架间距对于减少船厂的焊接工作量和减小钢料重量都很关键。设置纵骨架间距一方面要考虑尽量均匀分布纵骨架,以合理利用材料和减少材料规格,另一方面还要考虑实际施工工艺和工作量。一般来说,设置的骨材间距越小,需要的板和骨材的尺寸越小,材料越节省,但是施工工作量增大。设置较大的骨材间距,则板厚和骨材尺寸都需要增大,但节省施工工作量。常规船体下浮体的骨材间距设置为 600～800 mm。

典型的半潜起重铺管船的船体横剖面结构图如图 6-24 所示。

典型的半潜起重铺管船的船体撑杆布置如图 6-25 所示。

立柱(column)主要作用是连接下浮体和主甲板,传递载荷并提供一定浮力。立柱一方面受到波浪外载荷的作用,另一方面还受到主甲板重量和惯性力的作用。当代先进的半潜式平台为了减少节点数目、减少焊接缺陷和疲劳裂纹产生的概率,倾向于采用四立柱、少撑杆或无撑杆的结构形式。但是对于半潜起重铺管船,基于稳性要求,特别是考虑到船体在起重作业失效时浮态恢复平衡的能力,其主船体采用更多立柱形式,如六立柱或者八立柱。立柱可采用横骨架式(加强筋沿水平方向布置),也可设计成沿垂直方向布置的纵骨架式。若采用横骨架式,应考虑到外板的屈曲问题,则立柱外板的板厚要比纵骨架式大得多,因此通常立柱采用纵骨架式,立柱中间设若干道平台或水平桁,以减小垂直扶强材

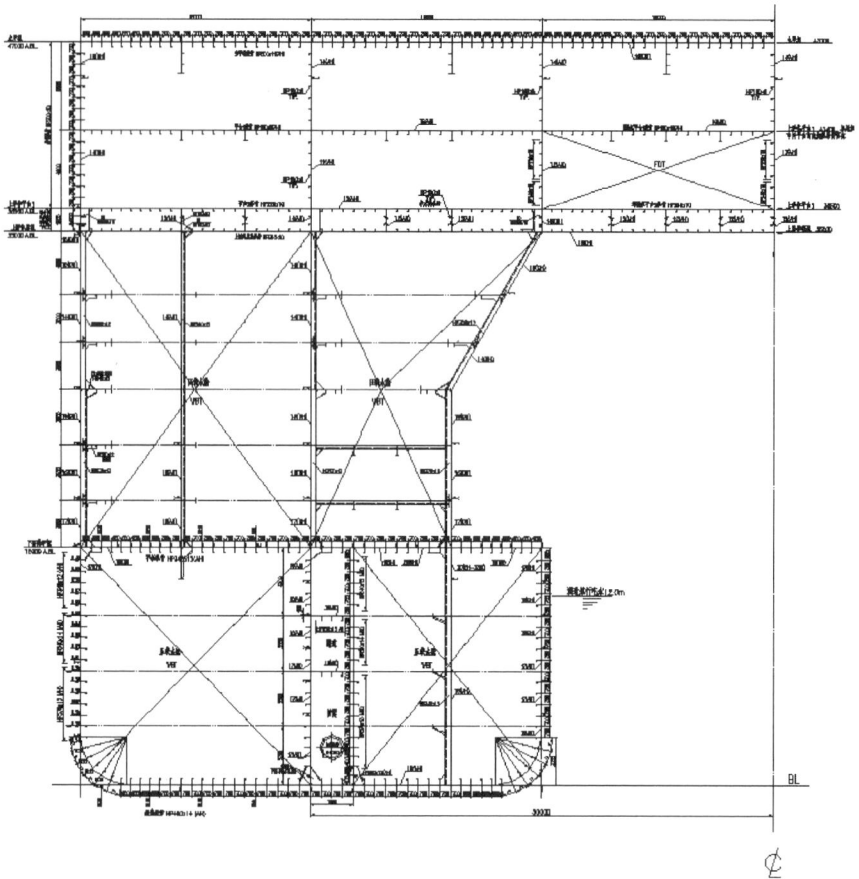

图 6-24　典型的半潜起重铺管船的船体横剖面结构图

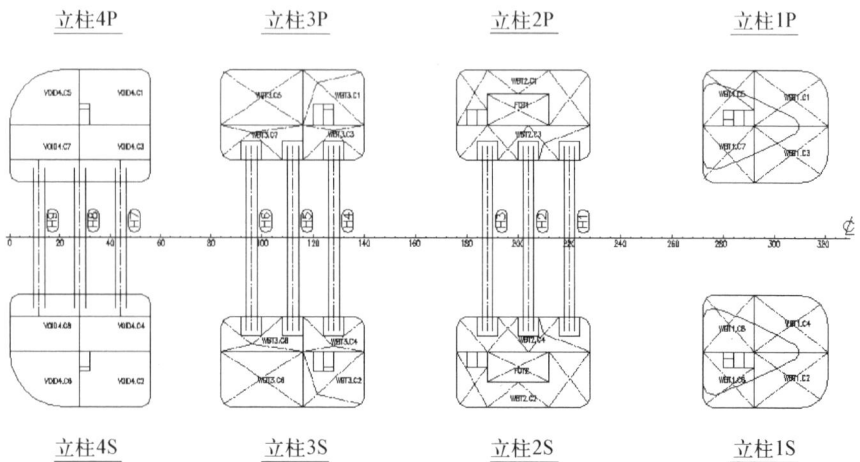

图 6-25　典型的半潜起重铺管船的船体撑杆布置

跨距。

撑杆(brace)在以往的半潜式平台中十分多见。一座平台往往由许多水平撑杆和斜撑交错布置,相互连接。撑杆可以连接结构,传递载荷,同时也是疲劳裂纹发生的源点。目前较先进的半潜式平台设计是尽量减少横撑的数量,一般避免设置斜撑。首部立柱因考虑J型铺管的作业需要,避免设置横撑结构;后部立柱间设有水平横撑可用以改善平台的横向连接以及用于布置管路。在普通半潜式平台中,横撑主要用于结构连接和载荷传递,只有部分用于布置少量管路。但双船体半潜起重铺管船的载荷传递比普通半潜式平台更加复杂,布置的管路往往也更多,因此在实践中往往需要更多考虑横撑位置的权衡和取舍。如果横撑布置在水下,全船刚度会比较好,应力分布也较为适中,但会造成船体阻力提升,采用流线型的横撑剖面也会提升加工的难度。如果将横撑布置在立柱中部,可以降低航行时的阻力,但同时也会使得全船刚度下降,另外海况较高时也会对横撑产生砰击,加大了对横撑的强度要求;同时全船刚度的下降还可能会使立柱和主船体连接位置更容易产生疲劳破坏,作为设计师必须要详细地考虑这些问题,才能在不同方案中做出更好的权衡。

当船体发生倾斜后,采用箱型上平台(deck box)结构能为船体提供一定的浮力,使船体继续倾斜直至倾覆的可能性大大降低。上平台采用双层底,内底的骨材向下设置,可以提供更大的作业面积,改善工作环境,甲板的布置也会整齐。上平台采用纵骨架式,适当设置横向横舱壁,主要是为了防止横浪和斜浪时两立柱之间被分裂和挤压,并提高上平台的抗弯强度。上平台的高度在整个船体的设计中甚为关键。其高度要结合稳定要求、相关设备的尺寸、设计海况资料、船体的刚度特性等综合考虑。若设置太高,浪费材料;若设置太低,整个船体的横向强度将十分紧张。因此,在起重机附近的区域采用较为密集的纵横框架和舱壁结构,板厚和钢级也相应增加,可以将起重载荷有效向下传递。需要注意的是,部分起重铺管船存在纵向贯通的通道,如果设计不好,有可能会和两立柱之间的空隙叠加,造成纵贯船体的区域整体横向强度不足,这在波浪载荷使中纵剖面达到最大剪切力时会非常明显。要缓解这一矛盾,可以在设计阶段避免将连续的纵向通道布置在船中,也可以在通道附近的横向舱壁加大板厚,减小开孔尺寸或者增加双层底高度。通过增加这一区域的构件的有效抗剪面积来缓和这一矛盾。

全回转起重机往往设在箱型上平台靠近船尾的位置,由于半潜起重铺管船的全回转起重机尺度大,起重能力强,因此其基座和支持结构也需要加强设计。通常起重机采用双层筒体结构,双层筒体间每5°设垂直加强板结构。起重机的外筒体伸入平台内,内筒体在平台主甲板处间断,在平台主甲板下对应内筒体和加强板下设延伸筒体和桁材板加强。平台内起重机基座处设置纵向和横向围壁结构,形成"井"字结构,以利于载荷的传递。

大型半潜起重铺管船船体结构在迁移与作业过程中,所处的环境十分恶劣,设计温度较低(-20℃),且使用寿命远长于常规的运输型船舶,这使得大型半潜起重铺管船的维护保养十分困难(船体尺度较大、适合的维护场地有限且维护保养成本较高)。船体结构除了必须支撑结构自身重量、海洋工程的吊装、铺管作业设备、可变载荷外,还必须能够承受风载荷、波浪载荷、海流载荷、地震载荷等环境载荷的作用。这一苛刻的使用要求就决定了船体结构用钢的特殊性。例如,海洋船体结构的重要节点必须采用可以抗层状撕裂的 Z 向钢等。这对船体结构用钢的性能和冶金质量提出了相当高的要求。

为了减轻钢料,特别是减小船尾的全回转起重机及其相关加强结构的重量,提高甲板可变载荷,船体主结构(包括下浮体、立柱、上平台、撑杆结构)往往采用高强度钢(屈服应力为 315~400 MPa);而在受力较大的局部区域(如关键区域的连接位置、集中载荷的承力区域等),可采用甚高强度钢(屈服应力为 415~690 MPa)。

特别地,由于超大型起重机布置在船体尾部,且起重机(起重作业时包括起吊重量)及其相关加强结构的重量较大,船体的重量分布极度不平衡。为了缓解该问题,可在船体首部区域采用屈服应力相对较低的高强度钢(如屈服应力为315 MPa 的高强度钢),在尾部特别是起重机加强区域采用屈服应力较高的高强度钢(如屈服应力为 355 MPa 的高强度钢)。

需要特别引起注意的是,高强度钢和甚高强度钢一方面提高了结构的许用屈服应力,相对于普通钢材大大减小了结构重量,但其相应结构件的抗屈曲能力和疲劳寿命往往并没有提高,或者提高幅度不大。对于这类构件,需要在设计时全面地考核其屈服、屈曲、疲劳强度,防止因为一时不慎而造成构件的强度不足。

船体构件根据其所承受的载荷、应力水平及模式,关键载荷传递和应力集中以及失效后果,可分为次要构件、主要构件和特殊类构件。

在确定船体结构所采用的钢材时,除应考虑钢材的化学成分和力学性能外,还应考虑各部位结构所承受的应力状态、结构构件的尺寸和分类、设计环境温度以及钢材的断裂韧性、疲劳性能和抗层状撕裂的能力。

在确定合理的布置结构形式和骨材间距后,需要确定构件尺寸。构件尺寸计算首先是根据规范进行局部强度(和最小厚度要求)计算,根据初步确定的构件尺寸,建立全船有限元模型,再进行总强度计算。对于在总强度计算中不能完全体现或包括的部位(如起重机区域、直升机甲板区域等),应进行直接有限元计算。根据直接计算结果对不合理构件进行调整。

在有限元计算中,应首先建立水动力模型,根据设计建造要求提出的环境作业场合、作业方式以及初步设计确立的全船重心分布,进行水动力建模和分析,计算出该半潜起重铺管船在最极端海况下所受到的环境载荷。然后建立有限元准静态模型,用加载之前计算出的环境和作业载荷进行分析和计算,得到构件在外载荷作用下的结构响应。根据计算结果进行板厚调整。构件满足强度要求后需核算钢料的重量重心,若与初始设计差别较大,需重新确定主体的尺度,再次进行构件核算。

6.4 起重铺管船结构分析

本节主要针对起重铺管船整体结构分析的整体流程和关键路径、方法进行介绍和讨论,围绕非船型起重铺管船——半潜起重铺管船的结构特点和分析要求展开。

6.4.1 结构强度分析流程

在计算总强度时,首先根据半潜起重铺管船的结构和布置,建立起船舶的有限元模型,使模型的板厚、结构强度、刚度、质量分布尽可能符合真实的船体相关数据。

然后根据海况条件和质量模型(可以直接使用有限元模型,也可以根据总体布置的相关资料,建立起独立的质量模型文件),预报船体在相应的海况条件下,典型剖面上的最大载荷。

再由水动力计算得出船体在规则波上的传递函数,根据前述典型剖面的最大载荷,求出设计波的波幅、浪向和相位差。

最后将计算所得确定参数的设计波作为外载荷作用在船体有限元模型上,可以计算得出结构在相应外载荷下的响应情况,依此进行结构强度初步分析。

对于半潜起重铺管船来说,除了一般的粗网格计算之外,考虑到其在运营中可能发生的种种意外,还应该根据具体情况对部分高应力区域做细化网格模型的计算,对某些结构破坏时的总强度做冗余度计算分析,以及对热点区域进行疲劳分析计算。

6.4.2 装载及环境载荷模式

计算分析工况应涵盖平台实际可能发生的各种工作，及预期所承受的设计载荷(重力及功能载荷和有关的环境载荷)，具体分析平台在迁移、作业、自存等设计工况下的运动响应和载荷。在不同设计工况下，不同的装载配置和整体的重心分布是开展后续载荷及结构分析的基础。在分析之前应确定各不同设计工况下典型的装载，以确定整体重心位置。通常，会选择对结构较为不利的配载，如对角线装载、首尾装载，尽可能地在设计阶段对整体载荷进行包络考虑。

环境载荷指直接或间接由环境作用引起的载荷，包含由环境载荷引起的所有外力，如系泊力、运动惯性力、液舱晃荡力。环境载荷可以按照规范介绍的方法或者其他公认方法进行计算，也可以通过数学模拟计算或者物理模型试验来确定。

风载荷对移动式平台的结构强度、漂浮稳性和着底稳性影响较大，而且由于移动式平台的定位方向是可变的，平台定位时也应考虑风向。移动式平台在设计和使用中不仅要考虑风速，还要考虑强风向和常风向。移动式平台的海上定位方向是可变的，因此应根据不同季节的工作海区强风向和常风向的变化合理地确定平台的定位方向，以减小平台所受的风力。中国船级社《海上移动平台入级与建造规范》规定，风载荷主要作用于平台的上层建筑及水面以上的主体部分，与受风面积、受风构件形状、受风构件高度、风速等因素有关；所以，可以考虑通过平均风速与阵风谱来描述其对平台系泊状态下的平均位移及最大位移的影响。

就大多数半潜起重铺管船而言，作为常年作业于海上油田的海洋工程结构物，在其寿命期内所遭受的载荷除了自重、作业载荷和静水载荷之外，还将遭受风载荷、流载荷和波浪载荷。在采用设计波法对半潜起重铺管船整体结构进行强度评估时，通常采用百年一遇的最大规则波，此时流载荷和风载荷与波浪载荷相比是小量，因而在结构强度分析中环境载荷仅需要考虑波浪载荷的影响。

海浪的模拟与仿真通常有 3 种方法：频率等分法、有理谱法和能量等分法。频率等分法是基于海浪的功率谱密度函数，对频率进行等份分割，然后根据分割频谱确立海浪各次谐波幅值，建立海浪仿真模型。有理谱法是基于有理谱理论，用有理函数逼近海浪频谱，然后在白噪声激励下即可求出形成滤波器的传递函数，即海浪成型模型。能量等分法也是基于海浪的功率谱密度函数，但其从能量等分的角度对频率分割。有理谱法采用逼近理论,因此会有一定的误差,并且实际使用的白噪声是有限带宽的白噪声,因而用它做激励时,得到的海浪波形也存在一定的误差。能量等分法由于需要计算分割能量,需逐级计算分割频率,算法烦琐。而频率等分法是一种工程实用的方法。

海面上最常见的是人们常说的由风形成的海浪,由于风的随机性和风向的多变性,风浪不仅会向一个方向传播,而且还会向其他方向传播。设地面坐标系为 E - $\zeta\xi\eta$,与海平面重合,则风浪的起伏高度在此坐标系内随时间的变化可用一个三元函数来表示 $\zeta = f(\xi, \eta, t)$。此风浪为三元不规则波,或称短峰波。根据海浪理论,$\zeta(t)$可以看成由无数个不同波幅和波长的余弦波叠加而成,可以表示为

$$\zeta(t) = \sum_{i=1}^{\infty} a_i \cos(k_i \xi \cos \mu + k_i \eta \sin \mu - \omega_i t + \varepsilon_i) \qquad (6-12)$$

式中:a_i、k_i、ω_i、ε_i 分别为第 i 次谐波的波幅、波数、角频率、初相位。

如果风浪沿着一个固定方向 ξ 传播,那么其波峰和波谷线彼此平行并垂直于前进方向,此时波面起伏高度可以简化为 $\zeta = f(\xi, t)$;而在 η 方向,其值为常数。这种风浪称为二元不规则波,或称长峰波,可表示为

$$\zeta(t) = \sum_{i=1}^{\infty} a_i \cos(k_i \xi - \omega_i t + \varepsilon_i) \qquad (6-13)$$

式中:ω_i 和 k_i 的关系为

$$\omega_i = 2\pi/T_i = \omega^2/g$$

能够对船舶航行运动参数产生较大影响的是长峰波,因此船舶运动往往对其进行建模与仿真。国际上描述海浪的谱密度公式有多种,如达布歇布波谱、BTTP 波谱、斯考特波谱、劳曼波谱、PM 波谱、ISSC 波谱、JONSWAP 波谱、沃奇六参数波谱等,对于常规的半潜起重铺管船计算的情况,通常采用 JONSWAP 波谱进行预报。

6.4.3 波浪载荷预报方法

众所周知,外载荷、结构响应和强度标准是评定船舶与海洋工程结构物安全的 3 个相互关联的重要因素。其中,合理地确定外载荷是正确评定结构安全性的基础和关键。船舶与海洋工程结构在其寿命期内受到的外力主要有结构自重、环境载荷、作业载荷和偶然性载荷。其中,环境载荷中的波浪载荷是所有外

载荷中最复杂、最关键的载荷。人们对船舶与海洋工程结构所受的波浪载荷进行了长期研究,并形成了经验公式、数值预报与模型试验3种技术手段。

数值预报波浪载荷借助水动力理论及其分析软件。一般来说,小尺度结构,即直径小于波长的1/5,可采用半理论半经验的莫里森方程来估算其波浪载荷。然而,对大尺度浮体结构而言,早期一直是将浮体静置于某个特定的规则波上。直至1955年切片理论问世之后,其波浪载荷的计算才开始建立在理论分析的基础上。

目前,大尺度浮体结构波浪载荷的数值预报是基于水动力分析理论。该理论方法经过几十年的发展已日臻成熟,并有了长足的发展,从二维到三维、从线性到非线性、从频域法到时域法等都取得了重大突破。随着计算机技术的发展,基于三维水动力理论的水动力分析软件逐步取代二维切片法,已成为当今海洋结构物设计的主流。

水动力分析的目的是研究浮体在海浪中的动态响应。海浪是各态历经的平稳随机过程,由无限多个频率不等、方向不同、振幅变化而且相位杂乱的简谐微幅波叠加而成。按照St. Denis和Pierson理论,浮体在海浪中的响应是线性的,可用谱密度来描述其随机性。因此,浮体在随机不规则波中的响应谱可由单位波幅波中的响应(传递函数)和海浪谱来确定。由此可知,浮体在规则波中响应的分析是它在随机不规则海浪中响应分析的基础。

在水动力分析中,通常假定浮体所处的海洋是均匀、不可压缩、无黏和无旋的理想流场。因而,流场的速度势满足拉普拉斯方程,并满足流场自由表面和底部条件、浮体物面条件、初始条件和辐射条件。数学求解浮体水动力的困难在于完全满足上述条件的非线性定解问题。为此,人们引入了一定的假设,并做了简化,形成了水动力分析理论。

按照流场的简化程度,水动力分析理论可分为二维切片理论、二维半理论和三维理论;按照是否考虑浮体与流场的耦合效应,可分为刚体理论和水弹性理论;按照格林函数的表达形式,可分为自由面格林函数法和简单格林函数法(Rankine源法);按照航速,可分为零航速理论、低航速理论和全航速理论;按照是否考虑非线性因素,可分为线性理论和非线性理论;按照求解域的不同,可分为频域分析法和时域分析法。这些不同的组合,形成一系列不同的水动力分析方法。然而,工程广泛采用的是基于刚体假设的三维水动力分析方法,主要是三维线性零航速频域理论、三维线性低航速频域理论和三维非线性全航速时域理论。

1. 三维线性零航速频域理论

三维线性零航速频域理论是目前最为成熟的。假定浮体在微幅波上运动,则非线性而位置不确定的自由面条件可展开成一阶自由面条件;满足流体不可渗透湿表面物面条件可展开成一阶物面条件,从而略去二阶和更高阶小量。而且,认为波浪与浮体之间的相互作用已经持续了相当长的时间,即入射波的初始扰动和浮体初始动荡的影响不予考虑,流场运动已达到稳态。这样,若入射波为简谐波,则浮体的响应也是简谐波形式的,两者只有相位差。因而,可以在频域内求稳态解。三维水动力理论在流场描述上较二维切片理论更为合理,不但能预报浮体的6自由度运动响应和特征剖面载荷,而且能获得较二维切片理论更为准确的湿表面水动压力分布,可为船舶与海洋工程结构直接强度分析提供更为精确的外载荷,进而为改善结构强度分析精度奠定基础。当然,三维水动力理论在计算效率上远低于二维切片理论,主要耗时在两个方面:一是格林函数及其诱导速度的计算;另一个是以分布源强为未知数的线性方程组的求解。随着湿表面网格数的增加,两方面的计算工作量都将显著增大。因而,在三维水动力理论发展初期,计算效率一直是限制其在工程应用上的瓶颈。之后,大型线性方程组的求解技术取得了突破,迭代求解技术的应用解决了采用高斯消去法求解超大型线性方程组时极为耗时的问题。特别是随着计算机技术迅猛发展,该理论在21世纪初开始得以广泛应用,逐渐成为水动力分析的标准工具。

2. 三维线性低航速频域理论

为了解决有航速船舶水动力分析的迫切需要,人们在线性零航速频域理论中引入了"高频低速"假定。该假定认为,波浪频率不太低、船舶航速不太高时,不考虑定常兴波势的影响。这时,流场速度势的定解条件与零航速浮体运动流场速度势的定解条件具有相同的形式,只是自由面条件中需用遭遇频率代替自然频率。高频低速假定最初应用于二维切片理论,之后该假定迅速拓展到三维水动力理论,形成了三维线性低航速频域理论。由于三维线性低航速频域理论流场速度势的定解条件与零航速流场速度势的定解条件一致,所以该理论的计算工作量与三维线性零航速频域理论相当,相对于三维全航速时域理论具有相当高的计算效率优势。从理论上讲,这种理论对于高速船是不适用的。然而研究表明,在傅汝德数高达 0.57～1.40 时,该理论预报的船舶垂荡和纵摇响应仍然可以令人满意。对比高速船附加质量和阻尼系数的理论计算和试验,发现低航速理论对水动力系数准确预报的傅汝德数可达 0.57。如果考虑到实际船舶吃水的变化,该理论预报的水动力系数在傅汝德数高达 1.40 时仍然可用。可见,这种理论对常规型的排水型船舶还是适用的。

3. 三维非线性全航速时域理论

上述两种理论都基于线性理论,在入射波波幅及浮体运动都较小的前提下,已证明预报浮体运动及波浪载荷的有效性。然而,大量的模型试验和实船测量结果表明,大外飘浮体在大幅波浪中的运动和波浪载荷下呈现明显的非线性特性。

在势流理论范畴内,波浪与浮体相互作用的非线性主要来自 3 个方面:

(1)流体压力表达式中的速度平方项。

(2)浮体运动瞬时湿表面的变化。

(3)自由面的非线性。

根据对上述非线性因素考虑的程度,非线性水动力的研究方法可分为 4 个层次:

(1)一阶理论。水动力计算中仅考虑一阶势对二阶力的贡献。

(2)二阶理论。求解二阶势,在二阶的意义上完整地考虑二阶力(一阶理论和二阶理论都假定浮体绕其平衡位置做微幅运动)。

(3)物面非线性理论。自由面线性,物面条件在瞬时湿表面满足。

(4)全非线性理论。完全满足非线性自由面和物面条件。

时域全非线性理论对计算机容量和速度要求高,该理论模型很难短期内在工程上得到实际应用。同时大量的研究表明,水动力的非线性主要来自物面形状、法向及位置的变化,自由面条件非线性的贡献次之。这为利用物面非线性理论研究浮体运动和载荷的非线性问题提供了依据。物面非线性理论相对于前者计算量要小得多;同时,考虑的非线性因素也能够满足工程需要。

根据格林函数表达形式的不同,物面非线性理论包含两类方法:自由面格林函数法和 Rankine 源法。在基于自由面格林函数方法的三维非线性时域理论中,流场速度势自动满足三维线性自由面条件,考虑了物面非线性引起的非线性流体静力和波浪主干扰力。该理论既考虑了对工程分析有意义的主要非线性因素,又具有较高的计算效率。然而,该理论分析存在几个问题:① 处理有航速问题时的积分方程会出现难以用数值处理的水线积分项,通常的做法是忽略该项的贡献;② 用分布源模型求时域解时,不论有否航速,对于外飘非直壁船型,会发生分布源密度振荡发散的现象,使得数值计算无法进行下去;③ 时域模型中定常势的处理方法还不完善;④ 仅满足线性自由面条件,无法考虑自由面非线性因素。基于 Rankine 源方法的三维非线性时域理论是在物面和自由面上都分布奇点的一种计算方法。与自由面格林函数方法相比,该方法在分布奇点计算上较为简单,并可将自由面非线性和定常势的影响考虑进去。然而,该理论在实船预报中也存在着几个难点:① 需要在自由面上分布奇点,网格数目大概是自由面格林函数方法的两倍,因而计算量较为庞大;② 需要采用数值海岸来满足远方辐射条件,数值海岸的宽度和强度的确定较为困难,同时也增加了计算工作量;③ 在某些短波情况下数值稳定性较差,需采取低通滤波方法加以解决。

此外,采用时域方法求解浮体 6 自由度运动响应时存在数值发散的共性问题。发生这种现象的根本原因是浮体的纵荡、横荡和首摇运动不存在恢复力,从而在时域内数值求解时产生漂移。为此,许多学者提出了基于物理和数学的处理方法。

4. 不规则波统计预报理论

前面所述的几种水动力分析理论都是基于规则波的。水动力分析的最终目的还是以规则波中的响应为基础,采用谱分析方法,确定浮体在给定时间内运行于实际随机海浪中的响应统计值。

按照统计时间的长短,浮体在不规则波中响应的统计预报可分为短期预报和长期预报。短期预报是指统计时间在半小时到数小时之间。在此期间,浮体的装载、航速、航向以及海况条件均可假设不发生变化。此时,浮体运动与波浪载荷幅值的短期响应服从 Rayleigh 分布。这样可得到浮体运动与波浪载荷的各种短期统计值,如均值、有义值、最大值。长期预报是指统计时间为一年或更长时间。在此期间,浮体装载、航速、航向以及海况条件都是变化的,不再是平稳随机过程。通常,长期预报可作为一系列短期平稳随机过程的组合来处理。结合波浪散布图,长期预报可获得浮体在给定超越概率水平下的运动与波浪载荷长期极值。

海洋结构物水动力分析应根据具体对象的航速与船型特征,选择恰当的水动力分析软件,以满足工程设计需要。研究表明:对无自航的海洋工程结构来说,三维线性零航速频域理论可以满足工程计算精度的要求;对于航速不是很高、首尾线型变化缓和的船舶(如超大型油船、大型散货船、超大型矿砂船),可以采用三维线性低航速频域理论进行水动力分析工作;而对于具有高航速、大外飘的船舶(如集装箱船、大型舰艇),则有必要采用三维非线性全航速时域理论,以考虑航速效应和非线性因素的贡献。

6.4.4 波浪工况的选取

以挪威船级社开发的 SESAM 软件为例,讨论典型的半潜起重铺管船中波浪载荷的选取和分析方法。

SESAM/WADAM 程序的格林函数采用 Rankine 源形式。该程序源自美国麻省理工学院的 Swan 程序,挪威船级社在此基础上做了很多实用化开发。

SESAM/WADAM 程序具有友好的图形用户界面,可方便地进行几何建模和分析参数定制。该程序还包含傅立叶变换模块,还可把时域分析结果转换为频域结果,进而调用 POSTRESP 程序完成浮体在不规则波中的统计预报。

SESAM/WADAM 程序不但可以考虑流体压力表达式中的速度平方项和瞬时物面两项非线性因素,还可以考虑任意航速效应。另外,可以根据需要选择 Neuman 方法或叠模理论求解定常势,以满足对数值精度和数值稳定性的不同要求;可选取一阶显式欧拉法或二阶梯形蛙跳法离散自由面条件,以满足不同网格划分尺度和航速时的数值收敛要求;采用数值海岸模拟远方辐射条件,以吸收计算产生的多余波能,避免对计算结果产生不利影响;采用人工弹簧和自动舵两种数学模型解决浮体纵荡、横荡和首摇运动的漂移问题。此外,与 WASIM 程序一样,SESAM/WADAM 程序也建立了与 SESAM/SESTRA 程序相同的波浪载荷自动加载接口,可满足基于非线性波浪载荷的全船有限元分析的需要。

半潜起重铺管船与普通半潜式钻井平台不同,在作业状态时除了遭受波浪载荷外,还将同时承受尾吊起重作业载荷,因而其作业状态也是结构总强度分析中需要重点考虑的装载工况。而生存状态的强度分析与半潜式钻井平台相同,仅考虑作业海域百年一遇的波浪载荷。

船体在波浪中的载荷与船体的装载情况、波浪的波高、周期和相位,以及浪向角都有密切的关系,而且在船体的使用过程中,这些因素有多种不同的组合状态。所以在进行强度校核时,需要对船体的多个受力状态进行分析。对于波浪载荷工况,需要对一系列波浪周期和不同入射波相位进行循环,在得到的结果中选取最危险的情况进行有限元强度分析。

半潜起重铺管船的典型浮态包括作业(起重和铺管)状态和生存状态,需要分别对受静水载荷和受最大环境载荷条件下的总强度进行分析。根据工程实践和规范的要求,半潜起重铺管船的危险波浪工况包括最大横向分离力状态、最大扭转状态、最大纵向剪切力状态、最大纵向加速度状态、最大横向加速度状态、最大垂向弯矩状态以及最大垂向剪切力状态。

典型半潜起重铺管船的计算载荷剖面位置如图 6-26 所示。

采用设计波法确定半潜式结构物的波浪载荷需要计算典型波浪工况下的设计波参数,包括波浪周期、浪向、波幅和相位。设计波参数计算有确定性方法和谱分析方法。对于半潜起重铺管船本身不同作业状况及不同装载下的计算,如尾吊作业、单起重机作业和生存工况,各典型波浪工况的设计波参数应分别予以考虑并进行各自独立的计算。

中国船级社编制的《海上移动平台入级规范》对设计波处理没有特别要求;

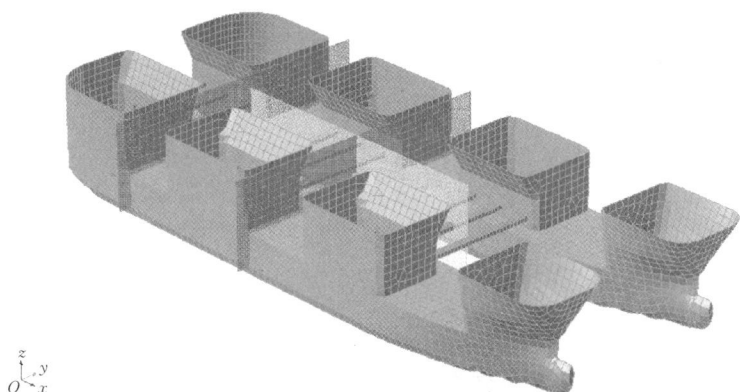

图 6‑26　典型半潜起重铺管船的计算载荷剖面

但美国船级社的 MODU 规范则要求对规则波波幅视情况采用 1.1～1.3 的放大系数。因此,如果采用美国船级社的规范,关键区域的设计载荷会比用 CCS 规范校核的要求略高一些。

6.4.5　结构强度分析

深水半潜起重铺管船的总强度分析是在考虑各个计算工况的波浪载荷情况下,考核总强度载荷传递路径上的关键结构构件上的应力状态,以评估结构是否能够抵御该设计载荷保证整船安全。

在设计波参数确定以后,就可以采用三维水动力理论来计算半潜起重铺管船在该设计波中的运动和载荷,进而采用准静态方法对船体整体结构进行强度评估。它假定船体在规则波上处于瞬时静止,其不平衡力由船体运动加速度引起的船体惯性力来平衡。这种计算方法只考虑了船体运动加速度的影响,而略去了船体运动速度与位移的影响,从而把一个复杂的动力问题简化为静力问题来处理。由于实际海况中的波浪周期远低于船体结构的固有周期,因而采用准静态方法进行结构分析可以满足工程精度要求。

各家船级社都开发了相应的计算分析软件系统,载荷往往可以比较方便地映射到结构模型中,直接进行计算分析。如采用通用商业分析软件,部分成套软件如 ANSYS,也可自动进行水动力载荷对结构模型的映射。从而方便设计分析者使用。

6.4.6　有限元模型的建立

本节采用有限元软件建立半潜起重铺管船主体结构的空间板梁组合力学模

型。模型整体上采用粗网格单元,网格尺度建议采用肋骨间距。但由于现实中半潜起重铺管船尺度往往较大,有些有限元计算软件有单元数限制或计算时间有限,因此也可以酌情取为两倍到四倍肋距。外板、舱壁板、甲板、强框腹板采用壳单元,强框面板、纵骨、舱壁扶强材采用梁单元,设备、压载水、吊重等采用质量单元。典型的半潜起重铺管船粗网格有限元模型如图 6-27~图 6-31 所示[60]。

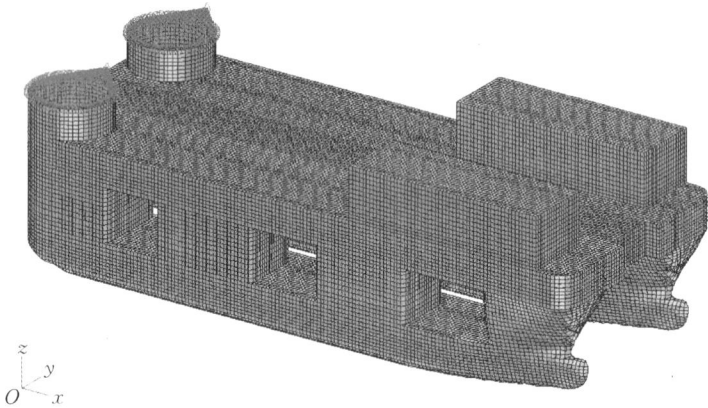

图 6-27 典型半潜起重铺管船整体粗网格有限元模型

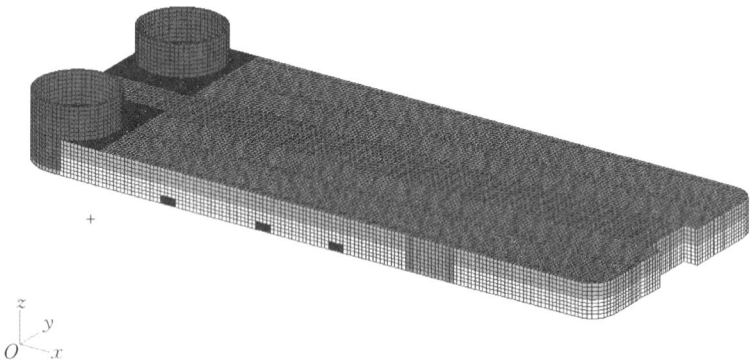

图 6-28 典型半潜起重铺管船上平台的粗网格有限元模型

由于有限元模型的简化,模型的重量与船体结构实际重量必然有差别,这可以通过调整材料密度来取得一致。设备、压载水和吊重等以质量单元的形式加在有限元模型中相应的位置上。起重作业时的吊重采用 MPC 方法关联于起重机底座结构上。

对于水动压力载荷,SESAM 程序可以从三维水动力模型中读取数据自动施加到有限元模型上。并且,还将船体 6 个自由度的惯性加速度施加到有限元模型上,以保证有限元模型的平衡。

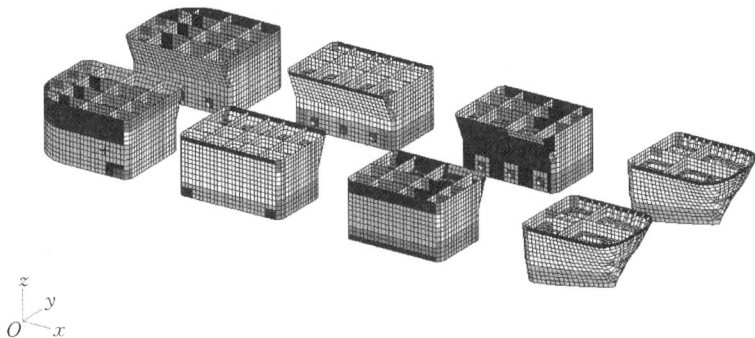

图 6 - 29　典型半潜起重铺管船立柱的粗网格有限元模型

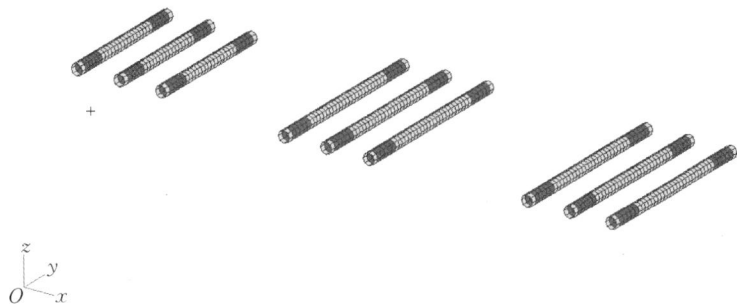

图 6 - 30　典型半潜起重铺管船撑杆的粗网格有限元模型

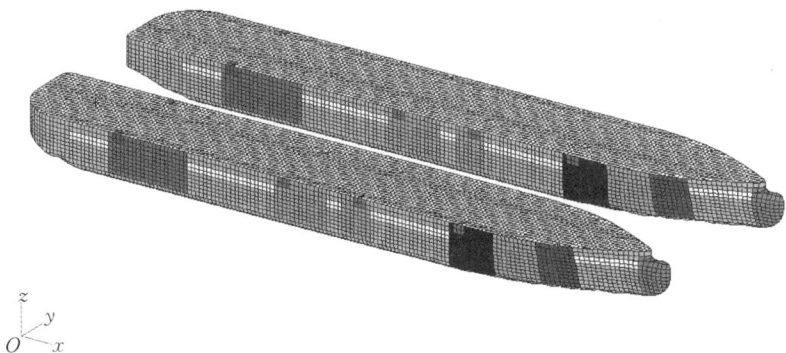

图 6 - 31　典型半潜起重铺管船下浮体的粗网格有限元模型

　　为了避免结构模型发生刚体位移,必须在模型中施加一定的位移边界条件。根据实际情况,位移边界条件可以是弹性固定或刚性固定。当采用 SESAM 计算模型时,在下浮体纵横舱壁交错处选取 3 个不共线的节点,每个节点施加如下的位移边界条件,如图 6 - 32 所示。

　　(1) 节点 1: 限制 x、y、z 方向的位移。

　　(2) 节点 2: 限制 y、z 方向的位移。

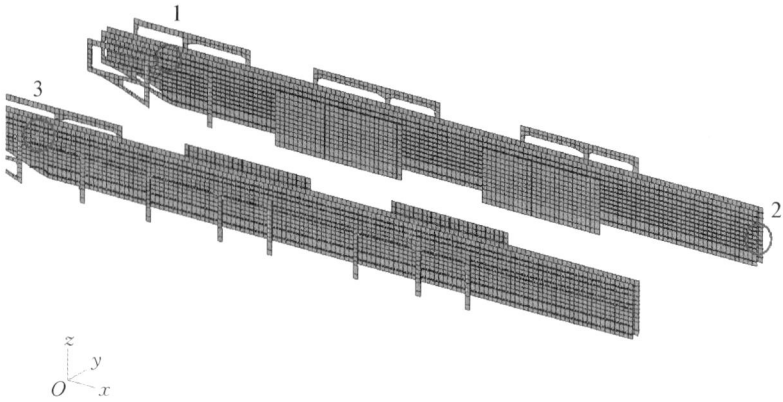

图 6 - 32 有限元的边界条件

（3）节点 3：限制 z 方向的位移。

在另一些有限元计算软件中，可以采用惯性释放法，不用设定计算的具体边界条件。

6.4.7 许用应力

ABS 和 CCS 船级社规定了许用应力标准。对于应力分量以及由应力分量组合而得的应力，两家船级社规定的许用应力是一致的，具体为

$$F = F_Y / F.S. \qquad (6 - 14)$$

式中：F_Y 为材料屈服极限；$F.S.$ 为安全因子，其选取标准见表 6 - 4。

表 6 - 4 许用应力及安全因子

工 况	静 水 工 况	波浪组合工况
安全因子	1.67	1.25
H32 钢许用应力/MPa	189	252
H36 钢许用应力/MPa	212	284

对于板结构，可以采用 von Mises 等效应力进行校核。等效应力 σ_{eqv} 的表达式为

$$\sigma_{eqv} = \sqrt{\sigma_x^2 + \sigma_y^2 - \sigma_x \sigma_y + 3\tau_{xy}^2} \qquad (6 - 15)$$

式中：σ_x 为平板 x 方向的平面应力；σ_y 为平板 y 方向的平面应力；τ_{xy} 为平面剪应力。

6.4.8 屈服强度分析

一般而言,典型半潜起重铺管船的高应力区域分布在船尾吊机基座附近、立柱和上下浮体的连接处、横撑端部等区域。典型的应力云图如图 6-33～图 6-35 所示。

图 6-33 尾吊区域附近的强框和舱壁应力云图

图 6-34 尾吊区域附近的立柱外板应力云图

图 6-35　尾吊区域附近的立柱纵横舱壁应力云图

6.5　起重铺管船主体高负荷区域强度设计

上节讨论了基于粗网格的半潜起重铺管船总强度计算方法,该方法保证了大块构件,如外板、甲板、纵横舱壁和强框架的整体结构安全。但由于单元尺度和计算力的限制,这一方法难以对局部的结构细节做更为详细的计算评估。在实践中,半潜起重铺管船和大部分海洋工程船舶的损害往往表现为局部节点的应力集中过大引起的结构失效破坏,或者疲劳累积损伤引起的结构疲劳破坏。

半潜起重铺管船的大块构件连接时,往往存在由几何突变引起的载荷应力集中,这种情况下需要对节点进行充分细致的结构分析和设计,避免某一点的局部应力过大,不能将载荷进行充分的传递,有可能会在整体应力不高的情况下出现局部的结构失效,进而撕裂结构件,产生破坏。

此外,半潜起重铺管船长期在海上作业受到循环交变波浪载荷的作用,其所引起的结构内部交变应力导致结构疲劳破坏成为半潜起重铺管船的一种主要破坏形式。同时,因结构采用高强度钢、甚高强度钢,关键连接区域同时又是结构高应力区域,故极易发生疲劳破坏,以致危及平台安全。

因此,重点研究深海半潜起重铺管船的关键节点强度分析技术,系统性开展深海半潜起重铺管船的设计关键技术、设计方法研究和工程化应用研究、总应力传递途径、高应力区域分布和疲劳分析技术,很有必要。本节将对此进行详细的阐述。

6.5.1 局部区域强度分析

对于局部区域强度分析研究,一般有切口应力法和细网格分析法。

切口应力法采用理论计算或者粗网格有限元分析得到相关区域的名义应力结果,即不考虑几何不连续性和突变情况时的局部整体等效应力,然后根据过往经验,采用一定的放大系数,根据名义应力来推算局部区域细节的实际应力。因为计算较为简略,一般在方案设计阶段对相应位置进行应力水平预估时采用该方法,但由于误差较大,难以直接作为工程设计依据,所以对重点区域应力水平预估往往采用细网格分析方法。

细网格分析法是在总体的粗网格模型中,对局部区域划分细网格以求得局部区域精确应力值的方法;可以将细网格有限元模型嵌入粗网格整体模型中,也可以是采用子模型方法,将粗网格的运算结果作为细网格模型的位移边界条件输入。

局部区域细网格子模型计算流程如图 6-36 所示。

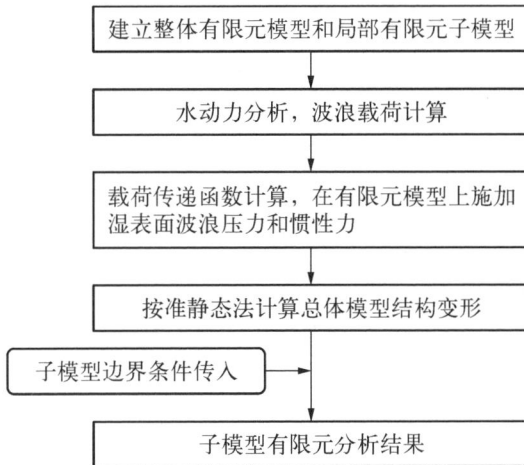

图 6-36 局部区域细网格子模型计算流程

运用细网格子模型法进行计算时,子模型的总体结构、质量分布、工况均应与总体模型保持一致,具体细节的节点则按照实际设计来进行建模。整体网格尺度可以按照纵骨间距或者 1/2 纵骨间距来进行建模,需要关注的细节区域则采用细化网格,根据需要从 1/8 纵骨间距到 50 mm×50 mm 不等。大部分船级社对不同尺度细网格下的许用应力有着不同的校核标准。一般来说,网格尺度越细,计算所得应力越高,相应衡准也会提高。

图 6‐37～图 6‐39 显示了一个典型的半潜起重铺管船某号立柱与上浮体连接处的细网格子模型。

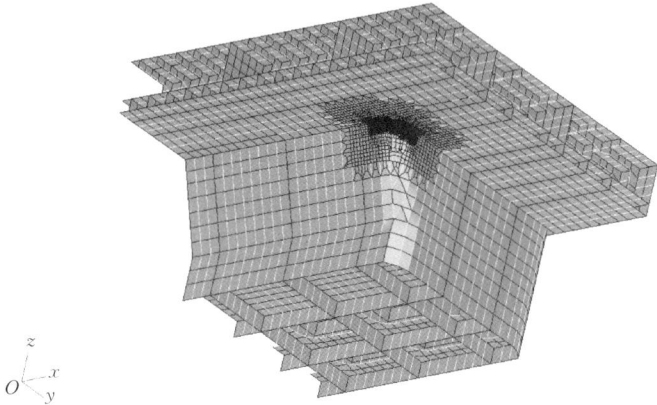

图 6‐37 某型半潜起重铺管船某号立柱与上浮体连接处的细网格子模型一

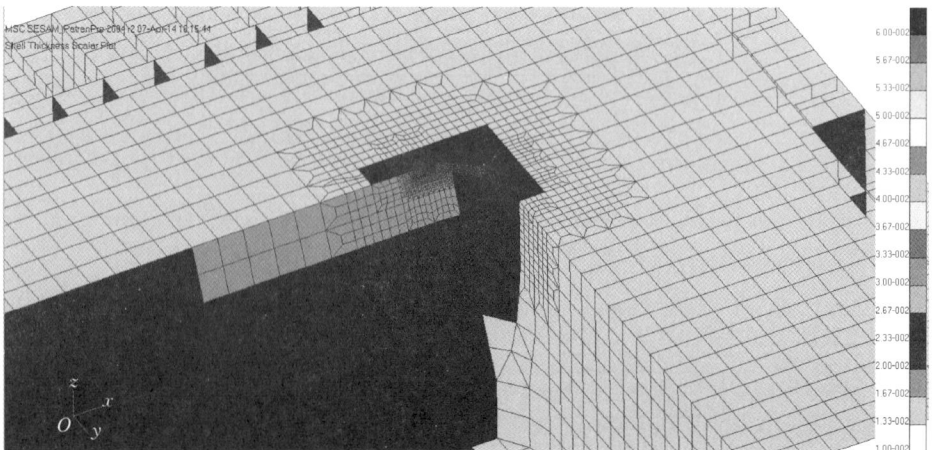

图 6‐38 某型半潜起重铺管船某号立柱与上浮体连接处的细网格子模型二

图 6‐40～图 6‐42 显示了一个典型的半潜起重铺管船某号立柱与下浮体连接处及撑杆端部的细网格子模型。

图 6-39 某型半潜起重铺管船某号立柱与上浮体连接处的细网格子模型三

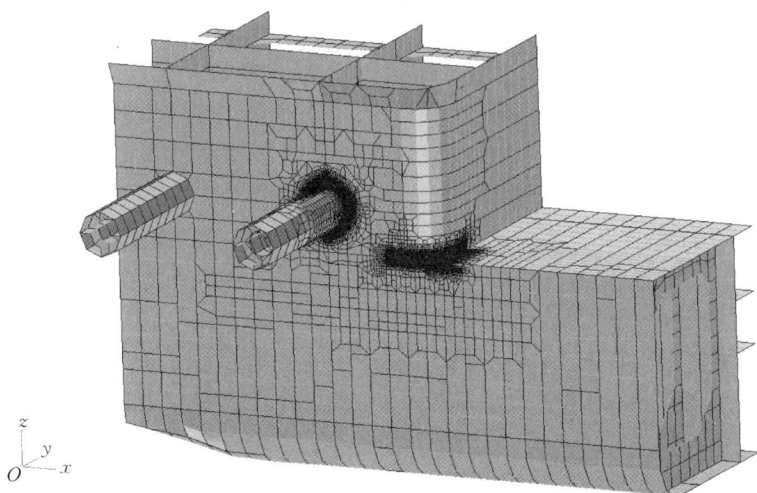

图 6-40 某型半潜起重铺管船某号立柱与下浮体连接处的细网格子模型一

不同船级社对许用屈服应力的要求略有不同,但整体差异不大。下面以美国船级社和中国船级社规范要求为例,讨论不同船级社对许用屈服应力的要求,其中美国船级社对静载工况和组合工况下普通钢的安全要求略高,而中国船级社对组合工况高强度钢的安全要求略高。

中国船级社要求对于细网格有限元分析(高应力区域的网格尺寸为 $50 \text{ mm} \times 50 \text{ mm}$),等效应力校核为

$$\sigma_{eq} \leqslant C\sigma_{yd} \tag{6-16}$$

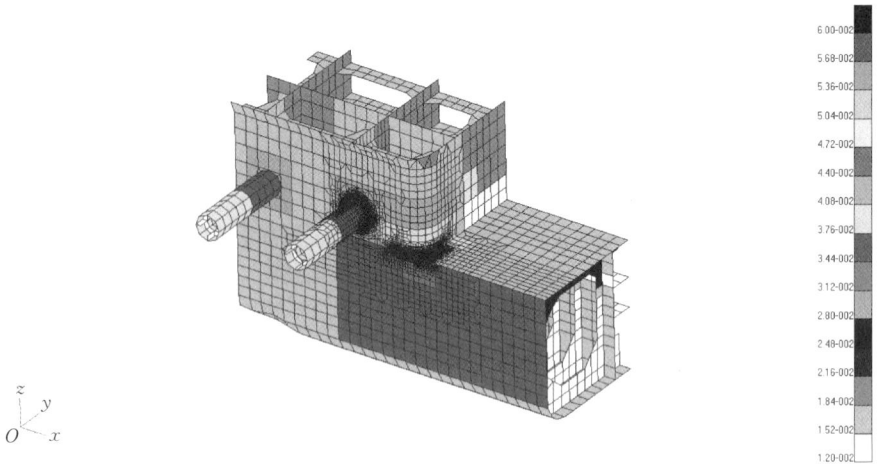

图 6 - 41 某型半潜起重铺管船的细网格子模型二

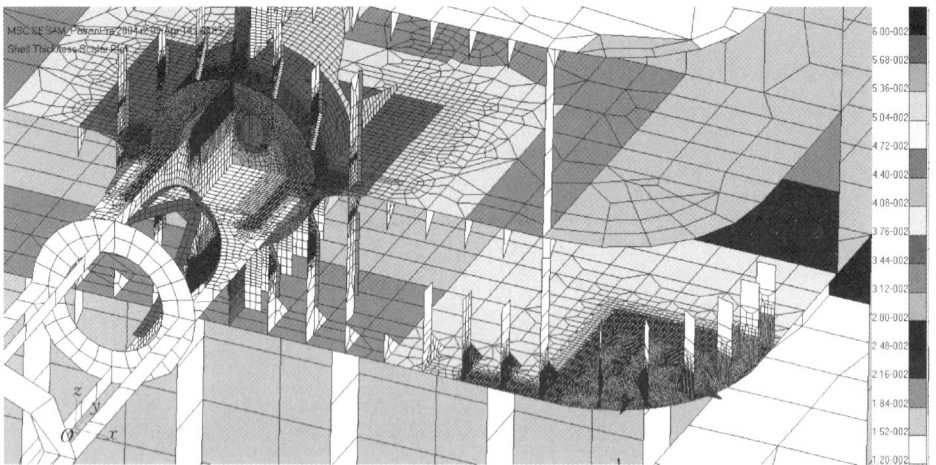

图 6 - 42 某型半潜起重铺管船的细网格子模型三

式中：σ_{eq} 为等效应力；C 为系数，对于静载工况，$C=1$，对于组合工况，$C=1.286$；σ_{yd} 为规定的材料应力，按表 6 - 5 取值。

表 6 - 5　中国船级社规定的局部区域校核中不同材料的 σ_{yd} 值(单位：MPa)

材　　料	材料屈服强度	静 载 工 况	组 合 工 况
普通钢	235	235	235
H32 高强度钢	315	301	301

（续表）

材　料	材料屈服强度	静 载 工 况	组 合 工 况
H36 高强度钢	355	326	301
H40 高强度钢	390	346	301

中国船级社规定的细网格子模型分析中的许用屈服应力如表 6 - 6 所示。

表 6 - 6　中国船级社规定的细网格子模型分析中的许用屈服应力(单位：MPa)

材　　料	材料屈服强度	静 载 工 况	组 合 工 况
普通钢	235	235	302
H32 高强度钢	315	301	387
H36 高强度钢	355	326	387
H40 高强度钢	390	346	387

美国船级社对网格小于 50 mm×50 mm 的细网格区域要求：

$$\begin{cases} \sigma_{eqv} < 0.97 S_m F_y, 静载工况 \\ \sigma_{eqv} < 1.25 S_m F_y, 波浪组合工况 \end{cases} \quad (6-17)$$

式中：σ_{eqv} 为许用应力；F_y 为屈服应力；S_m 取值见表 6 - 7。

表 6 - 7　美国船级社规定的局部区域校核中不同材料的 S_m 值

材　　料	材料屈服强度/MPa	S_m
普通钢	235	1.000
H32 高强度钢	315	0.950
H36 高强度钢	355	0.908
H40 高强度钢	390	0.875

美国船级社规定的细网格子模型分析中的许用屈服应力见表 6 - 8。

表 6 - 8　美国船级社规定的细网格子模型分析中的许用屈服应力(单位：MPa)

材　　料	材料屈服强度	静 载 工 况	组 合 工 况
普通钢	235	228	293
H32 高强度钢	315	290	374

材 料	材料屈服强度	静 载 工 况	组 合 工 况
H36 高强度钢	355	313	403
H40 高强度钢	390	331	427

6.5.2 局部区域疲劳分析

如本章前文所述，疲劳分析方法分为简化法与谱疲劳分析法。也有分为
3 种方法的，即另一种为确定性方法。这些疲劳评估方法均是基于 Miner 线性
疲劳累积损伤原理。

有限元分析过程可以在有限元计算软件如 SESAM 程序中进行。最后的疲
劳累积损伤度可根据中国船级社的规范采用相应的公式进行计算。图 6 - 43 给
出了舰船和海洋工程结构物疲劳简化分析的计算流程。

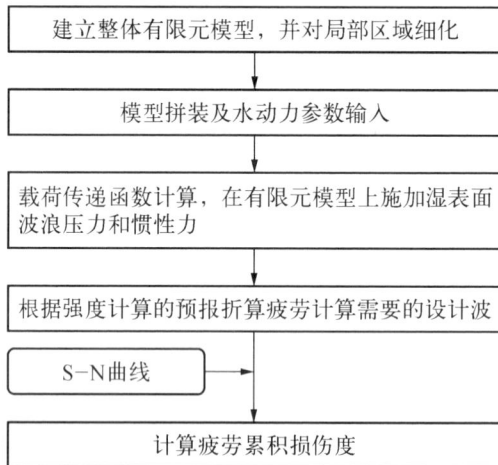

图 6 - 43　舰船和海洋工程结构物的疲劳简化分析的计算流程

相对而言，简化法的工作量较小，载荷可以根据总强度计算得到的不同浪向
下的载荷进行折算。在实践中，如果设计周期较为紧张，通常会采用简化法。但
简化法计算所得的疲劳寿命往往会偏于保守，如果设计时间充分，或者希望得到
较为精确的结果，应该采用全概率疲劳分析方法，计算所有浪向对疲劳寿命的
影响。

采用全概率疲劳分析方法需要建立热点区域的局部细化有限元模型，以获
得用于全概率分析的热点应力传递函数。为了使热点应力计算结果更为准确，

在模型细化时应遵循如下原则：

（1）疲劳热点区域的单元形状为 4 节点矩形壳单元，大小为板厚乘以板厚。

（2）热点区域的矩形单元应至少向各方向延伸 10 个单元。

（3）邻近热点区域的梁单元的面板、腹板均采用壳单元细化。

（4）由细网格向粗网格过渡区域的单元尺寸应尽可能变化平缓且避免三角形单元。

随着半潜式平台设计的不断更新，在设计中大量采用的横向或斜向撑杆逐渐减少。目前所见的半潜式平台多采用 4～6 个支柱来连接上下船体，立柱之间采用横撑进行连接。随着结构形式的简化，应力传递路径更为明确，各个主要部分的连接处即成为高应力区域，承担了传递结构载荷的重要作用，是结构疲劳设计的关键。一般疲劳节点有立柱中纵舱壁与下浮体中纵舱壁连接的肘板，横撑与立柱连接处的肘板，立柱外板与上船体连接的内侧（近平台中心处），立柱外板与下浮体上甲板连接的近船中舷侧，结构外形圆方转换的连接节点等，如图 6-44～图 6-48 所示。

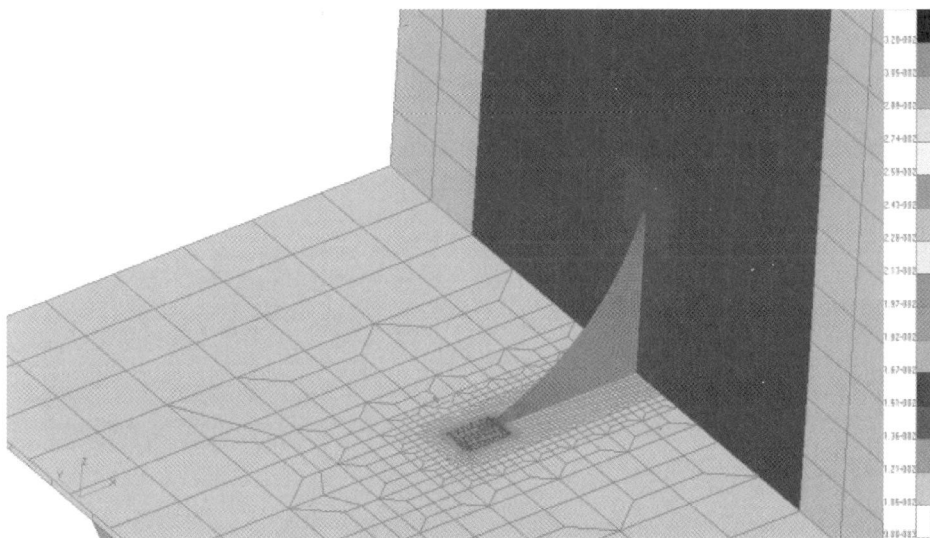

图 6-44 某半潜起重铺管船典型疲劳节点一

简化疲劳评估以基于设计波的平台整体强度分析为基础，因此设计波可以根据平台整体强度分析方法进行折算。

经过水动力分析，计算出 20 年一遇的设计波参数，表 6-9 所示为某型半潜起重铺管船的设计波参数。

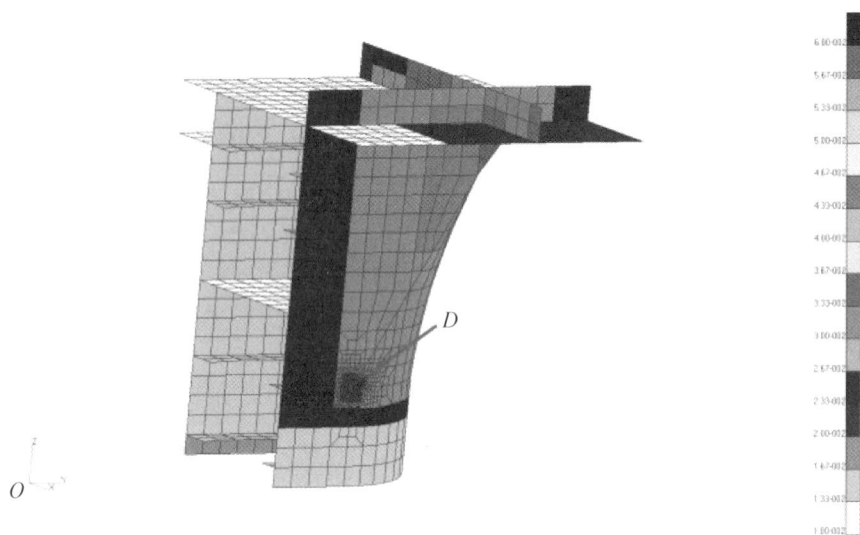

图 6 - 45　某半潜起重铺管船典型疲劳节点二

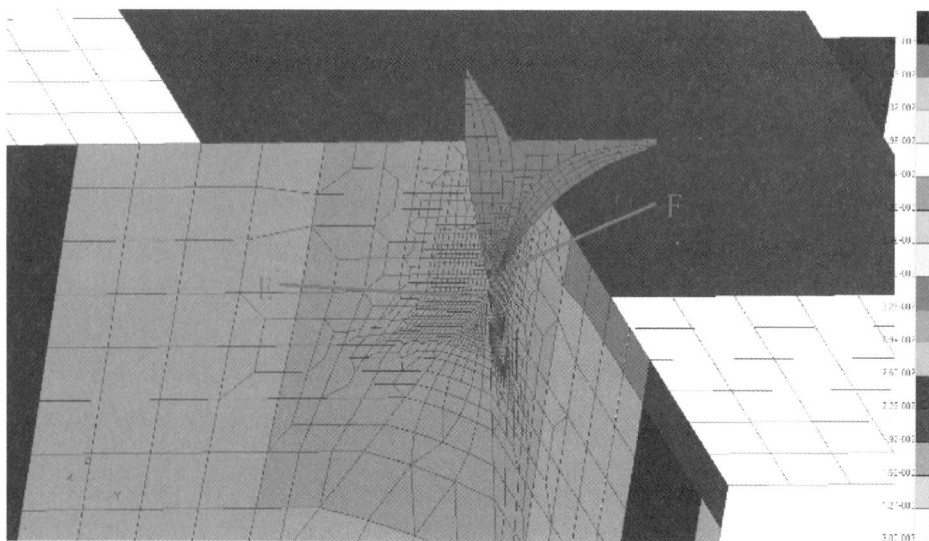

图 6 - 46　某半潜起重铺管船典型疲劳节点三

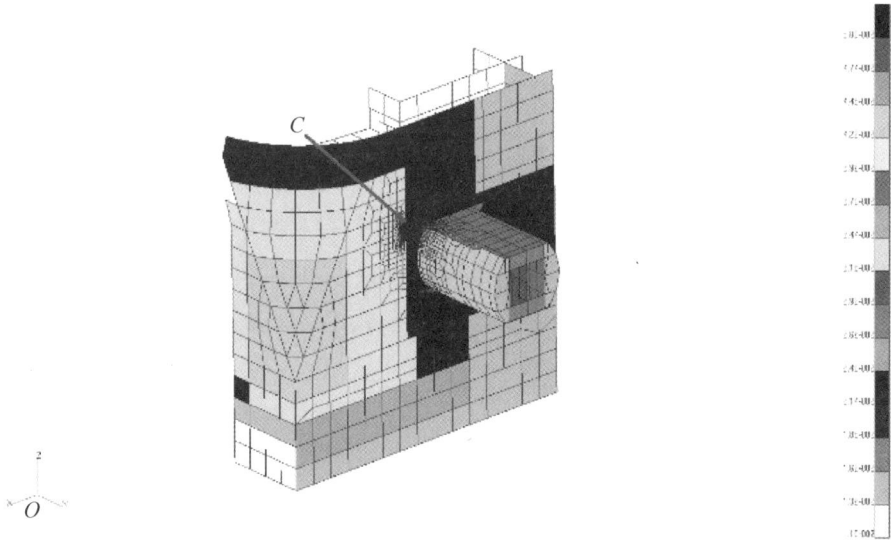

图 6‑47   某半潜起重铺管船典型疲劳节点四

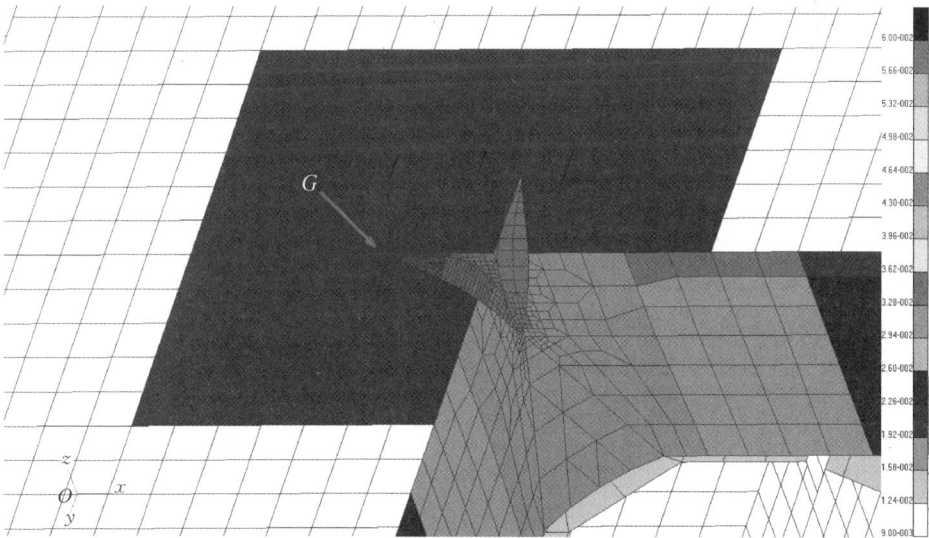

图 6‑48   某半潜起重铺管船典型疲劳节点五

表 6-9 某型半潜起重铺管船水动力分析计算所得 20 年一遇设计波参数

浪向/(°)	波浪周期/s	波幅/m	相位/(°)
0	10.0	4.56	20/200
45	13.5	4.21	85/265
90	12.0	4.44	123/303
135	13.5	4.61	72/252
180	16.5	4.40	5/185

根据 20 年一遇的设计波波幅,可以计算出疲劳载荷,即超越概率水平 10^{-4} 的载荷对应的设计波波幅:

$$H_{D} = H_{F} \left(\frac{\ln N_{D}}{\ln N_{F}} \right)^{\frac{1}{h}} \qquad (6-18)$$

式中:H_F 为疲劳设计对应的设计波波高;H_D 为强度设计对应的设计波波高;N_F 为疲劳寿命对应的应力循环次数;N_D 为强度设计时设计波概率水平对应的应力循环次数;h 为 Weibull 分布的形状参数取值,出于保守考虑,本计算取 $h = 0.9$。

基于 20 年一遇的强度设计时设计波概率水平对应的应力循环次数 $N_D = 5.63 \times 10^7$,按中国船级社规范,疲劳载荷对应的应力循环总次数为 10^4,可得

$$H_{D} = 2.08 H_{F}$$

因此,计算疲劳寿命时的波幅约为两倍的对应设计波波高,即 $0.96 H_D$,计算结果如表 6-10 所示。

表 6-10 某型半潜起重铺管船疲劳寿命计算时的设计波参数

浪向/(°)	波浪周期/s	20 年一遇海况 设计波波高/m	相位/(°)	疲劳分析对应的 设计波波幅/m
0	10.0	4.56	20/200	4.38
45	13.5	4.21	85/265	4.04
90	12.0	4.44	123/303	4.27
135	13.5	4.61	72/252	4.32
180	16.5	4.40	5/185	4.23

经过有限元计算,可得各典型部位各浪向下的疲劳应力幅值,进而选取

S‐N 曲线和相应的系数。

根据中国船级社《船体结构疲劳强度指南》可知,船体结构的累积损伤度 D 为

$$D = \sum_{i=1}^{5} D_i = \sum_{i=1}^{5} \frac{0.6\alpha_i \mu_i S_{Li}^3}{18.42^{3/\xi_1} f_i K} \mu_i \Gamma\left(1 + \frac{m}{\xi_i}\right) \times 10^8 \qquad (6-19)$$

式中: D_i 为结构在对应计算工况下的累积损伤度; α_i 为对应计算工况的时间分配系数,计算中假设按 $0°,45°,90°,135°,180°$ 平均分布; S_{Li} 为对应计算工况的应力范围,MPa; ξ_i 为对应工况下的形状参数,

$$\xi_i = 1.45 - 0.036 f\sqrt{L}$$

其中

$$f = \begin{cases} 1 - 0.08z/d_1, & z \leqslant d_1 \\ 0.92 + 0.08(z-d_1)/(D-d_1), & z > d \end{cases}$$

$$\mu_i = 1.0 - \frac{\gamma\left(1 + \dfrac{m}{\xi_i},\ \nu_i\right) - \nu_i^{-2/\xi_1}\gamma\left(1 + \dfrac{m+2}{\xi_1},\ \nu_i\right)}{\Gamma\left(1 + \dfrac{m}{\xi_i}\right)}$$

$$\nu_i = 18.42\left(\frac{f_i S_q}{S_L}\right)^{\xi_i}$$

f_i 为板厚修正系数,

$$f_i = \begin{cases} 1.0, & t \leqslant 22 \\ \left(\dfrac{22}{t}\right)^{3/4}, & t > 22 \end{cases}$$

所计算点的疲劳寿命应满足下式:

$$T_{ftg} \geqslant T_D S_{ftg} \qquad (6-20)$$

式中: T_{ftg} 为计算得到的疲劳寿命; T_D 为结构设计寿命; S_{ftg} 为疲劳安全系数。

6.5.3 半潜起重铺管船关键节点的设计和比较分析

半潜起重铺管船的关键节点受力复杂,同一区域位置往往可能有不同设计方案可供选取。当设计周期充裕时,应该详细比较不同的节点形式,分析优劣,决定最终的设计。本节以某型半潜起重铺管船的立柱外板与上平台连接区域为

例，对此进行分析[61]。

半潜起重铺管船的立柱外板与上平台连接区域可以采用圆弧连接和折角连接两种形式，因此需要分别进行分析和对比，以探讨其适用性和各自的优缺点。其中，圆弧连接采用圆弧筒形的板，其两端分别与纵向和横向外板相切对接；折角连接形式在上浮体连接位置区域采用45°斜角平板，该平板分别连接纵向和横向的外板，并用肘板将外板适当延长连接到对应的底板内舱壁，避免出现连接点位置的应力集中。两种连接形式在上船体双层底内均对应设有肘板支撑和过渡。两种连接形式采用相同厚度外板和上平台内底板厚，但折角连接区域的纵向延伸肘板较厚。对两种形式分别建立细网格模型如图6-49和图6-50所示，考虑到强度分析和疲劳分析，且为缩短建模时间，可以将细化区域网格大小统一近似取为板厚×板厚，细化范围参考规范要求适当扩大。

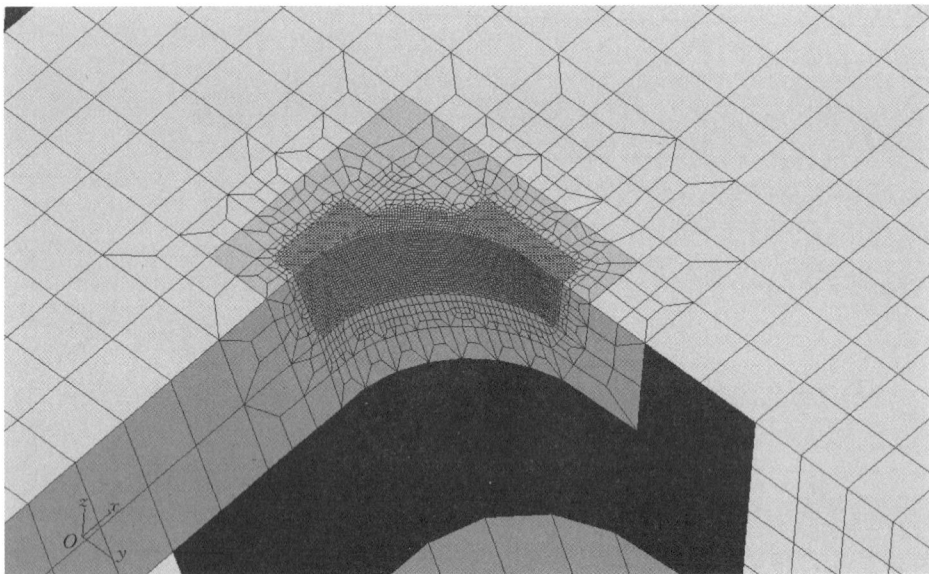

图6-49　圆弧连接形式的细网格有限元模型

通过子模型强度计算分析，比较应力云图可以看出两种方案的最大应力相差不大，均可以满足规范要求的许用应力标准。圆弧连接形式最大应力出现在圆角和纵横舱壁相切处；折角连接形式最大应力出现在肘板趾端。为满足规范的强度要求，折角连接形式在高应力区域所需设计板厚较圆弧连接形式的要大，最大应力处的板厚要超过圆弧连接的。但是圆弧连接形式的应力集中问题对板厚变化不太敏感，如果应力进一步增大，很难通过增加板厚来解决；相对地，折角连接形式只需要增大肘板尺度即可有效降低高应力区域的应力水平。此外，在

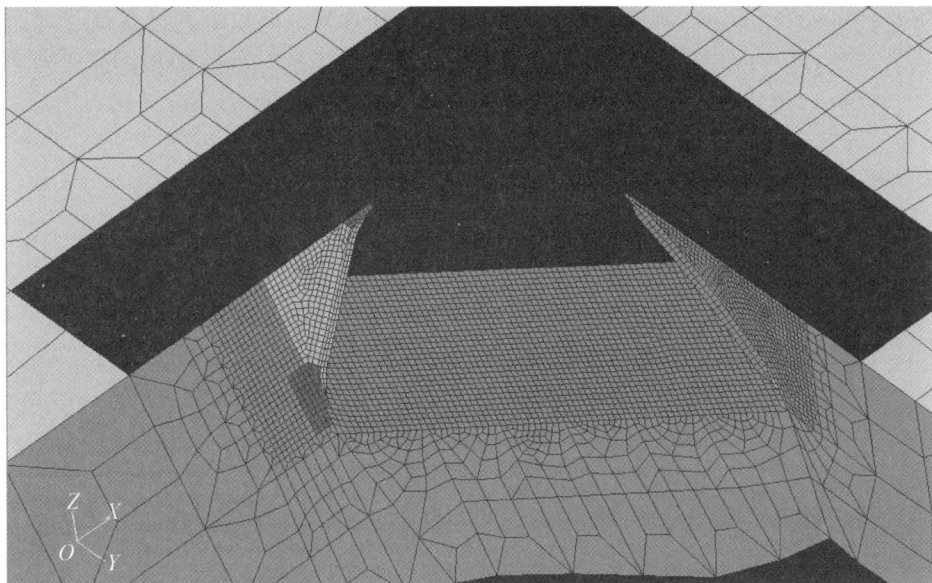

图 6 - 50 折角连接形式的细网格有限元模型

圆弧连接方案里,最大应力出现在圆弧和纵横舱壁连接的相切处,不易优化。而在折角连接方案里,最大应力出现在肘板趾端,可以通过改变肘板设计参数来进行设计优化。应力紧张需要较大调整时,优化余地较大的折角肘板形式可能会具有一定的优势。

通过子模型疲劳计算分析,可以发现该半潜起重铺管船的立柱与上平台连接区域采用折角连接形式时,连接节点的疲劳寿命明显高于采用圆角连接时的。

除了强度疲劳比较之外,不同节点设计的建造工艺与维护也有一定区别。圆弧结构涉及立柱圆弧板与平板的对接、上平台对应内底中圆弧板与平板的相切处连接、立柱圆弧形外板与上平台内圆弧形肋板对接等,施工建造时较难处理,还可能因为连接区域的加工精度造成额外的应力集中;检验时,切点位置的损坏情况也不易觉察。相对而言,折角连接形式的斜板连接更便于建造和检验,必要时换板也较为简单便捷。

6.6 独立设备或局部区域结构设计与分析

在整体结构设计的基础上,半潜起重铺管船等大型海洋工程装备,布置有很多专门的设备和装置,以满足不同作业的需求和功能。对应不同设备及装置的工作要求,相应的区域也需进行结构加强,下面以较为典型的设备和装置为例介绍设计和分析要求。

6.6.1 直升机平台结构及加强

大型半潜起重铺管船因为工作需要通常会有直升机起降,因此需在船上设置直升机起降平台。本节以某型半潜起重铺管船为例,介绍直升机平台的强度分析方法。

该大型半潜起重铺管船需要根据业主提供的设计条件,在相应区域进行起重铺管作业。直升机平台位于首部左舷,直升机平台高度下设 4 根主立柱支撑于上船体主甲板。计算报告需要作为主体图纸的一部分提交业主和船级社审查。表 6 - 11 显示了需要提交的图纸和文件。

表 6 - 11　某型半潜起重铺管船直升机平台强度计算相关图纸

序　号	图　　　名
1	总布置图
2	上船体结构图——甲板平面图
3	甲板室结构图
4	直升机平台结构图
5	总体说明书

该船直升机平台及其支撑结构设计选用 H32 级高强度钢,最小屈服极限为 315 MPa。相应地,静载工况许用系数为 0.7,组合工况许用系数为 0.9,即静载工况许用应力约为 220 MPa,组合工况许用应力约为 283 MPa。

对直升机平台及其支撑结构的核算分为两部分。其中平台板及甲板加强筋采用塑性力学校核。平台强桁材及支撑管结构采用有限元方法,可以采用专门的梁系有限元模型如 3D - Beam 软件建模核算,也可以采用通用有限元计算软件如 PATRAN。通常来说,前者较为简便且节约时间;但如果计算要求较高,后者能解决一些前者难以建模描述的问题,如大肘板对应力的分散作用。

根据设计说明书,该直升机平台设计适用于 S61N 直升机起降。直升机相关参数如表 6 - 12 所示。

表 6 - 12 直 升 机 参 数

	SIKORSKY S61N
最大起飞质量/kg	9 298
总长/m	22.20
总高/m	5.30
纵向轮距/m	7.30
横向轮距/m	4.27
主螺旋桨直径/m	18.90
D 值/m	22

直升机平台板和扶强材计算可参看 6.2 节中相关规范计算要求部分。

直升机平台强桁材及支撑管计算采用有限元模型,根据图纸及相关设计材料可确定该半潜起重铺管船直升机平台强桁材及支撑管。其有限元模型如图 6 - 51 所示。

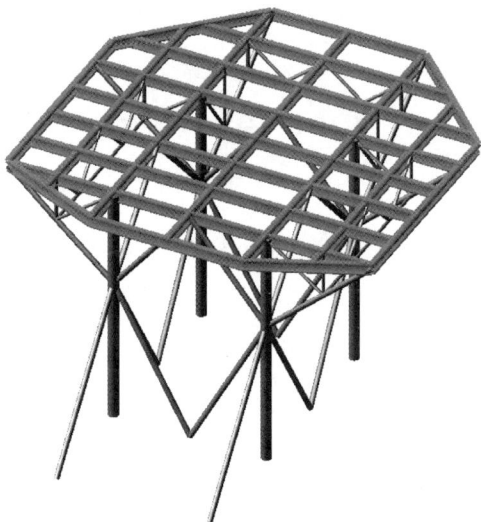

图 6 - 51 直升机平台强桁材及支撑管有限元模型示意图

支撑管与船体连接处的边界设为简支,边界和典型加载工况(直升机降落)如图 6 - 52 所示。

在分析中,设定不同直升机落点 12 处,船体不同方向最大运动(设为 0.5 倍

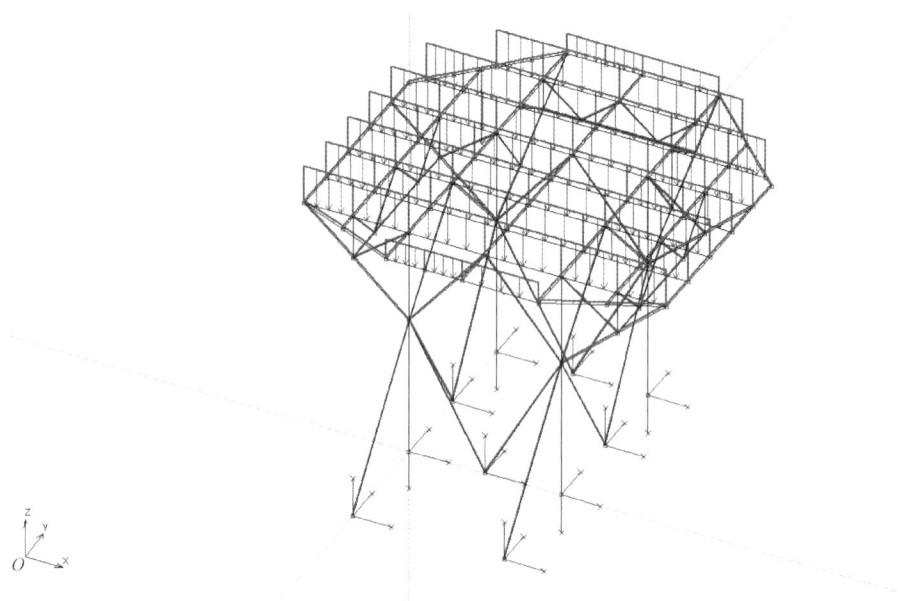

图 6‑52 直升机平台边界和典型加载工况示意图

重力加速度)5 个工况以及静载工况,共计校核 16 个工况。工况描述见表 6‑13,直升机落点如图 6‑53 所示。

表 6‑13 分析工况描述

工 况	工 况 描 述
静载工况	重力＋甲板载荷 0.5 kN/m²
直升机落点	紧急着陆载荷 24 t＋重力＋甲板载荷 0.5 kN/m²
船体运动 1	x 向加速度 0.5 g＋重力＋甲板载荷 0.5 kN/m²
船体运动 2	y 向加速度 0.5 g＋重力＋甲板载荷 0.5 kN/m²
船体运动 3	$-z$ 向加速度 0.5 g＋重力＋甲板载荷 0.5 kN/m²
船体运动 4	$-x$ 向加速度 0.5 g＋重力＋甲板载荷 0.5 kN/m²
船体运动 5	$-y$ 向加速度 0.5 g＋重力＋甲板载荷 0.5 kN/m²

各工况计算结果如表 6‑14 所示。

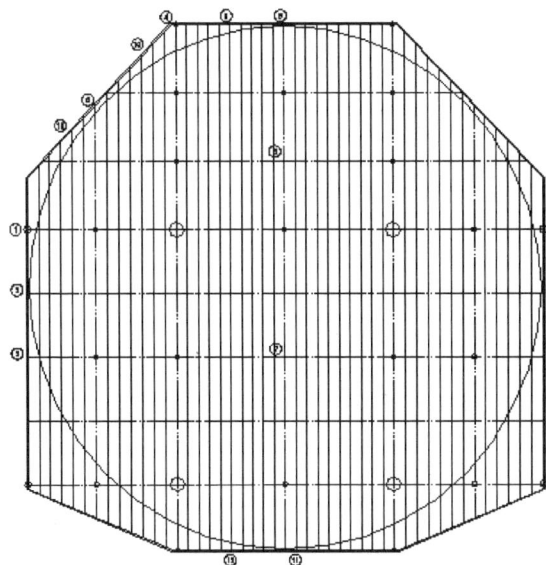

图 6‑53 直升机落点示意图

表 6‑14 该直升机平台分析结果汇总

工 况	最大应力/MPa	许用应力/MPa	许用系数
静载	56	220	0.25
直升机落点 1	70	283	0.25
直升机落点 2	113	283	0.40
直升机落点 3	126	283	0.45
直升机落点 4	90	283	0.32
直升机落点 5	124	283	0.44
直升机落点 6	100	283	0.35
直升机落点 7	76	283	0.27
直升机落点 8	76	283	0.27
直升机落点 9	110	283	0.39
直升机落点 10	115	283	0.41
直升机落点 11	127	283	0.45
直升机落点 12	136	283	0.48
船体运动 1	115	283	0.41
船体运动 2	65	283	0.23

(续表)

工　况	最大应力/MPa	许用应力/MPa	许用系数
船体运动 3	65	283	0.23
船体运动 4	115	283	0.41
船体运动 5	55	283	0.19

由以上计算结果可知,所有构件的许用系数均小于 1。直升机平台及其支撑结构满足相应设计要求,具备足够的结构强度。

6.6.2　主起重机基座结构及加强

半潜起重铺管船的起重重量往往很大,因此旧规范中的克令吊计算方法并不完全适用于半潜起重铺管船。在实践中,半潜起重铺管船的主起重机基座往往会放在总体强度计算模型中,与总体强度同步进行计算。

由于起重重量较大时只采用顶推,所以加载时仍以质量载荷的形式将载荷与起重机自重通过 MPC 关联于起重机基座上。同时以力的形式将其他载荷,包括竖直载荷中的力矩 M_{xz}、水平载荷中的水平力 H 以及力矩 M_{xy} 和 M_{yz} 关联至起重机基座上。整船的加载方式与总强度计算一样,采用设计波法确定典型波浪工况下的设计波参数,包括波浪周期、浪向、波幅和相位。本节计算采用谱疲劳分析方法来确定设计波参数,首先需要计算船体在各典型波浪工况下载荷响应的短期极值,并结合各载荷响应的传递函数确定设计波参数。

平台基座和半潜起重铺管船船体基本是一体的,因此校核也可以在总体强度校核中进行,关注平台基座区域的结构响应,并与许用应力进行比较。

6.6.3　锚机基座结构及加强

锚机设备是船舶通用设备,半潜起重铺管船上的锚机也应该按照规范进行设计和计算,并向检验部门提交相关的加强结构图纸和加强结构有限元分析计算书。

锚机基座及其下加强结构的详细布置和尺寸参见结构专业图纸"锚机基座及加强结构图"。图 6-54 为典型的锚机基座安装甲板平面结构示意图,图 6-55 为典型锚机基座底部平面结构及螺栓布置图。加强结构件通常采用普通钢或者高强度钢。

锚机基座结构需要进行有限元分析来确定强度是否符合设计检验要求。与起重机基座不同的是,锚机设备通常只需进行局部结构的有限元计算。以中国

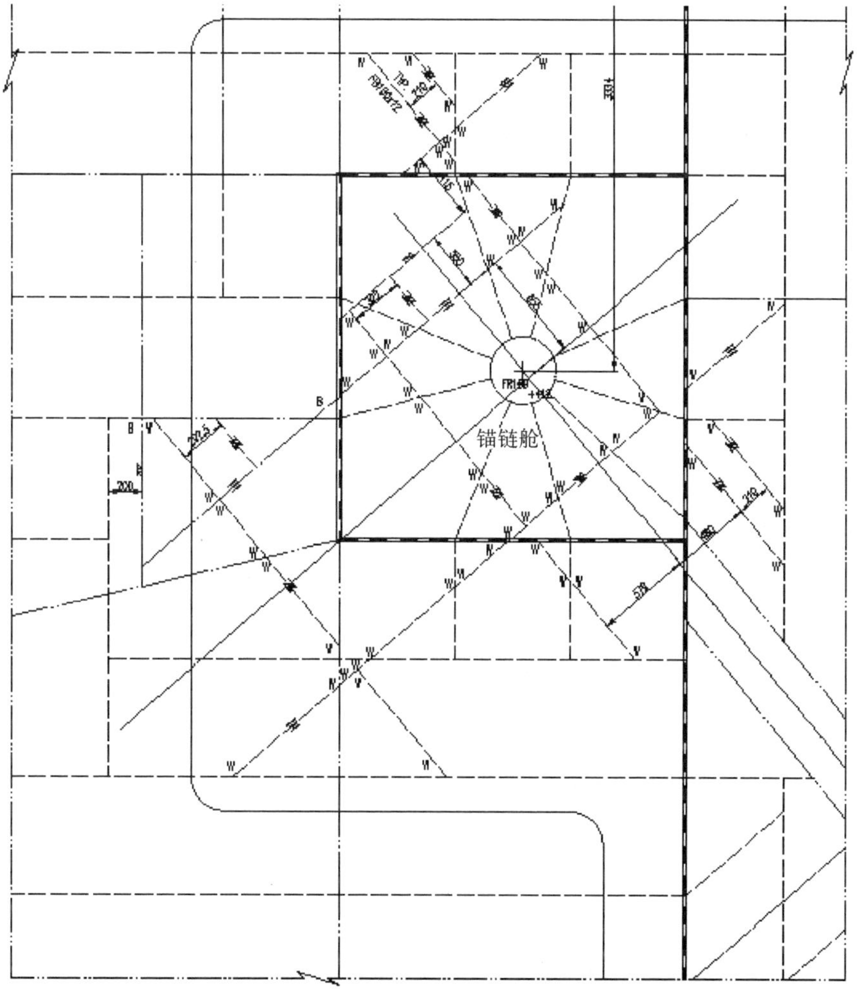

图 6 - 54 锚机基座安装甲板平面结构示意图

船级社规范为例,模型范围选取原则如下:以基座有效作用平面矩形($a \times b$)形心为中心,向四周分别扩展至少 1 倍的该矩形相对应的长、宽距离($3a \times 3b$)。垂向从基座平面扩展至甲板之下的第一个平台甲板或至少 $D/4$ 处(D 为型深)。如按上述方法框取的模型边界上未设置结构的主要支撑构件,则模型应再延伸直至边界落在结构的主要支撑构件上,边界条件可考虑自由支持或固支。若边界条件或模型范围的大小对中心区域的计算结果较为敏感,则应再适当扩大局部模型的取用范围,以不影响中心区域的计算结果为原则。模型主要采用 2D - Shell 单元和 1D - Beam 单元。从计算精度考虑,主要区域网格单元大小通常选择为 1/4 纵骨间距或更小。锚机基座腹板、锚机基座面板、主甲板、纵横舱壁、锚

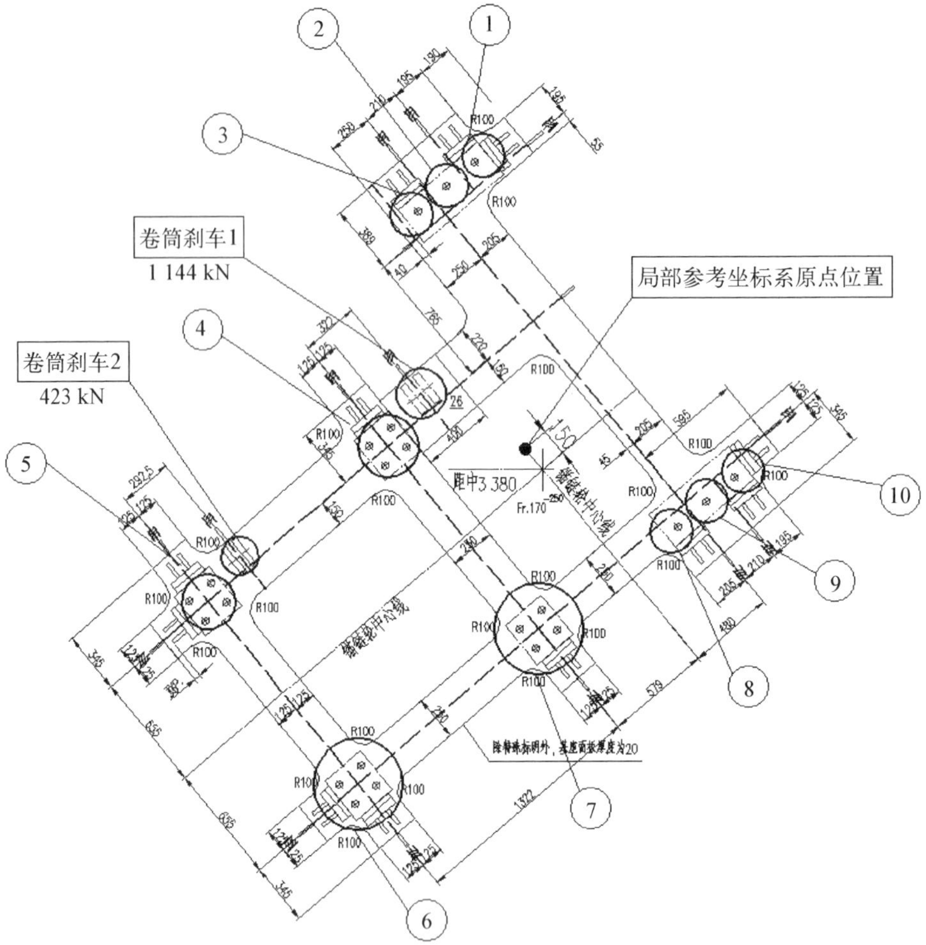

图 6-55 锚机基座底部平面结构及螺栓布置图

链筒、强横梁、纵桁的腹板等主要支撑结构为 2D-Shell 单元;主甲板纵骨、舱壁扶强材、甲板等主要支撑结构的面板作为 1D-Beam 单元,且 1D-Beam 单元作为偏心梁考虑。

模型的全局坐标系通常采用右手笛卡尔坐标系:

(1) x 方向为船长方向,指向船首。

(2) y 方向为船宽方向,自中纵剖面指向左舷。

(3) z 方向为型深方向,自基线指向甲板。

根据螺栓布置(见图 6-55),该锚机底座上共分 10 组螺栓,每组螺栓组有 1~4 个螺栓,可计算出螺栓组的形心。其中局部参考坐标系原点取在锚链管的中心,坐标轴方向与锚机计算局部坐标系一致(局部参考坐标系原点位置不影响计算)。

螺栓布置图形心位置及锚机基座的局部坐标系如图 6-55 中局部坐标系所示,并在该局部坐标系下加载各螺栓组所受的力。

校核锚机基座强度需要考虑锚机固定部分的船体结构强度,包括两种载况:其一为甲板上浪载荷;其二为相当于 45% 和 80%(根据有无掣链器)的锚链破断载荷,作为锚机制动载荷。根据中国船级社规范,位于尾部的锚机和部分有高首楼的半潜船的首锚可以不用计算上浪载荷。

按中国船级社《钢质海船入级规范》的要求,作用在锚机上的压力和计算面积可按下述步骤计算(见图 6-56):

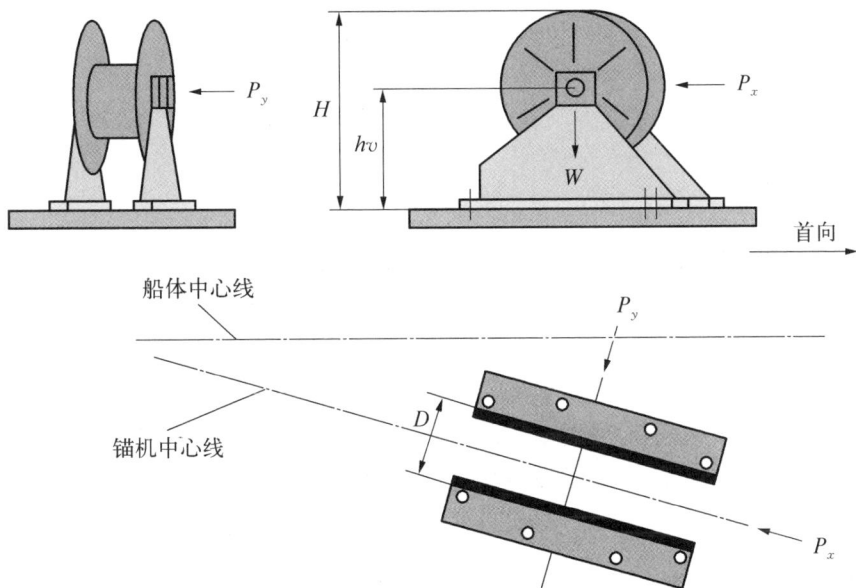

图 6-56 作用载荷方向示意图

(1)垂直于轴线的力 P_x 为 $200\,\text{kN/m}^2$ 乘以该方向的投影面积(投影面积包含锚链和缆绳的投影)。

(2)平行于轴线的力 P_y 为 $150\,\text{kN/m}^2$ 乘以 f 倍该方向的投影面积。

(3)锚机自重。

在甲板上浪载荷作用下,考虑两种工况:P_y 为舷外侧方向时(力由右舷向左舷作用);P_y 为舷内侧方向时(力由左舷向右舷作用)。

计算锚机制动载荷时,按照锚链的破断拉力,计算出校核所用载荷为 45% 的锚链破断力,载荷作用点为锚链轮出绳处(不带掣链器的锚机所用载荷为 80% 破断力)。使用 MPC 加载,同时需要考虑锚机的自身重力的影响。

图 6-57 显示了某型半潜起重铺管船的锚机加强计算有限元模型。

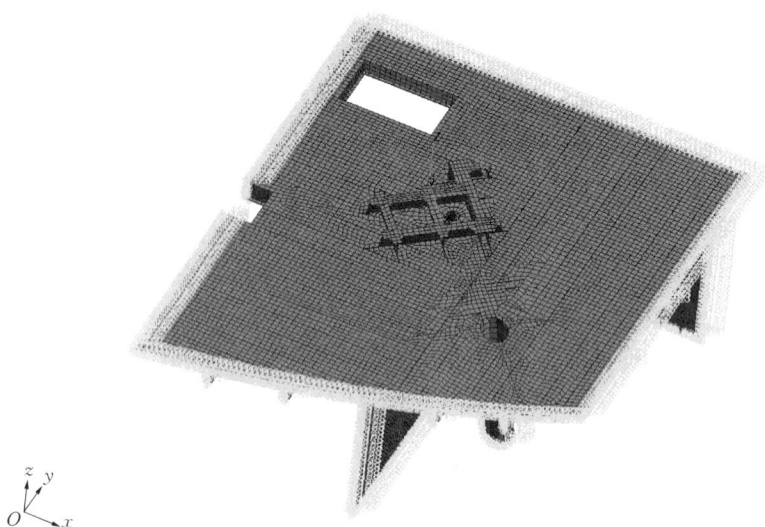

图 6‑57 锚机加强计算有限元模型

按照中国船级社《钢质海船入级规范》的要求,对于普通钢 AH32、AH36 材料梁、交叉梁系,其许用正应力分别为 235 MPa、315 MPa、355 MPa,许用剪应力为 $0.6\sigma_y$,即 141 MPa、189 MPa、213 MPa。对于板元,其 von Mises 的许用应力为 σ_e,即 235 MPa、315 MPa、355 MPa。

对于设置了掣链器的锚机,还需要额外校核掣链器相关结构的强度。

螺栓和止移块强度校核,通常由设备厂商提供并作为设备送审的一部分。若在受力方向上止移块数量不够,则应向舾装提出增加部分止移块。若厂商没有提供止移块和螺栓强度计算书,可按下面的方法校核。

由螺栓布置图可知,锚机座在 P_x 轴向方向(出绳方向)设有 4 组止移块,承担水平剪力 F_x;在 P_y 轴向方向(垂直出绳方向)设有 2 组止移块,承担水平剪力 F_y。止移块的焊接结构如图 6‑58 和图 6‑59 所示。

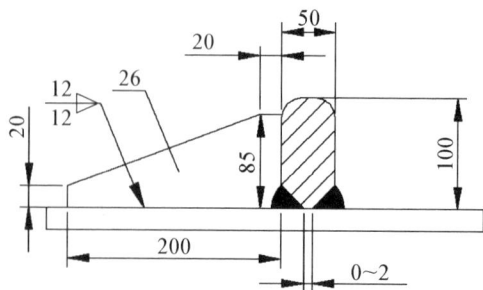

图 6‑58 止移块焊接结构示意图(mm)

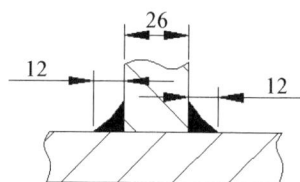

图 6‑59 止移块焊接节点详图(mm)

通过各个工况,如甲板上浪和破断强度载荷时单个螺栓组在不同方向上的最大受力,可以计算出止移块焊缝的剪切强度。上浪载荷时规范许用剪切强度为 $0.58\,\sigma_s$(136 MPa);破断载荷时规范许用剪切强度为 $0.4\,\sigma_s$(94 MPa)。需要注意的是,该剪切强度要求为中国船级社对梁系校核锚机加强结构的要求,不是对焊缝的要求。中国船级社焊接规范规定的焊料屈服强度大于 306 MPa,抗拉强度大于 400 MPa。

6.6.4 系泊设备结构及加强

系泊设备是船舶通用设备,半潜起重铺管船上的系泊加强结构也应该按照规范进行设计和计算,并向检验部门提交相关的结构图纸和有限元分析计算书。

在实践中半潜起重铺管船的系泊设备往往非常多,难以一一进行校核。因此通常选用同一类型系泊设备里载荷较大或加强结构相对较弱的构件进行校核。某典型设备及说明详见表 6-15 和图 6-60。

表 6-15　系泊设备列表

序　　号	设　备　名　称
1	羊角滚轮导览器
2	双柱带缆桩
3	巴拿马导缆孔

与锚机设备加强结构类似,系泊设备的强度计算也只需要建立局部模型。模型范围选取原则如下:以基座有效作用平面矩形($a \times b$)形心为中心,向四周分别扩展至少1倍的该矩形相对应的长、宽距离($3a \times 3b$)。垂向从基座平面扩展至甲板之下的第一个平台甲板或至少 $D/4$ 处(D 为型深)。如按上述方法框取的模型边界上未设置结构的主要支撑构件,则模型应再延伸直至边界落在结构的主要支撑构件上,边界条件可考虑自由支持或固支。若边界条件或模型范围的大小对中心区域的计算结果较为敏感,则应再适当扩大局部模型的取用范围,以不影响中心区域的计算结果为原则。模型主要采用 2D-Shell 单元和 1D-Beam 单元。从计算精度考虑,主要区域网格单元大小通常选择为 1/4 纵骨间距或更小。但在部分规范中,系泊设备和锚机设备的基座建模要求会有不同的腐蚀余量,故在计算时需要加以注意,尤其是在某些模型中同时考虑锚机设备和系泊设备的情况下。

与锚机加强结构计算类似,系泊加强结构模型的全局坐标系通常也采用右

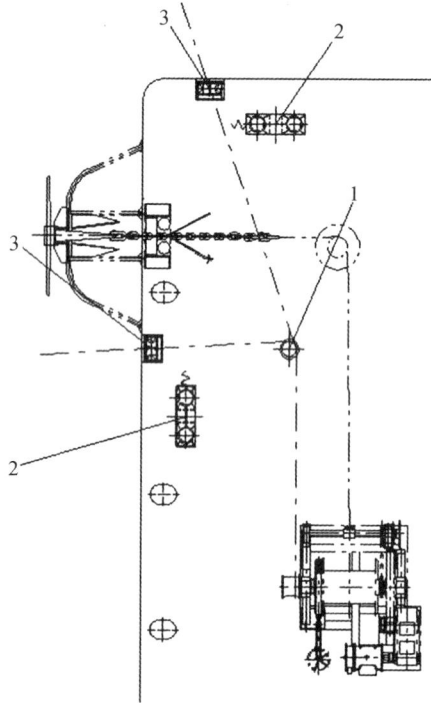

图 6 - 60　典型系泊设备布置图

手笛卡尔坐标系：

（1）x 方向为船长方向，指向船首。

（2）y 方向为船宽方向，自中纵剖面指向左舷。

（3）z 方向为型深方向，自基线指向甲板。

7 多点锚泊定位系统

起重、铺管船在海上需要控制住船位才能施工作业。多点锚泊定位是常用的控制船位的方法之一。它通常以船舶为中心向四周抛出若干个锚和锚索,利用锚抓住底质的能力,通过锚索将船系住。它是历史最为悠久、最为古老的定位方法。早期锚泊系统的分析手段单一,设备组成简单,控制大多通过机旁操作,多台设备协同控制能力差,需耗费大量的人力。在恶劣环境下,锚索极容易过载破断,系统安全性差,其所能适应的环境载荷和工作水深极其有限。随着海洋工程不断开发、工程经验的不断积累以及现代科学技术的融入,多点锚泊定位技术早就发生了翻天覆地的变化。先进的风洞试验、水池试验以及计算机仿真技术,可准确预报设计条件下的锚泊系统载荷;新材料的应用大大地提高了锚索的强度,减轻了锚索重量;各种传感器和监视系统的应用,可对锚泊系统的状态进行实时监控、报警甚至应急响应,极大地提高了系统的安全性;电子技术的突飞猛进、先进的变频控制技术使系统集成度、智能化控制水平越来越高。驾驶室远程控制成为主流,对于复杂的移船操作,操作单个手柄即可控制所有绞车进行联动,实现船舶的精准控制,大大节省了人力,提高了作业效率。所有这些,使现代锚泊定位系统所能适应的环境载荷越来越严酷,工作水深越来越大,这在以前是无法想象的。当然锚泊系统的发展不会止步,在未来它必将不断融入新的技术,绽放出新的生命力。

7.1 起重、铺管船多点锚泊系统概况

船舶在海上受到风、浪、流的共同作用产生 6 个自由度的运动,其中船舶自身无法复原的有纵荡、横荡和首摇运动,必须借助多点锚泊定位系统提供的回复力来保持其平衡位置。此外,铺管船在作业时沿铺管线的移动能力是通过前进方向的锚绞车收缆和后向的锚绞车放缆来实现。大部分起重船锚泊系统的主要功能是定点定位,但也可控制绞车实现一定的移船能力,方便作业现场调整船位。因此锚泊系统的主要作用一是控制船舶的水平偏移,二是移船。锚泊系统通常有 4 点、8 点、10 点和 12 点的布锚方式,如图 7-1 所示。其中(a)、(b)和(c)为起重船常用形式,(d)、(e)和(f)为铺管船常用形式。铺管船为了获得前进方向更大的牵引能力,前向的锚点数会比后向的多。实际上,采用何种布锚方式,要根据船型、环境载荷、总体布置、设备情况等各种因素综合考虑。

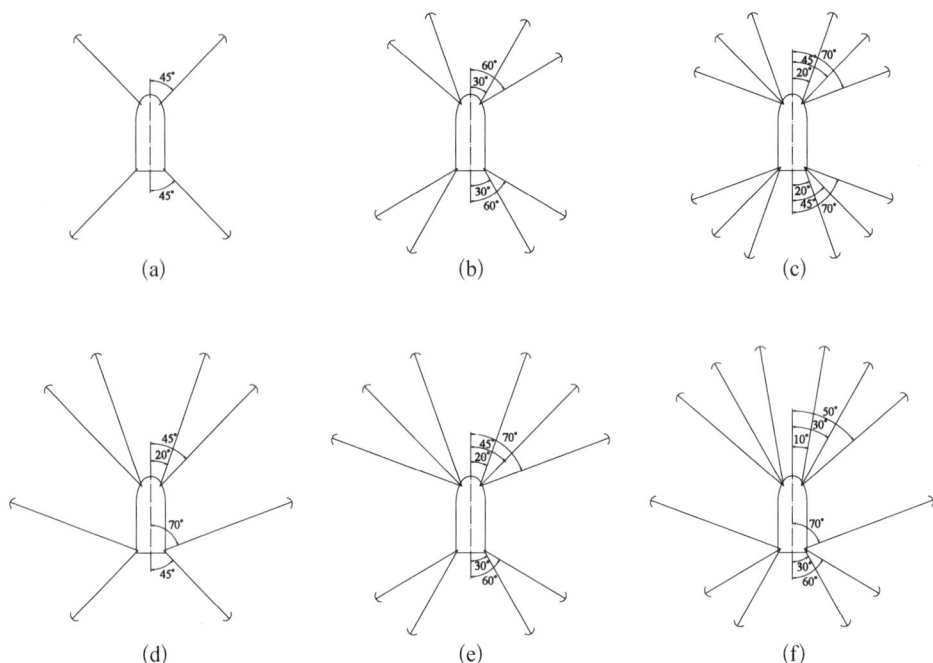

图 7 - 1　起重、铺管船常用布锚方式

(a) 4 点定位　(b) 8 点定位　(c) 12 点定位　(d) 8 点移船定位
(e) 10 点移船定位　(f) 12 点移船定位

7.2　起重、铺管船多点锚泊系统组成及布置

多点锚泊定位系统主要由锚、锚索(或称系泊索)、锚机、锚索导向装置、锚收存设施、抛起锚装置等设备组成。其中锚、锚索和锚机为系统的核心设备，其他为辅助设备。起重、铺管船采用的是移动式系泊系统，一般选用操作和使用方便、易于回收的大抓力锚，通过设置锚架收存。锚架尽可能不超过最大船宽，以避免妨碍船靠泊码头；实在不能避免时，有些船则不设锚架，将锚存放在作业甲板上。当抛起锚时，通过锚浮标找到锚的位置，再利用浮标索把锚竖直拔出。

锚索的种类有锚链、钢丝绳、合成纤维索或者它们的组合。全锚链的锚索在船上需设置锚链舱存放，且重量太重，携带和布设都不太方便，起重、铺管船上很少采用。少数船航行锚设备的锚链强度和长度符合定位锚索要求时，兼做定位锚索。而合成纤维索一般用于深水和绷紧式系泊系统,几乎没有在起重、铺管船上作为定位锚索使用。起重、铺管船的锚索主要采用全钢丝绳系统,或者以钢丝绳为主,在锚端配置一部分锚链的组合锚索系统。

定位锚机形式有滚筒式锚绞车和牵引式锚绞车,以滚筒式锚绞车最为常见,使用也最为广泛。它的主卷筒既是储绳机构又是受力机构。主卷筒的容绳量随着工作水深增加而增大,钢丝绳层数也增多,造成锚绞车结构尺寸庞大,带来布置上的困难。相反地,牵引式锚绞车随水深增加优势更加明显。它由牵引绞车和储绳绞车两部分组成。牵引绞车为主要受力机构,由两个并列的卷筒组成。缆绳同时绕在两个卷筒上并始终保持一致,带来几个好处:① 不存在牵引和刹车能力衰减问题;② 缆绳出绳和收绳方向稳定;③ 由于缆绳与卷筒之间有摩擦力,收绳端的拉力比出绳端大幅降低,对储存钢丝绳有利。储绳绞车负责储存缆绳,可以放置到空间不受限的地方,容易做大,对深水系泊定位非常有利。牵引式锚绞车唯一不足之处是牵引绞车和储绳绞车同步控制较为复杂。

锚泊定位设备的布置与船型有很大关系。图 7-2 所示为扒杆起重船锚泊定位设备布置。由于该类起重船船体一般为方驳,型深小,锚绞车只能布置于主甲板,需占用甲板面积。优点是锚索导向少,可直接从锚绞车导到舷边导缆器再

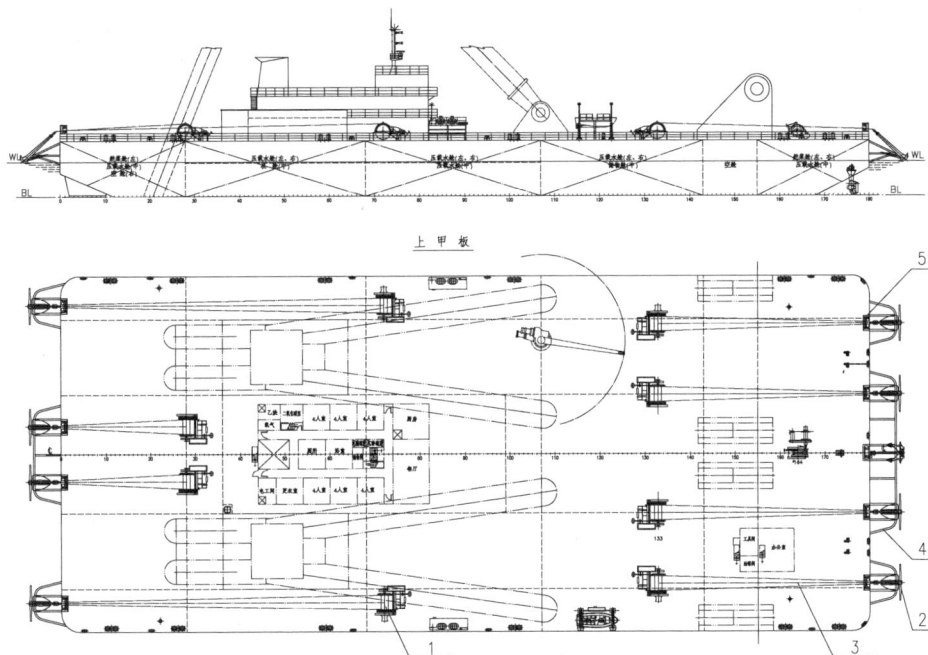

图 7-2 扒杆起重船典型锚泊定位设备布置

1—锚绞车;2—大抓力锚;3—锚索;4—锚架;5—滚柱导缆器

引出舷外,或者只需中间设一个水平导向滑轮。从绞车主卷筒到第一个导向滑轮之间都有比较长的距离以减轻绞车排缆器受力并减少对滑轮槽的磨损,通常要求这一距离不小于卷筒长度的 10 倍。

图 7 - 3 所示为全回转起重船锚泊定位设备布置。锚绞车布置在主甲板以下舱内,不占用作业甲板面积。锚索从锚绞车引出,通过各种导向滑轮装置引导到主甲板上的垂直导向滑轮,最后通过设在舷边的摆动导缆器导出船外。首部锚收起存放在锚架上,锚架安装在航行水线以上,以减小航行阻力。尾部舷侧因会妨碍靠码头不设锚架,锚存放于主甲板面。

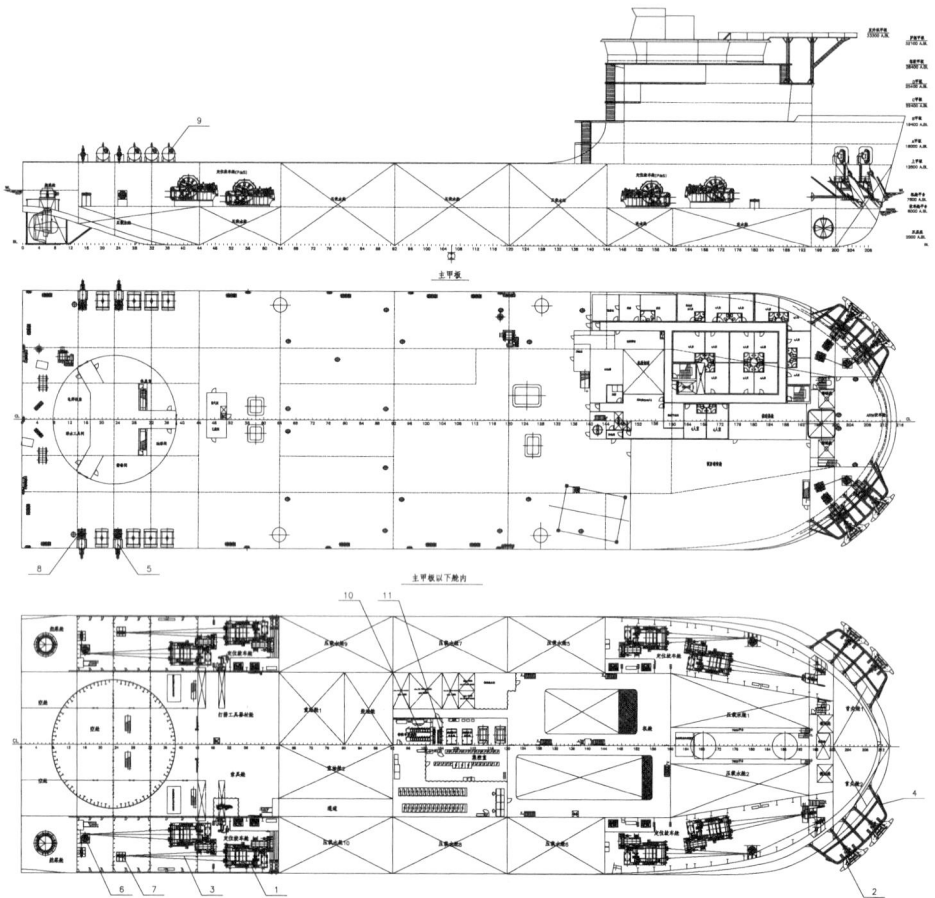

图 7 - 3　全回转起重船锚泊定位设备布置

1—锚绞车;2—STEVPRIS 锚;3—锚索;4—锚架;5—摆动导缆器;
6—舱内水平导向滑轮;7—舱内垂直导向滑轮;8—舱外垂直导向滑轮;
9—锚浮标;10—变频柜;11—制动电阻

图 7-4 所示为半潜，起重铺管船锚泊定位设备布置。因为型深很高，如果锚索直接从主甲板舷边导缆器引出到锚点，从导缆器到锚索入水点有一段比较长的水平距离，会妨碍航行以及影响辅助船靠近。故通常会在立柱上设置摆动

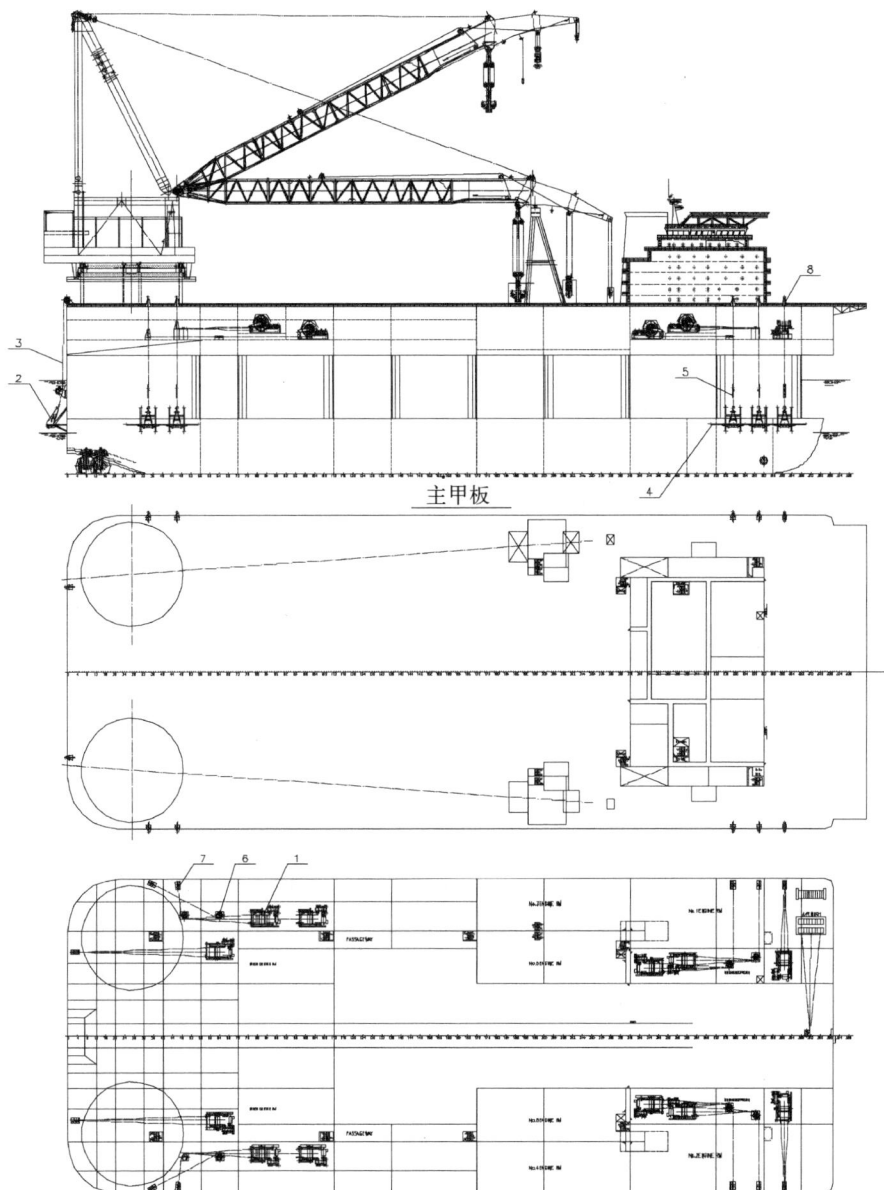

主甲板

图 7-4 半潜起重铺管船锚泊定位设备布置

1—锚绞车；2—大抓力锚；3—锚索；4—锚架；5—摆动导缆器；
6—舱内水平导向滑轮；7—舱内垂直导向滑轮；8—舱外垂直导向滑轮

式垂直导向滑轮,使导出点尽可能接近水面。

7.3 多点锚泊定位系统的设计计算

多点锚泊定位系统的设计计算包括环境载荷估算和锚泊系统分析。环境载荷估算包括估算风、浪、流作用在船上的力以及这些力引起的船的运动响应。锚泊系统分析的目的是对环境载荷作用下锚泊系统的响应做出预报,以决定锚索的强度和锚泊设备的配置。

目前在海洋工程领域,关于多点锚泊定位系统的设计指导标准和规范主要有:

(1)美国石油协会《浮式结构物定位系统的设计和分析》(API RP 2SK)推荐作法。

(2)DNV – GL offshore standard position mooring(DNV – OS – E301)。

(3)ABS MODU 第 3 部分第 4 章附录。

(4)BV NI461 quai dynamic analysis of mooring system。

(5)CCS 船级社《海上移动平台入级规范》第 8 篇定位系泊系统。

上述标准和规范是专门针对移动钻井平台的锚泊系统。而起重、铺管船属于船一类,对于船类的锚泊系统尚没有专门的标准和规范。因此,起重、铺管船大多参照移动钻井平台的多点锚泊系统设计方法,但因船型和功能不同有其自身特点。比如起重、铺管船机动能力强,生存条件的选取上无须考虑如平台几十年、甚至上百年一遇的极端条件,可在台风来临前躲避;机动性也意味着起重、铺管船不可能携带太多的锚索,故其锚泊系统所适应的水深也通常在浅水范围;还有锚泊系统对船舶偏移量的限制没有钻井平台要求这么严格等。

由于锚泊系统计算工作量很大,目前锚泊系统分析大部分借助软件来进行,但是对于一些前期方案也可使用直接计算法,快速得到锚泊系统的初步配置。不管采用何种方法都要从确定环境载荷开始,先进行环境载荷估算,再进行锚泊系统分析。

7.3.1 环境载荷

环境载荷主要包括风、浪、流等,并且还应考虑与环境载荷相关的水深、底质条件等。

起重、铺管船的多点锚泊系统一般将环境载荷分为作业条件和生存条件。

最大作业条件是保证起重、铺管作业时船舶不超过允许偏移范围的最大风、浪、流条件组合。该条件将直接影响到船舶在作业海域的窗口期。对起重、铺管船的偏移限制没有很严格的要求，一般控制在水深的 10% 以内。有些起重船还兼具特殊功能，如饱和潜水，偏移量的控制还应满足这些特殊功能的要求。

生存条件是船舶不作业时依靠锚泊系统能在海上支持的最大环境载荷组合，此时允许船舶有较大的偏移。

环境载荷通常按 3 种情况组合：

（1）最大的浪及对应的风和流。

（2）最大的风及对应的浪和流。

（3）最大的流及对应的风和浪。

最大的风、浪、流重现周期至少为 5 年。如果作业海域处于飓风频发海域，并要在飓风季作业，生存条件还应包括飓风条件下的风、浪、流组合。

7.3.2　环境载荷的估算

在风、浪、流环境载荷作用下，船舶的水平位移和运动包括以下 3 个组成部分：

（1）由定常风、流和平均波浪漂移力使船产生稳态位移。

（2）一阶波浪力产生波频运动。

（3）波动风力和波浪慢漂力引起的低频运动。

环境载荷可通过试验取得，比如通过模型风洞试验可获得风力大小，通过模型拖曳水池试验可获得海流力大小，通过海洋工程水池试验可获得船舶的运动响应函数（RAO 值）。起重、铺管船很少会进行以上试验，即使进行拖曳试验一般也是基于预报航速，并只对首向进行拖曳。在没有试验的情况下，也可通过一些成熟的计算方法进行估算。

1. 风力估算

风力按两种方法估算：

（1）认为风在方向和速度上是恒定的，作为定常风作用在船上产生定常风力。设计风速取为平均海平面以上 10 m 处、时距为 1 min 的平均风速。

（2）认为风是波动的。波动风由稳定部分和波动部分组成。稳定部分作为定常风，设计风速取为平均海平面以上 10 m 处、时距为 1 h 的平均风速。波动部分按合适的阵风谱考虑，作用于船上产生低频风力。

两种方法在起重、铺管船都有应用，其中第（2）种方法更多地应用于软件计算。无论采用何种方法都要估算定常风力。定常风力在各标准和规范推荐的计算方法基本是一致的，按下式计算：

$$F_W = 0.615 V_W^2 \Sigma (C_s C_h A) \qquad (7-1)$$

式中：F_W 为风力，N；C_s 为形状系数，按表 7-1 取；C_h 为高度系数，按表 7-2 取；A 为每一个受风面的垂向投影面积，m^2；V_W 为设计风速，m/s。

受风的投影面积应包括所有的立柱、甲板构件、甲板室、桁架、起重机、吊臂以及水线以上的船体部分，并遵循下列方法：

（1）半潜起重船的所有立柱的投影面积均应计入。

（2）可以用成群甲板室的轮廓的投影面积代替每一个独立单元的面积，此时 $C_s = 1.10$。

（3）孤立的结构，诸如 J 型铺管架和起重机应予单独计算。

（4）铺管架、桅杆、吊臂等开式桁架结构可以近似地取其一个面的轮廓投影面积的 60%。

（5）应按与给定的作业条件相适应的船体吃水计算面积。

按式(7-1)计算的不足之处，一是对各部件之间的相互遮蔽效应很难准确衡量；二是首尾向、侧向的风力计算比较方便，但斜向风力计算比较困难。

表 7-1　风力形状系数 C_s

暴　露　面	C_s
球形	0.40
圆柱形	0.50
船体(水线以上结构)	1.00
甲板室	1.00
孤立的结构(起重机、槽钢、梁、角钢等)	1.50
钢丝绳	1.20
甲板以下的面积(平整的表面)	1.00
甲板以下的面积(暴露的梁和桁材)	1.30
井架	1.25

表 7-2　风力高度系数 C_h

高度(面积形心在水线以上的高度)/m	C_h	高度(面积形心在水线以上的高度)/m	C_h
0.0～15.3	1.00	30.5～46.0	1.20
15.3～30.5	1.10	46.0～61.0	1.30

（续表）

高度（面积形心在水 线以上的高度）/m	C_h	高度（面积形心在水 线以上的高度）/m	C_h
61.0～76.0	1.37	167.5～183.0	1.67
76.0～91.5	1.43	183.0～198.0	1.70
91.5～106.5	1.48	198.0～213.5	1.72
106.5～122.0	1.52	213.5～228.5	1.75
122.0～137.0	1.56	228.5～244.0	1.77
137.0～152.5	1.60	244.0～259.0	1.79
152.5～167.5	1.63	259.0 以上	1.80

2. 海流力估算

在锚泊分析中，通常认为海流力是定常力，但流速会随水深变化。用流剖面来表征流速的垂向分布，以考虑海流对锚索的作用。

海流力可采用 API RP 2SK 推荐的方法计算。

（1）作用在船形船体上的首向或尾向海流力：

$$F_{cx} = C_{cx} S V_c^2 \qquad (7-2)$$

式中：F_{cx} 为首向海流力，N；C_{cx} 为首向海流力系数，取值为 2.89 N·s²/m⁴；S 为包括附属体在内的湿表面积，m²，可从水动力模型或 NAPA 模型里读取；V_c 为设计流速，m/s。

（2）作用在船形船体上的侧向海流力：

$$F_{cy} = C_{cy} S V_c^2 \qquad (7-3)$$

式中：F_{cy} 为侧向海流力，N；C_{cy} 为侧向海流力系数，取值为 72.37 N·s²/m⁴。

（3）作用在半潜起重铺管船上的海流力：

$$F_{cs} = C_{ss} (C_d A_c + C_d A_f) V_c^2 \qquad (7-4)$$

式中：F_{cs} 为海流力，N；C_{ss} 为半潜式船体海流力系数，取值为 515.62 N·s²/m⁴；C_d 为曳力系数，圆柱形构件为 0.50，平面构件的 C_d 如图 7-5 所示；A_c 为所有水下圆柱形构件投影面积之和，m²；A_f 为所有水下平面构件投影之和，m²。

3. 波浪力

浮体在波浪中所受到的波浪力可分解为两种作用力：

（1）一阶波浪力，与波浪具有相同的频率，引起浮体的一阶运动，也称为波

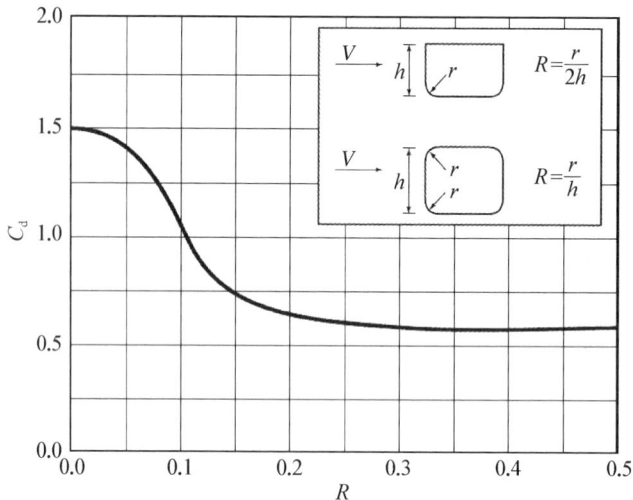

图 7 - 5   半潜起重铺管船的平面构件海流曳力系数

频运动。一阶波浪力的大小与波幅成正比,其比例关系为波浪力的幅值响应
函数。

(2)二阶波浪力。二阶波浪力包括平均波浪漂移力和波浪慢漂力。平均波
浪漂移力为定常力,使浮体产生稳定位移。波浪慢漂力以低于波浪的频率使浮
体产生二阶运动,也称为低频运动。二阶波浪力的大小与入射波波幅的平方成
正比,其比例关系为二阶波浪力的二次传递函数。

二阶波浪力相比一阶波浪力是小量,但由于波浪慢漂力的频率与浮体水平面
运动的自然频率接近,容易导致产生长周期、大幅度的低频共振水平面运动,引起
锚泊系统极大的响应。另外,低频运动的幅值还取决于锚泊系统的刚度和阻尼。

图 7 - 6 所示清楚显示了波浪力的 3 种成分。

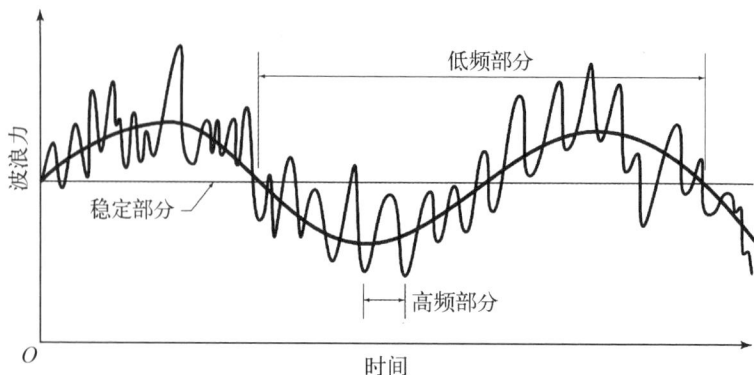

图 7 - 6   波浪力成分

波浪力除了通过模型试验取得以外,目前主要通过水动力计算软件得到,如DNV船级社的HYDROD,BV船级社的HYDROSTAR。通过水动力计算得到锚泊分析软件的输入参数:幅值响应函数;浮体质量和阻尼系数;静水力刚度;二次传递函数;波浪漂移阻尼系数。

7.3.3　锚泊系统分析方法

锚泊分析方法根据平衡特性的不同分为静力分析、准静力分析和动力分析;根据运动特性的不同可分为频域分析和时域分析;根据求解范围的不同,可分为非耦合分析和耦合分析。

1. 静力分析、准静力分析和动力分析

静力分析(静力法)是将锚泊系统看作弹簧系统,进行静力特性分析求得锚泊系统回复力或最大锚索张力-偏移曲线。由于系统的回复力与外载荷平衡,在确定设计环境载荷的外载荷后,由曲线图即可查得系统的偏移和最大锚索张力。静力法适用于环境载荷温和、锚泊形式简单、水深较浅的锚泊系统初步设计。随着锚泊系统的复杂化以及计算机软件和工具的飞速发展现已基本不用。

在准静力分析(准静力法)中,以波浪引起的船体运动位移的形式来表示动态波浪载荷。在计算船体的运动后,转换为舷边各系泊索导出点的运动,在静力法的基础上,把各导索点的运动作为系泊索顶端激励,分析系泊索动力响应。准静力法忽略导索点的垂直运动,以及与系泊索惯性力、阻尼、流体动力等有关的动力效应。准静力法计算速度快,可满足大部分工程设计需要,但其预报精度与船型、水深、系泊索形式等直接相关。

动力分析全面考虑锚泊系统所受到的外力随时间变化的影响,包括惯性力、阻尼、重力、流体动力、海底摩擦力等。通过船体的6个自由度方向的运动计算导索点随时间变化的运动,通过频域分析和时域分析方法确定系泊索对导索点运动的响应。

2. 频域分析和时域分析

在频域分析中,分解系统运动响应方程,分别求得静态力、低频力、波频力响应。静态力响应通过求解包含静态环境载荷和锚泊系统回复力的静态方程而得。波频和低频响应通过频域分析而得。根据一定的峰值响应分布情况统计最大响应,最后将波频和低频响应组合,求得系统的最大响应。频域分析的本质是线性叠加原理,因此只能考虑线性或弱非线性的因素,系统的非线性特性在频域中要进行线性化处理。

　　在时域分析中,系统在静态力、低频力、波频力下的运动响应方程直接在时域内求解。描述船体、系泊索等都同时在一个时域内进行模拟。模拟所有系统参数(船体位移、系泊索张力、锚的载荷等)的历史记录都是有效的,其结果可以用来做统计分析,得到极限值。时域分析可以完整地考虑系统的非线性特性(系泊系统的非线性包括系泊索的非线性拉伸、系泊索体积和外形的变化、流体作用力、系泊索与海底接触部分的摩擦力),真实反映系统实际状态,在同一时刻求解系统平衡方程,并计及系统的前一时刻对当前的影响(或当前时刻对后一时刻的影响),求得的结果是变量的完整时间历程。

　　为了降低完全时域分析的复杂性和计算的难度,通常采用频域与时域的组合分析方法。系统在静态力和低频力下的运动响应采用时域方法,而波频运动响应采用频域方法,分别进行求解。最后将波频运动响应的结果与静态运动和低频运动响应的结果进行叠加即可。

　　3. 非耦合分析和耦合分析

　　非耦合分析将船体与系泊索的响应分别分析。当分析船体响应时,考虑系泊索刚度、惯性力、阻尼,从而求得船体的静态位移、低频和波频运动。再根据船体响应预报锚泊系统响应。

　　耦合分析将船舶和系泊索作为一个整体,评估其相互作用。整个系统动态方程在时域范围内同时求解,得到系泊索的动态响应与船体响应,包括波频运动响应都是完全耦合的。

　　无论选用何种系泊分析方法,均与系泊系统的复杂程度、环境载荷、水深等有关,应视具体情况而定。起重、铺管船系泊索主要由单一线性材料(锚链或钢丝绳)组成;作业和生存条件并非极限条件如几十年甚至上百年一遇的环境载荷,一旦预报强风暴来临时可以撤离;还有锚泊作业水深按现在海洋工程水深划分属于浅水范围,忽略系泊索流体动力响应并不会造成很大影响。因此对于起重、铺管船的锚泊系统,采用非耦合的准静力或频域动力分析即可获得比较满意的结果,而很耗时、计算量很大的全耦合时域分析则很少采用。

7.3.4　设计衡准

　　各规范或推荐作法对锚泊系统的设计衡准略有不同,下面列举常用的几种:

　　1. API RP 2SK

　　API RP 2SK 推荐做法对系泊索的极限张力对应的安全系数要求列于表 7 - 3。

表 7-3　API RP 2SK 推荐的系泊索安全系数表

设计工况	分析方法	安全系数
完整工况	准静力分析	2.00
完整工况	动力分析	1.67
破损工况	准静力分析	1.43
破损工况	动力分析	1.25

2. CCS《海上移动平台入级规范》

CCS 规范对系泊索安全系数的规定列于表 7-4。

表 7-4　CCS 规范规定的系泊索安全系数表

设计工况	准静力分析		动力分析	
	平台远离其他结构物	平台邻近有其他结构物	平台远离其他结构物	平台邻近有其他结构物
完整作业工况	2.70	3.00	2.25	2.47
完整自存工况	2.00	2.20	1.67	1.84
破损作业工况	1.80	2.00	1.57	1.73
破损自存工况	1.43	2.00/1.57*	1.25	1.37
瞬态作业工况	—	—	1.22	1.34
瞬态自存工况	—	—	1.05	1.16

* 安全系数 2.00 适用于在保持系泊平台与邻近结构物隔开中起关键作用的系泊索。

3. BV-NR493

BV 规范对系泊索安全系数的规定列于表 7-5。

表 7-5　BV 规范规定的系泊索安全系数表

设计工况	准动力分析
完整工况	1.75
一根缆绳破损工况	1.25
缆绳瞬间破断工况	1.25
相邻两根缆绳同时破断工况	1.00

7.3.5 常用锚泊分析软件

起重、铺管船的锚泊定位分析计算工作量很大,大部分工作通过计算机程序来完成。目前常用的系泊分析软件有 MIMOSA、DEEPC、ARIANE、ORCAFLEX、AQWA 等。这几种软件的比较见表 7-6。

表 7-6　常用的系泊分析软件比较表

名　称	开发者	分析方法	时/频	是否非线性
MIMOSA	DNV	动力	频域	部分非线性
ARIANE	BV	准动力	时域	线性
DEEPC	DNV	动力、耦合	时域	非线性
ORCAFLE	ORCINA	动力、耦合	时域	非线性
AQWA	ANSYS	动力、耦合	时域	非线性

7.3.6 起重、铺管船锚泊系统分析

起重和铺管两种作业过程对锚泊系统的应用有所不同,前者侧重定点定位,后者侧重移船定位,应分别考虑。

1. 起重作业锚泊系统分析

起重作业时,船的位置相对固定,多个定位锚抛好后在整个作业过程一般不需要移动。在锚点布设上采取"全向迎浪"的方式。由于船舶本身的特点,在相同的环境载荷下侧向受力要比首向大得多,即侧向锚泊系统定位能力要弱得多。在布锚时需考虑这方面的因素,如果预先知道环境因素的主要来向,应尽可能让船首朝向该方向。

锚泊分析步骤如下:

(1)确定环境载荷。定常风速和风谱、流速和流剖面、波浪的有义波高和波浪周期、波浪谱、水深等。

(2)确定布锚方式,预估系泊索的规格、长度以及预张力。

(3)确定作用在船舶上的稳态力。

(4)确定由稳态力产生的船舶平均位移。

(5)确定由低频波浪力产生的低频位移。

(6)确定由波频波浪力产生的波频位移。

(7)确定船舶的最大位移、系泊索的悬垂长度、最大系泊力、锚点张力等。

根据具体情况,对系泊索的分析可选择准静力法或动态分析方法。

(8) 将(7)的计算结果与设计衡准进行比较,如满足要求,分析完毕;如不合理,调整以上参数,重新设计分析,直到满足要求为止。

2. 铺管作业锚泊系统分析

铺管船在作业过程中,除了受到风、浪、流的作用以外,还受到铺管管线的拉力。这个拉力犹如一个锚,始终拖在船行进方向的后面,对船形成阻力。管线拉力可近似取为张紧器的拉力,作为一个定常力加载到锚泊系统分析里。

铺管作业先是将管子在作业线上逐段组装焊接,焊好的管段在铺管船向前移动时,从船尾部的托管架上滑入海中。管段下滑的长度必须与船的位移量同步。船每移动一个管段的距离后停下来,等新的管段焊接完成再移动,周而复始,沿预定的铺管线路工作。锚泊系统通过前向绞车收缆,后向绞车放缆实现船的移动,同时维持铺管船始终处于较稳定的状态。当船移动一段距离后,部分绞车卷筒上锚索太少无法再放缆,或绞车卷筒上锚索太多,再收缆容易导致锚点出现垂向负荷,因此需要重新抛锚。移锚作业有两种方式,一种是铺管作业停下来,等待所有锚重新布设;另一种是在移船的过程中同时进行移锚作业,锚点按次序轮流重新布设,该种方式俗称"翻锚"作业。第一种方式等待移锚作业的时间太长,会影响铺管效率,一般在锚泊系统冗余度不够或环境载荷比较恶劣时采用。第二种方式可以实现连续铺管作业,效率高,但因减少了实际参与定位的锚点数量,锚泊系统的定位能力必然下降,故要求锚泊系统的冗余度高。待移的锚点从锚泊系统脱离时或布好的锚点加入锚泊系统时容易造成系统不稳定,需重点评估过渡前后的锚泊系统状态,力求过渡平稳。在条件允许的情况下,应尽可能采用第二种移锚方式。

下面着重说明"翻锚"作业的过程。铺管船的移锚作业由辅助船实施。大型起重、铺管船一般配备1~2艘辅助船进行移锚作业。当辅助船数量多于1艘时,将所有锚分为几组,尽可能把对称的锚编为一组,同时进行移锚作业,以保持系统的对称性。移船时船位置的变化引起锚泊系统包括锚索角度、锚点的水平距离及抛出的锚索长度同步发生变化。如果想预先评估船在任意一个位置处的锚泊系统状态,首先要知道当时锚点的数量和位置。如果移锚是随机、无序的过程,将无从估计任一位置时锚点的状态,也就无法进行锚泊系统分析。所以在移船锚泊系统分析中,移锚的次序和距离尽可能按一定的规律进行,以便于分析计算。

假定每组移锚的数量相同,每组移锚所花时间相同,不考虑同组内移锚时间上的差异。船的初始位置假设为 O 点,铺管路径是直线,在路径上的任意点锚泊系统的合力与环境载荷及管线拉力达到静态平衡,并在这个点上随波浪产生摆动偏移。

在 O 点选择锚泊系统的布锚方式时,可采用图 7 - 1(c)、(d)和(f)形式,一般在前进方向会多布些锚,也可在上风或来流方向多布些锚,但通常沿船中纵剖面左右对称布置。锚点位置要按移锚次序设置,越早移的锚,锚点水平距离越近,反之则越远。O 点处第 1 组锚可以不用抛下,因为终点处按次序轮到第 1 组锚准备移锚。

从 O 点开始,船移动了一段距离后到达 A 点,此时第 2 组锚索收或放达到临界值,需要移锚。第 2 组锚点按下面操作脱离锚泊系统:

(1) 将第 1 组锚在预设位置抛下并逐渐收紧对应锚索使之加入定位系统。

(2) 再缓慢放松第 2 组锚对应锚索,同时适当收紧相邻方向的锚索,以使第 2 组锚索卸下的负荷转移至其他同向锚索,维持系统平衡。

(3) 等锚泊系统稳定后,第 2 组锚点即可脱离锚泊系统开始移锚作业。

铺管船继续向前移动,到达 B 点,此时第 3 组锚索收或放达到临界值,需要移锚。重复以上操作使第 3 组锚点脱离锚泊系统再开始进行移锚操作。如此按预定次序使陆续达到临界状态的锚点用新的锚点代替,直到铺管船移动到 N 点,最后一组锚移好加入锚泊系统且第 1 组锚准备移锚。如果 $OA = AB = \cdots = MN$(假如 N 的前一点为 M),且每组锚新布锚点位置距原锚点位置水平距离等于 ON 段长度,则船到达 N 点时,锚泊系统的状态如各锚索角度、锚点水平距离及抛出锚索长度将与 O 点时一样,但船实际已经位移了 ON 段长度。这样从 O 点到 N 点就可以看作是一个移船周期。整个铺管过程由无数个这样的周期组成。铺管作业移船锚泊系统分析可简化为对一个周期内锚泊系统的分析。

ON 段为一个周期船所能移动的最长距离,与船型、水深、锚点数量、最大锚索长度、环境载荷等都有关系。为了让船在一个周期内能走得更远,前向的锚点每次布锚时绞车应尽可能多放出钢丝绳,后向的锚点绞车应尽可能少放出钢丝绳,但务必不能使锚索在锚点处出现垂向负荷。

铺管船一个移船周期的锚泊系统分析步骤如下所述。

(1) 确定环境载荷。包括定常风速和风谱、流速和流剖面、波浪的有义波高和波浪周期、波浪谱及水深等。

(2) 确定环境载荷作用在船舶上的稳态力及管线拉力。

(3) 确定初始位置布锚方式,第 1 组锚无须抛下。

(4) O 点位置的锚泊系统分析:

a. 确定系统达到静平衡时各系泊索静态张力和各系泊索所需抛出长度。

b. 由 a 状态下的系泊刚度确定由低频波浪力产生的低频位移。

c. 确定由波频波浪力产生的波频位移。

d. 可选择准静力法或动态分析确定船舶的最大位移、系泊索的悬垂长度、最大系泊索张力、锚点张力等。

e. 将 d 状态的计算结果与设计衡准进行比较，如满足要求，进行下一步；如不合理，调整以上参数，重新设计分析，直到满足要求为止。

(5) A 点位置的锚泊系统分析。

a. 到达 A 点时系泊分析：

(a) 确定各锚索角度和各锚点到舷边导缆器水平距离；

(b) 重复步骤(4)。

b. 第 1 组锚加入定位系统时系泊分析：

(a) 加入第 1 组锚索角度和锚点距离；

(b) 重复步骤(4)。

c. 第 2 组锚索卸去载荷准备移锚时系泊分析：

(a) 将第 2 组锚索张力设为 0；

(b) 重复步骤(4)。

(6) B 点位置的锚泊系统分析。

a. 到达 B 点时系泊分析：

(a) 确定各锚索角度和各锚点到舷边导缆器水平距离；

(b) 重复步骤(4)。

b. 第 2 组锚加入定位系统时系泊分析：

(a) 加入第 2 组锚索角度和锚点距离；

(b) 重复步骤(4)。

c. 第 3 组锚索卸去载荷准备移锚时系泊分析：

(a) 将第 3 组锚索张力设为 0；

(b) 重复步骤(4)。

(7) N 点位置的锚泊系统分析。

a. 到达 N 点时系泊分析：

(a) 确定各锚索角度和各锚点到舷边导缆器水平距离；

(b) 重复步骤(4)。

b. 第 n 组锚加入定位系统时系泊分析：

(a) 加入第 n 组锚索角度和锚点距离；

(b) 重复步骤(4)。

c. 第 1 组锚索卸去载荷准备移锚时系泊分析：

(a) 将第 1 组锚索张力设为 0；

(b) 重复步骤(4)。

(8) 锚泊系统分析完成。

在以上分析中，任意位置在各锚索角度、各锚点水平距离已知的情况下，各锚索可通过绞车调节抛出的锚索长度改变锚索张力。但务必要控制锚索的张力不超过允许的最大张力，也不能大于锚绞车的工作拉力，否则绞车绞不动，也就无法移船。

7.3.7　起重、铺管船锚泊分析算例

某半潜起重铺管船，其主要参数如下所述。

总长：约 235 m。

总宽：90 m。

型深：48.0 m。

作业吃水：27 m。

生存吃水：18 m。

作业吃水排水量：149 650 t。

该船锚泊系统最大的作业和生存工况环境载荷如表 7-7 所示。

表 7-7　作业和生存工况环境载荷

环境载荷	作业工况(吃水 27 m)	生存工况(吃水 18 m)
风速/(m/s)	15.69(7 级)	22.64(9 级)
波高 $H_{1/3}$/m	4	7
周期/s	7.1	9.4
流速/kn	2	3
最大作业水深/m	300	300

该船采用 12 点锚泊定位，配置了 12 台锚绞车。锚泊定位设备的主要规格如下：

(1) 锚绞车。2 100 kN×15 m/min，电动变频锚绞车。

(2) 锚索。直径为 96 mm 的钢丝绳，最小破断拉力为 6 480 kN，长为 3 500 m。

(3) 锚。15 000 kg STEVPRIS MK6 型锚。

校核和分析在要求工况下该船的锚泊系统能力。

分析步骤如下：

1) 环境载荷估算

环境载荷按 7.3.2 节的方法进行计算。计算风力时，应注意所有的立柱及甲板上两台大的起重机的投影面积要全部计入。计算流力时，水下的立柱和下船体，两者的外形完全不同，应分别计算。平均波浪漂移力采用 MIMOSA 软件计算。

计算的过程限于篇幅在此省略，表 7-8 所列为环境载荷的计算结果。表中只列了首向和侧向，实际计算应考虑多个方向。

表 7-8 作业和生存工况下的环境负荷

环境载荷	作业工况（吃水 27 m）		生存工况（吃水 18 m）	
	首 向	侧 向	首 向	侧 向
风力/kN	1 693	1 978	3 727	5 725
流力/kN	1 741	5 094	1 024	8 639
平均波浪力/kN	823	1 423	1 480	2 810
总的稳态力/kN	4 257	8 495	6 229	17 174

2) 锚泊分析

(1) 起重作业工况。

锚泊系统采用"全向迎浪"的布锚方式，按图 7-1(c)所示布锚。锚索初始预张力为 856.43 kN，抛出锚索长度 3 000 m（系指舷边导缆器以外的锚索长度，下同），锚点距母船为 2 951.15 m，锚绞车制动器制动。完整状态下的系统分析列于表 7-9。

表 7-9 起重作业工况下的锚泊分析结果表

外 力 方 向		首 向	侧 向
锚索预张力/kN		856.43	856.43
锚泊系统刚度/(kN/m)		203.84	282.13
稳态力/kN		4 257.73	8 495.89
船舶平均偏移/m		25.26	42.70
船舶运动	有义波浪频率运动/m	0.17	0.42
	最大波浪频率运动/m	0.33	0.79
	有义低频运动/m	5.88	5.57

（续表）

外 力 方 向		首 向	侧 向
船舶运动	最大低频运动/m	8.74	7.91
	波浪频率运动和低频运动组合/m	8.91	8.33
船舶最大偏移/m		34.17	51.03
最大偏移占水深百分比/%		11.39	17.01
承受最大负荷的锚	最大锚索张力/kN	2 426.69	3 948.03
	安全系数	2.67	1.64

（2）铺管作业工况。

以准静力法分析该船铺管作业时的锚泊系统，其他情况的分析类似，限于篇幅不在此列举。作业工况下，首向稳态力为 4 257 kN，管线拉力约等于张紧器的拉力（2 354 kN）。按图 7-7(a)所示布锚。

一个周期的移锚流程如图 7-7 所示，对应各个关键点的锚索状态如表7-10 所列：

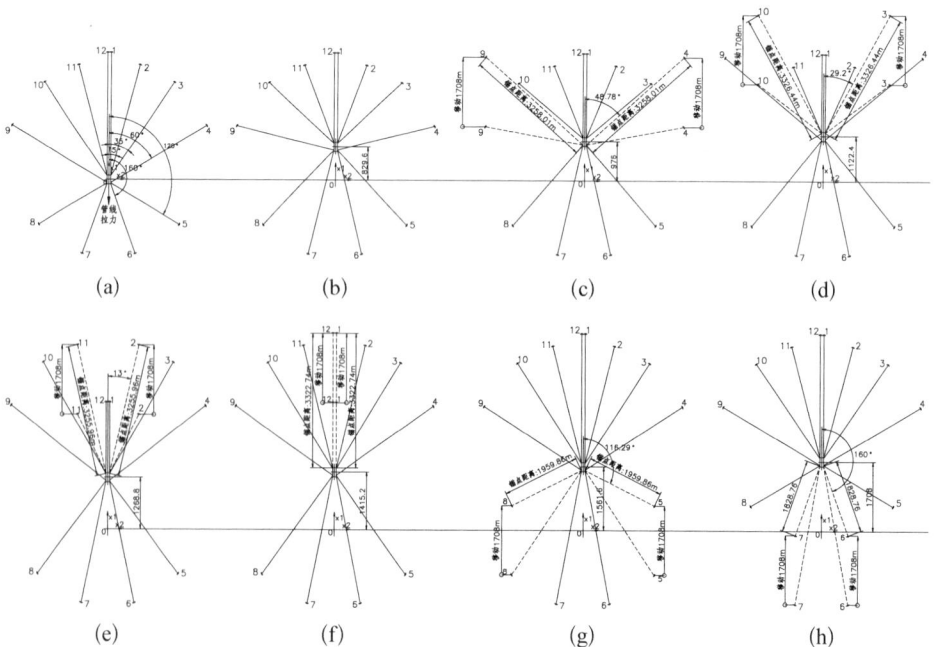

图 7-7　起重、铺管船铺管作业移锚流程图

表 7 - 10　铺管作业工况下锚索状态表

(a)

锚索编号	β/(°)	L/m	DA/m	T/kN	I(-)/O(+)
1	0.0	3 039.1	3 001.3	1 197.7	−60.9
2	15.0	2 839.4	2 801.2	1 197.7	−60.6
3	35.0	2 839.4	2 801.2	1 197.7	−60.6
4	60.0	2 839.4	2 801.2	1 197.7	−60.6
5	120.0	2 100.0	2 000.7	300.0	0.0
6	160.0	1 900.0	1 800.6	300.0	0.0
7	200.0	1 900.0	1 800.6	300.0	0.0
8	240.0	2 100.0	2 000.7	300.0	0.0
9	300.0	2 839.4	2 801.2	1 197.7	−60.6
10	325.0	2 839.4	2 801.2	1 197.7	−60.6
11	345.0	2 839.4	2 801.2	1 197.7	−60.6
12	360.0	3 039.1	3 001.3	1 197.7	−60.9

(b)

锚索编号	β/(°)	L/m	DA/m	T/kN	I(-)/O(+)
1	0.0	2 207.2	2 171.7	1 388.2	−831.9
2	21.1	2 047.3	2 011.3	1 388.2	−792.1
3	47.6	2 209.9	2 174.3	1 388.2	−629.6
4	76.8	2 526.8	2 492.2	1 388.2	−312.6
5	136.6	2 619.1	2 520.1	300.0	519.1
6	166.3	2 694.7	2 595.7	300.0	794.7
7	193.7	2 694.7	2 595.7	300.0	794.7
8	223.4	2 619.1	2 520.1	300.0	519.1
9	283.2	2 526.8	2 492.2	1 388.2	−312.6
10	312.4	2 209.9	2 174.3	1 388.2	−629.6
11	338.9	2 047.3	2 011.3	1 388.2	−792.1
12	360.0	2 207.2	2 171.7	1 388.2	−831.9

(c)

锚索编号	β/(°)	L/m	DA/m	T/kN	I(-)/O(+)
1	0.0	2 058.6	2 025.3	1 530.3	−148.7
2	22.7	1 909.3	1 875.5	1 530.3	−138.1
3	50.6	2 111.6	2 078.5	1 530.3	−98.2
4	48.7	—	3 230.0		

(d)

锚索编号	β/(°)	L/m	DA/m	T/kN	I(-)/O(+)
1	0.0	1 912.5	1 878.9	1 540.0	−146.1
2	24.6	1 775.4	1 741.4	1 540.0	−133.9
3	29.2	—	3 298.0	—	—
4	50.7	3 165.0	3 135.3	1 540.0	—

（续表）

(c) / (d)

锚索编号	β/(°)	L/m	DA/m	T/kN	I(-)/O(+)	β/(°)	L/m	DA/m	T/kN	I(-)/O(+)
	(c)					(d)				
5	138.8	2 727.2	2 628.3	300.0	108.2	140.8	2 839.0	2 740.1	300.0	111.7
6	167.0	2 837.0	2 738.1	300.0	142.4	167.7	2 979.8	2 881.0	300.0	142.8
7	193.0	2 837.0	2 738.1	300.0	142.4	192.3	2 979.8	2 881.0	300.0	142.8
8	221.2	2 727.2	2 628.3	300.0	108.2	219.2	2 839.0	2 740.1	300.0	111.7
9	311.3	—	3 230.0	—	—	309.3	3 165.0	3 135.3	1 540.0	
10	309.4	2 111.6	2 078.5	1 530.3	-98.2	330.8	—	3 298.0	—	—
11	337.3	1 909.3	1 875.5	1 530.3	-138.1	335.4	1 775.4	1 741.4	1 540.0	-133.9
12	360.0	2 058.6	2 025.3	1 530.3	-148.7	360.00	1 912.46	1 878.89	1 539.99	-146.13

(e) / (f)

锚索编号	β/(°)	L/m	DA/m	T/kN	I(-)/O(+)	β/(°)	L/m	DA/m	T/kN	I(-)/O(+)
	(e)					(f)				
1	0.0	1 765.7	1 732.5	1 586.1	-146.7	0.0		3 294.1	—	—
2	13.0	—	3 227.4	—	—	13.6	3 113.1	3 084.9	1 632.5	
3	30.4	3 199.7	3 171.0	1 586.1		31.8	3 073.9	3 045.7	1 632.5	-125.8
4	52.8	3 073.8	3 044.6	1 586.1	-91.2	55.1	2 987.0	2 958.5	1 632.5	-86.7
5	142.6	2 953.8	2 855.0	300.0	114.8	144.3	3 071.4	2 972.7	300.0	117.6
6	168.3	3 122.9	3 024.2	300.0	143.1	168.8	3 266.2	3 167.6	300.0	143.4
7	191.7	3 122.9	3 024.2	300.0	143.1	191.2	3 266.2	3 167.6	300.0	143.4
8	217.4	2 953.8	2 855.0	300.0	114.8	215.7	3 071.4	2 972.7	300.0	117.6

(续表)

(e)

锚索编号	β/(°)	L/m	DA/m	T/kN	I(−)/O(+)
9	307.2	3 073.8	3 044.6	1 586.1	−91.2
10	329.6	3 199.7	3 171.0	1 586.1	
11	347.0	—	3 227.4	—	—
12	360.0	1 765.7	1 732.5	1 586.1	−146.7

(f)

锚索编号	β/(°)	L/m	DA/m	T/kN	I(−)/O(+)
9	304.9	2 987.0	2 958.5	1 632.5	−86.7
10	328.2	3 073.9	3 045.7	1 632.5	−125.8
11	346.4	3 113.1	3 084.9	1 632.5	—
12	360.0	—	3 294.1	—	—

(g)

锚索编号	β/(°)	L/m	DA/m	T/kN	I(−)/O(+)
1	0.0	3 186.4	3 147.7	1 152.5	—
2	14.3	2 982.0	2 942.8	1 152.5	−131.1
3	33.4	2 961.5	2 922.3	1 152.5	−112.5
4	57.5	2 916.5	2 877.2	1 152.5	−70.6
5	116.2	—	1 931.7	—	—
6	169.3	3 409.9	3 311.4	300.0	143.6
7	190.7	3 409.9	3 311.4	300.0	143.6
8	243.8	—	1 931.7	—	—
9	302.5	2 916.5	2 877.2	1 152.5	−70.6
10	326.6	2 961.5	2 922.3	1 152.5	−112.5
11	345.7	2 982.0	2 942.8	1 152.5	−131.1
12	360.0	3 186.4	3 147.7	1 152.5	—

(h)

锚索编号	β/(°)	L/m	DA/m	T/kN	I(−)/O(+)
1	0.0	3 040.6	3 001.3	1 142.3	−145.8
2	15.0	2 840.9	2 801.2	1 142.3	−141.1
3	35.0	2 840.9	2 801.2	1 142.3	−120.6
4	60.0	2 840.9	2 801.2	1 142.3	−75.5
5	120.0	2 100.0	2 000.7	300.0	—
6	160.0	—	1 800.6	—	—
7	200.0	—	1 800.6	—	—
8	240.0	2 100.0	2 000.7	300.0	—
9	300.0	2 840.9	2 801.2	1 142.3	−75.5
10	325.0	2 840.9	2 801.2	1 142.3	−120.6
11	345.0	2 840.9	2 801.2	1 142.3	−141.1
12	360.0	3 040.6	3 001.3	1 142.3	−145.8

说明：β为锚索与船舶移动方向夹角；L为抛出锚索长度；DA为锚点距离；T为锚索张力；I(−)表示收进锚索长度；O(+)表示放出锚索长度。

① 按初始位置抛好锚后,船舶在风、浪、流及管线拉力共同作用下要维持在原位,下风的5~8号锚索保持预设的张力,上风的1~4及9~12号锚索平均分担来自首向的负荷。

② 在12点锚泊定位下,船舶移动829.6 m。

③ 移、抛4号和9号锚,船在10点锚泊定位下,移船146.4 m。

④ 移、抛3号和10号锚,船在10点锚泊定位下,移船146.4 m。

⑤ 移、抛2号和11号锚,船在10点锚泊定位下,移船146.4 m。

⑥ 移、抛1号和12号锚,船在10点锚泊定位下,移船146.4 m。

⑦ 移、抛5号和8号锚,船在10点锚泊定位下,移船146.4 m。

⑧ 移、抛6号和7号锚,船在10点锚泊定位下,移船146.4 m。

到状态⑧抛好6号和7号锚后,各锚索状态(布锚角度、抛出锚索长度、锚点距离等)又回复到状态①,但船已经移动了1 708 m(铺70根管),完成了1个周期。船舶完成一天的铺管工作大约需要3个周期,平均每只锚一天大约移3次。应该说明的是,表7-10所列的锚索张力未计及波浪的低频和波频运动的影响,在取得这些数据以后,叠加以上运动,便可求得最大锚索张力。

(3)生存工况。

生存工况下,张紧器松开把管线放入海底,起重臂放平。按图7-1(c)所示布锚方式布锚,初始预张力为856.43 kN,抛出锚索长度为3 000 m,锚点距离为2 951.15 m,锚绞车制动器制动。完整状态下的系统分析列于表7-11。

表 7 - 11　生存工况下的锚泊分析结果

外　力　方　向		首　向	侧　向
锚索预张力/kN		856.43	856.43
锚泊系统刚度/(kN/m)		243.37	—
稳态力/kN		6 229.29	17 174.08
船舶平均偏移/m		34.09	—
船舶运动	有义波浪频率运动/m	1.2	2.09
	最大波浪频率运动/m	2.22	3.86
	有义低频运动/m	11.52	22.26
	最大低频运动/m	17.75	32.78
波浪频率运动和低频运动组合/m		18.92	34.87

（续表）

外　力　方　向		首　向	侧　向
船舶最大偏移/m		53.01	—
最大偏移占水深百分比/%		17.67	—
承受最大负荷的锚索	最大锚索张力/kN	4 156.88	—
	安全系数	1.56	—

　　由结果可见，在生存环境载荷下，首向安全系数基本能达到要求。而对于侧向，外力远大于锚泊系统所能提供的复原力，应降低侧向锚泊定位使用环境要求，或采用动力定位或动力定位辅助锚泊定位。

7.4　锚泊定位系统主要设备的选型和配置

　　锚泊系统的各主要设备相互之间必须遵循一定的关系，才能使整个系统安全、有效地发挥作用。比如锚绞车的支持负荷不小于锚索破断负荷，而锚的最大抓力约为锚索破断负荷的 0.6 倍。这三者之间的关系：锚绞车支持负荷大于锚索破断负荷，锚索破断负荷大于锚的抓力。这么设置存在一定的安全考虑。多点锚泊系统虽然有很多锚，但实际上在任何时刻，只有少数几个上风的锚及锚索主要承受外载荷，大部分锚和锚索载荷都很小。通常在设计环境载荷下，经过锚泊系统分析确定的锚索强度理论上是能够经受这样的外载，但也有可能实际操作者采用的布锚方式不尽合理，出现了个别锚索张力超过系泊分析预报的最大锚索张力的情况，导致锚的抓力不够发生走锚现象。一旦发生走锚，走锚的那根锚索张力下降，系统平衡打破，船位将发生变化。在重新平衡的过程中，上风的其他锚索将承担更多的负荷，而走锚的锚点也会重新稳定，但系统并不会失去这一点，最终整个系统将达到新的平衡。但如果把锚选得过大，使锚的抓力大于锚索破断负荷，将失去这种系统自动调节能力，往往会出现先断一根锚索，然后接二连三地断锚索，最终使船舶处于失控的危险状态。

7.4.1　锚索

　　起重、铺管船的定位锚索以钢丝绳为主，也有在锚端配置锚链，以适应砂石等底质坚硬的情况，提高锚索与底质的耐磨性以及增加摩擦力。图 7 - 8 所示为

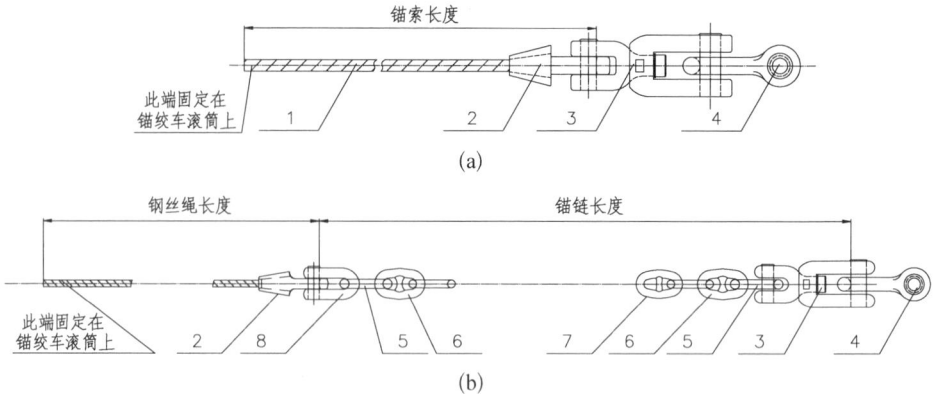

图 7-8　起重、铺管船典型锚索配套图

(a) 全钢丝绳锚索　(b) 组合锚索
1—钢丝绳;2—闭式索节;3—转环卸扣;4—锚卸扣;5—末端链环;
6—加大链环;7—普通链环;8—连接卸扣

起重、铺管船典型锚索配套图。

　　构成锚索主体的钢丝绳主要由钢丝、股、绳芯和绳用油脂组成。它是先由若干根钢丝拧成股,再以绳芯为中心由若干股捻绕成螺旋状的绳。绳芯是构成钢丝绳的中心部分,是钢丝绳的基础,当钢丝绳承受载荷时,绳芯可起到支撑和固定绳股位置的作用,减小股间压力。绳芯分为纤维芯和钢芯。钢芯又分为独立的钢丝绳芯(IWR)和钢丝股芯(IWS)。油脂对钢丝绳起防腐保护作用,同时减小钢丝间的摩擦。定位钢丝绳还要求镀锌,主要起防锈、防腐蚀作用。

　　用作定位锚索的钢丝绳的结构形式采用带有钢丝绳芯的 6 股或 8 股镀锌钢丝绳,其中 6 股钢丝绳使用尤为广泛。图 7-9 所示为起重、铺管船常用的 6 股钢丝绳结构形式,其中钢丝绳结构中数字的含义,如 6×37,第一组数字"6"表示 6 股绳,第二组数字表示每股绳的钢丝数。在钢丝绳直径相同的情况下,每股绳的钢丝数量越多,则钢丝直径越细,挠性越好,易于弯曲,但强度及耐磨性就不如粗钢丝捻制的钢丝绳。此外,选用钢丝绳还需要考虑抗拉强度级别。常用的强度级别按数值分为 1 570、1 670、1 770、1 870、1 960、2 160 MPa 等级别。按钢级概念分级,有优质犁钢(improved plow steel,IPS)、特优犁钢(extra IPS,EIPS)、超级犁钢(extra extra IPS,EEIPS)等级别,分别对应数值级别为 1 770、1 960 和 2 160 MPa。在钢丝绳直径相同的情况下,相对的抗拉强度越高,钢丝绳的最小破断强度越高,但相对越硬,弯曲度等特性就会下降。在选用钢丝绳时应综合考虑这些因素。

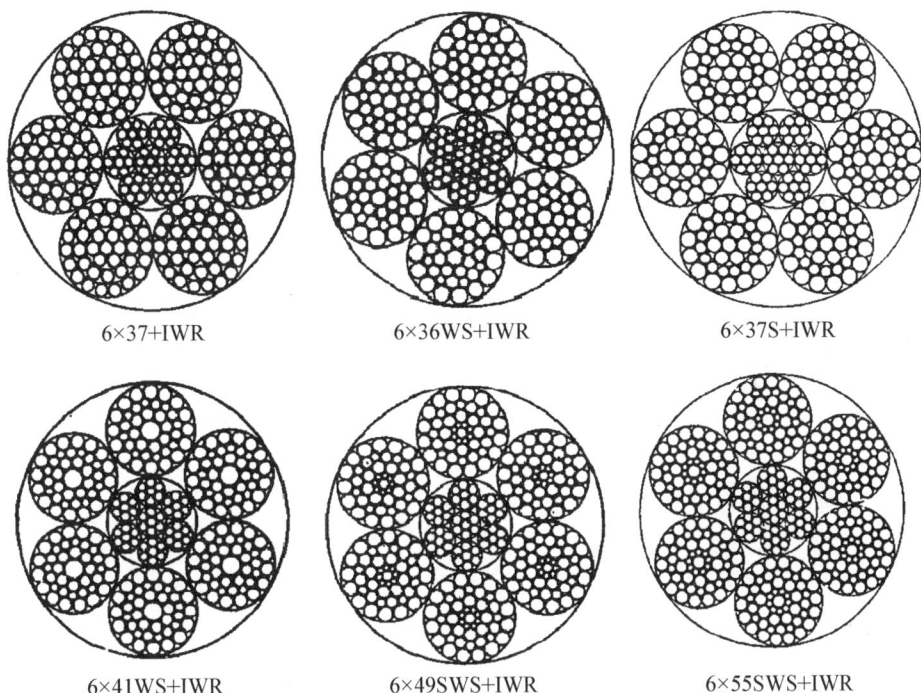

6×37+IWR   6×36WS+IWR   6×37S+IWR

6×41WS+IWR   6×49SWS+IWR   6×55SWS+IWR

图 7 - 9　起重、铺管船常用的 6 股钢丝绳结构形式

7.4.2　锚绞车

　　海洋工程装置用的定位锚机主要形式有卧式锚机、滚筒式锚绞车、牵引式锚绞车和组合锚机(链轮＋滚筒式或牵引式绞车)。起重、铺管船上主要使用滚筒式锚绞车。锚绞车作为起重、铺管船定位系统中一个重要的设备,主要是由驱动装置、减速器、滚筒、底座、排绳机构、压绳机构等组成。而由高速制动器、变速制动器、阻尼制动器、低速制动器、棘轮机构等组成了锚绞车的刹车系统[62]。为锚绞车服务的配套设备还包括变压器、变频器、控制系统、滑油系统(润滑各个设备的转动部件)、液压系统(作为离合器的动力)、冷却系统(冷却阻尼制动器)、空气系统(实现阻尼刹车、轮毂刹车、驱动棘爪)和显示系统(缆索张力、长度、速度显示)。这些复杂的机构和系统共同保障了锚绞车在各种工况下的有效运行。图 7 - 10 所示为 3 000 t 级起重船上的 800 kN 电动变频锚绞车构造图。

　　1. 排绳装置

　　钢丝绳缠绕于锚绞车主滚筒上。主滚筒既是钢丝绳的储存卷筒,又是绞车

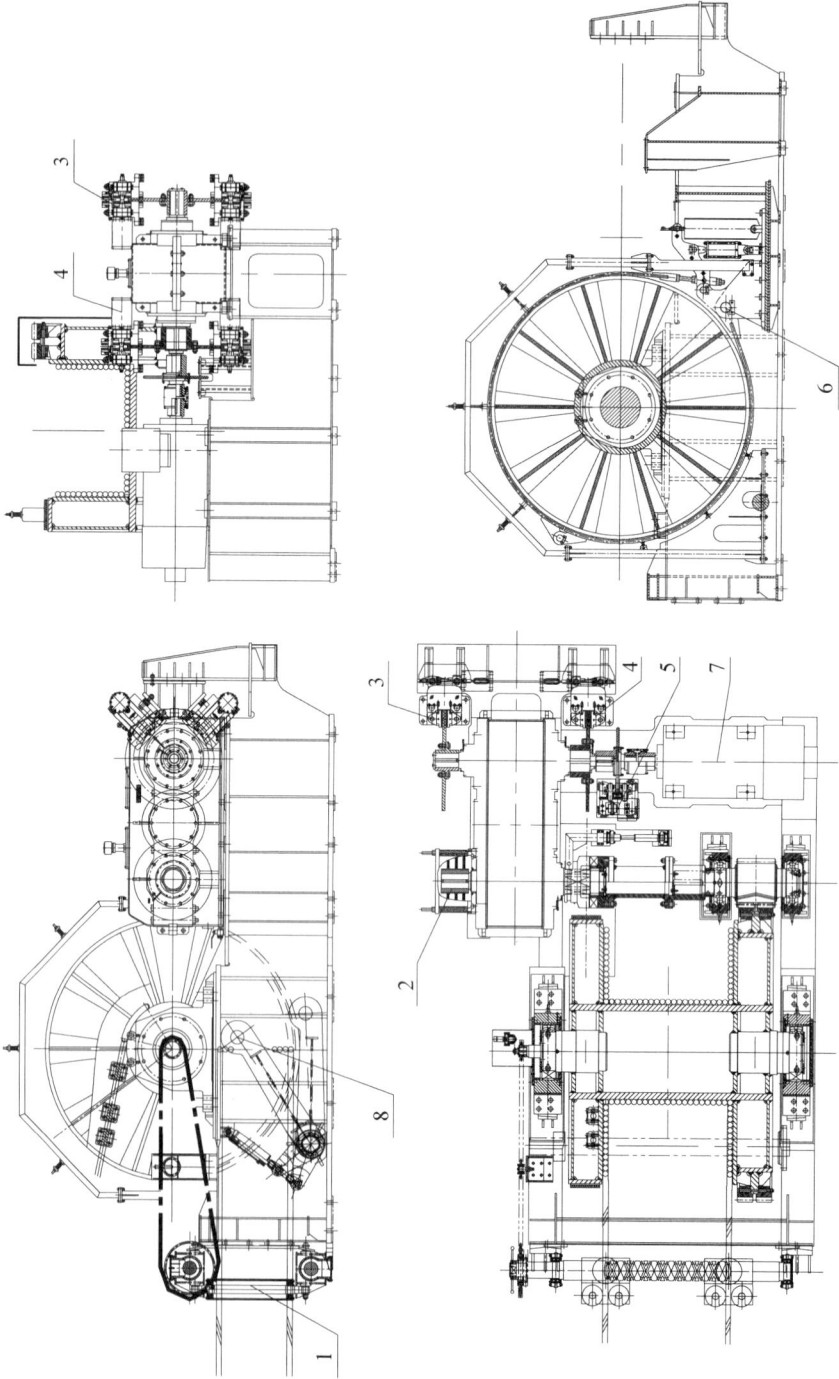

图 7 - 10 800 kN 电动变频锚绞车

1—排绳装置；2—阻尼刹车；3—变速制动器 1；4—变速制动器 2；5—高速制动器；6—带式制动器；7—电动机；8—压缆装置

的受力机构。随着水深的增加,需要的钢丝绳长度大大增加,同时导致主滚筒容绳量增加,缠绕在主滚筒上的钢丝绳层数可能多达十几层。多层钢丝绳只有正确无误地卷绕到绞车主滚筒上,绞车才能正常运行,发挥钢丝绳的性能,延长使用寿命。

为了将钢丝绳卷绕整齐,避免乱绳,主滚筒表面常有按所控制钢丝绳的规格专门制作的绳槽。绳槽有两种基本形式:螺旋式和折线式。著名的里巴斯卷筒就是一种折线式绳槽。虽然绳槽有助于排绳,但加工制造复杂,尤其是里巴斯卷筒价格昂贵。锚绞车通常采用光卷筒加自动排绳装置的组合来解决排绳问题。

排绳装置用于在滚筒旋转时,使钢丝绳在左右方向上,按顺序在滚筒上缠绕,不会发生绕绳错乱。排绳装置主要由两个双向螺旋槽螺杆、排绳滚轮、滚轮架、支架等组成。双向螺旋槽螺杆带动滚轮架在左右方向上移动。为了保证滚轮架在左右方向上的移动距离与钢丝绳在滚筒上左右排移的距离具有同步性,滚筒与双向螺旋槽螺杆之间用链轮进行传动,以保证两者之间有准确的传动关系[63]。

此外在影响钢丝绳在卷筒上缠绕的所有因素中,偏移角影响最大。偏移角通常定义为两条线的夹角,其中的一条线从固定滑轮的中心延伸到卷筒的边沿,另一条线从同一个固定滑轮延伸到卷筒上并与卷筒轴线垂直(见图 7-11)。如果卷筒有螺旋状的绳槽,偏移角还需加上或减去绳槽的螺旋角,得到钢丝绳的实际偏移角。

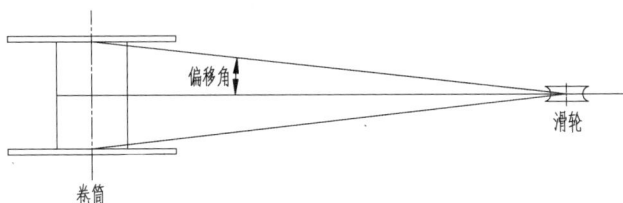

图 7-11 卷筒和滑轮偏移角示意图

对于未设自动排绳装置的绞车,当在卷筒上缠绕钢丝绳时,带绳槽的卷筒偏移角建议限制在 0.5° 到 2.5° 之间,光面卷筒偏移角应限制在 1.5° 以内。如果偏移角太小,即小于 0.5°,钢丝绳将会在卷筒边沿处堆积,不能很好地缠绕到卷筒上。如果钢丝绳堆积,最终会导致钢丝绳从卷筒边沿掉出,对钢丝绳和绞车会产生冲击载荷,这是一种不期望出现且不安全的使用状况。如果偏移角过大,会造成钢丝绳过早缠绕到卷筒上,使靠近卷筒边沿的钢丝绳之间形成缝隙,同时也增大了钢丝绳交错位置的压力。同样地,在滑轮端过大的偏移角也会对滑轮造成不利影响。当钢丝绳穿过滑轮时,首先与滑轮边沿接触,继续穿过滑轮时,钢丝绳从滑轮边沿滑下,滑至滑轮槽底部。在这个过程中,钢丝绳会翻滚和滑动,造成钢丝绳扭曲,也不可避免地会与滑轮的槽边相互磨损。偏移角越大,扭曲程度也越大,造成的磨损也越严重,极大地影响钢丝绳的使用寿命。

设有自动排绳装置的绞车,偏移角可适当放大,但也应限制在3°以内。过大的偏移角同样会对滑轮导向不利,还会使排绳装置承受很大的载荷,导致排绳装置的几何尺寸增大。为了满足偏移角的要求,绞车和滑轮之间要有足够的距离,在船上需占用很大的空间。

2. 压绳装置

多层缠绕的钢丝绳当外层钢丝绳受重载时,会挤压里层钢丝绳,造成里层钢丝绳受挤压变形而损坏,甚至出现外层钢丝绳嵌进里层钢丝绳之间的现象。因此在卷绕最里层钢丝绳时须施加一定的张力。钢丝绳拉得愈紧,卷绕得愈好,一般建议张力为钢丝绳最小破断拉力的2%到10%。但是在船上排绳时受条件限制,很难加载这样的一个张力。为此,锚绞车可设置压绳装置。当图7-12所示的压绳装置收绳时,液压油缸推出,通过连杆装置推动压绳滚柱把钢丝绳压实。

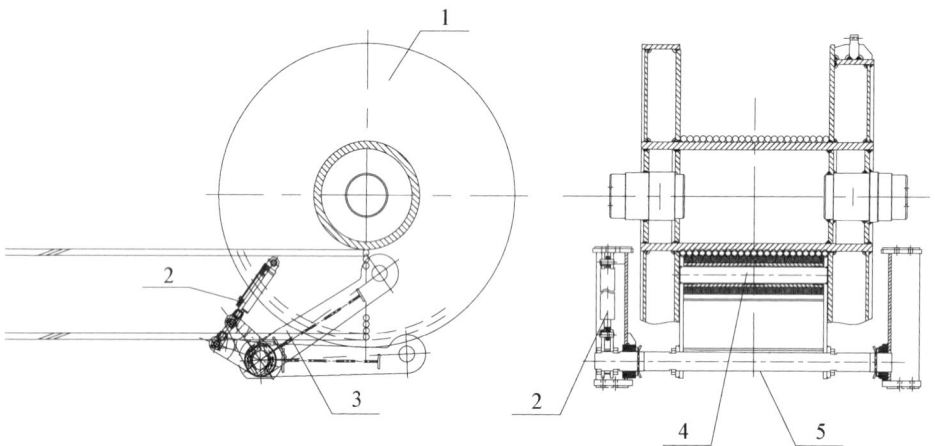

图7-12 压绳装置

1—滚筒隔板;2—液压油缸;3—滚柱支撑板;4—压绳滚柱;5—轴

3. 刹车装置

关于锚绞车的刹车系统,CCS《海上移动平台入级规范》要求如下:

(1)每一锚机应设有两套独立的动力操作制动系统,每套制动系统应能承受至少为50%锚索断裂强度相当的静载荷。

(2)一旦锚机失去动力,动力操作制动系统应自动作用,并能承受锚机全部静态制动能力的 50%。

（3）锚机的设计应具备足够的动态制动能力，以控制锚机在以最大设计放锚速度布锚时锚、锚索、抛锚船的正常组合载荷。

DNV、ABS 船级社的要求与 CCS 大致相同。船舶行业标准移动式海洋平台锚泊定位装置(CB/T 3663—2013)关于刹车系统的要求如下：

（1）每一个锚链轮或卷筒应设一套独立的制动装置。制动装置的动力操纵系统的工作应不受主动力源故障的影响。链轮或卷筒制动装置的支持负载为无止链（止索）装置不小于系泊链（钢丝绳）的破断负荷，有止链（止索）装置不小于系泊链（钢丝绳）的破断负荷的 80%。

（2）电机驱动的锚泊定位装置电机应设置自动制动装置。电机自动制动装置的静载制动力为 50% 锚索破断负荷。

（3）锚泊定位装置应设置一套抛锚限速装置。抛锚限速装置应能有足够的抛锚限速能力，当抛锚船以最大设计速度布锚时，应能控制布锚产生的动负载，连续放出锚索，布锚速度不大于 150 m/min。

（4）锚链轮或卷筒上可设置棘轮装置，用于锚机或绞车的维修和保养，阻止链轮或卷筒旋转。棘轮棘爪结合后强度应满足系泊链或钢丝绳最小破断负荷。

以上规范和标准对起重、铺管船的定位锚绞车并无强制要求，可参照执行。锚绞车的刹车系统主要分为主刹车、高速刹车、动态刹车、变速制动器等。但并不是所有这些刹车都要配置，要视绞车功能、造价等因素进行选择。

1）主刹车

主刹车就是主卷筒制动装置，在定位作业时，锚绞车依靠主刹车提供的静态刹车力，抵抗设计条件下的环境载荷。主刹车刹车力不小于锚索破断负荷。

对于缠绕多层钢丝绳的主卷筒，钢丝绳在不同层时绞车的刹车力不一样。这是因为不同层钢丝绳拉力产生的转矩是不一样的，这个转矩不能超过制动装置提供的最大制动力矩。根据转矩特性，转矩不变时，距卷筒中心近的钢丝绳可以提供更大的刹车力，反之，层数越多，距中心越远，实际能提供的刹车力越小。

2）高速刹车

高速刹车又称刹车电机，安装于电机输出轴。当电机通电时它也通电打开抱刹，这时它对电机不制动，当电机断电时它也断电，抱刹住电机。高速刹车刹车力不小于 50% 的锚索破断负荷。

3）动态刹车

动态刹车也称阻尼刹车，主要用于抛锚作业工况。阻尼刹车装置通常安装于小齿轮端,装置内部有进气通道和冷却水通道。刹车工作时,通入高压空气,使与转动轴相连的摩擦盘片压紧固定端产生摩擦力形成制动力矩,过程中产生的大量热量通过冷却水带走。

动态刹车的刹车力大小与水深、放出的锚索长度有关。图 7 - 13 所示为抛锚作业过程的示意图。抛锚作业开始时,锚挂在抛锚船尾端,锚绞车上钢丝绳先快速放出至水深的 2 倍左右。抛锚船开始往外走,锚绞车继续放绳,但必须控制两者的速度。既要避免抛锚船速度太快,锚绞车来不及放绳,导致钢丝绳上张力过大及抛锚船拖带阻力过大,也要避免锚绞车放绳太快,钢丝绳躺在海底,增加拖带阻力以及磨损钢丝绳。钢丝绳在水中的形态类似抛物线。到达锚地上方后,锚绞车停止放绳,抛锚船逐渐把锚释放入海底。操纵锚绞车收缆,使锚逐渐入土。收缆时为了不使船移动,常常操纵船舶对角线位置上的两台锚绞车同时收缆,收紧锚索至所需要的预张紧力。

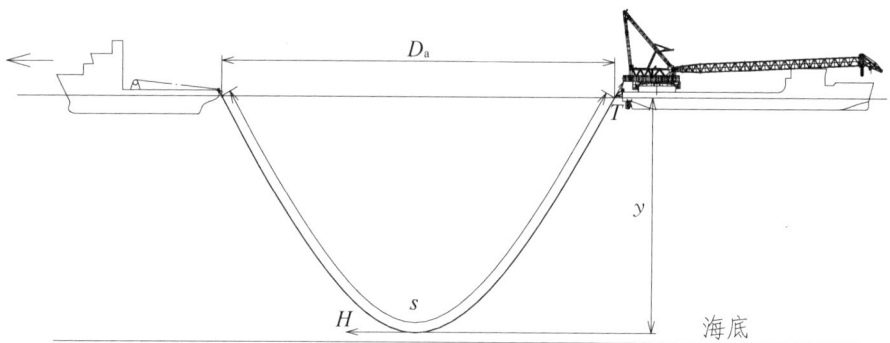

图 7 - 13 抛锚作业示意图

由于抛锚放缆作业时,通常锚绞车主卷筒与驱动装置脱开,需要通过动态刹车装置来控制卷筒速度放缆。随着抛锚船越来越远,钢丝绳放出的长度越来越长,绞车端钢丝绳拉力将越来越大,所需刹车力也越来越大。锚绞车所需动态刹车的能力取决于抛锚作业过程中所能放出最长的缆绳以及最远的锚点距离,可通过下面的悬链线方程求解:

$$y = \frac{s^2 w}{8T} \tag{7-5}$$

$$D_a = s\left(1 - \frac{wy}{3T}\right) \tag{7-6}$$

$$s = L + \frac{TL}{AE} \tag{7-7}$$

式中：w 为锚索在海水中的单位长度质量，kN/m；y 为水面至悬链线弧顶的垂直距离，m；T 为入水点锚索的张力，近似等于舷边导缆器处锚索张力，kN；L 为入水点和出水点之间的锚索长度，近似等于放出的锚索长度，m；s 为锚索的悬垂长度，等于 L 加上锚索的弹性伸长，m；D_a 为锚索入水点和出水点之间的水平距离，m；A 为锚索截面积，mm²，对于钢丝绳 $A = \dfrac{\pi d^2}{4}$，对于锚链 $A = 2 \times \dfrac{\pi d^2}{4}$，$d$ 为钢丝绳或锚链直径，mm；E 为弹性模量，GPa。

4）变速制动器

锚绞车在缆绳回收时，由于缆绳比较长，为了缩短收缆时间需要有比较快的收缆速度。有些锚绞车的减速箱设计了高速和低速两种传动比，分别对应小扭矩高转速和大扭矩低转速工况，通过高、低速制动器来进行切换，如图 7‑10 所示的锚绞车。当变速制动器 1 制动，变速制动器 2 松开时，锚绞车实现高速工作状态；当变速制动器 1 松开，变速制动器 2 制动时，锚绞车实现低速工作状态。

4. 恒张力控制

起重铺管船移船时，前进方向的锚绞车不断绞进缆绳，提供向前移动的拉力。后向的锚绞车必须保持一定张力的情况下放缆，以防止受到该方向突然的外力作用影响，船向前突然加速，造成设备损坏。如果后向的锚绞车在处于恒张力控制的模式下运行，放缆钢丝绳由于外力作用而变大，起到制动作用，阻止船向前冲。

在恒张力控制下，对于同层钢丝绳，张力的恒定意味着电动机或马达的输出转矩相对恒定，无论是作为“电动或马达工况”牵引缆绳还是作为“发电制动或泵工况”释放缆绳，随着船的移动，后向锚绞车卷筒上的钢丝绳在逐渐减少，张力继续保持恒定意味着电动机或马达的输出转矩要随着钢丝绳层数的减少而减小。不同驱动方式的绞车，具体实现方法不同。

1）变频驱动恒张力控制

变频驱动的锚绞车恒张力功能实际上是通过变频器对电动机转矩的控制来实现。在恒张力联动模式下，工况转换开关激活转矩限制模式，给定电动机转矩限制值（随钢丝绳层数变化）。当收缆绞车启动后，连锁松开放缆绞车制动器，放缆绞车即在转矩限制模式下运行，当钢丝绳张力产生的负载转矩小于电动机转矩限制值时，绞车电动机正转电动收缆；负载转矩达到电动机转矩限制值时电动机即堵转停车；当负载转矩大于电动机转矩限制值时,绞车电动机反转制动放缆,外力越大,制动力越大,起到恒张力控制作用。

绞车电动机在反转制动放缆时,电动机处于发电制动状态,产生再生能量。处理再生能量的方法有能耗制动和回馈制动。能耗制动设置制动电阻,通过专门的能耗制动电路将电动机产生的再生能量以热能方式消耗。回馈制动是设置一套能量回馈装置单元,将再生能量回馈到电网。

能耗制动的优点是构造简单,缺点是运行效率降低,特别是在频繁制动时将要消耗大量的能量,且制动电阻的容量将增大。与能耗制动相比,回馈制动电能消耗较低,经济性好,但系统控制较为复杂,对电网有一定影响。

2) 液压驱动恒张力控制

由于液压马达的输出转矩与马达的压差和排量的乘积成正比,恒张力的控制主要有两种方式[63-64]:

(1) 定量泵系统。绞车输出拉力与液压马达的供油压力成正比。通过采用溢流阀或减压阀控制系统的压力,从而达到控制液压马达扭矩的目的。这种方式有较大的功率损失,但系统简单、控制容易,可以和其他液压设备共用液压源。

(2) 恒压伺服变量系统。采用压力补偿变量泵(恒压泵)来控制定量或变量电机。当系统处于保持状态时,恒压泵输出流量近似为 0;当绞车被拖放时,电机输出流量经系统溢流阀溢流,系统输出仍然为 0。由于系统在保持和释放阶段时液压泵处于恒压状态,所以与定量泵系统相比功率损失小,牵引、保持、释放状态下压力差值较小。

5. 驱动方式

常用的锚绞车驱动方式有液压驱动和电力驱动。在起重、铺管船上两者均有应用。液压驱动技术具有易于实现直线运动、功率质量之比大、动态响应快等优点,在工程机械等领域得到了广泛应用。但是,液压驱动存在效率低、噪声大、成本高、泄漏污染环境等缺点不能适应环保、节能、可持续发展的社会和工程需要。近年来,随着电力电子器件的发展,数字控制及计算机技术的成熟,在电力驱动领域中,以变频器为代表的性能优良、高效耐用的电力驱动形式异军突起,开创出了一个新局面,具有环保、节能、远距离功率传输等优点,符合现代工业的发展趋势。

表 7-12 所示为液压驱动与电力驱动的一般比较。电力驱动比液压驱动具有一定优势,主要体现在效率高、调速性能优、自动化程度高、尺寸小等方面。近年来,大型起重铺管船多采用电力驱动形式。

表 7-12 液压驱动与电力驱动比较表

比较项目		液压驱动	电力驱动	比较项目		液压驱动	电力驱动
动力	设备	油泵+油箱	变频器	系统	调速性能	略差	优
	工作形式	旋转	固态		总效率	低($\eta_1\eta_3$ $\eta_4\eta_5$)	高($\eta_1\eta_2$)
	效率	低	高		能量传输	管路尺寸大不方便	电缆尺寸小方便
	尺寸	大	小		自动化程度	低	高
执行	设备	液压马达（油缸）	电动机		噪声	大	小
	工作形式	旋转(往复)	旋转		大功率组态	难	易
	效率	低	高		调整变动	难	易
	尺寸	小	大		维修	难	易
控制	设备	阀组+电子电器	电子电器		环保	难	易
	工作形式	活动件+固态	固态					
	尺寸	大	小					

注：η_1 为电动机效率；η_2 为变频器；η_3 为油泵效率；η_4 为管路及阀件效率；η_5 为液压马达效率。

7.4.3 锚

参与锚泊定位系统的定位锚所需抓力等于最大锚索张力减去躺底段锚索与海底的摩擦力。而按 API 规定，锚索的安全系数不小于 1.67，即最大锚索张力约为 0.6 倍的最小锚索破断负荷。忽略躺底段锚索与海底的摩擦力，定位锚的抓力通常不超过 0.6 倍的最小锚索破断负荷。

起重、铺管船采用的是移动式系泊系统，对所选用锚要求性能优良，同时操作和使用方便，易于回收。锚的性能体现在它的抓重比以及适用底质的情况。抓重比是指抓力与其自重之比。通常普通锚抓重比为 3~4，大抓力锚抓重比至少为相同重量普通锚的 2 倍，超大抓力锚抓重比至少为相同重量普通锚的 4 倍以上。起重、铺管船的定位锚至少应为大抓力锚。在各种锚的类型里，拖曳式埋置锚凭其易用性，仅需通过锚绞车拖曳使其啮入底质，在起重、铺管船上广泛使用。拖曳式埋置锚有很多种，可根据实际情况按性能进行选择。

1) 一般性能船用大抓力锚

该种类型锚典型代表为 AC-14 锚、波尔锚，分别见图 7-14(a)和(c)[65]。

这两种锚都为无杆转爪锚,对各种底质都有较好的适应性。AC-14 锚抓力系数略高,可达 8~10 倍。它们因收起锚方便,在起重、铺管船上常用作首锚。AC-14 锚还有一种平衡型,见图 7-14(b),它的锚头重心略低于转轴,在锚吊起时,锚爪竖直与锚柄在同一平面,在设有锚台的船上更容易收存。AC-14 锚的锚头和锚柄都为铸钢件,而波尔锚的锚爪为钢板焊接结构,锚柄为铸钢件。

2) 一般性能海洋工程用大抓力锚

该类型锚典型代表为轻量型锚、丹福斯锚,分别见图 7-14(d)和(e)。这两种锚都为有杆转爪锚,锚头的稳定杆可以保证锚抓底的稳定性,适用于沙或黏土底质,抓重比可达 10~12。轻量型锚分为 A 型和 B 型,A 型锚爪的最大角度为 30°,B 型的转角可由装在锚杆上的可移动楔块调节,使最大转角达 50°,以提高

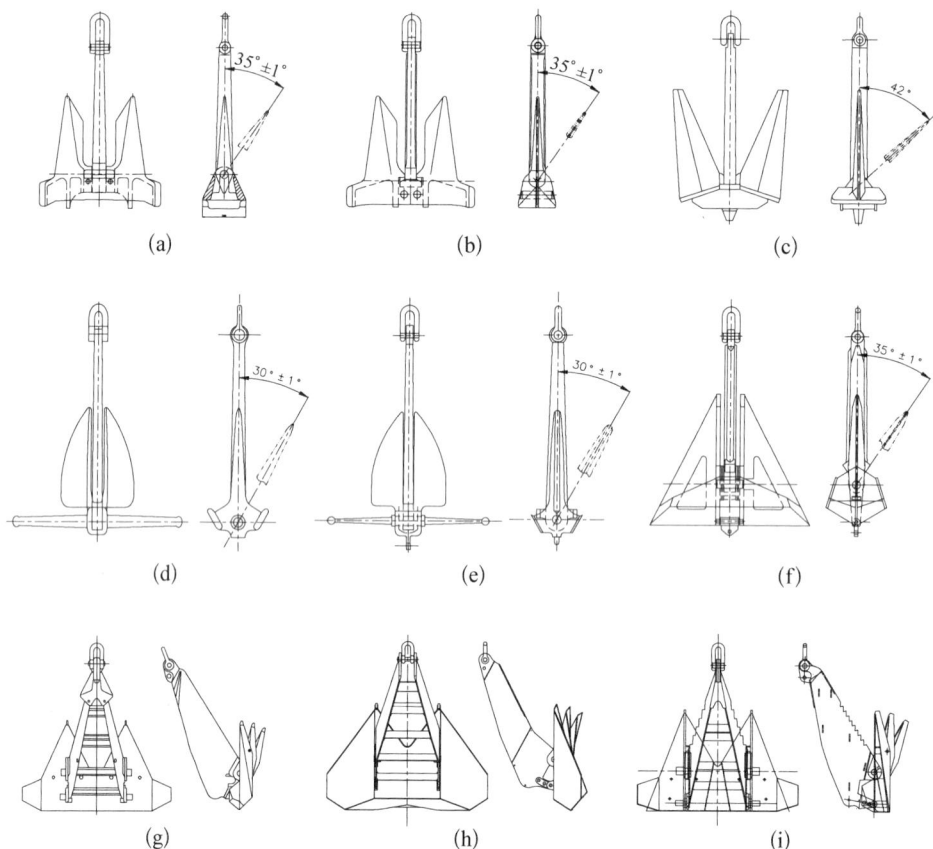

图 7-14 起重、铺管船常用的大抓力拖曳埋置锚

(a) AC-14 锚 (b) 平衡型 AC-14 锚 (c) 波尔锚 (d) 轻量型(LWT)锚
(e) 丹福斯锚 (f) FLIPPER DELTA 锚 (g) STEVPRIS MK5 锚
(h) STEVPRIS MK6 锚 (i) STEVSHARK 锚

在淤泥底质的抓力。

3）较高性能海洋工程用超大抓力锚

该种类型的锚具有比一般性能海洋工程用大抓力锚更大的抓力，如FLIPPER DELTA 锚，见图 7-14(f)。其通常情况下折角为 32°，在遇到特别松软的底质时，可将折角攻为 50°。抓力系数对沙和黏土可达 25 倍，对淤泥可达15 倍。

4）高性能海洋工程用超大抓力锚

STEVPRIS MK5 锚［见图 7-14(g)］是一种高性能的超大抓力锚，具有拖曳入土距离短，穿透底质深等特点。入土深也意味着它可抵抗一定的上拔力。它为非转爪锚，但它的锚爪角度又是可调的，以适应不同底质的需要。在极软的黏土（淤泥）中为 50°，在砂和硬泥中为 32°。它的抓重比通常可达到 50。STEVPRIS MK6 和 STEVSHARK 都是它的改进型［见图 7-14(h) 和(i)］。STEVPRIS MK6 型锚爪的头部更尖，更加有利穿透底质，同时加大了锚爪的面积，可提供更大的抓力。STEVSHARK 的锚杆上设计有锯齿状的齿，具有更强的底质穿透能力。

7.4.4　导向装置

锚索从锚绞车导出到船外，需要设置一些导向装置，锚索经过的导向装置越少越好。导向装置承受的负荷应不小于锚索破断负荷。

导向装置按其位置可分为中间导向装置和舷边导缆器，按锚索的形式可分为导链器、导缆器及组合锚索导索器。

图 7-15(a)和(b)所示为中间导向装置，采用了导向滑轮。导向滑轮因为具有大直径的弯曲半径，可以减缓钢丝绳的疲劳损伤，提高钢丝绳的使用寿命，在大型起重、铺管船上广泛应用。通常定位锚索用的导向滑轮直径要求为钢丝绳直径的 16～20 倍。

图 7-15(c)所示为摆动式导缆器，导向滑轮可随锚索导向而摆动，顶部的滑轮起到平衡的作用，可以减小摆动时的阻力。

图 7-15(d)和(e)所示为滚柱型舷边导缆器（简称滚柱导缆器），滚柱因承受载荷及弯曲半径都不如导向滑轮，常用于较小直径的定位锚索，在小型起重船上应用比较多。滚柱导缆器还有个优点是通过锚链比较方便，适用于组合锚索。

7.4.5　锚浮标及浮标索

当定位锚由辅助船帮助抛好以后，会同时在锚点附近抛下一个锚浮标，以标

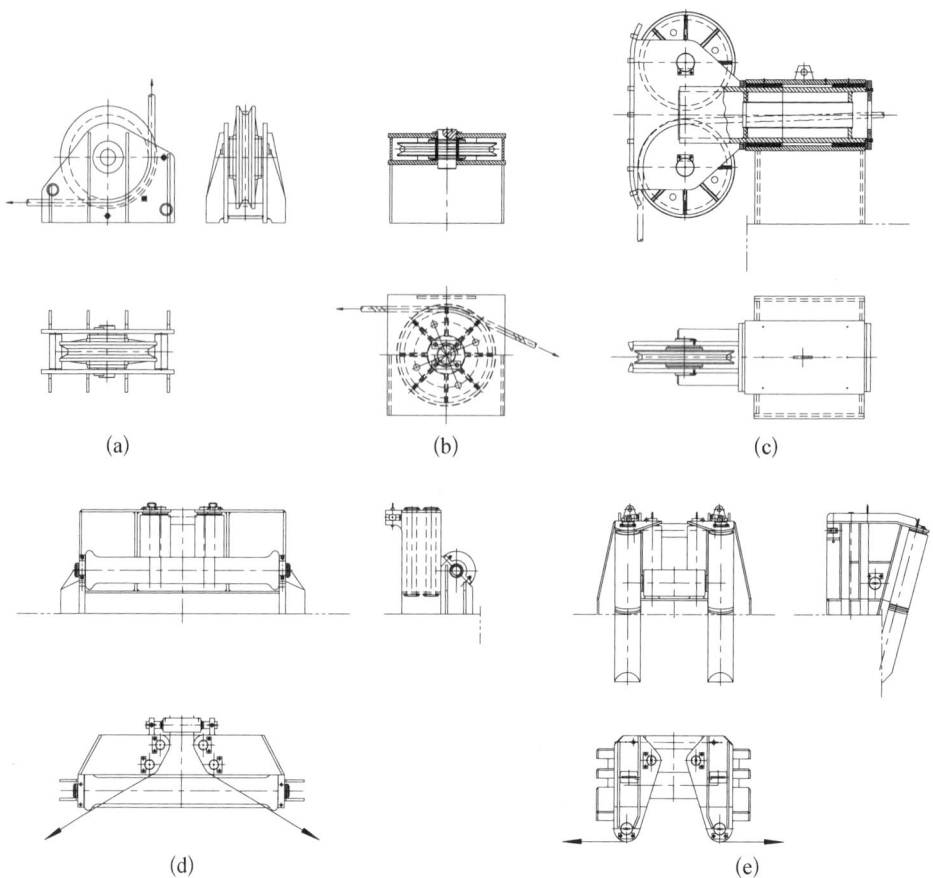

图 7-15 起重、铺管船常用的导向装置

(a) 垂直导向装置 (b) 水平导向装置 (c) 摆动式导缆器
(d) 滚柱导缆器 (e) 舷外出缆角度可达 180°的滚柱导缆器

识锚点的位置。浮标索连接锚浮标和锚端眼板如图 7-16 所示。起锚操作利用浮标索拔出埋入泥土的锚。

浮标索由浮标主索和辅索组成。浮标主索必须具有足够强度,可承受拔锚力。拔锚力不小于锚重的 3 倍。浮标主索的长度不小于水深。浮标辅索承受主索在水中的重量以及浮标受到的风浪作用力。

锚浮标为钢质结构,内部分隔为几个独立的小舱。如果仅为一个舱,内部应填充聚氨酯发泡塑料,避免破损进水沉没。锚浮标内部涂防腐油漆,外部涂醒目的橙红色油漆。锚浮标要有足够的浮力,以抵消本身重量加上浮标主、辅索在水中的重量。

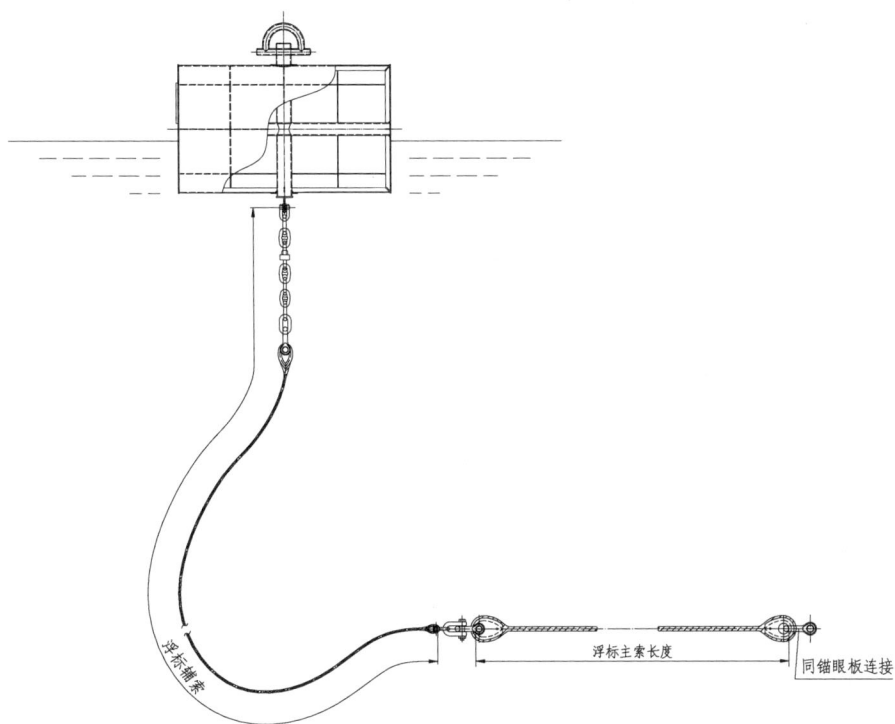

图 7 - 16   锚浮标及浮标索配套示意图

8

动力定位系统

8.1 起重、铺管船常用动力定位系统简介

动力定位(dynamic positioning,DP)系统是安装在船舶和浮体上的一种综合系统,其作用是使船舶在海上受到风、浪、流干扰的情况下,不借助锚泊系统,利用自身的推进器系统就能保持一定的船位和首向或者按照预定的轨迹运动。动力定位系统不仅可用于海上作业船舶和平台的泊定,还可用于潜水器的轨迹控制。其控位精度高,灵活性好,成本不随水深增加而增加,对于海洋开发和国防建设的发展均具有重要意义,已日益受到重视。

动力定位系统的基本工作原理如图8-1所示[66]。位置测量系统利用各类传感器测出船体的位置和首向以及风力风向,并将数据输入控制器。控制器已根据现代控制理论建立了船舶特性与推进器的数学模型;其采用多种控制方法,通过对船舶纵荡、横荡、首摇3个自由度运动分量以及风力风向的计算,对船舶各主副推进器的推力进行分配,并对推进器发出工作指令,从而控制船舶进行上述3个自由度的逆向运动,以保持船体的位置和首向。

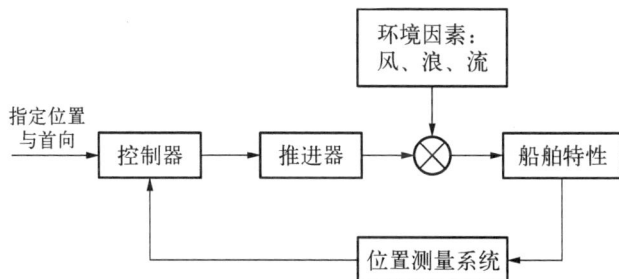

图8-1 动力定位系统的基本工作原理

动力定位系统通常由4个子系统构成:

(1) 环境和位置参考系统。位置参考系统包括机械、电子和声学装置,用于测量船舶的位置和首向方位角。环境参考系统可测量风速、风向,流速、流向,浪高、浪向。

(2) 控制系统。控制系统是动力定位系统的核心子系统,可对各种信息进行处理、运算,分配推力,并对推进器发出工作指令。

(3) 推进器系统。推进器系统是动力定位系统的执行机构,由安装在船舶各个位置的各类推进器及舵等装置构成。

（4）动力系统。动力系统为推进器和各类设备提供动力源。

动力定位系统的组成及各子系统之间的关系如图 8-2 所示[67]。

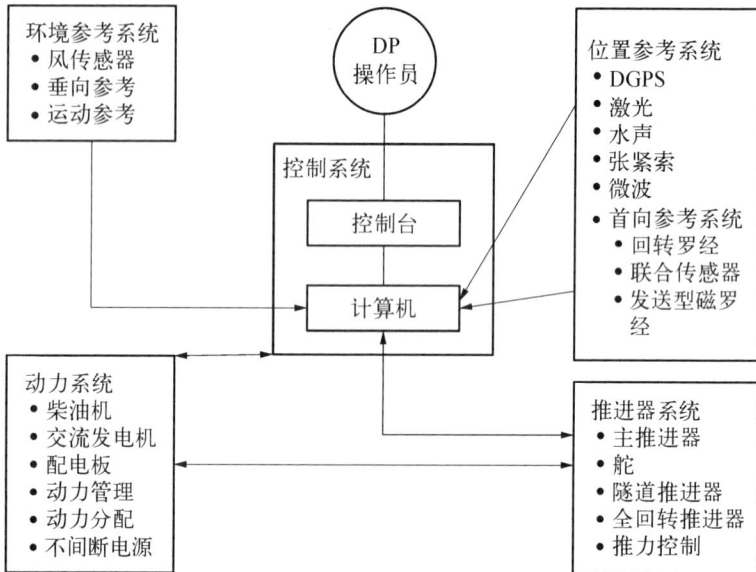

图 8-2 动力定位系统的组成及各子系统之间的关系

随着计算机和传感器技术的发展,动力定位技术日臻成熟,安装动力定位系统的船型也越来越多,几乎覆盖了所有工程作业船和海洋工程,如潜水支持船、半潜钻井平台、海洋调查船、海洋监察船、综合科考船、钻井船、平台供应船、起重打捞船、起重船、铺管船、半潜运输船、救生船、布缆船、航标船、多功能工程船、自航挖泥船、抛石船等。

8.2 动力定位规范、公约和国际组织文件简介

自 20 世纪 60 年代起,伴随着欧洲北海海上油田的开发,动力定位系统在海洋工程船舶上的应用逐渐增多,各船级社和国际组织研究并出台了众多关于 DP 系统的规范。

1977 年挪威船级社(DNV)出版了第一本动力定位系统试行规范,随后英国劳氏船级社(LR)也出版了动力定位系统规范。为了指导船东正确地操作带有动力定位系统的船舶,英国能源部和挪威石油理事会于 1983 年联合出版了 *Guidelines for the Specification and Operation of Dynamically Positioned*

Diving Support Vessels。至此,动力定位系统方面的技术文件已比较完整。大量的动力定位船舶的使用,以及动力定位系统操作与船舶作业安全的密切相关性,引起了 IMO 海安会的重视,并在 1994 年的 IMO63 届海安会(MSC)上通过了 MSC/Circ. 645《船舶动力定位系统指南》[1]。该通函自 1994 年 7 月 1 日对新船生效。作为国际海事组织的法定文件,该文件集众家之长,是带动力定位系统船舶的国际标准,在动力定位系统规范的研究制订上,具有里程碑的意义。此后,美国船级社(ABS)、德国船级社(GL)、法国船级社(BV)也相继出版了动力定位规范。中国船级社(CCS)则于 2002 年正式出版了第一本动力定位规范[68]。

在规范、公约研究的同时,各行业协会也对动力定位系统在船上应用的设计和操作规程进行了大量研究。其中典型代表为 1991 年由环球海事为动力定位船舶船东协会(DPVOA)出版的《动力定位船舶的设计和操作指南》。此后 DPVOA 和海上潜水承包商协会(AODC)合并组成了国际海事承包商协会(international marine contractors association,IMCA)。其后 IMCA 的海事部管理委员会进行了该指南的修订和后续版本的出版。这本指南使现行规则、操作程序以及良好的实践融为一体,既有对所有动力定位船设计和操作的原则要求,又着重对潜水支持船、钻井船、浮式生产装置、居住船、起重船、穿梭油轮、铺管船和无人遥控潜水器(ROV)支持船等各种海洋工程作业船的特殊要求进行总结叙述。IMCA 文件受到了船东、船厂、船舶设计者、动力定位系统设备制造商的高度重视,是动力定位船设计、建造和操作使用的重要指导文件。

IMO 的《船舶动力定位系统指南》和各船级社规范根据动力定位系统的不同冗余度,将动力定位系统分为 3 个等级,其主要要求如下:

(1) DP-1。安装有动力定位系统的船舶,可在规定的环境载荷下,自动保持船舶的位置和首向,同时还应设有独立的联合操纵杆系统。

(2) DP-2。安装有动力定位系统的船舶,在出现单个故障(不包括一个舱室或几个舱室的损失)后,可在规定的环境载荷下,在规定的作业范围内自动保持船舶的位置和首向。

(3) DP-3。安装有动力定位系统的船舶,在出现单个故障(包括由于失火或进水造成一个舱室的完全损失)后,可在规定的环境载荷下,在规定的作业范围内自动保持船舶的位置和首向。

对于 DP-2 和 DP-3 系统的船,为了验证设计的故障冗余度是否满足在出现单个故障情况下能自动保持船尾和首向的要求,在设计阶段需进行故障模式与影响分析(FMEA),并出具报告,报告中应包括故障冗余度试验程序。

8.3 起重、铺管船动力定位系统设计要点

8.3.1 动力定位船设计特点和流程

船舶设计是一项复杂的系统工程工作,船舶设计的过程是一个不断修正、反复迭代、逐步逼近的过程。动力定位系统又是一个涉及多方面、多专业的系统,因此动力定位船设计的复杂程度比常规船舶大大增加。

动力定位系统与船舶总体、电气、轮机等专业相关,涉及船舶所受的环境力、推进器推进特性、电力系统、控制系统、动力装置、故障冗余理论等多个领域的因素,它们相互交叉,相互影响,错综复杂。设计者对其的认识也有一个由表及里、由浅入深的过程。与之相适应,动力定位船的设计过程除了遵循通常所说的设计螺旋线进程外,在其螺旋线上又增加了诸多节点,主要内容包括船舶使命分析、环境载荷调查、总体布置原则、动力及驱动原理、设备能力估算、DP能力分析、故障模式确定、船—桨—电—机的合理匹配等。这个过程需要在各专业之间进行反复协调和修正。DP-3动力定位船的设计流程大致如图8-3所示。

本章所叙述的动力定位船设计方法,主要针对起重、铺管船动力定位设计,尤其是DP-3级动力定位船设计中与动力定位有关的技术点,其他通用的船舶设计方法,不在本章的叙述范围之内。

8.3.2 动力定位船设计基本要求

1) 动力定位环境载荷

船舶动力定位系统是用船上一定数量的推进器发出的推力合力来平衡外界风、浪、流对船的作用力,使船舶位置和首向保持不变的、高度综合的自动控制系统。船舶工作时的风速、流速和浪高等环境载荷是动力定位船舶的推进器、动力系统、控制系统等配置的主要依据。动力定位船舶设计,首先应根据已知的船舶工作区域和工作状态来确定适合船舶动力定位的环境载荷。

在中国船级社(CCS)《钢质海船入级规范》的动力定位系统要求中列出了对环境载荷的要求:对于在无限航区的船舶,环境载荷应采用一套标准的北海环境状态;对于在有限航区的船舶,选择环境载荷时,应考虑船舶作业海域的主要环境状态的长期分布。

作为船舶设计重要依据的"设计任务书",一般都会对动力定位系统工作的

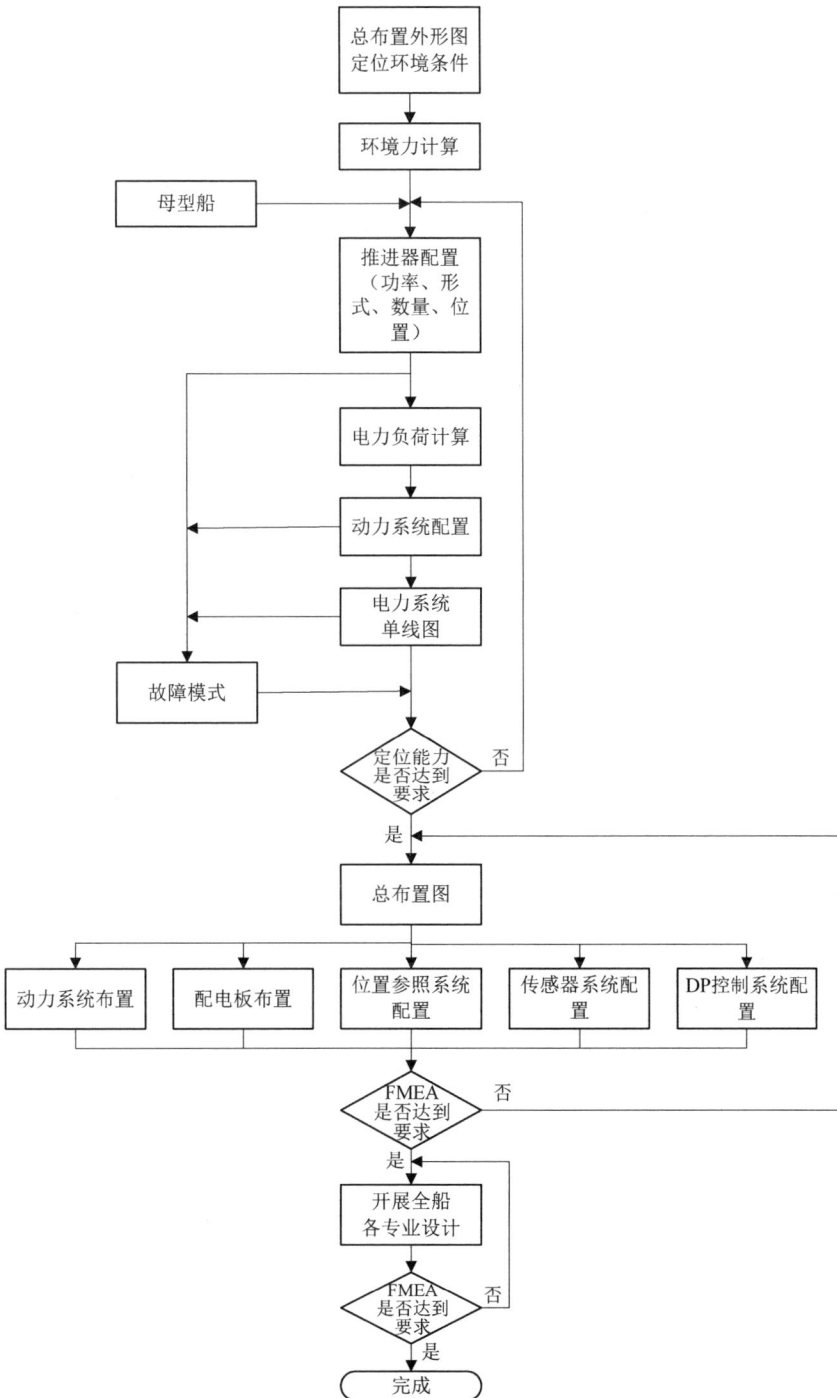

图 8 - 3　DP - 3 动力定位船设计流程

环境载荷(主要是风速、流速、浪高和波浪周期)提出明确的要求。

2) 动力系统设备等级要求

动力定位系统是由推进器系统、动力系统、控制系统、环境和位置参考系统诸多子系统结合而成的一个综合系统,其中任何一个简单故障,都可能导致定位能力的丧失。由于各种船舶动力定位系统在单个故障情况下保持船舶位置和首向的能力不同,IMO 组织规定了三种设备级别:DP-1 级、DP-2 级和 DP-3 级。各国船级社据此制订了各自的等级和入级符号。

CCS 规定了 DP-1、DP-2、DP-3 三种入级附加标志,完全对应了 IMO 组织的三种设备等级。DP-1 附加标志的船舶无须冗余设计,即单个重要设备故障时不考虑保持其动力定位功能。DP-2 附加标志的船舶有冗余设计要求,但仅针对设备本身,故障设备可通过操作进行转换。DP-3 附加标志的船舶除了冗余设计要求之外,还要求进行舱室分开布置的设计,以应对由失火或浸水造成的一个舱室的完全损失,实际上涉及多个设备同时失效的情况。

ABS 规定了 DPS-0、DPS-1、DPS-2 和 DPS-3 四种入级附加标志。

DNV 规定了 DYNPOS-T、DYNPOS-AUTS、DYNPOS-AUT、DYNPOS-AUTR、DYNPOS-AUTRO 五种入级附加标志。

IMO 在《动力定位系统船舶指南》中指出,对一特殊操作所要求的船舶设备等级应在位置丧失后果风险分析的基础上由船东和客户认可。另外,主管机关或沿岸国家可对该特殊操作所要求的设备等级做出决定。

实际上,这些要求的基本思想出自国际海事承包商协会(IMCA)或其前身动力定位船舶船东协会(DPVOA)及海上潜水承包商协会(AODC)的一系列指导性文件中。1991 年出版的《M103 DPVOA 动力定位船舶的设计和操作指南》以及后来由 IMCA 出版的同名称的 IMCA M103 指南就是将有关动力定位船舶的规则、操作程序以及良好的实践融为了一体,并且定期审查和更新。

IMCA M103 指南要求应尽早进行后果风险分析,并在工作的各个不同阶段重做考虑。进行风险分析的最佳时间是在工作范围已知且船上存在有经验的人员。DP-2 级和 DP-3 级船舶之间的差别不像操作员的培训和经验,船上的程序、船舶的动力和推力冗余以及控制系统那么重要。

目前,DP 船舶设计主要是按照船东的设计任务书中规定的入级附加标志来进行的。对于 DP-2 级和 DP-3 级,船舶设计者采用设备冗余来满足系统可靠性的要求,其必须在线或立即可用。要求如下:

(1) 一个部件的突然故障或一个粗心大意的动作不会造成非预期的位置偏移。

（2）在冗余设备之间，控制转移或服务转移应是平稳的。

（3）推进器不发生不想要的动作。

（4）不管船舶如何复杂，如有可能，应避免公共的单个故障；若无法避免，那么该故障不影响船舶安全。

（5）在作故障模式与影响分析（FMEA）时，应考虑所有的故障模式及其影响。

8.3.3　环境力计算分析

在明确了动力定位有关的基本要求后，动力定位船的设计工作首先要确定的是船上需配置的推进器数量和总功率。因为这关系到全船动力装置的配置以及各个推进舱室的布置，否则船舶总体设计工作将面临寸步难行的僵局。要提出推进器的配置方案，首先应知道设计船定位时将会受到多大的环境外力作用，这就需要进行定位环境力的计算分析[69-70]。这时船舶的主尺度和总布置外形已初步确定。

船舶在海上有 6 个自由度的运动，包括纵荡（surge）、横荡（sway）、首摇（yaw）、横摇（roll）、纵摇（pitch）和垂荡（heave）。其中横摇、纵摇和垂荡属于高频运动，也称波频运动。由于其仅表现为周期性的振荡而不会导致水平位置的变化，且变化频率迅速，回复力相对较大，动力定位系统不可能对这 3 个自由度上的运动进行控制。因而动力定位只需也只能考虑水平方向的 3 个自由度上的运动，即纵荡、横荡和首摇。影响这 3 个方向运动的载荷主要为风、浪、流载荷在这 3 个方向的分量叠加。此外，如果船舶在作业过程中产生载荷，如钻井船在钻井作业中隔水管受到海流的拖曳力，铺管船铺管作业时船舶对管线施加的张紧力等，也应该将其视为影响动力定位的外载荷的一部分。

风、浪、流载荷在水平面内这 3 个自由度的分量叠加，加上可能的作业载荷，就组成了影响动力定位的总外部力，也就是动力定位系统需要克服的外力。

1. 风载荷计算

船舶与海洋工程的船型众多，其上层建筑复杂，构件形状各异，位置组合多变，构件与构件之间还有遮蔽效应，流过结构物的风的方向不同时，流场变化复杂，要准确进行风载荷的计算难度较大，工程设计上常采用近似的方法进行计算，也可通过模型风洞试验确定风载荷。下面介绍风载荷简易计算方法。

在船舶和离岸建筑设计中，风载荷引起的力和力矩是一种不容忽视的外力，世界上很多研究机构如 ABS、DNV、美国石油协会（API）、IMCA 和荷兰水池（MARIN）等都提出了风载荷的计算方法。各种不同的方法有各自的优缺点和适用范围。

模块法是一种较普遍实用的风载荷简易计算方法,是指把整个结构离散成不同的标准构件模块,按 x 方向和 y 方向分别计算每个标准构件模块的风载荷,然后再叠加各构件的载荷从而获得总载荷的方法。模块法是估算海上结构物风载荷常用的方法,也是船级社通常采用的方法,如 ABS、DNV 建议的方法就是模块法。

标准构件模块通常有圆柱体、矩形棱柱体、平板、桁架结构等,每种标准构件模块根据其形状特点和距海面的高度取不同的形状系数和高度系数,按其正对风向的投影面积可算出各个模块的风载荷。将各模块的风载荷叠加即可求出总的风载荷。

风载荷的计算公式如下:

$$F = \frac{1}{2} C_s C_h \rho V^2 A \qquad (8-1)$$

式中: F 为风载荷,N; C_s 为根据受风模块的形状确定的形状系数(见表 8 - 1); C_h 为根据受风模块在海平面以上的高度确定的高度系数(见表 8 - 2); ρ 为空气密度,取 1.222 kg/m^3; V 为风速,m/s; A 为受风模块的迎风投影面积,m^2。

表 8 - 1 形 状 系 数

受风模块的形状	C_s
球形	0.40
圆柱形	0.50
大的平面(壳体、甲板室、甲板下的平滑面积)	1.00
钻井架	1.25
钢索	1.20
甲板下暴露的梁和桁	1.30
小部件	1.40
孤立的形状(起重机、梁等)	1.50
群集甲板室或类似结构	1.10

表 8 - 2 高 度 系 数

受风模块在海平面以上的高度/m	C_h
0～15.3	1.00
15.3～30.5	1.18

（续表）

受风模块在海平面以上的高度/m	C_h
30.5～46.0	1.31
46.0～61.0	1.40
61.0～76.0	1.47

2. 流载荷计算

船舶动力定位时,船相对静止而水流向船体,水流对船形成的作用力即为流载荷。根据相对性原理,流载荷可视为与船舶在水中航行或移动时的阻力相似。由于动力定位工作时流速较低,通常不会超过 6 kn,就船舶阻力而言属于低速范畴,因此,流载荷主要是摩擦阻力和黏滞阻力。

动力定位中的船体形式各异,且要求计算不同来流方向的流载荷,这与船舶阻力计算的正对船首方向有较大差异,准确计算流载荷的工作量较大。工程设计上常采用一些相对便捷简单的流载荷计算方法。

1) API 方法

对于普通流线型船舶,API 将流载荷的主要部分假设为摩擦力,与船舶处于水下部分的湿表面积成正比。对于首尾向流载荷和侧向流载荷的计算可采用不同的流载荷系数。

首尾向流载荷 F_{cx} 按下式计算:

$$F_{cx} = 2.89 S V_c^2 \tag{8-2}$$

侧向流载荷 F_{cy} 按下式计算:

$$F_{cy} = 72.37 S V_c^2 \tag{8-3}$$

式中:S 为船舶水下部分湿表面积,m^2;V_c 为设计流速,m/s。

根据上述首尾向流载荷和侧向流载荷,通过如下插值方法可求得任意角度的流载荷。

$$F_c(\alpha) = F_{cy}(90)\left(\frac{2\sin^2\alpha}{1+\sin^2\alpha}\right) + F_{cx}(0)\left(\frac{2\cos^2\alpha}{1+\cos^2\alpha}\right) \tag{8-4}$$

式中:α 为流向,(°);$F_c(\alpha)$ 为对应任意流向的流载荷,为合力;$F_{cx}(0)$ 为 0°流向时船体受到的首尾向流载荷;$F_{cy}(90)$ 为 90°流向时船体受到的侧向流载荷。

2) IMCA 方法

IMCA 建议采用流载荷系数法对普通流线型船舶的流载荷进行计算,对于不同船型,在 0°~180° 流向范围内给出无量纲流载荷系数 $C_{cx}(\alpha_c)$, $C_{cy}(\alpha_c)$, $C_{cn}(\alpha_c)$,则不同流向的载荷为

$$F_{cx}(\alpha_c) = \frac{1}{2}\rho v_c^2 C_{cx} BT$$

$$F_{cy}(\alpha_c) = \frac{1}{2}\rho v_c^2 C_{cy} L_{pp} T \qquad (8-5)$$

$$F_{cn}(\alpha_c) = \frac{1}{2}\rho v_c^2 C_{cn} TL_{pp}^2$$

式中:α_c 为来流方向,(°);T 为吃水,m;B 为船宽,m;L_{pp} 为垂线间长,m;v_c 为流速,m/s;ρ 为海水密度,取 1.025 t/m³;$F_{cx}(\alpha_c)$ 和 $F_{cy}(\alpha_c)$ 分别为纵向力和横向力,kN;$F_{cn}(\alpha_c)$ 为首摇力矩,kN·m。本方法的精确性取决于目标船型与已有母型船的相似程度。

3) 改进模块法

对于半潜起重铺管船等水下船体由多个子船体构成的船舶或浮式海洋结构物,流载荷的计算可采用类似风载荷计算的改进模块法。将水下船体分成多个模块,分别计算各个模块的流载荷,然后叠加。在进行模块流载荷计算时,需考虑模块的拖曳力系数、方向修正系数、遮蔽修正系数等因素。

3. 波浪载荷计算

动力定位波浪载荷计算通常只考虑二阶波浪力中的低频波浪漂移力部分。在设计初始阶段,可以用经验方法计算平均低频波浪漂移力(简称平均漂移力)。

API 介绍的经验计算方法是:

由首向或尾向波浪引起的平均漂移力 F_{mdx} 的计算公式为

$$F_{mdx} = 0.13 C_{mdh} B^2 L H_S^2 \qquad (8-6)$$

由侧向波浪引起的平均漂移力 F_{mdy} 的计算公式为

$$F_{mdy} = C_{mdh} B^2 L H_S^2 \qquad (8-7)$$

式中:C_{mdh} 为平均低频波浪漂移力系数,N/m⁵;B 为船宽,m;L 为船舶水线长,m;H_S 为设计波高,m。

低频波浪漂移力也可用水动力计算软件进行计算。目前,二阶波浪力计算的主流方法是三维势流理论。多家大学、研究机构和船级社都在这个领域投入了大量的研究,出现了不少成熟的商业计算软件,如美国麻省理工学院开发的WAMIT、DNV 开发的 SESAM/WADAM、BV 开发的 Hydrostar、Ultramarine

公司开发的 Moses、MARIN 水池开发的 Diffrac 等。因要进行船体建模,在设计初始阶段船体型线还未形成时无法应用水动力软件的计算方法;在设计深化阶段,可应用水动力软件计算波浪载荷[71]。

8.3.4 推进器配置

推进器系统是动力定位系统中的一个重要的执行子系统,其使命是接受控制系统的指令,使各个推进器在一定的方向发出需要的推力,使船舶在相应海况下保持目标船位和首向。

在动力定位船设计中,推进器配置设计要解决的问题是确定推进器的功率、数量、类型、布置位置等。一般动力定位船推进器的功率占电站总功率的70%~80%,所以,推进器的功率直接关系船舶电站和动力装置的配置。而推进器的形式和布置位置对全船总布置具有牵一发动全身的影响。因此,在设计初始阶段,给出一个合适的推进器配置方案,对设计工作的顺利开展是非常重要的。

确定推进器配置方案的工作是一个复杂的、逐步修正完善的过程,在初始阶段可参照同类型船,考虑环境外力的差异、DP 等级的要求等因素进行修改调整,并留有一定的推力裕度。

1) 推进器的分类和形式

自航船的主推进器一般设在船尾,其功率和数量取决于船舶的快速性要求。在动力定位工况主推进器又作为定位推进器系统的一部分,其推力需满足定位推力的要求。主推进器一般有全回转舵桨推进器、吊舱式推进器(POD)、尾轴推进器+舵 3 种形式。也有的主推进器由上述两种形式的主推进器组成。

目前动力定位船较多地采用了全回转舵桨推进器,此形式的推进器兼有桨与舵的作用,舵角可达到 $\pm 180°$,桨的推力作用方向在 $360°$ 范围内均能够全力输出,定位能力强。在将动力定位工况作为船舶主要且长期运行的工况时,全回转舵桨推进器显然是首选的形式。

吊舱式推进器将交流变频调速驱动电动机和螺旋桨组成集成模块,吊装于船体外,全浸于水中,结构紧凑,传动效率高,近来也得到广泛应用。

除主推进器外,动力定位推进器的形式一般采用隧道式侧向推进器和可伸缩式全回转舵桨推进器。

动力定位船配置推进器的数量较多,尤其是 DP-3 级动力定位要求的船,推进器的冗余度较高,数量更多,因此推进器形式的选择,除了满足性能的要求外还受船型特点、布置限制、造价经济性要求等条件的约束。

2）推进器功率估算

推进器的数量和功率配置应满足在规定的环境载荷下，推进器系统能提供足够的横向和纵向推力以及控制首向的转向力矩（转首力矩）。DP‑2和DP‑3级船舶推进器要求有冗余，即任意一个推进器发生故障时，仍有足够的推力以及转首力矩，实际设计时采用增多推进器数量和增加功率来保证在缺少任意一台推进器时余下的推进器能力仍足够。对于DP‑3级船，推进器冗余的数量还与主电站机舱的分隔和配电屏汇流排的分段有关，在进行推进器配置时，应结合电力系统的方案一并考虑。

设计初期，推进器功率的确定可根据前述环境载荷计算方法确定的最大环境力和转首力矩，推进器数量和功率的确定可参考母型船，根据定位能力分析结果再作调整。如无母型船参考，可按侧向最大环境力和力矩初定推进器的总推力，进而确定推进器的功率。

3）推进器的布置

动力定位推进器的主要功能是依靠其发出的推力，抵抗作用在船上的外界环境力，从而保持船位和首向。因此，推进器的布置原则是使每个推进器发出的推力能最有效地用于平衡环境外力，尤其在最大环境力方向使所有推进器的推力合力与环境力平衡，且转首力矩的方向与风、浪、流的干扰力矩的方向相反。由于船舶的回转中心大多在船中附近，所以推进器一般布置在船舶的首尾附近，且首尾的推力基本相当，或尾部的推力略大于首部。

推进器之间的水动力干扰会造成推进器推力损失，改善推进器之间的水动力干扰一般可以采用增加推进器之间的距离和设置禁止角两种方法。在满足布置要求的前提下，增加推进器之间的距离是较好的方法。当布置位置较紧凑时，推进器之间的距离较小，则需要设置禁止角，而布置时应尽量使禁止角的方向避开最大环境力方向。

通常情况下，如果船体没有受到较大的转首力矩，推进器推力角度和主要环境载荷方向基本保持一致，也就是说推进器的尾流方向与主要环境载荷方向基本保持一致。这时避免前后推进器连线方向与尾流方向重合，对减少推进器之间的水动力干扰有良好效果。

推进器与船体之间的干扰则比较复杂，但是减少干扰的方法最终归结于减小推进器尾流对船体的黏性阻力。如首部配置全回转推进器的船舶，推进器通常为可伸缩式全回转推进器，顶流（逆风、迎浪）作业时，在仅开尾部推进器就满足定位要求的情况下可收起首部推进器（航行时更是如此），避免首部推进器产生的尾流在较长范围内对船体沿船长产生影响。另外，对于带导管的推进器,使导管向下倾斜一定角度,尾流向下偏离船体底部,可有效减少摩擦阻力效应。

对于 DP-3 级船,应考虑每一推进器舱及其相关设备和辅助系统舱室失火或浸水失效的影响。因此,每一推进器及辅助设备应单独设置 A-60 防火分隔和水密分隔的舱室。

8.3.5 电力负荷及电力系统单线图分析

配电系统设计构成了 DP-2 或 DP-3 级船 DP 冗余设计的核心,发电机、推进器和辅助系统的分组决定了设计船在最严重单点故障发生后的定位能力。通常以电力系统单线图来描述电力系统的冗余设想,也作为动力定位能力分析时确定故障模式的依据。

一艘 DP-2 或 DP-3 级船 DP 系统的设计以满足发生最严重故障后的 DP 能力要求为前提。从这些信息中,设计人员形成船的冗余设想以确保发生最严重故障时有足够的推进器可以发出所需的推力。应留有适当的余量以备天气条件恶化,并适当考虑作业安全所必需的时间,还应考虑作业设备的电力需求[72]。

1. 初估电力负荷

1) 确定船舶作业工况分类

动力定位船舶在进行动力定位操作时总是伴随有船舶特有的作业,这种作业可能还有几种工况,每种工况使用不同的作业设备。因此,首先必须确定每艘动力定位船舶的作业工况及其相应用电设备的分类。

在确定某种工况时,需要了解哪些设备需要同时工作,分析其负荷状态、负荷系数以及在这种工况中推进器的不同需求。依次可列出全船完整的工况类别以便分类计算电站的用电负荷。

2) 确定动力定位时各推进器的负荷系数

推进器作为动力定位系统的执行机构,可用它所发出来的巨大能量来抵消海洋环境力对船舶的移动作用。它的总装置功率十分可观,因而动力装置也必须为它提供充足的能源,从几千千瓦到几万千瓦不等,它将是船舶电力负荷的主要部分。

然而,在初估推进器的功率后进行的电力负荷估算中,推进器的负荷系数选取成了一个很重要的因素。根据 DP 船舶的设计研究经验,可初步确定如下原则:

(1) 在未做 DP 能力分析前,推进器的负荷系数可暂定为 0.9,若其中有主推进器且兼有自由航行推进功能时,该主推进器负荷系数可暂定为 0.7。

(2) 在做 DP 能力分析后,可按其分析结果来判断(一种是环境载荷承受极限值与要求值的差距,另一种是指定环境载荷下推进器的使用系数值),推进器的功率可相应调整(对前者是减小差距,对后者是趋近于 100%)。按照调整的幅值可在重新确定负荷系数后作电力负荷估算。

3) 初估除推进器负荷之外的其他用电负荷

除推进器负荷之外的其他用电负荷包括推进辅助机械、专用工作机械、机舱辅机、空调、通风、冷藏、日用生活用电、观通导航等,一般按母型船或按常规设计估算即可。

4) 确定优化的发电机组数量和功率

在对全船的用电负荷进行初步估算后即可初步确定发电机组的数量和功率。在此基础上,估算发电机组在不同工况下的负荷率并综合各工况下的负荷情况对发电机组的功率和数量进行优化。带 DP-2 和 DP-3 附加标志的船舶要求发电机组冗余,实际设计时采用增多发电机组数量和增加发电机组功率来实现,以保证在缺少任意一台发电机组或一个机舱时,余下的发电机组功率仍能满足动力定位工况的要求,即应对每个独立汇流排的负荷进行预案分析,使功率管理系统能按此预案进行控制。

2. 初定电力系统单线图

1) 确定各级电压

电力系统的电压等级是由单个设备的功率及电网的短路容量两个方面所决定的,即由配电板断路器的额定电流等级和分断能力的大小来决定,实际上只能由分断能力来决定,因为在最大分断能力的限制下,单个设备功率不可能达到其极限(系统中不会只有这一个设备)。低压 690 V 开关最大额定电流为 6 300 A,分断能力最大为 100 kA,短路容量最大为 119 MW。根据断路器的分断能力,电网容量大于 10 000 kW 时已超出低压 690 V 范围,一般选用中压。

2) 确定发电机及汇流排结构形式

DP-1 级无须考虑单故障时发电机的冗余和对动力定位能力的保证,一般汇流排设为两段式即可,不需考虑发电机在两段汇流排之间的转换。

DP-2 级和 DP-3 级需满足在最坏的单故障时对定位能力的保持。因为单故障状况包括配电板汇流排的故障,这既牵涉到汇流排上供电的发电机,又关系到对推进器的馈电。汇流排设计时必须考虑这两方面的组合失效对动力定位能力的影响。DP-2 和 DP-3 汇流排一般采用多段式(3~6 段较多见,一般不转换或个别转换)、2 段+转换式(转换较多)、多段+转换式(转换较少);汇流排分段两端之间的连接必须使用断路器并设置相应的保护,即使在同一组配电板结构内也需配置两台断路器,因为必须考虑断路器本身的故障。

3)推进器馈电应结合位置合理均衡地由各汇流排供给

对于DP-1级船舶,推进器一般均衡地由分段汇流排的两端馈电即可。而DP-2级和DP-3级船舶由于需满足在最严重单故障时的定位能力,其推进器要按照位置的不同以及发生单故障时对定位能力影响最小的情况合理均衡地由各分段汇流排馈电。一般应在每段汇流排上安装有对称布置的推进器,以达到平稳供电的目的,并且在汇流排发生故障失效时,全船推进器剩余部分仍有均衡的推力发出。

4)其他设备的馈电一般对称安排

其他设备,不管是中压设备还是低压设备一般由分段汇流排对称馈电。对于DP-2级和DP-3级船舶的多段汇流排形式,为推进器服务的辅助设备应与相应的推进器由同段汇流排馈电,如推进器馈电设有转换,则其辅助设备的馈电也应相应转换,这样可保证在发生舱室损失故障时不造成更大的影响。

8.3.6　动力定位能力分析

动力定位能力分析是动力定位船设计的重要工作环节。通过动力定位能力分析,验证推进器的初步配置是否能适应要求环境载荷下的动力定位能力,为优化调整推进器配置,进而调整电力系统的配置提供依据。IMCA对动力定位能力分析有一份指导性文件,即IMCA M140 Rev. 1 DP性能曲线图的技术说明书。

动力定位能力是指在给定的环境载荷下一艘动力定位船保持其位置的能力。对于动力定位能力分析,目前各船级社都研究制定了各自的分析和评价标准,普遍认可将动力定位能力曲线(DP capability plots)作为评价动力定位能力的有效工具。相关的国际组织如美国石油协会、国际海事承包商协会等在其标准或规定上明确给出了动力定位能力曲线的计算要求。动力定位能力曲线是一种静态的分析方法,考虑船体推力系统理论上可能产生的推力与外环境载荷静态的平衡,该方法较为粗略,但计算简便快捷,可在设计阶段初步拟订方案使用。更加精确地分析定位能力需采用动态的时域运动模拟分析方法。动态模拟能够考虑到动态载荷,获得实时定位信息,能更加直观地评价定位能力[73-74]。

1. 动力定位能力分析需要的信息

进行动力定位能力分析,需要船舶的一些基本信息和资料,主要包括如下内容：

(1) 船舶总布置图及相关参数。

(2) 推进器位置、类型、功率和数量。

(3) 环境载荷。

(4) 船舶作业外力(如铺管力、布缆力等)。

(5) 动力定位设备等级。

(6) 动力定位工况类型及组合。

(7) 电力系统单线图。

(8) 功率限制情况。

(9) DP-2级和DP-3级提供不同组合下的故障分析要求。

2. 动力定位能力分析方法

在动力定位能力分析中，推进器发出的推力要与环境载荷保持平衡，需要采用一定的推力分配策略对推进器的推力大小和方向进行控制分配，以适应不同的环境载荷。每个推进器有两个变量：推力大小和推力方向。需要考虑纵荡、横荡和首摇3个自由度上的环境载荷的平衡，因此推力分配方程为3个：

$$\begin{cases} T_x = \sum_{i=1}^{N} T_i \cos \theta_i \\ T_y = \sum_{i=1}^{N} T_i \sin \theta_i \\ M_z = \sum_{i=1}^{N} (T_i \sin \theta_i \cdot x - T_i \cos \theta_i \cdot y) \end{cases} \tag{8-8}$$

式中：T_x，T_y 或 M_z 为风、浪、流以及作业载荷分别在水平面上力或力矩的分量叠加，为考察不同风速、波高、流速下船舶的动力定位能力，T_x，T_y，M_z 通常表达为单位风速、单位波高、单位流速下的载荷系数分别与风速平方、波高平方、流速平方的乘积。风速与波高的关系是否按照同等概率变化，风速与波高选用哪种关系式，需视具体海域情况或者业主要求而定。

在早期的动力定位船舶中推进器较少，可以根据船舶所受的环境力使用力的平衡方程来求得推力分配。如最简单的是带有两台推进器的动力定位系统，其变量只有2个推力的大小和2个推力的方向，共4个变量，通常将1台推进器的方向固定，如首侧推。这样，3个变量对应3个方程，可以求得推力分配的唯一解。当所有推进器都是固定方向的定轴推进器时，则至少需要3台推进器才能进行动力定位。

随着动力定位船舶的快速发展,动力定位系统的冗余度要求和功率越来越高,动力定位船舶布置了多个推进器,全回转推进器也得到普遍使用。这时,动力定位推力分配方程中的变量比较多,能满足环境力平衡的解可能有无数个。如何从这无数个解中求出多个推进器的最优推力分配问题,已经是一个比较复杂的非线性约束优化问题。

非线性约束优化问题的求解在电子计算机的辅助下得到了长足的发展,目前求解非线性约束优化问题可以分为三类:一是可行方向法,如 Zoutendijk 可行方向法、Rosen 梯度投影法、既约梯度法、Frank‐Wolf 方法等;二是惩罚函数法,包括外点罚函数法、内点罚函数法、乘子法等;三是将非线性优化问题求解简化为近似二次规划问题求解的方法,利用二次规划问题求解的简单特点进行求解。

3. 动力定位能力分析结果的表示方法

动力定位能力计算结果用动力定位能力曲线表示。动力定位能力曲线是用来描述一艘动力定位船在能保持其位置和首向的条件下所能承受的极限海况图,或者在给定海况下动力定位船能保持其位置和首向所需的总功率使用率。在极限环境下,配置既定的推进器能提供的最大推力与环境力平衡。因此,根据 IMCA 和 API 建议,有两种动力定位能力曲线:一种是所能承受最大环境载荷曲线——动力定位能力通过船体能抵抗的最大环境载荷来衡量;另一种是总功率使用率曲线——动力定位能力通过推进器的功率使用率来衡量。

对于所能承受最大环境载荷曲线,理论上认为,风、浪和海流的方向一致,有义波高和海流在某一特定海域与风速又存在一定关系,所以动力定位能力分析的结果体现为在不同角度下所能承受的最大风速。因此,其定位包络曲线上任意一点的角度坐标表示环境载荷相对船体的来向,半径坐标表示该方向上船体所能保持定位的最大环境载荷,通常为最大风速(也有采用流速的)。其目的就是计算动力定位系统所产生的推力在各个方向上所能够抵抗的最大环境载荷,这个最大环境载荷也称为定位的限制环境。抗风能力曲线计算流程如图 8‐4 所示。图 8‐5 所示为某船的抗风能力曲线。

对于总功率使用率曲线,定位包络曲线上任意一点的半径坐标表示在该方向环境载荷下,船体所能保持定位的推进器所需的总功率百分比。采用总功率使用率曲线判断在给定使用功率条件下是否能满足环境载荷的要求,有利于估算推进器所需要的功率和优化推进器的配置。总功率使用率计算流程如图 8‐6 所示,图 8‐7 为某船的总功率使用率曲线。

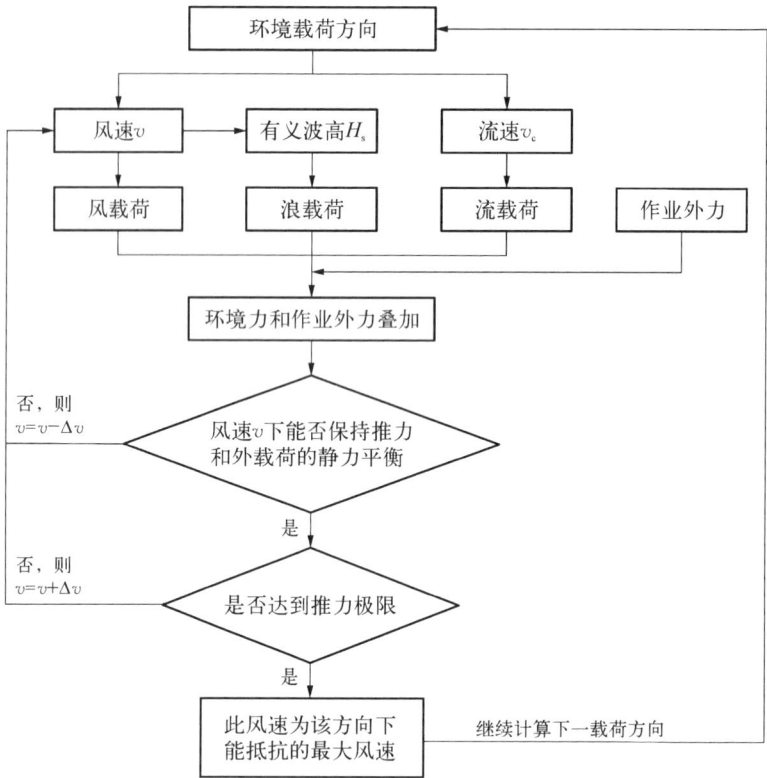

图 8-4 抗风能力曲线计算流程

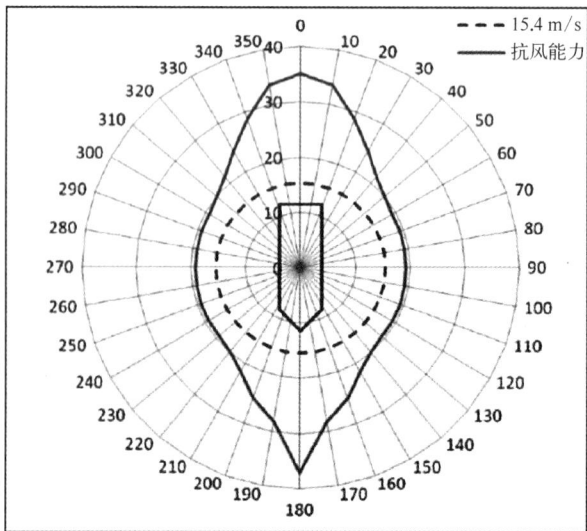

图 8-5 某船的抗风能力曲线

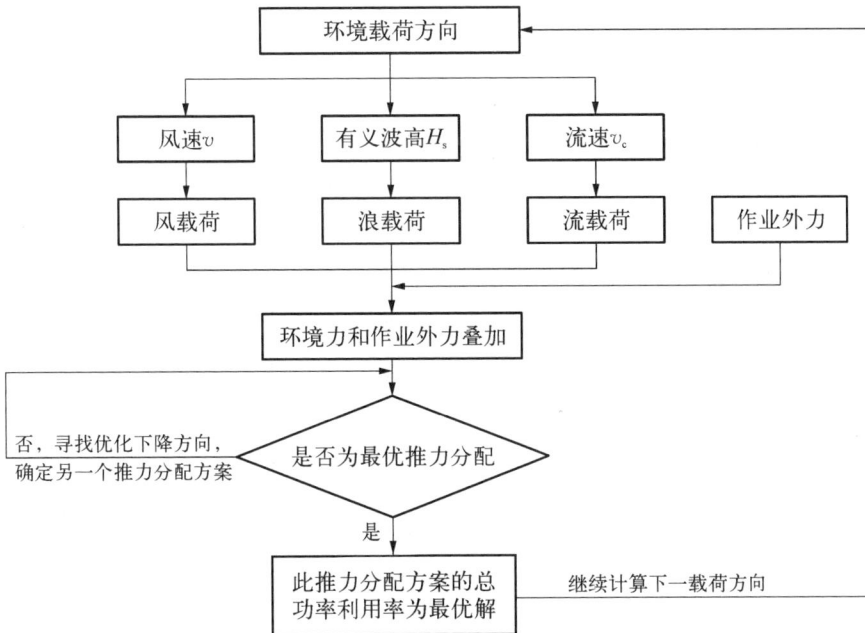

图 8-6　总功率使用率计算流程

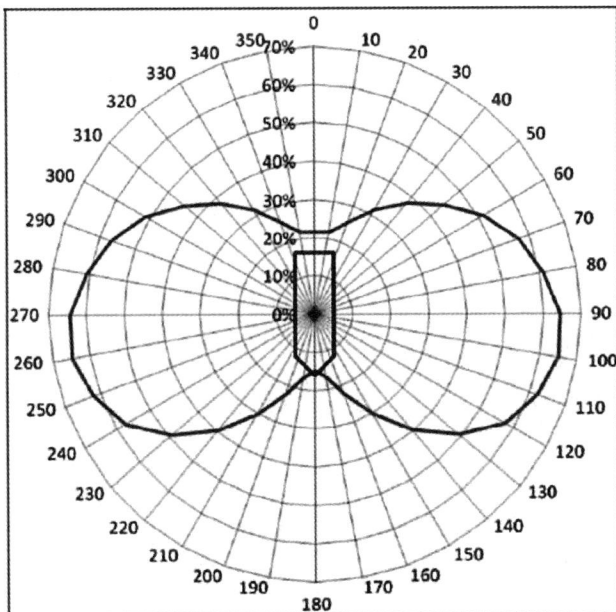

图 8-7　某船的总功率使用率曲线

4. 动力定位能力分析结果的处理

在 DP 能力分析初步结果出来后,船舶设计者就可以知道之前对推进器、电动机、电力负荷(桨、机、电)的初步设计的正确度,这不外乎有两种情况:

一种是能力足够的,就看富余量有多少,是否恰当。如富裕过大,需确定是推进器功率过大还是数量过多。减小推进器功率或数量,必然会减小电力负荷降低装机容量。或者是否需要提高环境载荷,使船舶适应范围更广或工作能力更强。

另一种是能力不够,就要分析是局部方向上的还是总体上的,是推进器功率过小还是数量过少或者布置不当。增大推进器功率或数量,必然会增加电力负荷提高装机容量。或者是否需要降低环境载荷,也可能是设备等级。

对 DP-2 和 DP-3 等级的船舶应该以单故障能力分析的结果作为桨、机、电综合分析的基础。

总之,在 DP 能力分析以后,都要对 DP 船舶的桨、机、电的合理匹配做综合分析。这牵涉到船舶的技术性能,也牵涉到其经济性能,甚至船舶使命。因此,在图 8-3 的 DP 船舶设计流程中在 DP 船舶桨、机、电综合分析后,可能会反馈到最初的几个程序中去做重新的设计。

8.3.7 与动力定位有关的全船布置

在完成动力定位能力分析并确认其满足要求后,全船的推进器、动力装置、配电装置等的布置基本可以确定。动力定位船,尤其是 DP-3 级船,全船布置还需进行许多特殊的考虑。

1. 控制站布置

控制系统布置集中体现在控制站布置上。在动力定位船舶上设有进行动力定位操作和控制的 DP 控制站,相关的指示器、报警器、控制板和通信系统应安装在该控制站。它包括计算机系统、软件系统、信号显示与报警、控制的操作装置以及相应的电源、辅助工作设备等。

IMO 及各船级社均要求 DP 控制系统布置在 DP 控制站中,DP 控制站应能保证操作员对船舶外界和周围区域有良好的视野。DNV 和 CCS 还要求该控制站的位置应适合船舶的主要业务活动。

对于 DP-3 级系统的应急/备用控制站,IMO 及各船级社均要求其与主控制站以 A60 等级隔离。在紧急情况下,操作者应能十分方便地从主 DP 控制站到达备用 DP 控制站。DNV 和 CCS 还要求该控制站应位于主控制中心最易于到达的位置。DNV 明确了应急控制站的布置要求需与主控制站相同,以保证操作员对船舶外界和周围区域有良好的视野。

除了各船级社及 IMO 提出的各项布置和冗余要求之外,DP 控制系统所在的控制站还需要满足船舶设计所规定的其他布置要求,如防火、防水、防爆、防干扰等,且对于因这些因素造成控制系统失效的应采取相应的冗余措施。DP 控制站很多都布置在驾驶室内,一般作业时应与驾驶室的航行控制台分开设置,为不干扰航行设备在夜间的操作,至少应安装相应的遮光设施。同时为了 DP 本身所要求的视野要求,还应该分别为主控制站和冗余控制站配置相应合理的空间位置。

控制系统应包括自动和手动控制两种方式,自动控制方式包括位置和首向控制,应能独立地选择位置和首向的设置点;手动控制方式包括用单独的控制器来控制各个推进器的螺距/转速和方向,以及使用联合操纵杆(joystick)进行组合推力遥控。对于 DP-3 附加标志,还应在备用 DP 控制站设置备用控制系统。备用控制系统应包括自动控制方式,且应与一位置参照系统相连,该位置参照系统运行时不与主控制系统相连。

控制系统的电缆和管系的布置应满足 DP-3 附加标志的冗余要求,备用控制系统的电缆和管系不与主控制系统一起穿越同一舱室;当不可避免时,电缆应安装在 A60 电缆通道内,电缆的接线箱不应设置在这类电缆通道内。

此外,还应该针对一些细节上的布置进行考虑。如显示和报警系统的位置必须清晰可见,可非常醒目地容易被操作者发现。显示屏和操作设备不应被其他设施所干扰,以免影响操作者的操作准确性和安全性。合理的 DP 控制站还应设有休息区,配置相应的休息设施以减少操作者长期作业的疲劳感。

2. 推进器的布置

参与动力定位的推进器类型主要有固定螺距螺旋桨(带或不带导管)、可调螺距螺旋桨(带或不带导管)、全回转推进器(包括 Z 向推进器、吊舱式推进器等)、隧道式推进器以及可伸缩式推进器。还有一些特殊形式的推进器,如喷水推进装置、直叶式推进器等。

主推进器和舵一般用于航行工况,可提供高效的航行推力,但这却不是动力定位系统所必须的要求。目前 DP 系统的设计往往将主推进器归入 DP 系统的设计考虑范畴,主推进器往往在保持首向上提供重要的推进力,并与舵系相配合,此时这方面的功率往往是富裕的。但确定主推进器和舵系组合后的能力却是非常复杂的事情,一般将舵系的升力和拖力转换为螺旋桨系柱拖力的百分数后再进行估算,当然这其中忽略了船型和其他水下附体因素的影响。主推进器的布置往往以航行要求为主,无论是电力推进还是常规推进(柴油机驱动),一般布置在船尾,对于 DP-3 要求的船舶而言至少为两套。

隧道式推进器主要提供横向推力,通常布置在船首和船尾。布置在船首和船尾往往能够提供定位所需的最大转向力矩。隧道式推进器主要用于操作船位而非用于主推进,通常选用可调螺距螺旋桨或变频驱动的固定螺距螺旋桨,而且可以快速地进行正转-反转转换。为了提供更大的推力,通常将多个隧道式推进器布置在一起。

全回转推进器可以兼顾快速性和操纵性的要求,可以在 0°~360°的范围内提供不同的推力,因此非常适用于 DP 船舶的操作。全回转推进器一般为导管推进器,主要为了在零速或低速情况下提高推力,此外对螺旋桨本身可加以保护。由于其具备了全方位的旋转能力,所以也不需要螺旋桨进行反转。全回转推进器的类型有很多,如全回转舵桨、吊舱式推进器(电机在水下)、可伸缩式全回转推进器等。这些推进器可根据动力定位能力分析的要求布置在船首或船尾,若布置在首部可能会影响船舶的航行,因此多设置为可伸缩桨的形式。

全回转推进器的布置还应考虑推进器之间、推进器与船体之间、推进器与船体附体或设备之间的影响。全回转推进器如布置在尾部一般至少为两个,全回转推进器之间的位置受船宽所限,相互之间的距离尽可能远一些(但需要兼顾船舶推进的设计要求)。一般情况下,全回转推进器间的相互影响都通过设置合理的折减系数来确定其有效推力。全回转推进器的布置还应考虑其与船体之间的间隙对水流的影响;在其与呆木、尾鳍等附体之间应考虑推进器在旋转不同角度时,进流和去流对附体产生的附加作用力的干扰情况;应考虑与一些船体设备间的相互干扰以及安全作业等要求,若推进器布置在月池的附近,人员在月池进行相关操作时则需要关闭推进器以保障作业安全等。

推进器布置的浸没深度应足以降低吸入漂浮物或形成旋涡的可能性,这样是为了更好地发挥推进器的推力性能。但推进器的布置深度受到其与船体连接方式以及水下外界环境载荷的限制,不可一味地增加浸深,选择合适且合理的布置深度是在设计之初就应该进行考虑的问题。

对于 DP-3 级船,因要考虑失去一个舱室的故障情况,通常每个推进器都布置在具有 A60 防火分隔和水密分隔的单独舱室内,在某个推进器舱损失时仅失去一个推进器,而不影响其他推进器的正常工作,从而使船舶在故障情况下具有较高的定位能力。

3. 动力系统布置

满足 DP-3 要求的动力系统布置要求主要有防火和水密两个方面。应至少配备两套满足动力定位能力要求的系统并分隔在不同 A60 舱室内。若动力系统位于最终破损要求的平衡水线以下,则还应该同时满足水密分隔的要求。因此 DP-3 级船舶的动力定位系统需要更多的空间布置动力系统设备及其附属设备。

DP-3 级船舶的动力系统主要需满足船舶推进、动力定位、工程作业以及船舶基本用电等功率消耗的需求。常见的动力系统形式有柴油机直接推进主推进器+若干发电机组和主发电机组供电的全电力动力系统两种。

对于第一类动力系统配置,一般配备两套由柴油机驱动的主推进器设备(根据推进系统配置的要求,也有配备 3 套或更多的推进系统),对于每一套主推进系统均需要从柴油机开始至推进链的末端,进行有效的防火和水密分隔。相应的辅助系统包括燃油供油系统、分油系统、冷却系统、通风系统以及控制系统等均需要进行防火和水密分隔。根据所提供设备的用电需求配置若干套发电机组,一般情况下,用电需求根据侧推器等设备确定,配置数量根据系统的冗余要求确定。需特别注意的是关于配电板系统的配置,除了满足一般规范要求的与发电机组相邻之外,配置数量对满足 DP-3 的要求非常敏感,往往由于推进器数量配置的不对称引起配电板挂载负荷的非对称,从而产生了冗余系统配置的非对称,对 DP-3 级系统能力的分析结果产生较大影响。设计时应对该种不对称配置的影响进行充分考虑。在 DP-3 级别的配置中一般配备多个配电板,且配电板的数量与机舱的数量相对应,同时也应具有 A60 级别分隔。

从原理上讲第二类动力系统配置比第一类动力系统配置简单。因为采用了全电力动力系统,全船所有设备的供电仅需要考虑电力系统的配置平衡并满足 DP-3 的相关要求。简单的做法是:按设计要求配置一套电力动力系统,并配置最低的推进器数量,然后再复制一套系统布置到船上。综合这种冗余配置再进一步优化,通常可再减少一些附属设备的配置。采用全电力动力系统的一个明显的好处就是增加了总布置的灵活自由度。柴油机直接驱动推进器往往需要配置轴系和附属设备,这些会限制柴油机在船体中的位置,给柴油机系统的冗余设计带来困难,甚至一些水密或防火的要求无法满足。全电力动力系统的主电站不必因此受到额外限制,可根据船体空间灵活处理,较容易实现防火和水密的相关要求。但仍需要注意的是电缆、管路以及通风等系统布置上的相互影响,在燃油、淡水等必须共用的舱室引出的每一套独立的动力系统应尽量保持在相对独立的空间内。

8.3.8 动力系统设计

柴油机推进动力定位船动力系统包括燃油系统、淡水冷却系统、海水冷却系统、滑油系统、液压油系统、压缩空气系统和通风系统。DP-3级船舶动力系统设计是围绕着冗余要求进行的。与动力定位相关的动力装置包括柴油发电机组和推进器,通常柴油发电机组的滑油系统是自成系统的,推进器的滑油系统和液压油系统也是自成系统的,因此滑油系统和液压油系统的冗余设计不需要特殊考虑。

1. 燃油系统

通常应将燃油净化系统的管系和设备分为两组,两组之间相对独立自成系统。在两组设备之间设置若干连通管,可在必要的时候互为备用。需要注意的是,每组设备的容量、排量、管径等技术指标能够服务的主发电机组的数量应满足DP-3级系统的最低要求。

每个发电机舱的燃油日用系统均独立设置,各发电机舱之间可不设连通管,如设连通管,在DP工况下需关闭,且在两个机舱内都需要设关闭阀。同一发电机舱内的几个发电机组之间的燃油日用管路可互为备用。

燃油供油系统应遵照柴油机制造厂商的具体要求进行设计,不同船型会有较大差异,如有疑义需向柴油机制造厂商询问以得到妥善解决。

2. 冷却水系统

虽然管系作为非运动部件通常不视为单点故障,但是当管系经过的舱室失效时,该段管系即视为失效。所以在可行的情况下,可以优先考虑采用环形总管的形式,环形总管应穿过不同的水密舱室以避免总管失效,另外由于DP-3级船舶的海水用户众多,采用环形总管有利于就近布置设备。

若中央冷却器位置相对集中时,可以采用单线总管,但来自不同泵舱的海水管路应从总管的两端接入,总管穿过不同机舱时应在水密隔舱壁的两侧都设置隔离阀,且从单线总管任意一端接入的海水冷却水量都应能满足动力定位系统最低的功率需求。

一般来说,为主发电机组服务的海水冷却总管推荐采用单线总管,为辅助设备服务的海水冷却总管采用环形总管。

主发电机组海水冷却泵应布置在不少于两个水密舱室内,在失去任一舱室后,剩下的海水冷却泵所服务的主发电机组应仍能提供动力定位和维持施工所需要的电力。

3. 压缩空气系统

由于DP-3要求的特殊性,通常都是采用电力推进系统而不设推进柴油机,而以多台主柴油发电机组的组合来满足全船的动力需求。为了满足DP-3的冗余要求,这些主柴油发电机组通常会分成几个组,每组安装在一个机舱内,每个机舱内的辅助管系都自成系统,与其他机舱之间独立。

由于 DP - 3 级系统的船舶通常都为工程用船舶,而工程设备对压缩空气的需求量往往也较运输船舶多,且启动空气系统又随机舱布置分隔为数个独立系统,单个机舱内的启动空气瓶容量并不大,如果工作空气从启动空气系统接出,则在连续供应工作空气时,可能会影响到主机的启动。此外,有些特殊用途的工作空气对于压缩空气的含水量等品质有较高要求,所以通常推荐将工作及杂用空气系统独立于启动空气系统并单独设置。

4. 通风系统

为了配合 DP - 3 关于失去单个舱室不影响定位工况的要求,通常 DP - 3 标准的船舶或平台会设置两个或更多的独立机舱,每个机舱配置数台发电机组及附属的动力辅助设备。

每个机舱的通风系统应独立配置能够满足所属机舱内的所有燃烧设备(如柴油机、锅炉、焚烧炉等)的燃烧空气量,并能够带走所有燃烧和电气设备的散热量,使机舱温度维持在一个合适范围内。

不同机舱之间的通风系统一般不考虑相互之间的冗余设计,通风系统的运动设备主要是风机,通风管本身作为非运动部件是不考虑单点故障的,通风管穿越舱壁会破坏水密及防火分隔。

8.3.9 电力系统设计

1. 电站设计

DP - 3 级船电站的冗余设计内容包括每套独立电力系统对机舱辅机、推进器及其辅助设备的供电方式,以及独立电力系统之间的分隔。一条配有两个独立电力系统的船舶定义为"两段"分隔,一条有三个独立电力系统的船舶定义为"三段"分隔。较好的冗余设计电力系统分隔定义清楚,系统间的交叉连接很少,且交叉易于识别;较差的冗余设计电力系统间界限模糊并且有许多公共部分和连接[75]。

DP 船舶推进器和其他设备采用的电力电子变换器等设备可导致电力系统波形产生谐波畸变,谐波含量高导致发电机同步失败、控制系统故障、运行噪声、设备过热、荧光灯镇流器故障等,因此需将谐波失真水平控制在规定的范围内。谐波抑制措施包括移相变压器和有源前端整流器等,滤波器有可能不可靠,有可能导致严重短路故障和电压跌落。

谐波分析应确定正常情况下以及抑制谐波装置发生最严重故障时的最大谐波含量。电力系统设计应保证故障发生后谐波含量在可接受的水平或电站在高谐波水平下运行而不会误动作,注意当电站在母联开关模式下运行时,系统谐波含量仍需保持在可接受的范围内。

船舶管理系统应连续监视谐波水平,当谐波水平超出时触发报警。

2. 配电设计

1）配电方式

配电系统构成了 DP-2 或 DP-3 级船 DP 冗余设想的核心,发电机、推进器和辅助系统的分组决定了该船的最严重单点故障和故障发生后的定位能力,通常以电力系统总单线图描述电力系统的冗余设想。

选择中压供电系统还是低压供电系统取决于装机功率大小,短路故障水平高可能使得低压供电系统不经济或不可行。一般地装机功率 10 MW 以上的船舶选择中压供电系统更经济,低于 10 MW 选择低压供电系统可能更有优势。中压设备相对高的价格可被更少的电缆和采用更低短路耐受水平的配电板所带来的成本下降所抵消。当选择低压供电系统时,应确保电站运行没有不可接受的限制。

一艘 DP-2 或 DP-3 级船 DP 系统的设计以满足发生最严重故障后的动力定位能力要求为前提。从这些信息中,设计人员形成船的冗余设想以确保发生最严重故障时有足够的推进器可以发出所需的推力。应留有适当的余量以备天气条件恶化,并适当考虑作业安全所必需的时间。还应考虑作业设备的电力需求。

2）电站拓扑结构

DP 船舶电站设计的冗余方式可有各种各样的变化,但也有一些基本的配置方式。如以下采用 6 台发电机和 6 台推进器的 DP 船电站有 3 种配置方式（见图 8-8）,都可用于 DP-2、DP-3 等级的设计。

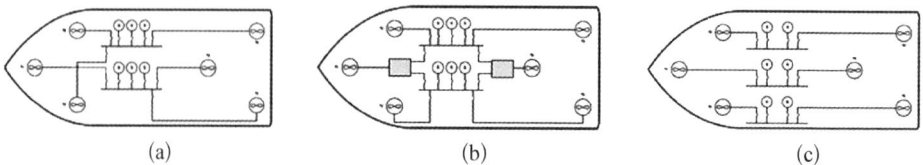

图 8-8 推进器配电方案

方案（a）：不对称连接的两段配电板,配电板连接不同数量的首、尾推进器,在发生最严重故障时失去 50% 的发电机。船首或船尾有一端只剩一台推进器运行,导致故障后的 DP 能力较差。

方案（b）：对称连接的两段配电板,其中两个推进器双路供电,在发生最严重故障时同样失去 50% 的发电机。但船首、船尾仍保证各有两台推进器运行，故障后的 DP 能力得到增强。其缺点是两路供电切换增加了电路的复杂性及船级社的重点审查。

方案(c)：对称连接的三段配电板，在发生最严重故障时只失去 33% 的发电机。船首、船尾仍保证各有两台推进器运行，故障后的 DP 能力最强。设计时应考虑低负荷运行的需要，避免不对称的运行模式。

另有适合半潜平台的四段配电板方案，如图 8-9 所示，配电系统保证发生单点故障时每一个角都至少有一台推进器运行。另有可选方案是允许丢失一个角的推进器。

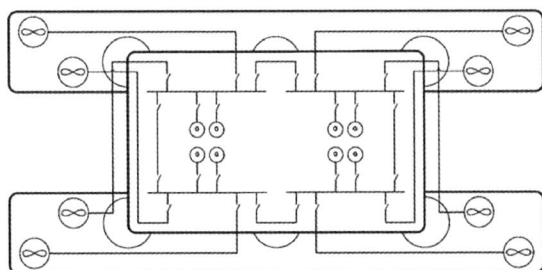

图 8-9　四段配电方案

3）电站运行模式

DP 船电站通常在两种模式下工作，一种为"公共"电力系统模式，当系统发生故障时自动分开；一种为两个或多个独立电力系统的模式。两种模式各有优缺点。

"公共"电力系统在发电机的利用上提供了更大的灵活性，油耗和污染低，维护少；但"公共"电力系统依赖于系统保护的完善性，易受保护功能隐患的影响。

独立电力系统模式减少了对保护功能的依赖和隐含故障的影响，易于保证冗余，但各个独立电力系统发生故障的概率增加，使一个冗余部分更频繁地运行在高负载工况下。

若由闭合母排所传递的故障通过保护或其他方法得以有效减少，DP-2 设计通常可采用闭合母排的运行方式。对 DP-2 和 DP-3 设计来讲，故障模式的分析和验证应提供与母排打开系统同样的定位能力。有些船级社对 DP-3 等级要求母排打开。

母联开关应完全独立且每个都应有必要的保护功能以确保要求冗余的配电板能分开。采用两个母联开关的设计比采用一个有更好的故障容错性，且这两个母联开关都应有全部的保护功能，这对 DP-3 级船舶尤为重要。

4) 发电机和推进器切换

在电站不做进一步分隔的前提下,通过推进器或发电机切换可降低船舶发生最严重故障时产生的长期影响。为限制位置漂移要求切换时间尽量短,通常应小于 10 s。

船级社对切换发电机和推进器作为冗余方式的接受程度不同。有些船级社接受此类方式,其他船级社不接受此类方式或仅用于某类入级标志。尽管如此,允许在设计中采用这种方式作为恢复作业供电的手段,如钻井或铺管,但不用于定位。

过去多数船级社都能接受自动切换的推进器作用于船舶故障后的 DP 能力,但现在变得越来越难接受。通常要求切换时推进器不停止运行且从两个冗余系统获得连续供电,并特别注意消除转换时发生故障以及故障从一个系统转移至另一个的可能性。

如果不切换就可实现要求的 DP 故障后能力,那么就应该尽量避免这种方式。如果不可行或确有明显优点,那么应采取必要的措施防止故障转移并提供指示隐形故障的测量手段。采用切换方案时,应尽早在基本设计阶段与船级社进行沟通。

在 DP - 3 等级设计中更适合在配电板上采用切换功能,这样一次只能有一个输入有电,可防止由于分隔形成的公共点的失火或进水损害引起的电压降。

5) 火灾和浸水保护

与 DP - 3 级动力定位相关的设备不应布置在同一区域,因为布置在同一区域的设备和电缆会产生冗余设想中的公共点。

应避免由多于一个电力系统的多个分路向同一区域的作业辅助设备供电,推荐采用就地的 MCC 而不是主配电板直接供电。

由单独的日用变压器通过配电板和 MCC 向与 DP 相关和无关的设备供电可在很大程度杜绝由相继故障引起的进一步电压跌落。

尽可能避免冗余电力系统向同一区域双路供电,如果是双路切换可考虑在主配电板上设置切换功能。

所有需符合冗余要求的设备应使用 A60 舱壁和甲板或者使用两个 A0 舱壁或甲板(它们之间是低失火区)分开。

IMO MSC 645 要求安装在水线以下的设备应有物理分隔。提供冗余的设备必须安装在水密舱室,并满足防火要求。有的船级社要求每个推进器安装在各自的 A60 水密隔舱中,也有船级社接受推进器按冗余设想下的整体分隔要求进行按组分隔。

DP-2设计也需要考虑机械损伤和火灾的可能性,不允许冗余设备电缆在同一路径下穿过高失火危险区域,推进器和控制系统的电缆尽可能做到分开铺设。

DP-3设计的冗余设备的电缆要求物理分隔,但规范和指南对提供的分隔水平要求有差异。IMO MSC 645要求对提供冗余设备的电缆应用A60等级的舱壁分隔,电缆允许在A60通道内穿过同一舱室,电缆管道内仅有的失火危险来自电缆本身;需考虑电缆在管道内满载运行时的温度不超过额定值。

6)功率管理与船舶管理系统

船级社规范要求DP-2和DP-3级船舶安装一套功率管理系统,如果在其他系统内包含了功率管理系统的各种功能,该系统可不另设。

功率管理系统失效以及单点故障导致失去功能和遥控是可接受的,功率管理系统应确保故障的影响是良性的,良性影响通过故障安全原则实现,功率管理系统故障影响不应超出最严重故障设计目标,同时功率管理系统故障不应抑制本地手动控制。

在功率管理系统提供的保护功能中使故障发电机脱扣的电气保护以及其他安全相关的、归入传统定义范畴的保护功能,需采用分布式系统,如每个发电机断路器配一个控制单元。

一些船级社要求设两个独立的功率管理系统,以保证在一个功率管理系统发生故障时另一个系统能有足够的电力以维持定位。

7)安全系统

在安全系统的设计与DP系统相关时,应考虑安全系统对DP系统的可能影响,包括故障模式或误操作的影响。

安全系统的设计应优先选择关断的可靠动作以确保不会停止关断的执行,DP系统设计时考虑安全系统的故障不会影响定位的完整性。

DP系统受辅助系统故障的影响,对于DP-2等级,包括了在独立系统中的任何故障;对于DP-3等级,包括了在任何舱室的相关电缆发生火灾的影响。规范还要求考虑对任何误操作的合理动作。这些要求意味着安全系统需与船舶控制系统的其他部分同等对待,满足相同的冗余要求,它们的故障模式在DP系统的FMEA中分析。

对于DP-2级船舶一般接受消防系统的故障不会导致故障影响超过最严重故障的设计意图,即使是误操作也不会产生最严重的故障。好的方案之一是将灭火系统和其控制参照冗余设想的要求进行分隔,特别是对不止一个机舱的DP-3级船舶。DP-3级船舶设计能承受任何一个舱室发生火灾的影响,灭火系统按冗余设想的方式设计。

考虑到推进器舱和辅助机械处所通风的远期影响,冗余设计措施包括风机停机的报警、机器和舱室的温度监测。

8.3.10 故障模式与影响分析

DP-2、DP-3级动力定位船应进行故障模式与影响分析(FMEA),并将分析报告送船级社审查。

FMEA 的目的在于说明与动力定位系统功能有关设备的不同故障模式,系统中的某一设备可能有多种故障模式,其对动力定位系统产生多种不同的影响。FMEA 应尽可能详细地包括所有与动力定位相关系统的主要部件,如电力系统故障、燃油系统故障、冷却水系统故障、控制空气系统故障、推进器系统故障、DP控制系统故障、DP 计算机故障、发电机控制系统故障、通风系统故障等。FMEA报告的主要内容应包括:

(1) 所有系统主要部件的描述以及表示它们相互之间作用的功能框图。

(2) 所有严重故障模式。

(3) 每一故障模式的主要可预测原因。

(4) 每一故障对船位的瞬态影响。

(5) 探测故障的方法。

(6) 故障对系统剩余能力的影响。

(7) 对可能的公共故障模式的分析。

在编制 FMEA 报告时,应就每一单个故障模式对系统内其他部分的影响以及对整个 DP 系统的影响进行说明。

IMCA 有一个关于 FMEA 的重要出版物,即 IMCA《M166 FMEA 指南》,该文件详细规定了对 FMEA 的具体要求,这是最经典的文件。此外,IEC 60812《系统可靠性分析技术——FMEA 程序》、IMO MSC circ. 645《动力定位系统船舶指南》、各国船级社的规范中也都有具体要求可以参照。IMCA《M103 动力定位船舶设计和操作指南》中更是规定了对所有 DP 船舶适用的原则和 9 种具体船型的不同要求。

DP 船舶操作员对于故障模式所采取的响应应在船舶预定的操作方案的操作手册中反映出来。

FMEA 是一个有生命力的文件,应定期进行审查,并且执行 IMCA《M178 FMEA 管理指南》的具体要求。

由 FMEA 分析出来的船舶各系统中的缺点需改进修正。一般来说不会出现大的返工,不大会像 DP 能力分析后出现反馈到最初程序中的可能。但对 DP 船舶桨、机、电各个系统内部的局部进行调整是可能的,所以它的反馈是小范围的。

FMEA 的结果,应经过海试试验验证。FMEA 工作一般应委托有资质的第三方机构进行,委托方应向其提交所需要的详细图纸资料。

8.3.11 起重、铺管船动力定位系统设计小结

起重、铺管船动力定位设计,尤其是 DP - 3 级船设计的主要特点和方法及设计流程,择要总结如下:

(1)动力定位系统是一个涉及多方面的、多专业的系统,因此动力定位船的设计是一项复杂的系统工程工作,需经过不断修正、反复迭代、逐步逼近目标的过程。

(2)动力定位船设计需明确的基本要求是定位环境载荷和附加船级标志的 DP 等级。

(3)船舶主尺度和总布置外形确定后进行风、浪、流环境力的估算,据此或参照母型船,形成推进器配置初步方案。

(4)根据推进器配置方案,进行各工况的电力负荷估算,提出全船电站配置方案,包括机舱分隔、电站拓扑结构、电力系统单线图等。

(5)进行动力定位能力分析,根据分析结果确定是否需要对推进器配置方案、电站配置方案进行修改调整。

(6)开展全船布置和各系统的设计。

(7)进行 FMEA 初步分析,提出改进要求。

(8)完成全船设计,并完成 FMEA 报告和 FMEA 海试规程。

9 压载和抗倾调载系统

本章主要介绍起重船的压载和抗倾调载系统的原理及设计方法,并以 2× 8000 t 半潜起重铺管船为例,分别叙述采用压载泵压载系统和压缩空气压载系统的设计方法,并比较两者的优缺点。

9.1　起重船压载和抗倾调载系统的应用

根据船舶营运的需要,起重船压载系统对全船压载舱注入、排出和调驳压载水[76-77],其主要的作用如下:

(1)适应各种装载状态和作业需要,调整船舶的吃水和船体纵、横向平衡。起重船航行时通常吃水较浅,起重作业时要将船压载到较深的吃水状态,通过增大排水量而获得更大的稳性回复力矩。

(2)起重作业时,起吊重物的加载使全船的重心大幅提高,尤其是大型起重船,数千吨的重物悬挂在近百米高的吊臂上,船的重心将成倍提高而危及稳性,只有通过大量压载水的压载,才能使船的重心高度维持在可接受的范围内。

(3)大型起重船起重作业时,起吊重物的重量与吊幅的乘积构成巨大的倾侧力矩,当全回转起重机吊臂处于船舶横向位置时,形成船的横倾力矩,这一巨大的横倾力矩单靠船本身的回复力矩是无法抗衡的。这时,需通过抗横倾调载系统,用压载水进行反向压载,使船保持较小的倾角状态。同理,在起重机进行带载回转作业时,重物倾侧力矩对船舶横倾的作用随着转角的变化而改变,这时抗横倾调载系统也应随着转角同步工作,进行压载水的调整。

(4)起重船的起重机一般都设于船的尾端,起重作业时会对船舶形成很大的中拱弯矩,需要在船的中部装载大量压载水以减小船体弯矩。

起重船压载系统的设计,可将上述压载和调载功能集成在一个系统内实现,也可将压载系统和抗倾调载系统分开设置。

9.2　起重船抗倾调载系统的参数确定

起重船抗倾调载系统的设计,需以各种作业工况的装置稳性计算分析为基础,以下将以 2×8000 t 半潜起重铺管船为例介绍抗倾调载系统的参数确定和设计方法[78]。

2×8 000 t 半潜起重铺管船上甲板尾部左右各设一台起重能力 8 000 t 的全回转起重机,首部设居住舱室及直升机起降平台。铺管作业线设于主甲板下,沿船体中心线按自首向尾的作业流程布置。

全船共设有 48 个压载舱,总舱容约为 193 000 m³,其中 28 个压载舱位于下浮体内,舱高 15 m,左右各 14 个,对称布置,如图 9 - 1 所示。其余 20 个压载舱位于立柱内,舱高 19.5 m,如图 9 - 2 所示。各压载舱舱容如表 9 - 1 所示。

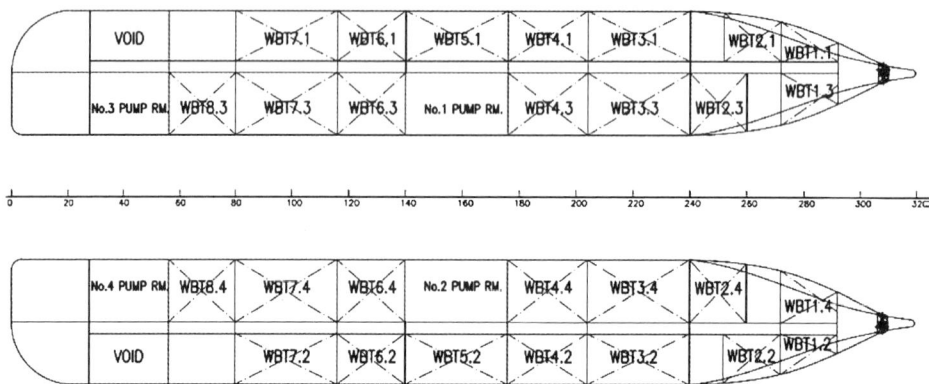

图 9 - 1 下浮体内压载舱布置示意图

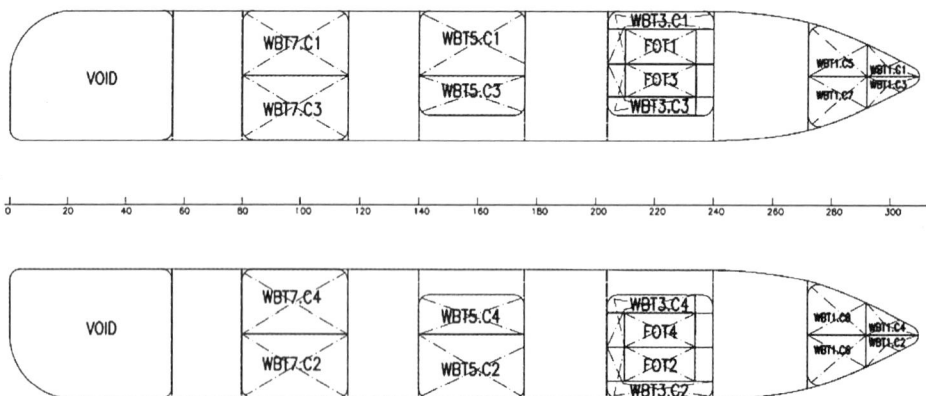

图 9 - 2 立柱内压载舱布置示意图

系统设计考虑以下两种典型作业工况:

1) 单台起重机舷侧起吊 8 000 t 的重物回转 90°

以左舷的起重机为例进行说明,所需调载的压载舱为 WBT5. C1～WBT5. C4 及 WBT7. C1～WBT7. C4 两对,如图 9 - 3 所示。初始条件下,压载舱 WBT5. C1～WBT5. C4 均空,WBT7. C1～WBT7. C4 内各注有 6 000 t 压载

表 9 - 1　压 载 舱 舱 容

舱　名	舱容/m³	舱　名	舱容/m³	舱　名	舱容/m³	舱　名	舱容/m³
WBT1.1/2	1 540	WBT4.1/2	3 585	WBT7.3/4	5 670	WBT3.C1/2	2 640
WBT1.3/4	1 950	WBT4.3/4	4 410	WBT8.3/4	3 780	WBT3.C3/4	2 610
WBT2.1/2	2 290	WBT5.1/2	4 610	WBT1.C1/2	3 355	WBT5.C1/2	7 065
WBT2.3/4	3 075	WBT6.1/2	3 075	WBT1.C3/4	3 355	WBT5.C3/4	7 065
WBT3.1/2	4 610	WBT6.3/4	3 780	WBT1.C5/6	3 140	WBT7.C1/2	7 065
WBT3.3/4	5 670	WBT7.1/2	4 610	WBT1.C7/8	3 140	WBT7.C3/4	7 065

水。起吊之前需要先进行预调载,分别从 WBT7.C1 和 WBT7.C3 调驳 1 700 t 压载水到 WBT5.C2 和 WBT5.C4,此时形成约−2.4°的横倾角。

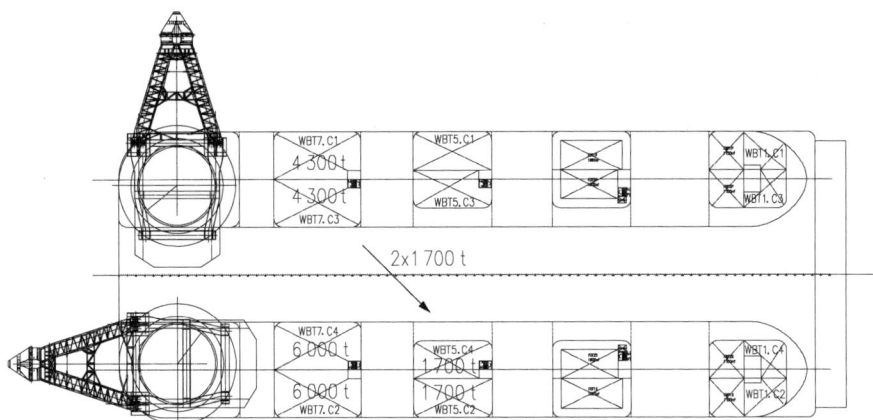

图 9 - 3　单舷起吊之前预调载

起吊过程中需继续调载,在 15 min 内分别从 WBT7.C1 和 WBT7.C3 调驳 3 200 t 压载水到 WBT5.C2 和 WBT5.C4,此时横倾角约 2.3°,如图 9 - 4 所示。

起重机带载向船的尾部回转 90°,此时需反方向调载,需要在 15 min 内分别从 WBT5.C2 和 WBT5.C4 调驳 2 900 t 压载水到 WBT7.C1 和 WBT7.C3,最后横倾角为−0.1°,如图 9 - 5 所示。

起重机在尾部卸载脱钩过程中,需分别从 WBT5.C2 和 WBT5.C4 调驳 2 000 t 压载水到 WBT7.C1 和 WBT7.C3,最终回到初始状态,如图 9 - 6 所示。

2) 两台起重机尾部起吊 8 000 t 的重物,总计 16 000 t 的重物

所需调载的压载舱为 WBT1.C1～WBT1.C4 及 WBT7.C1～WBT7.C4,如

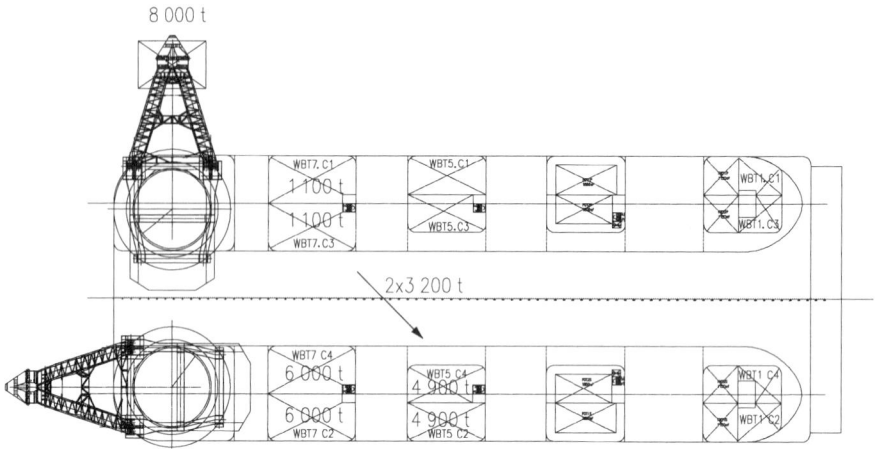

图 9-4 单舷起吊过程中调载

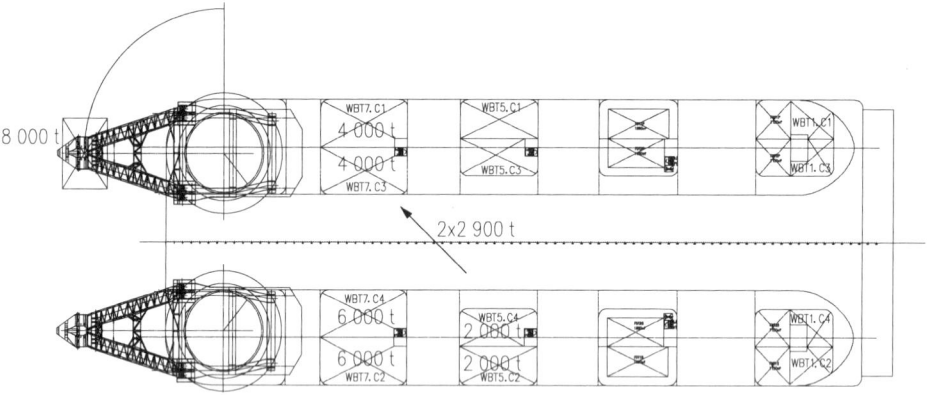

图 9-5 单舷带载全回转过程中调载

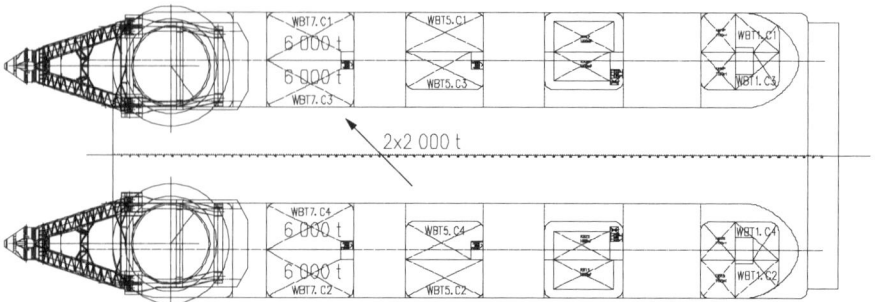

图 9-6 单舷尾部脱钩调载

图 9-7 所示。初始条件下,压载舱 WBT1. C1~WBT1. C4 均空,WBT7. C1~WBT7. C4 每舱预先注入 2 000 t 压载水,使船体呈首倾姿态,纵倾角约 1.06°。

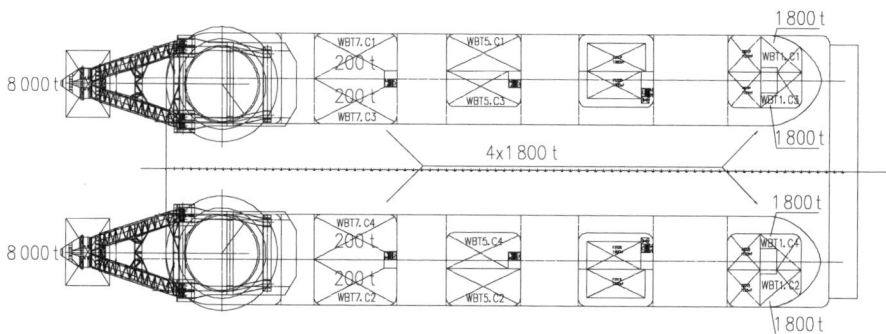

图 9-7 双机尾部起吊调载

起吊过程中,需要在 15 min 内分别从 WBT7. C1~WBT7. C4 调驳 1 800 t 压载水到 WBT1. C1~WBT1. C4,起吊完成后船体呈尾倾姿态,纵倾角约 -1. 10°。

9.3 压载泵压载调载系统设计

用压载泵对压载水进行注入、排出和调驳是船舶普遍使用的压载调载方式。压载泵压载调载系统主要由压载泵、管路、液位测量、阀门控制装置等组成。在设计中,首先要确定压载水流量、压载水管系口径、压载泵扬程等技术参数。

9.3.1 压载泵容量估算

立柱内压载舱的高度为 19.5 m,当左右调驳压载水时,受吸高的限制只有单舷的压载泵可投入工作。由 9.2 节的压载调载要求可知,单台起重机舷侧起吊 8 000 t 的重物回转 90°时,需在 15 min 内将 2×3 200 t 的压载水由一舷的压载舱调驳至另一舷的压载舱。

左右两舷所需压载泵的排量至少应各为

$$Q_{\text{sum}} = \frac{\text{调载水量}}{\text{压载水密度} \times \text{调载时间}} \times 60 = \frac{2 \times 3\,200}{1.025 \times 15} \times 60 \approx 24\,976 \text{ m}^3/\text{h}$$

$$(9-1)$$

如左右两舷各设 4 台压载泵,全船总计 8 台压载泵,则单个压载泵的排量至少为

$$Q = \frac{Q_{sum}}{4} = \frac{24\,976}{4} = 6\,244 \text{ m}^3/\text{h} \tag{9-2}$$

考虑到设计船高达 27 m 的吃水深度,以及泵联合运行时管路系统的阻力损失,需选用 8 台排量为 7 200 m³/h,扬程为 0.35 MPa 的离心式压载泵,并设管路抽真空装置。

9.3.2　压载管系设计

压载泵不仅要对各压载舱进行压载水注入和排出操作,还需要对前后左右的压载舱进行压载水的调驳操作。因此,压载泵设置位置的选择对压载管系的设计有着重要影响。综合考虑全船的压载舱布置及各种工况下压载水的调驳需求,压载泵设在下浮体中部位置较为合适。全船 8 台压载泵,左右各设 4 台,4 台压载泵分成 2 组,每 2 台压载泵相互并联,图 9 - 8 所示为左舷压载泵,右舷压载泵的设置与此类似。

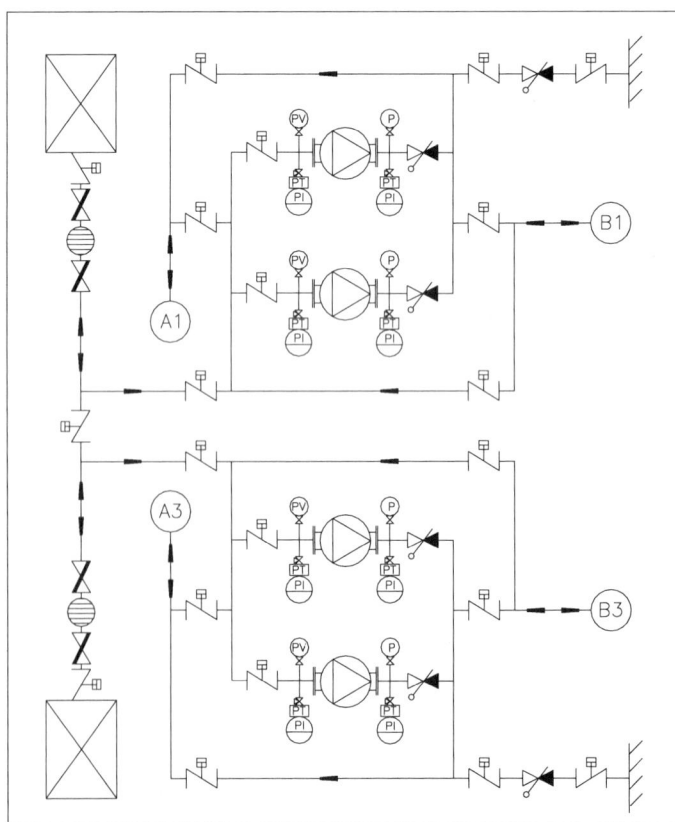

图 9 - 8　左舷压载泵

压载管系采用管隧式,在左右下浮体内各设一个管隧,在左右管隧中各设两根压载总管,下浮体内的各压载舱通过支管就近连到压载总管上,立柱的压载舱则分别与两根压载总管相连,如图 9-9 所示。为满足左右舷压载水相互调驳的需要,左右舷总管通过两根经左立柱、上浮体和右立柱的管路相互连通。这样在左右调驳压载水时,最多可实现单舷 4 台泵两两并联且同时运行;而在前后调驳压载水时,最多可实现全船 8 台泵两两并联且同时运行,而且任意一台泵都可以同与其并联的一台泵具有相互备用的功能。

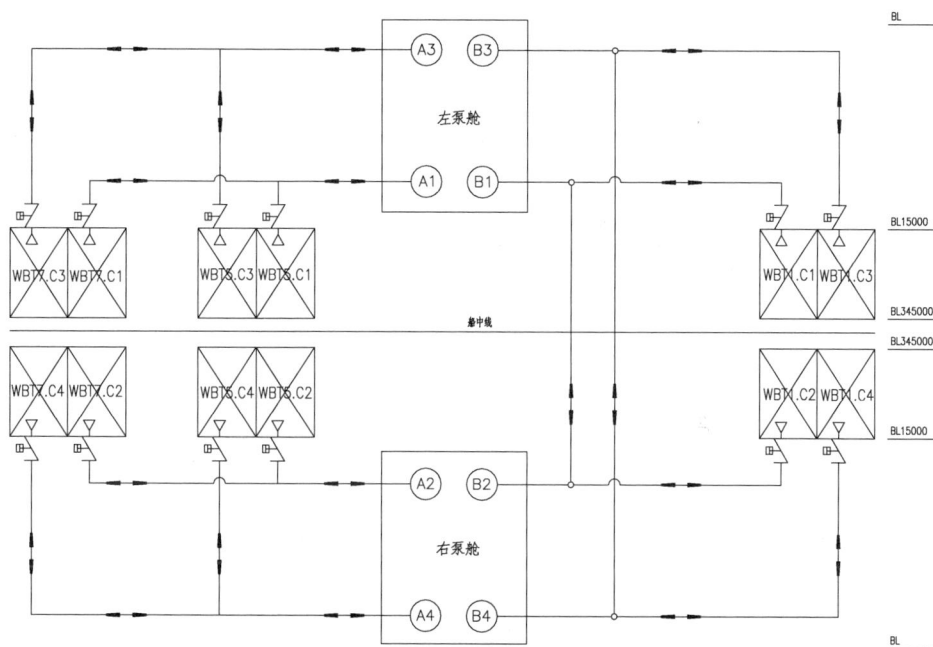

图 9-9 压载管系

通常,压载水吸入管以不小于 2 m/s 的流速进行设计,而排出管以不大于 3 m/s 的流速进行设计。上述压载水总管既做排出管又做吸入管使用,因此按吸入管流速 $v = 2.5$ m/s 进行估算。由于两台泵对应一根压载总管,所以压载总管应满足两台压载泵同时工作的要求,压载总管的直径 d_1 为

$$d_1 = \sqrt{\frac{压载泵数量 \times 单泵排量}{900\pi v}} = \sqrt{\frac{2Q}{900\pi v}} = \sqrt{\frac{2 \times 7\,200}{900\pi \times 2.5}} \approx 1.427 \text{ m}$$

$$(9-3)$$

根据估算结果,压载总管的直径取 1.5 m。

9.3.3　空气管系设计

采用压载泵式压载调载系统时,压载水注入管直径为 1.5 m。根据规范要求,每个压载舱均应装设空气管。对于压载舱顶板的长度或宽度不小于 7 m 的舱柜,应设 2 根或多根空气管,且对于动力注入的所有舱柜,空气管的总横截面积应比各自注入管的有效横截面积至少大 25%。

设计船的压载舱长度最小的约为 13 m,最大的达 25 m,都远大于 7 m,按照规范要求,每舱都要设多根空气管。

较小的压载舱可设置 2 根空气管,每根空气管的直径至少应为

$$d = \sqrt{\frac{1+0.25}{\text{空气管数量}}} \times \text{注入管直径} = \sqrt{\frac{1.25}{2}} \times 1.5 \approx 1.19 \text{ m} \quad (9-4)$$

较大的压载舱根据实际长度可设置 3~4 根空气管,对于设置 3 根空气管的压载舱,每根空气管的直径至少应为

$$d = \sqrt{\frac{1.25}{3}} \times 1.5 \approx 0.97 \text{ m} \quad (9-5)$$

对于设置 4 根或以上空气管的压载舱,每根空气管的直径计算方法依次类推。

9.3.4　方案校核

压载舱总舱容约为 193 000 m³,单台压载泵排量为 7 200 m³/h。若 4 台压载泵同时运行,将全船的压载舱注满或排空所需的时间为

$$t = \frac{\text{压排载总容量}}{\text{压载泵数量} \times \text{单泵排量}} = \frac{193\,000}{4 \times 7\,200} \approx 6.7 \text{ h} \quad (9-6)$$

也就是说全船 8 台压载泵中 4 台泵同时运行的话,大约 7 h 即可将全船的压载舱注满或排空。

假设从 12 m 吃水到 27 m 吃水的排水量变化约为 136 400 m³,4 台压载泵同时运行,所需时间为

$$t = \frac{\text{压排载总容量}}{\text{压载泵数量} \times \text{单泵排量}} = \frac{136\,400}{4 \times 7\,200} \approx 4.74 \text{ h} \quad (9-7)$$

也就是说 4 台泵同时运行的话,大约 5 h 即可将船体由 12 m 航行吃水下潜

到 27 m 作业吃水,或将船体由 27 m 作业吃水上浮到 12 m 航行吃水。

9.4 压缩空气式压载调载系统设计

使用压缩空气排放压载水是一种新的压载水排放方式。它是借鉴潜水艇沉浮原理而设计的一种新型压载水排放模式,其工作原理如下:压载舱装有进水阀和排水阀,打开进水阀,海水进入压载舱,船体将逐渐下沉;当船体需要上浮时,关闭进水阀,打开排水阀,启动压载风机,向压载舱内注入压缩空气,将压载水排至舷外,船体就可上浮。

目前,压载风机的研究设计技术已较为成熟,螺杆压缩机压强范围达 0.2～0.45 MPa(绝对压强)。

9.4.1 压载风机容量估算

为保证排载时能将压载水排放干净,排水口应尽量设在各压载舱的最低处。排载时,只要舱内空气压强大于压载水液面至海平面处的海水产生的静压强,压载水即可被排出。也就是说,压载舱的位置越低,排载所需的压缩空气压强就越高。为保证能将最低位置的压载舱排空,压载风机的压强必须大于船舶在最大吃水时最低位置的压载舱底部位置的海水静压。$2 \times 8\,000$ t 半潜起重铺管船最大吃水为 27 m,因此,压载风机的压强可选为 0.3 MPa。

由 9.2 节可知,两台起重机尾部起吊 8 000 t 的重物,即总计 16 000 t 的重物时,压载水的调驳量最大,调载量约为 28 800 m³/h。调载所需的压缩空气量则受压载舱位置的影响,压载舱位置越低,所需的压缩空气压强就越大,排出一定量压载水所需的自由空气量就越多,需配置的压载风机容量就越大。设计船调载时所涉的压载舱均位于立柱内,在最大吃水 27 m 时,舱底距海平面 12 m。也就是说舱内空气压强只要大于 0.12 MPa(1.2 bar)即有能力将立柱内的压载舱排空,所需的自由空气量为

$$V_{sum} = 调载水量 \times (大气压 + 水压) = 28\,800 \times (1 + 1.2) = 63\,360 \text{ m}^3/\text{h}$$

$$(9-8)$$

如设 6 台压载风机,单台压载风机的吸入流量为

$$V = \frac{总空气量}{风机数量} = \frac{633\,600}{6} = 10\,560 \text{ m}^3/\text{h} \qquad (9-9)$$

根据以上计算,可选用 6 台吸入流量为 12 000 m³/h 的压载风机,风机压强为 0.3 MPa。

9.4.2 压载管系设计

图 9 - 10(a)为立柱内压载舱的压载水管,图 9 - 10(b)为下浮体内压载舱的压载水管,每个压载舱压载水管均通过阀件后直接与舷外海水连通。压载水管上的阀件平时处于关闭状态,在加载或排载时打开。加载时打开透气阀,压载水即可自行流入压载舱;排载时将压缩空气注入压载舱,压载水即被压至舷外。

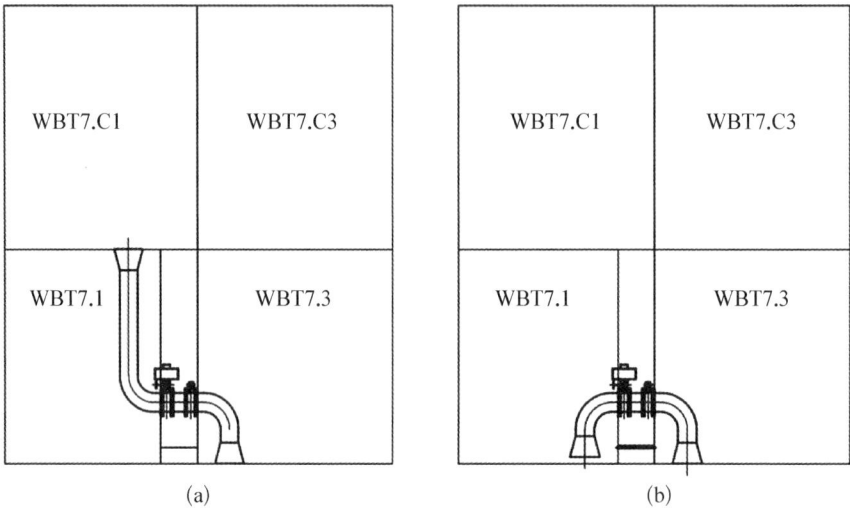

图 9 - 10 进排载管系示意图

单艘起吊 8 000 t 货物时,单个压载舱的调载量最大,需要在 15 min 内调载3 200 t 压载水,压载水排放速率为

$$Q = \frac{调载水量}{压载水密度 \times 调载时间} = \frac{3\,200}{1.025 \times 15} \times 60 \approx 12\,488 \text{ m}^3/\text{h}$$

$$(9 - 10)$$

所需压载水管直径为

$$d = \sqrt{\frac{压载水排放速率}{900\pi v}} = \sqrt{\frac{Q}{900\pi v}} = \sqrt{\frac{12\,488}{900\pi \times 2}} \approx 1.486 \text{ m}$$

$$(9 - 11)$$

为保证船舶安全,每个压载水管上均设一个遥控阀和一个手动阀,都安装在

管隧或泵舱内,遥控阀采用失效时关闭式。

9.4.3 压载水空气管系设计

压载水空气管系原理如图 9-11 所示,6 台压载风机均设在上浮体内,左右各 3 台,3 台压载风机出口都与压缩空气总管(气包)相连,压缩空气总管分出各支管分别与各压载舱相连。左舷的气包与左右立柱内的边压载舱以及左下浮体的压载舱相连,右舷的气包与左右立柱内的内侧压载舱以及右下浮体的压载舱相连。各压缩空气支管入舱处还设有透气阀,在压载水注入时,透气阀打开,通大气;在压载水排出时,透气阀关闭,压缩空气注入压载舱,压载水即被压至舷外。同侧的 3 台压载风机可互为备用或并联运行。

每台压载风机的吸入口和排出口均设有消音器,以减少压载或排载时空气高速流动产生的噪声。排载时,风机由吸入消音器吸入空气,经压缩后注入各压载舱,将舱内压载水排出;压载时,压载水自行流入压载舱,压载舱内的空气经空气注入管和透气阀排放至大气中,还可以关闭透气阀,用压载风机抽吸压载舱内

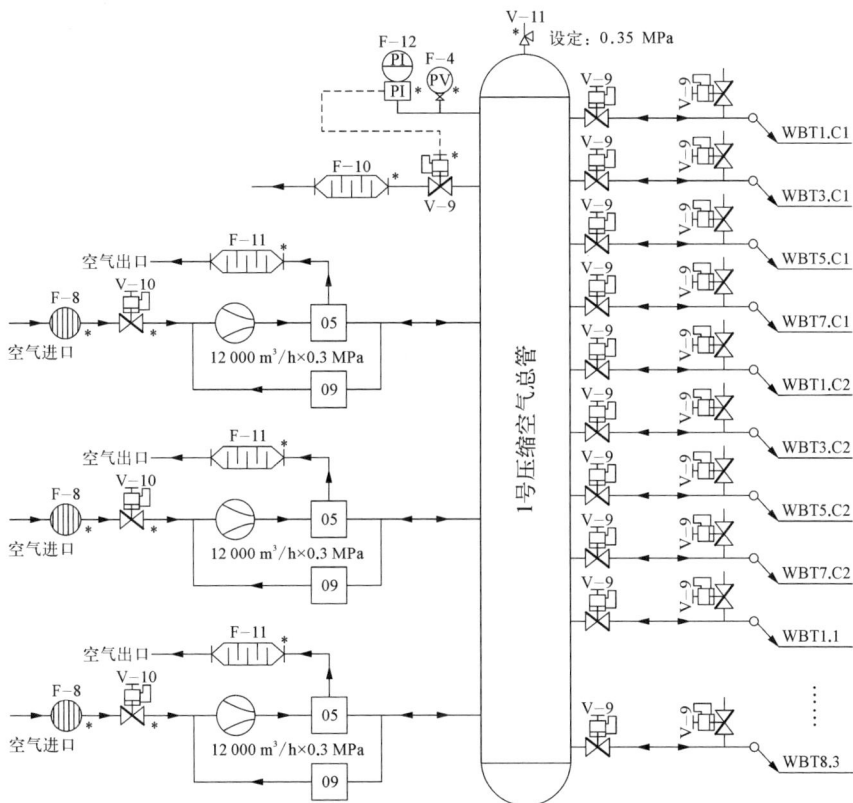

(a)

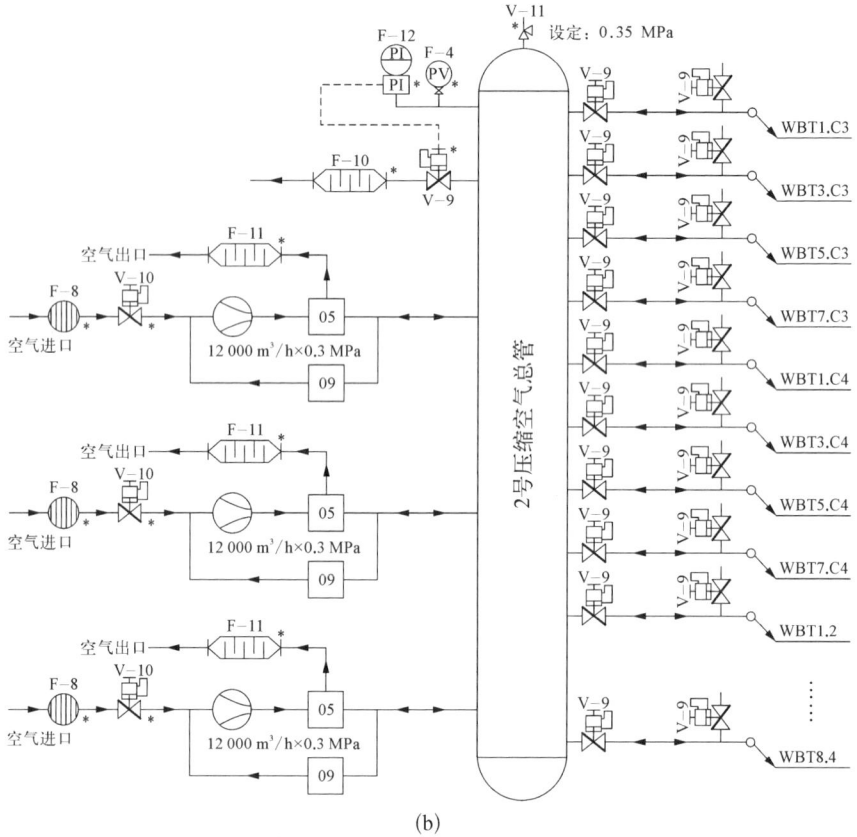

(b)

图 9 - 11 压载水空气管系原理图

(a) 左舷　(b) 右舷

的空气以加快压载舱的进水速度,经排气消音器排放至大气中。

由上节可知单舱压载水最大排放速率约为 12 500 m³/h,以最大吃水 27 m 计,0.3 MPa(3 bar)的压缩空气注入速率为

$$Q_a = Q \times \frac{\text{大气压} + \text{水压}}{\text{大气压} + \text{压缩空气压强}} = 12\ 500\ \text{m}^3/\text{h} \times \frac{1+1.2}{1+3} = 6\ 875\ \text{m}^3/\text{h}$$

$$(9 - 12)$$

单个压载舱所需的压缩空气注入管直径为

$$d = \sqrt{\frac{Q_a}{900\pi v_a}} = \sqrt{\frac{6\ 875}{900\pi \times 20}} \times 1\ 000 \approx 349\ \text{mm} \qquad (9 - 13)$$

式中: v_a 为压缩空气在管道内的流速,取 20 m/s。

根据计算,压缩空气注入管直径可取 350 mm。

9.4.4 方案校核

压载舱总舱容约为 193 000 m³,其中下浮体内的压载舱总舱容约为 106 000 m³,立柱内的压载舱总舱容约为 87 000 m³。6 台压载风机同时运行时,将全船的压载舱排空所需要的时间为

$$t = \frac{\text{下浮机舱容} \times (\text{大气压} + \text{下浮体水压}) + \text{主柱舱容} \times (\text{大气压} + \text{立柱水压})}{\text{单台风机排量} \times \text{风机数量}}$$

$$= \frac{106\,000 \times 3.7 + 87\,000 \times 2.2}{12\,000 \times 6} \approx 8.1\,\text{h} \qquad (9-14)$$

压载时,若将透气管内空气流速限制在 20 m/s,则注满全船的压载舱所需要的时间为

$$t = \frac{\text{总压载舱容}}{\text{同时注水舱数量} \times 900\pi \times \text{空气管直径}^2 \times v_a}$$

$$= \frac{193 \cdot 000}{4 \times 900\pi \times 0.35^2 \times 20} \approx 6.97\,\text{h} \qquad (9-15)$$

由式(9-14)和式(9-15)可知,使用 6 台吸入流量为 12 000 m³/h 的压载风机进行排载时,大约 8 h 即可将全船的压载舱排空;而注满全船压载舱所需的时间大约为 7 h。

单台起重机舷侧起吊 8 000 t 的重物全回转 90°时,假设使用左舷的起重机,此时压载舱 WBT7.C1 及 WBT7.C3 各需在 15 min 内排放 3 200 t 压载水,而压载舱 WBT5.C2 及 WBT5.C4 则各需在 15 min 内加载 3 200 t 压载水。此时,可打开压载舱 WBT5.C2 及 WBT5.C4 的透气阀,由左舷的 3 台压载风机同时向压载舱 WBT7.C1 注入压缩空气,而由右舷的 3 台压载风机同时向压载舱 WBT7.C3 注入压缩空气,即可实现压载水的调驳操作。

所需时间为

$$t = \frac{\text{排出压载水量} \times (\text{大气压} + \text{水压})}{\text{风机排量} \times \text{风机数量}} \times 60 = \frac{3\,200 \times 2.2}{12\,000 \times 3} \times 60$$

$$\approx 11.73\,\text{min} < 15\,\text{min} \qquad (9-16)$$

两台起重机在尾部同时起吊 8 000 t 的重物,总计 16 000 t 的重物时,压载舱

WBT7. C1～WBT7. C4 各需在 15 min 内排放 1 800 t 压载水,而压载舱
WBT1. C1～WBT1. C4 则各需在 15 min 加载 1 800 t 压载水。

此时,可打开压载舱 WBT1. C1～WBT1. C4 的透气阀,由左舷的 3 台压载
风机同时向压载舱 WBT7. C1 和 WBT7. C3 注入压缩空气,而由右舷的 3 台压
载风机同时向压载舱 WBT7. C2 和 WBT7. C4 注入压缩空气,实现前后压载舱
之间的压载水调驳。

所需时间为

$$t = \frac{单舱排出压载水量 \times 舱数 \times (大气压 + 水压)}{风机排量 \times 风机数量}$$

$$= \frac{1\,800 \times 4 \times 2.2}{12\,000 \times 6} \times 60 \approx 13.2 \text{ min} < 15 \text{ min} \qquad (9-17)$$

9.5　两种调载方案比较

9.5.1　压载水管系比较

压缩空气式压载调载系统简化了压载水管系,仅保留了压载舱通舷外的海
水管路及相应阀件,取消了下浮体、立柱及上浮体内总长约 1 km 的压载水总管。

9.5.2　空气管系比较

采用压载泵压载调载系统时,由于是动力注入,根据规范要求每个压载舱均
应装设 2 根或多根空气管,且空气管的总横截面积应比各自注入管的有效截面
积至少大 25%。如每个压载舱设置两个空气管,则空气管直径至少应为 1.2 m,
全船 48 个压载舱总计近 100 个空气管,无论是立柱内走管还是甲板面空气管布
置都有诸多不便。

采用压载风机时,海水是靠重力自行流入压载舱而非动力注入,空气管尺寸
不受上述要求的制约,压载舱的透气管与压缩空气进气管可共用一套管路,由
9.4.3 节可知,各舱空气管直径仅为 350 mm,空气管布置更为方便。

9.5.3　压载泵与压载风机

采用压载泵调载时,需要配置 8 台排量为 7 200 m³/h、压强为 0.35 MPa 的

压载泵,同时最多有 4 台压载泵同时运行。单台排量为 7 200 m^3/h、压强为 0.35 MPa 的压载泵功率约为 2 000 kW,4 台压载泵的总功率约为 8 000 kW。使用压缩空气调载时,需配置 6 台吸入流量为 12 000 m^3/h、压强为 0.3 MPa 的压载风机,最多有 6 台压载风机同时运行。单台吸入流量为 12 000 m^3/h、压强为 0.3 MPa 的压载风机功率约为 1 000 kW,6 台压载风机的总功率约为 6 000 kW。由此可见,从节能角度考虑,压载风机比压载泵略有优势。

从安装位置比较,由于受吸入高度的制约,根据设计船的实际情况压载泵只能安装在下浮体内。而压载风机则由于工作时需要吸入大量空气而需安装在上浮体内。但相对于压载泵而言,压载风机体积庞大,而且需要配置如消音器、冷却器、汽水分离器、气包等设备,因此从占用空间的角度讲,压载风机不占有优势。

9.5.4　对船体结构强度的影响比较

采用压载风机调载时,压载舱内壁需承受最大为 0.3 MPa 的压缩空气压强。采用压载泵调载时,压载舱壁强度设计则需考虑压载舱透气管的高度。

2×8 000 t 半潜起重铺管船主甲板距基线 47 m,其中下浮体高度为 15 m,立柱高度为 19.5 m,上浮体高度为 12.5 m,作业吃水为 27 m,航行吃水为 12 m。在航行吃水 12 m 时,下浮体出水 3 m,压载舱空气管终止处距吃水线至少 35 m,所以压载舱壁也必须能够承受 35 m 的海水压强,约 0.35 MPa。

因此,不论是采用压载泵还是采用压载风机调载,对船体结构强度的要求都不相上下。就设计船而言,压载风机对船体结构强度的要求相对更为宽松。

9.5.5　调载高度比较

采用压载泵调载时,只要压载泵的压强足够大,就可以对任意位置的压载舱进行注入排出操作,不受压载舱位置高度的限制。而采用压载风机调载时,由于海水是靠重力作用自行流入压载舱,无法将舷外海水注入高于水线的压载舱,设计船即便是在最大吃水 27 m 时,立柱顶部仍高出海平面约 7.5 m,仅靠重力作用无法将立柱内的压载舱注满。因此,即便配备了压载风机,仍需要有压载泵协助压载。

9.5.6　压载水调驳原理比较

采用压载泵调驳压载水时,排出压载水的压载舱与注入压载水的压载舱是通过压载管系及压载泵相互连通的,压载水是在一个封闭的空间里调驳。因此,一个压载舱压载水的注入量始终等于另一个压载舱压载水的排出量,而且调驳过程中压载水的流量也近似于压载泵的排量。

采用压载风机调驳压载水时,压载风机将压缩空气注入压载舱并将压载水排至舷外,舷外海水靠重力作用自流流入需要注入压载水的压载舱,压载水是在一个开敞的空间里实现调驳的。一个压载舱压载水的实时排出量与另一个压载舱压载水的实时注入量并不相等,而且就单个压载舱而言,其压载水的排出量或注入量并非常数,而是随着压载舱内压载水液面与海平面的液位差在实时变化,这对保证船体的浮态和稳性都是很不利的。

9.5.7　选用的方案

根据 $2×8\,000\,t$ 半潜起重铺管船的实际情况,经分析比较,选用压载泵与压载风机相结合的压载调载方式较为有利。根据压载泵不受压载高度制约并且排量稳定的特点,采用压载泵对立柱内的压载舱进行注入及排出操作,在作业时,由压载泵对立柱内的压载舱实现一对一调驳的功能。根据压载风机排载速度快和透气管简化的特点,采用压载风机对下浮体内的压载舱进行注入及排出操作,以保证船体下潜或上浮的速度。

1) 压载泵压载管系

压载泵压载管系与 9.3 节所述类似,选用 8 台排量为 $7\,200\,m^3/h$,扬程为 $0.35\,MPa$ 的离心式压载泵,左右各设 4 台。压载管系如图 9-9 所示,压载泵两两并联后与压载总管相连,所不同的是只有立柱内的压载舱连至压载总管,如图 9-9 所示。为满足左右舷压载舱相互调驳的需要,左右舷总管通过两根经左立柱、上浮体和右立柱的管路相互连通。

2) 风机压载管系

压载风机仅需对下浮体内的压载舱进行注入及排出操作,因此,压载风机的吸入流量及台数与 9.4 节所述相比均可选小一些。经计算,选用 4 台吸入流量为 $10\,000\,m^3/h$ 的压载风机即可满足要求。下浮体内的压载舱总容积约为 $106\,000\,m^3$,需约 10 h 即可将下浮体内的压载水注满或排空。

$$t = \frac{压载总舱容×(大气压+水压)}{风机排量×风机数量} = \frac{106\,000×3.7}{10\,000×4} = 9.8\,h \quad (9-18)$$

风机压载管系原理如图 9-11 所示,4 台压载风机均设在上浮体内,左右各 2 台,2 台压载风机出口均与对应的压缩空气总管(气包)相连,压缩空气总管分出的各支管与对应的压载舱相连。1 号气包与左下浮体内的边压载舱相连,2 号气包与右下浮体内的边压载舱相连,3 号气包与左下浮体的内侧压载舱相连,4 号气包与右下浮体的内侧压载舱相连。同侧的 2 台压载风机出口由管路相互连通,管路上设阀件,关闭该阀,2 台压载风机及相应管路自成系统独立运行;开启该阀,2 台风机可互为备用或并联运行。

使用压缩空气排放压载水,可以免除使用水泵排放所必须安装的压载泵组并简化压载水管系统,减小船舶的自重,提高半潜船的可变载荷量,提高经济效益。同时压载水管系统的简化,也可以减少今后船舶使用过程中对压载水系统的维修保养工作。但压缩空气调载受调载高度的限制,在实际压载调载系统设计任务中,需根据船舶的实际营运工况进行慎重选择。2×8 000 t 半潜起重铺管船最终选用压载泵与压载风机相结合的压载调载方式,结合了压载泵与压载风机的优点,既保证了压载水调驳的安全性和可靠性,又保证了船体下潜或上浮的速度。

9.6 专用抗横倾系统简介

全回转起重船在起重作业时起重机的倾侧力矩传递到船上,会使船的浮态产生纵倾、横倾变化。对于船舶而言,将作业产生的倾角控制在一个较小的范围内是确保船舶安全的必要保障。控制船舶作业倾角是通过压载水调载系统实现的。早期的起重船抗倾调载系统大多由压载系统兼任,通常采用数台离心泵,设置环形压载总管,通过控制总管和支管上阀的启闭实现指定的一对或数对压载舱之间压载水的调驳,来达到抗倾调载的目的,系统原理如图 9 - 12 所示。这样的系统,需由人工在压载控制台上进行大量遥控阀的操作,工作烦琐,可靠性不高。且如同时进行两对以上舱的调载,无法控制特定一对舱的流出和流入水量,因而调载的准确性不高。

现代大型起重船都采用如图 9 - 13 所示的专用抗横倾系统,该系统将专用的抗横倾水舱一对一地用可逆转的轴流泵通过管路和阀门连接起来,根据流量需要,每对舱可设置一台或数台泵。这样的系统操作简单,可靠性高,易于实现自动控制。本节将对专用抗横倾系统的工作原理、起重船设计中抗横倾水舱的布置以及水泵的参数配置作简要介绍。

9.6.1 专用抗横倾系统工作原理

如图 9 - 13 所示,专用抗横倾系统由左右抗横倾水舱、低水位液位开关、连

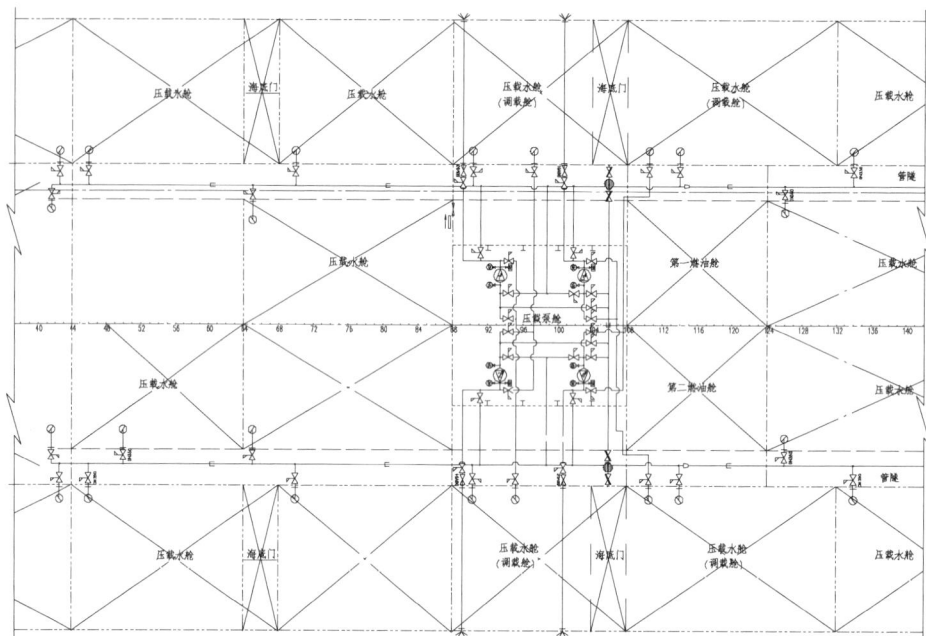

图 9-12 压载系统兼调载系统

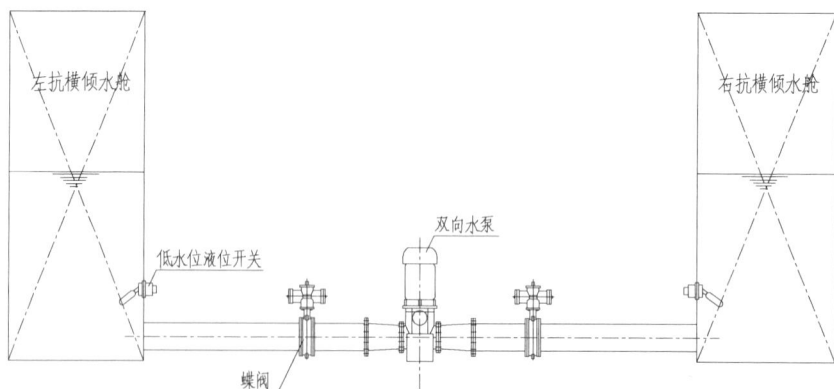

图 9-13 专用抗横倾系统

通管道、碟阀、双向水泵和控制系统组成,控制系统包括倾斜仪、逻辑控制程序、操作面板等。

专用抗横倾系统根据不同的系统设计有多种工作方式,但通常都包括下列3种工作模式。

1) 自动工作模式

自动工作模式是预先设置好一些初始参数,按下"自动"按钮后,当船舶达到设置的状态时抗横倾系统开始工作/停止工作。设置的初始参数有:

（1）工作点——系统工作的参考横倾角,可设为$-3°\sim+3°$（±表示左、右倾,例如左倾为+,右倾为-）。

（2）启动点——当船的倾角与工作点差值的绝对值达到该值时,水泵启动,可设为$0.5°\sim5°$（为绝对值,只有正值）。

（3）停止点——当船的倾角与工作点差值的绝对值达到该值时,水泵停止,可设为$0°\sim4.5°$（为绝对值,只有正值）。

（4）启动延迟——水泵延迟启动的时间,可设为$0\sim120$ s,一般设为0 s。

举例说明:假定工作点$=0.6°$,启动点$=1.0°$,停止点$=0.3°$。当船舶向左倾斜达到$1.6°$时,抗横倾泵启动;当船舶左倾减小到$0.9°$时,泵停止。反之,当船舶向右倾斜达到$0.4°$时,抗横倾泵启动;当船舶右倾减小并过$0°$达到左倾$0.3°$时,泵停止。

2）手动工作模式

在手动工作模式下,由人工操作,启动抗横倾水泵向左舷/右舷调驳压载水,通常设有"启动左""启动右"和"停止"3个按钮。

3）预横倾工作模式

设置好船舶需要预横倾的角度,可设为$-3°\sim+3°$,按下"预横倾"按钮,则系统根据检测到的船舶初始倾角,自动确定调载方向并启动水泵,使船达到预设的倾角。期间如需终止调载可按下"停止"按钮,则可终止预横倾操作。

此外,系统还有一些初始参数的调试、报警、阀的手动启/闭等操作功能,视各系统设备的设计而异,在此不一一赘述。

9.6.2 抗横倾水舱的布置

抗横倾水舱宜布置在船的中部附近,左右两舷对称设置,这样水舱的形状规整,力臂长,可使调载力矩最大化。图9-14所示为某起重船的抗横倾水舱布置,该船共设5对抗横倾水舱,分别是WB_05、WB_06、WB_07、WB_08和WB_09,左右对称。每对舱之间需布置连通管道和调载泵舱,连通管道可设一道或数道,具体依据所选泵的排量而定。如每对舱仅设一道连通管,则一般布置在舱尾部,如设多道连通管,最好是前后分开布置,使船在纵倾情况下都能抽吸良好。

9.6.3 抗横倾水泵的配置

抗横倾系统是一套集成系统,可选择设备商设计配套,但抗横倾系统的主要参数,例如单位时间的抗横倾力矩是由船舶设计确定的。抗横倾力矩取决于水舱的布置,如9.6.2节所述,与水舱形心与船体中线面的距离和水舱的舱容有

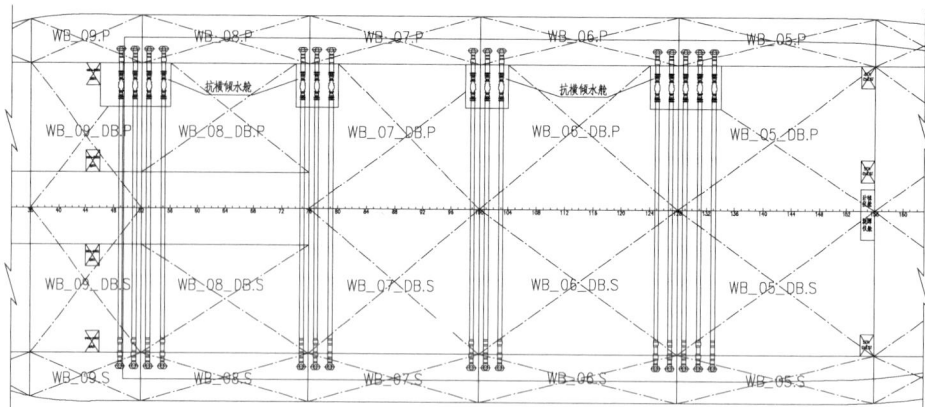

图 9‑14 抗横倾水舱布置

关。而实现抗横倾力矩的时间,则取决于水泵单位时间的总排量。

抗横倾水泵排量的配置与起重机的起重能力有关,需满足起重机在额定吊载以额定回转半径回转 90°所需时间的要求。以某起重船为例,该船起重机额定回转吊能力为吊重 3 500 t、回转半径 45 m。起重机设在船尾中心处,船舶左右两舷设置 5 对抗横倾水舱如图 9‑14 中 WB_05~WB_09 左右压载水舱,当起重机吊载 3 500 t 从左舷向船尾旋转 90°,要求回转时间不超过 15 min(反向旋转类似)。为了平衡横倾力矩,经计算需将约 4 500 t 压载水从右边舱调驳到左边舱。根据各对水舱的舱容,分配各对舱的调载水量并配置相应的调载水泵,满足预定时间内调载水量的要求,计算如表 9‑2 所示。

此外,抗横倾水泵的扬程参数,需根据水舱的高度确定。

表 9‑2 抗横倾水泵排量计算

抗横倾水舱	尾向吊		左弦吊		移动量 /m³	单泵排量 1 400 m³/h 15 min 调载	
	装满率 /%	容积 /m³	装满率 /%	容积 /m³		理论泵数 /台	实际泵数 /台
WB_05. P	5.0	117.7	48.0	1 130.1	1 012.4	2.89	3
WB_05. S	95.0	2 236.6	52.0	1 224.3			
WB_06. P	15.5	373.0	64.1	1 542.1	1 169.1	3.34	4
WB_06. S	84.5	2 033.6	35.9	864.5			
WB_07. P	5.0	103.1	50.0	1 031.4	928.3	2.65	3
WB_07. S	95.0	1 959.6	50.0	1 031.4			

（续表）

抗横倾水舱	尾向吊		左弦吊			单泵排量 1 400 m³/h 15 min 调载	
	装满率/%	容积/m³	装满率/%	容积/m³	移动量/m³	理论泵数/台	实际泵数/台
WB_08.P	5.0	103.1	50.0	1 031.4	928.3	2.65	3
WB_08.S	95.0	1 959.6	50.0	1 031.4			
WB_09.P	5.0	57.7	50.0	577.2	519.5	1.48	2
WB_09.S	95.0	1 096.7	50.0	577.2			
合计					4 557.6		15

10

全回转起重机简介

10.1 浮式起重机的类型

浮式起重机分为回转式和固定式。后者即起重机相对船体不能回转,而且臂架平面(臂架可摆动或不摆动)总是与船舶纵向中心平面重合。相反,对于回转式浮式起重机(简称回转起重机),其上部结构能够绕垂直船体水平面的起重机转旋中心线作 360°旋转(见图 10-1)。

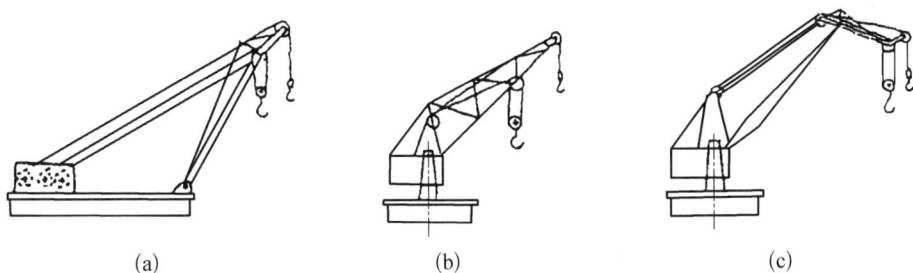

图 10-1 浮式起重机的类型

(a) 固定式动臂浮式起重机 (b) 回转式单臂架浮式起重机 (c) 回转式组合臂架浮式起重机

对于顺着航道型的码头,待卸的货船也必须顺着码头停靠。为了对船舱内货物卸货,当采用固定式浮式起重机时(见图 10-2),起重船的纵向必须顶着货船,两者呈 T 字形,这样就占据了航道,如果再加上卸货时移动船不能缺少的移位距离值,固定式浮式起重机为了装卸需要

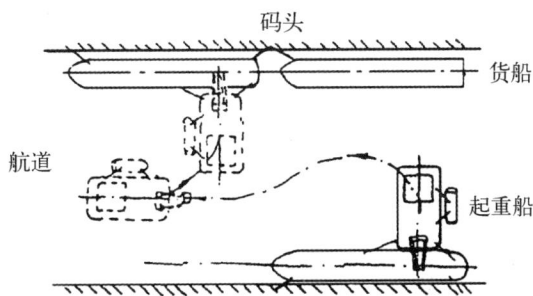

图 10-2 采用固定式起重船装卸货

占据航道尺寸更大。对于繁忙的港口,长期要占用有限宽度的航道,造成水上交通堵塞是决不容许的。因此只能选择回转式起重机,装卸时,回转式起重机的纵向与货船纵向一致,并行排列(见图 10-3),船宽比船长小,占用航道宽度相对较少,对航运影响较小。吊卸时船体部分固定不动,只需转动吊钩就能达到所需工作幅度位置。所以,设置回转式起重机起重船的使用越来越广泛(从港口码头装卸货发展到沉船打捞、海洋工程吊装),起重吨位也越来越大。

在分析选用形式时必须要坚持一分为二的观点,固定式浮式起重机目前在

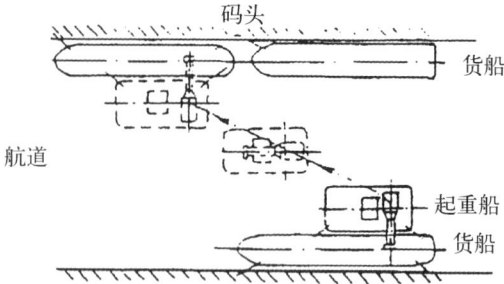

图 10-3 采用全回转起重船装卸货

大、中、小型各类起重船中仍有采用,这是因为这种类型的船和机的结构均简单,造价亦低,故障少,维修费用低,臂架人字架和所吊重物的重心常落在船体纵向中心线附近,只产生纵向倾斜及少许横向倾斜,故船宽可设计得小一些,因而船体尺度小,船体重量也较小。而如果上述的顶船作业因占据航道妨碍通行,以及每次作业都必须要移位而影响作业效率,对某些开阔水域作业往复次数不高时,固定式浮式起重机也不失为一种可选方案,尤其在大型浮式起重船中。当然在一些特别简单的小型浮式起重船中此形式也常被采用[80]。

在海洋工程铺管船上,重型起重机用于海上大型设备以及托管架的吊运安装,同时,副钩可用于挖沟机和管子的过驳和向纵向传输线的装卸。因此,重型起重机一般考虑采用回转式起重机,其中,基座式可旋转起重机(见图 10-4)和桅柱式海洋工程起重机(见图 10-5)应用最为广泛。

图 10-4 基座式可旋转起重机

图 10-5 桅柱式海洋工程起重机

10.2 桅柱式海洋工程起重机简介

10.2.1 桅柱式海洋工程起重机概述

桅柱式海洋工程起重机的机械结构部分主要包括一个桅柱和一个可回转转台结构。吊臂、司机室、回转机构等安装在可回转的转台结构上。桅柱的顶部和下部各安装一个回转支承,其中上部回转支承(无齿)支持桅柱顶部旋转结构和滑轮组的旋转,下部回转支承(带外齿)支持转台结构的旋转。转台旋转由安装在桅柱上的回转机构驱动,桅柱顶部旋转结构和滑轮组的旋转通过变幅钢丝绳从动旋转。桅柱固定不动,整机的倾覆力矩由桅柱承受。下部回转支承主要承受吊臂尾部的作用力以及该力产生的倾覆力矩;上部回转支承主要承受变幅钢丝绳和起升钢丝绳的作用力,其方向随钢丝绳的方向而变化。只要桅柱刚度和强度满足设计要求,起重机就不会发生倾覆,其安全性和可维护性均比普通回转式起重机好。

10.2.2 桅柱式海洋工程起重机组成

桅柱式海洋工程起重机主要由吊臂、转台结构、起升及回转机构、辅助设备、底座、吊钩、臂架搁架等组成(见图 10 - 6)。

吊臂主要分为两部分：主臂和副臂。主臂采用桁架结构,由低合金高强度结构钢焊接而成。臂杆是双臂架型,并设有维修通道。吊臂上布置有主钩定滑轮组、副钩定滑轮组、变幅动滑轮组、索具吊钩滑轮及导向滑轮;滑轮采用热轧滑轮。臂杆的末端通过销轴铰接到回转平台上。臂杆的另一端设置臂杆变幅滑轮组。臂杆的存放是通过降低臂杆至主甲板上的臂杆支架完成的。吊钩的存放是通过降低吊钩至位于甲板上的钩笼(船舶建造方提供,设备供应商提供设计)来完成的。臂杆上部适当位置应安装防护装置,以减少钩头滑轮对臂杆的损伤。臂杆配有电子

图 10 - 6 桅柱式海洋工程起重机组成

式和机械式防后倾装置,以防止臂杆被向后拉翻。防后倾装置上应配备传感器,以监测臂杆最大仰角位置。

桅柱由低合金高强度结构钢焊接成型,下部与船体连接。

起升机构设置在起重机底部基座内部中央,主钩、副钩等多个起升绞车呈垂直一列布置,在满足功能的前提下尽量减少布置空间。回转机构布置在回转平台上。

10.3 基座式可旋转起重机

10.3.1 基座式可旋转起重机主要工作机构

基座式可旋转起重机的主要工作机构包括主起升机构、副起升机构、变幅机构、索具钩起升机构、稳索机构、回转机构等。

各主要工作机构中的绞车(见图 10 - 7)为单台或二组双联双驱绞车,双驱

绞车通过联轴节连接,安全系数大于 2。各机构设有如下保护:

(1) 起重量在各个工作模式下的保护。

(2) 吊钩超高保护。

(3) 钢丝绳过欠缠绕保护。

(4) 盘式制动器打开确认。

图 10-7 绞 车

10.3.2 基座式可旋转起重机主要结构

1) 吊臂

吊臂由吊臂尾部、吊臂臂身、吊臂臂头 3 部分组成。吊臂由集中电动润滑系统供油,设有从回转平台到臂头各处的维护检修通道和工作平台。

吊臂尾部的上下盖板都是整板,分别插入臂身的主管进行焊接,吊臂受力条件较好,在焊缝交接处都配有应力释放孔,以减少应力集中。吊臂尾部内腹板与外腹板构成箱体结构,拖航时,吊臂尾部的材质和结构使受力更加合理,减少了起重船在海上横倾疲劳等对吊臂结构的损害。臂架根部铰轴中心距为 11 m,通过铰轴与转台相连,采用滑动轴承。其他滑轮均为滚动轴承。

吊臂臂身采用人字形桁架结构。臂身由臂身桁架、斜撑、横联共同构成。臂身桁架主肢由高性能钢管组成,分段制造。

臂头箱体安装有主钩转向滑轮、副钩转向滑轮、索具钩转向滑轮、主钩定滑轮组、副钩定滑轮组、索具钩定滑轮组和变幅动滑轮组。主钩的定滑轮组采用十字铰结构,允许吊点作业时左右摆动 15°。

2) A 字架

A 字架结构由前撑杆和后拉杆组成,均采用焊接箱型梁结构。前撑杆下端与上转台前端采用销轴连接,受力明确。前撑杆顶部安装变幅定滑轮组、主钩导向滑轮组、副钩导向滑轮组和变幅导向滑轮组。

3）转台

如图 10-8 所示，转台由主纵梁、前横梁、后横梁、配重和轨道上支撑座梁组成，转台主结构均由低合金高强度结构钢焊接成型。在转台前后方向布置反钩装置，用来平衡两个方向的倾覆力矩，转台底部和轨道上支撑座梁焊接成整体结构。

转台桁架顶部设有 A 字架支座，用于 A 字架的连接；主纵梁上安装有吊臂支座，用于吊臂的连接。连接件均采用销轴连接，受力明确合理。

转台安装有机房，机房的前端安装有司机室，机房内安装各机构设备。机房采用厚度大于等于 5 mm 的耐蚀钢材，机房顶部为工作平台。

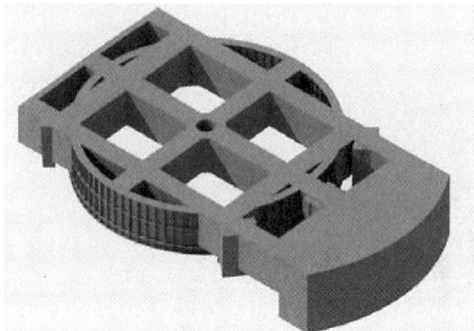

图 10-8 转　　台

4）回转支承及圆筒体

本机采用单列夹套滚轮和单列反滚轮共同承载的旋转支承。由回转上支承座、轨道、中心轴枢、带轮缘的滚轮、保持架、整体的反滚轮架、无轮缘的反滚轮、支承圆筒等组成。轨道与上支承座之间设有重型耐压均衡橡胶，降低滚轮轮压的不均匀性。

（1）回转上支承座。回转上支承座采用单轨支承。回转上支承座为环形梁，与转盘焊接，其座下安装有回转支承的上轨道，座上焊有安装回转机构的支承梁；中间利用工字形辐条梁连接着中心轴枢支承座，以传递水平力。

（2）支承滚轮与轨道。支承轨道分上、下轨道（见图 10-9）。支承上轨道分为两段分别布置于前后部。支承圆筒上轨道为整圆，上下轨通过滚轮相连支承。

图 10-9 支 承 轨 道

上轨用螺栓和抗剪块固定,下轨采用压板固定,轨道由锻钢制作。轨道踏面要求高频淬火,其表面硬度 HRC 为 45～50。上轨与上支承座间铺设有重载耐压均衡橡胶。

支承滚轮为单排带轮缘滚轮,支承滚轮在轨道上既滚动又滑动,为了满足滚轮在轨道圆上内外滑动速差,将车轮制成两半,中间留有间隙。支承滚轮通过保持架连成一体,同一根轴线上安装内外两个滚轮。滚轮轴采用滑动轴承,滚轮的润滑为相对集中润滑。支承滚轮只承受垂直力。

(3)支承圆筒。支承圆筒采用板壳筒结构,圆筒上部与轨道中心对应,为圆筒环梁,圆筒与船体甲板面上来的圆筒对接焊,环梁下内圆筒制作成 T 形竖筋,直接焊在船甲板上。

支承圆筒中心设有支承中心轴枢,中心轴枢滑动轴承副分别用铰制螺栓与此圆筒和支承的上支承座连接,中心受电器下座安装在圆筒内。环梁内侧布置旋转针轮的针销。

(4)反滚轮。本机为工作性反滚轮,参与回转支承受力。反滚轮轨道为单列整圆,位于最大支承圆筒的外壁。反滚轮采用专业厂家生产的满滚子轴承,每个滚子及其支承座通过螺栓和抗剪块固定在反滚轮架上,支座下也安装烟胶垫板,反滚轮轨道采用压板固定。反滚轮架直接焊接在转盘上。在安装反滚轮时,需保证轮子与反轨间隙采用支座下垫板来保证间隙的一致。

(5)中心轴枢。中心轴枢只承受回转的水平力,设置于支承筒内中心处,回转支承上所有部件均以中心轴枢为中心,要求保证同心度。中心轴枢采用滑动轴承,轴承内设有润滑油道可注满油脂以保证润滑。中心轴枢的支承座为圆柱形筒,上部与回转的上支承座螺栓连接,下部与支承圆筒螺栓连接。中心轴枢必须将旋转机构及滚轮支承轨道中心调整好后,通过定位板定位焊接,焊接好后通过螺栓再连接,以保证旋转驱动的同心和小齿轮在针销上的正确啮合,以防止出现旋转机构卡死、支承滚轮跑偏或啃轨现象而使其单面严重磨损或因卡阻增加旋转阻力矩。

10.3.3 安全设备

全回转起重机包括以下安全设备:

(1)起重机工作状态实时监控系统。工控机上装有起重机监控管理软件,包括吊钩的作业半径和速度,特定的作业半径上实际吊载及允许吊载,吊臂实际角度(起重机工作半径),起重机相对旋转位置,吊钩相对位置,船舶倾斜指示系统等。

（2）急停保护系统，分别设置在进线柜面板和起重机司机室操作台。按下急停开关后切断整机的动力电源，所有机构制动器抱紧以防止意外发生。但照明、检修等辅助电源不受此影响。

（3）超速保护开关。通过检测电机自带的超速保护开关信号，当电机转速超过设定的上限时，该开关断开，向 PLC 发出超速信号，PLC 控制机构停止工作。

（4）超程保护系统，包括主副钩起升、变幅机构和回转机构的位置限制。设有预限位和工作限位功能，当机构运行到预限位时，机构具有限速功能，防止速度过快冲过工作限位；当机构运行到工作限位位置时，机构停止向危险方向运行，只能向安全方向运行。起升机构还带有重锤限位开关，当上升到极限高度时，自动停止上升，只能下降。

（5）力矩和载荷保护。主副钩均有称重信号传感器，臂架有一个角度信号传感器，信号进入力矩限制器主机，另配有大屏幕独立显示主副钩负荷过载报警和力矩超载报警。限动值及限动时的声光报警信号符合相关起重机械机安全规程的要求。

（6）风速风向仪（风杯）。风速及风向由安装在机房顶部的风杯测得。司机室内的风速风向仪显示实时风速及风向。如果风速超过 10 m/s，指示灯闪亮，风速风向仪向 PLC 发出报警信号，此时各机构不能高速运行；如果风速超过 20 m/s，指示灯闪亮，蜂鸣器鸣叫，风速仪向 PLC 发出限动信号，此时机构不能运行。

（7）当同一机构电动机工作时，其中任一台电动机故障时，控制系统都将立即进行保护，停止该机构所有运行的电动机，故障修复后方可进行正常工作。

（8）电气保护还有失电保护、失速保护、过电压保护、欠电压保护、过电流保护、缺相保护等。

（9）臂架设有避雷针，臂架和人字架根部连接有铜编织线，并通过集电器滑环与船体金属外壳连接良好。

（10）本机起升机构具有应急下放功能，在起重机出现故障无法运转或断电情况下，通过应急操作将悬挂在空中的重物安全下放，以保证整船安全。

（11）吊臂配有电子式和机械式防后倾装置，以防止吊臂被向后拉翻。吊臂底部配备角度传感器用于监测吊臂最大仰角位置。

（12）吊臂和 A 字架上的导向滑轮设置有防跳绳装置。

（13）各绞车设置钢丝绳过欠缠绕限位保护开关。

（14）搁置架处设置吊臂搁放到位接近开关。

10.4 基座式可旋转起重机和桅柱式海洋工程起重机区别

基座式可旋转起重机和桅柱式海洋工程起重机都属于回转式浮式起重机，如图 10 - 10 所示。这两类起重机在结构组成、旋转部件、主旋转轴受力和与船体连接方式上都存在很大的差别。基座式可旋转起重机主要通过旋转基座与船体连接，由于其重量及倾覆力矩巨大，回转支承机构大多采用滚轮式（多排），其支柱为焊在船舶主甲板上的大直径圆筒，并从主甲板延伸到船体，形成腔骨的船体框架和圆筒框架，便于力与力矩的传递。

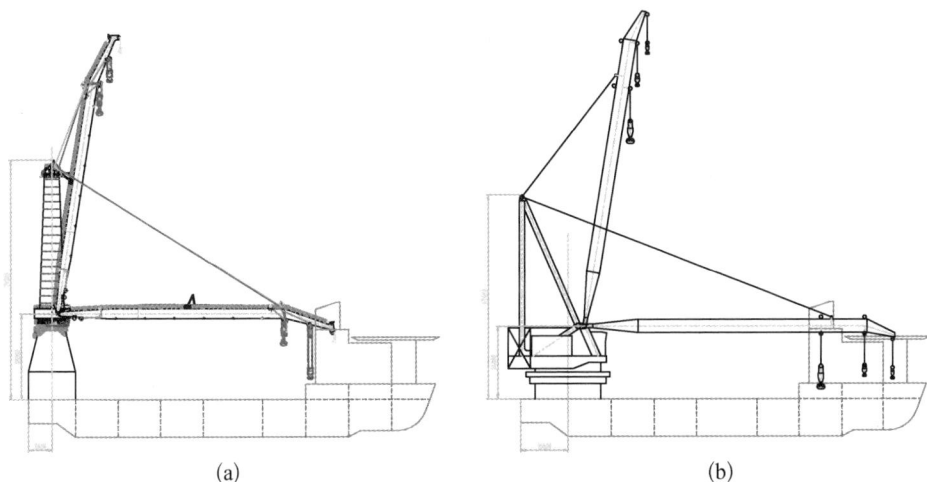

(a)   (b)

图 10 - 10　(a)桅柱式海洋工程起重机和(b)基座式可旋转起重机

与基座式可旋转起重机相比，桅柱式海洋工程起重机最大的特点在于它围绕桅柱的旋转吊臂。桅柱是固定在基座上的，不再需要旋转轴承，这在很大程度上降低了起重机的尾摇幅度，使起重机具有较小的空间占有率和较少的尾部旋转半径空间，可以节约甲板面积。同时，桅柱式海洋工程起重机底部支承结构较小，与基座式可旋转起重机相比，基座可以紧贴船尾，相同的设备配置情况下有更大的船外跨距。桅柱式海洋工程起重机是通过框架式结构与船体相连，连接方式较简单，不需要特定的圆筒型结构，便于快速安装。

参 考 文 献

［1］ 王风云,王琼,罗超.大型起重船发展综述［C］.上海:中国海洋油气钻采与工程装备高峰论坛,2011:225-236.

［2］ 钟文军,刘菊娥,王琼,等.大型回转起重船技术特点与发展研究［J］.船舶与海洋工程,2012,89(1):69-75.

［3］ 刘岜辉,曾宝,程景彬,等.国内外铺管船概况［J］.油气运输,2007(6):11-15.

［4］ 杨永升,熊平安,徐寿钦.国内外铺管船简介［J］.船舶物资与市场,2010(6):25-31.

［5］ 周延东,刘日柱.我国海底管道的发展状况与前景［J］.中国海上油气工程,1998,10(4):1-5.

［6］ 李含苹,闵兵,康为夏.铺管船前景及船型开发［J］.船舶,2009,20(2):1-4.

［7］ 李艳,张鹏辉,王毅.国内外铺管船的对比研究［J］.中国造船,2009,50(11):82-86.

［8］ 曲俊生,刘文利,蔡连博.我国海底管道铺设及铺管船的发展［J］.中国水运,2013(9):311-313.

［9］ 黄维平,曹静,张恩勇.国外深水铺管方法与铺管船研究现状及发展趋势［J］.海洋工程,2011(2):135-142.

［10］ 方学智.船舶与海洋工程概论［M］.北京:清华大学出版社,2013.

［11］ 吴家鸣.船舶与海洋工程导论［M］.广东:华南理工大学出版社,2013.

［12］ 杜喜军,赵杰,王艳涛,等.海底管道挖沟方法的选择［J］.管道技术与设备,2015(5):52-54.

［13］ 姜锡肇,李志刚,岳前进,等.先进深水S型铺管船及其深海开发应用前景分析［J］.船舶工程,2012(2):87-90.

［14］ 叶茂,段梦兰,徐凤琼,等.S-lay型和J-Lay型铺管船的功能扩展研究［J］.石油矿场机械,2014,43(2):7-14.

［15］ 张太佶.认识海洋开发装备和工程船［M］.北京:国防工业出版社,2015.

[16] 张位平. 加快中国深海油气资源的经济开发[J]. 国际石油经济,2007 (10):54-62,91.

[17] 田磊,金琴琴,付晓晴. 2018年我国石油市场形势分析与2019年展望 [J]. 中国能源,2019,41(2):25-28.

[18] 李美求,段梦兰,施昌威,等. 海洋废弃桩基平台拆除的工程模式和方案选 择[J]. 中国海洋平台,2008,23(3):33-36.

[19] 中国船舶工业总公司. 船舶设计实用手册-总体分册[M]. 北京:国防工 业出版社,1999.

[20] 林杰人. 船舶设计原理[M]. 北京:国防工业出版社,1981.

[21] 国际海事组织. 特种用途船舶安全规则1983[M]. 北京:中国船级社, 1983.

[22] 国际劳工组织. 海事劳工公约[EB/OL]. http://www.mohrss.gov.cn.

[23] 中国海事局. 国内航行海船法定检验技术规则[M]. 北京:人民交通出版 社,2011.

[24] 七〇八所编写组. 船舶科技简明手册[M]. 北京:国防工业出版社,1977.

[25] 毛建辉,周健. 大型回转起重船发展概况[C]//大型起重/铺管船及工程 船舶的研发. 上海:中国船舶工业集团公司第七〇八研究所,2010.

[26] 周健,杨青,周南. 4000 t全回转起重打捞工程船设计[C]//大型起重/铺 管船及工程船舶的研发. 上海:中国船舶工业集团公司第七〇八研究所, 2010.

[27] 周健,费龙,乔国瑞,等. 起重量3000 t自航起重船的开发设计[C]//大型 起重/铺管船及工程船舶的研发. 上海:中国船舶工业集团公司第七〇八 研究所,2010.

[28] 林杰人,谭家华,顾敏童. 船型论证方法探讨[J]. 上海交通大学学报, 1981(3):83-97.

[29] 盛振邦,刘应中. 船舶原理[M]. 上海:上海交通大学出版社,2003.

[30] 中国船级社. 船舶与海上设施起重设备规范[M]. 北京:人民交通出版 社,2007.

[31] 刘启国. 船舶建筑美学[M]. 武汉:华中工学院出版社,1988.

[32] 程斌,潘伟文. 船舶设计教程[M]. 上海:上海交通大学出版社,1988.

[33] 国际海事组织. 特种用途船舶安全规则2008[M]. 北京:中国船级社, 2008.

[34] DET NORSKE VERITAS AS. Rules for classification of ships [S]. Oslo:

DNV，2011.

[35] 陶尧森. 船舶耐波性[M]. 上海：上海交通大学出版社，1985.

[36] 冯铁城，朱文蔚. 船舶操纵与摇荡[M]. 北京：国防工业出版社，1989.

[37] 吴秀恒. 船舶操纵性和耐波性[M]. 北京：人民交通出版社，1988.

[38] 程维杰. 5000 吨级起重铺管船船型开发总体设计关键技术研究[D]. 上海：上海交通大学，2014.

[39] 毛建辉. 多功能半潜海洋起重船船型开发[C]//大型起重/铺管船及工程船舶的研发. 上海：中国船舶工业集团公司第七〇八研究所，2010.

[40] 张海彬，程维杰. U 型半潜式起重铺管平台水动力分析[C]//大型起重/铺管船及工程船舶的研发. 上海：中国船舶工业集团公司第七〇八研究所，2010.

[41] 鲁谦，李连有，李来成. 船舶原理手册[M]. 北京：国防工业出版社，1988.

[42] 施内克鲁特. 船舶水动力学[M]. 咸培林，译. 上海：上海交通大学出版社，1997.

[43] 阿尔费里耶夫. 内河双体运输船[M]. 严爵华，译. 北京：人民交通出版社，1980.

[44] 姜次平. 船舶阻力[M]. 上海：上海交通大学出版社，1986.

[45] 中国船级社. 海上移动平台入级规范[M]. 北京：人民交通出版社，2017.

[46] 张宏，李志刚，赵宏林，等. 深水海底管道铺管设备技术现状与国产化设想[J]. 石油机械，2008，36(9)：201-204.

[47] 魏跃桥，邱海荣，刘炫，等. 深水铺管起重船铺管工艺研究[J]. 中国水运，2011，11(5)：93，96.

[48] 张富明. 铺管船的作业速度分析[J]. 上海造船，2010(2)：56-59.

[49] 程峰. 2×8000 t 半潜起重铺管船铺管系统研究[J]. 船舶，2012，23(1)：71-75.

[50] 曾庆松，曾湛，程峰. S 型铺管船固定式托管架设计[J]. 船舶工程，2017，39(10)：47-51.

[51] 王晶. J 型铺管船运动响应及对铺设管线的影响分析[D]. 上海：上海交通大学，2015.

[52] 张海彬，赵耕贤. 水动力分析在海洋结构物设计中的应用[J]. 中国海洋平台，2008，23(1)：1-6.

[53] 美国船级社. Mobile offshore drilling units [EB/OL]. http://www.eagle.org.

[54] 中国船级社.海洋工程结构物疲劳强度评估指南[EB/OL]. http://www. ccs. org. cn.

[55] 梁园华.海洋平台结构中 K 型管节点疲劳强度分析[D].大连:大连理工大学,2002.

[56] 张延昌,陈曙梅,陈国建,等.基于疲劳强度谱分析的火炬塔支撑结构设计[J].船舶工程,2014(5):22-26.

[57] 羊卫.半潜式起重铺管船船型优化研究[D].哈尔滨:哈尔滨工程大学,2015.

[58] 王凤云,罗超.深水起重铺管船船型研究[J].天津航海,2012(1):41-44.

[59] 钟文军,王琼,罗超,等.超大型半潜式起重铺管平台结构设计研究[J].中国海洋平台,2012,27(6):18-26.

[60] 钟晨,周佳,杨辉.半潜式起重铺管船总强度直接计算研究[J].船舶,2015(3):52-56.

[61] 周佳,钟晨,钟文军.半潜起重铺管船关键连接节点设计对比分析[J].船舶,2014(6):47-50.

[62] 赵宏林,张雪粉,钟朝廷,等.浅水铺管船锚机总体结构设计及分析[J].机械工程师,2010(6):16-18.

[63] 陈亮,余建勋.液压绞车的一种恒张力设计[J].机床与液压,2013(20):110-111.

[64] 江峰,陈恺恺.浅析船用被动式恒张力控制液压绞车[J].液压气动与密封,2013,33(11):38-40.

[65] 叶邦全.海洋工程用锚类型及其发展综述[J].上海造船,2012(3):1-7.

[66] 李文魁,陈永冰,田蔚风,等.现代船舶动力定位系统设计[J].船海工程,2007,36(5):77-79.

[67] 周利,王磊,陈恒.动力定位控制系统研究[J].船海工程,2008,37(2):86-91.

[68] 孙武.动力定位系统规范介绍[J].上海造船,2003(1):55-57.

[69] 俞赟.半潜起重船动力定位环境载荷计算方法初探[J].船舶,2010,21(1):13-17.

[70] 何进辉,张海彬.动力定位能力分析中风速和波高关系研究[J].船舶,2012,23(2):11-16.

[71] 戴仰山,沈进威,宋竞正.船舶波浪载荷[M].北京:国防工业出版社,2007.

[72] 吴斐文. 带 DP-2/DP-3 特种船舶电力系统设计要点[C]//大型起重/铺管船及工程船舶的研发. 上海：中国船舶工业集团公司第七〇八研究所，2010.

[73] 俞赟，王琮，罗超，等. 半潜起重船动力定位能力计算方法研究[J]. 船舶工程，2011(s2)：160-163.

[74] 何进辉，张海彬. 深水钻井船动力定位能力分析方法研究[J]. 海洋工程，2014，32(1)：25-31.

[75] 徐丹铮，缪燕华，吴斐文. 大功率电力系统起重铺管船的电气设计[C]//大型起重/铺管船及工程船舶的研发. 上海：中国船舶工业集团公司第七〇八研究所，2010.

[76] 轮机工程手册编委会. 轮机工程手册[M]. 北京：人民交通出版社，1992.

[77] 中国船舶工业总公司. 船舶设计实用手册-轮机分册[M]. 北京：国防工业出版社，1999.

[78] 陈雷，李含苹. 超大型起重船压载调载系统研究设计[C]//大型起重/铺管船及工程船舶的研发. 上海：中国船舶工业集团公司第七〇八研究所，2010.

[79] 钟文军，康为夏，杨辉. 半潜式起重平台压载水系统及其操作方法：10963713.2[P]. 2017-08-25.

[80] 孙枫，上海港机重工有限公司. 港口起重机设计规范[M]. 北京：人民交通出版社，2007.

索　引